아기는
사람의 마음을
어떻게 알아차릴까

Vasudevi Reddy 지음

유미숙, 박진희, 신미 옮김

Σ 시그마프레스

아기는 사람의 마음을 어떻게 알아차릴까

발행일 | 2015년 1월 5일 1쇄 발행

저자 | Vasudevi Reddy
역자 | 유미숙, 박진희, 신미
발행인 | 강학경
발행처 | ㈜시그마프레스
디자인 | 송현주
편집 | 김성남

등록번호 | 제10-2642호
주소 | 서울특별시 영등포구 양평로 22길 21 선유도코오롱디지털타워
   A401~403호
전자우편 | sigma@spress.co.kr
홈페이지 | http://www.sigmapress.co.kr
전화 | (02)323-4845, (02)2062-5184~8
팩스 | (02)323-4197
ISBN | 978-89-6866-206-5

How Infants Know Minds

* 책값은 뒤표지에 있습니다.
* 이 도서의 국립중앙도서관 출판시도서목록(CIP)은 서지정보유통지원시스템
  홈페이지(http://seoji.nl.go.kr)와 국가자료공동목록시스템(http://www.nl.go.kr/
  kolisnet)에서 이용하실 수 있습니다.(CIP제어번호 : CIP2014036343)

"아기는 사람의 마음을 어떻게 알아차릴까?" 재미있지만 어려운 과제이다. 나는 하버드캠퍼스에서 이 책을 뽑아 들고 겉표지의 아기의 표정에 빠져들었다. 나에게도 가장 어려운 과제였기 때문이다.

아기는 타인의 마음을 얼마나, 어떻게 이해하는가? 이런 궁금증으로 아동학이나 아동심리학, 발달심리학 영역에서 많은 실험을 하며 근거를 제시하고 이론을 만들어간다. 그러나 어린 아기의 세계는 연구하기에도 쉽지 않다. 어른이 어떻게 마음을 알아차리는지는 어른 자신에 근거하여 유추하고 대화를 통해 이해하지만 언어가 제한적인 아기들을 연구할 때는 난감한 일이다. 그래서 어려운 학문영역이다. 특히 우리가 눈으로 볼 수 있는 신체적 영역이 아니라 눈에 보이지 않는 마음의 영역을 연구한다는 것은 미지의 우주세계를 탐험하는 것보다 더 어려운 일임에 틀림이 없다.

그러나 우리는 이 영역을 탐험하고 밝혀야만 한다. 그래야 우리 자신을 이해할 수 있고 우리가 돌보는 아기들이 훌륭하게 자랄 수 있게 도울 수 있으며 이들이 잘 성장해야 인류가 발달하게 되기 때문이다. 아동기의 연구도 쉽지 않은데 영아기 아기들의 정신세계를 밝힌다는 것은 어렵지만 참으로 흥미롭다.

이 책에서는 어린 아기의 놀라운 세계를 안내하고 있다. 언어로 말하지 못하는 아기는 가족들과 상호작용하면서 보여주는 관계 속에서 자신의 모습을 잘 보여주고 있다. 아기가 타인의 마음은 어떻게 읽고 이해하며 자신의 의사는 어떻게 표현하는지, 다른 사람들의 의도나 기대는 어떻게 알아차리며 자신의 의도를 혹은 속임수를 어떻게 표현하는지를 언어가 아닌 관찰된 아기의 행동자료들을 분석하고 연구하며 해답을 제시하고 있다.

물론 이 연구는 아직도 갈 길이 멀다. 그러나 이 책은 크게 공헌할 책이라 기대가 된다. 이 책을 통해서 아기의 마음연구는 발전될 것이라고 기대되기 때문이다. 특히 아동교육에 관심이 많고 부모의 열정이 높은 우리나라에서는 이 책이 아동학, 발달심리학, 정신의학, 아동복지학 등 아동이나 인간을 대상으로 연구하는 학문분야에 기여할 것이며, 자녀를 키우는 부모에게도 어린 자녀의 이해에 도움을 줄 것이다.

이 책이 세상에 나오도록 도와주신 (주)시그마프레스의 강학경 사장님, 조한욱 차장님, 꼼꼼하게 편집해주신 편집부에 감사드리며 학문적 발전과 현장에 도움이 되는 책이 되길 간절히 바란다.

역자를 대표하여

유미숙

| 저자 서문 |

이 책을 쓰는 과정은 나의 아이들이 세상에 태어났을 때처럼 나와 내 가족 모두의 삶에 많은 영향을 미쳤다. 나의 남편 Kevan은 이 모두를 가능하게 만들었다. 영아 그리고 태생에 관한 기초 질문들을 해결하려는 그의 관심이 처음 나를 이 분야로 이끌었고, 시기에 관한 이론적인 논쟁(특히 Colwyn Trevarthen의 논란이 많은 견해)을 생각해보도록 했으며, 이들 장에 제시되어 있는 많은 견해를 통해 나를 지지해주었다. 만일 그가 없었더라면 그 어떤 일도 일어나지 않았을 것이다.

나는 이 책 속에 목소리가 담겨 있는 많은 사람들에게 감사의 마음을 느낀다. 나의 첫 번째 연구대상이었던 내 여동생 Chitti, 나의 강의를 듣고, 도전하게 만든 나의 학생들, 처음으로 심리학에 반항하도록 영감을 주신 'Parry' Parameswaran 교수, 이 반항을 그치지 않도록 도와준 Alan Costall, 아무도 믿지 않는 많은 일들을 알아보고 주장해온 Colwyn Trevarthen의 용기, 많은 동료와 친구들이 특별한 방법으로 나를 도와주었다. Doug Brandon은 그의 시와 언어로 표현한 감정들로, Sue Leekam과 Corina Hatzinikolau는 그들의 지각력으로, Paul Morris, Giannis Kugiumutzakis 그리고 Karl Nunkoosing은 심리학에 대한 많은 대화들로, Fiona Reed 그리고 Adeline Burrell은 그들의 실용주의로, 그 밖에도 많은 사람들이 도움을 주었다. 내가 영아의 마음과 관련된 책을 쓸 수 있도록 이끌어주신 Annette Karmiloff-Smith와 때때로 스스로에 대한 믿음보다 더 많은 믿음으로 책을 쓰는 시간들을 견디어내도록 도와준 Jerry Bruner와 Elizabeth Knoll에게 감

사한 마음을 전한다. 또한 영감을 준 책들의 저술가인 Margaret Donaldson
과 Peter Hobson에게도 감사함을 전한다. 나는 Suzanne Zeedyk에게 '산파
의 일'과 관련하여 매우 특별한 빚을 지었다. 그녀는 차마 표현할 수도 잊을
수도 없을 정도의 열정과 힘으로 내가 이 책을 끝마칠 수 있게 도와주었다.
무엇보다, 내 연구의 모든 아기들에게 감사를 전한다. 너희들은 항상 내게
소중한 아기들로 기억될 거야!

차례

 제1장

퍼즐   1

땅벌, 참치, 그리고 아기들 : 유사한 문제들   3 | 그것은 중요할까?   7

 제2장

차이 주시하기   9

(불가능한) 차이   10 | 차이에 관한 문제들   15 | (추정되는) 차이를 연결해보는 관점   23
우리에게 문제가 있으며 일단 당신이 차이를 가정한다면 당신은 결코 차이를 극복할 수 없다   31

 제3장

마음과 관계 맺기 : 2인칭 접근   33

2인칭 접근   34 | 관계에서 타인을 지각하기   36 | 2인칭 관계의 구성 역할   39 | 2인칭
방법론이란?   41 | 영아, 2인칭 접근, 그리고 책의 후반부   49

 제4장

연결고리 만들기 : 모방   53

낯선 사람들과의 심리적인 접촉   54 | 모방과 신생아   56 | 역설적인 기술로서 모방   58
신생아의 모방은 반사 행동일까?   60 | 신생아의 모방과 차이   67 | 신생아들은 왜 모방할
까?   74

제5장

대화 시작하기   81

대화는 무엇일까?   82 | 일상적인 대화와 의사소통의 구조적 특성   87 | 일상적인 대화와
의사소통의 기능적 특징 : 개방성과 인지   100 | 의사소통을 하려는 의도 : 상호관계를 향해
104 | 의사소통의 역설   107 | 요약   108

관심 경험하기 111

아기는 타인의 관심을 언제부터 인식할까? 하나의 갈등 112 | 주의를 기울이려면 대상과 관계를 맺어야 한다 114 | 주의를 기울이고 있다는 인식은 그 대상에 관한 인식과 연결되어야 한다 117 | 지각할 수 있는 관심 대상으로 무엇을 '고려'할까? 120 | 타인의 관심 대상으로서 자기 : 관심에 반응하고 관심을 유도하기 125 | 다른 관심 '대상' : 다른 사람들, 손에 쥐어진 것들, 사건들 138 | 대안적 발달 모델 : 2인칭 이야기 141 | 요약 147

자의식 느끼기 149

자기는 무엇이고 누구이며 언제 자기가 될까? 150 | 자의식의 영향 : 타인에 대한 가시적인 자기의 정서 157 | 발달순서의 표준 : 자기 개념은 자의식의 감정을 유도한다 159 | 가시적인 자기의 축소 : 부끄러움, 수줍음, 그리고 어색함 161 | 자기 가시성 부각시키기 : 과시 170 자폐증에서 자기 가시성의 축소와 부각 175 | 자의식의 정서 이론에 관한 제언 : 대안적인 이야기 178 | 요약과 결론 184

의도 다루기 187

우리는 의도에 대해 어떻게 생각해야만 하는가? 190 | 지각 가능성 193 | 의도는 맥락이 있다 201 | 의도는 관계를 형성할 수 있는 능력이다 202 | 아기들은 다른 사람들의 의도로 무엇을 할까? 205 | 의도를 인식하는 과정은 어떻게 발달할까? 220 | 결론 224

재미 나누기 229

재미에는 어떤 종류가 있을까? 231 | 유머의 발생에 관한 두 가지 인지발달의 관점 236 웃음의 본질과 의미 239 | 아기들은 무엇 때문에 웃을까? 아기 웃음의 다양한 종류와 상황

241 ∣ 타인의 웃음에 대한 민감성 255 ∣ 유머에서 거리감과 이탈 262 ∣ 결론 268

제10장

의사소통에서 속이기   271

속이는 의사소통, 신념 이해하기, 그리고 거짓말이 없는 의사소통 272 ∣ 가짜 속임수인 초기 거짓말? 276 ∣ 숨기기, 속이기, 흐트러뜨리기, 그리고 척하기 : 초기의 비언어적인 속임수 284 ∣ 남을 속이는 행동은 왜 발달할까? 290

제11장

타인의 마음, 타인의 문화   295

참고문헌 303
찾아보기 331

나는 오직 인간관계를 통해서만 한 개인으로서 타인을 알아갈 수 있다.
관계 없이는 단지 객관적인 관찰과 추론으로 그 사람을 알 뿐이다.

－John Macmurray, 관계 속의 인간[1]

아기들은 어떻게 사람들을 이해할까? 아기들은 타인의 마음을 알아차릴 수
있을까? 그들은 사람을 심리적 존재인 '사람'으로 이해할까? 사람들은 아기
들이 둔하다고 생각했다. 아기들이 달콤하지도 흥미로워하지도 않는다고
이해했다. 그러나 나는 5세 아이들이 놀라웠다. 이들은 흥미로운 일들을 했
고, 체면치레 없이 아주 별난 관찰들을 하였으며, 무엇보다 당신은 그들과
대화를 나눌 수 있었다. 그러나 그 후 내 아기가 태어났고, 나는 아기의 새
로운 언어에 이끌렸다. 만일 내가 그들에게 사로잡혀 그들의 언어를 배운다
면, 교과서에서는 존재한다고 믿지 않았던 새로운 세계가 내게 열릴 것 같
았다. 나의 아기들이 내게 말했던 가장 놀라운 사실은 나와 타인을 '사람'으
로서 이해할 수 있다는 점이었다. 아기들은 말하기 훨씬 전부터 부끄러워하
기도 하고 뽐내기도 하면서 우리의 기대와 태도, 관심에 맞춰 조르고 장난
치고 놀았다. 타인의 마음을 이해하는 것은 아기들에게 어려워 보이지 않

았다.

그러나 내가 이러한 영아들의 능력에 관해 조사하는 연구들을 발표하기 시작했을 때, 난 예상하지 못한 문제에 부딪혔다. 심리학자들은 영아가 타인의 의도와 예측, 관심을 인식한다는 나의 해석이 흥미롭고 놀랍기까지 한 관찰이라고 이해했지만, 좀처럼 받아들이지 않았다. 나는 계속해서 "틈을 조심하세요!"라고 영국 기차를 이용하는 승객들에게 말하듯이 영아들이 타인의 마음을 파악하는 인지적인 기술은 부족하지만 사람의 신체를 지각할 수 있다고 말했다. 이러한 서로 다른 생각은 나를 혼란스럽게 만들었다. 이런 장벽이 왜 있을까? 마음은 왜 아기들에 관해 폐쇄적일까? 나는 단순히 현대 과학을 이해하는 사람들이 대인관계의 분야에서 출현한 지식을 심도 있게 다루지 못한다는 사실에 부딪힌 걸까? 아니면 여전히 마음과 신체를 구별하려는 심리학의 강한 고집일까? 나는 이러한 질문에 답을 고민하면서 우리가 마음을 어떻게 이해하는지에 대해 마음을 연구하는 심리학과 철학에서 가장 핵심적인 질문이자 심리과학에서 인간을 이해하고자 활용한 방법으로 아기들이 흥미로운 '실험 사례'였다는 사실을 알아냈다.

이 책에서 타인의 마음을 알기 위해 2인칭 접근에 관하여 내가 전개하고 있는 대답은 과학에 있어 보다 넓은 철학의 부분이며, 영아들이 어떻게 사람을 이해하는지와 성인들, 다른 문화권에 사는 사람들이 어떻게 서로를 이해하는지에 관한 질문에도 관련된다. 또한 이는 성인과의, 부모와의, 치료적이고 교육적이거나 업무적인 관계에서 우리가 서로에게 얼마나 개방할 수 있는지 그리고 개방해야 하는지에 관한 대인관계의 철학적인 부분이기도 하다. 어떤 의미에서 이 책은 관점을 전환하기 위해 우리를 초대한다. 다르게 생각할 수 있도록 한다. 만약 우리가 자신도 모르게 고정되어 있는 심리학의 장벽과 오래된 발자국을 넘어서려면 정신과 신체가 다른 종류의 실체라고 주장하는 이원론을 탈피하고 더욱 개방하여 인식하지 못한 주제에 더 적합한 조사방법으로 우리의 사고를 변화시킬 필요가 있다. 나는 우리의 실험 욕구를 침해하고 우리의 회의적인 태도에 위배될 수도 있지만 지면상으로나마 우리가 영아들과 함께 관계를 맺어 얻은 가장 밀접한 영아의 삶에서 관찰된 내용들을 활용하고자 한다. 영아의 삶과 인식에서 이러한 사건들의 단서를 파악하기 위해 당신은 독자로서의 삶과 한 사람으로서의 삶 사이의 경계를 내려놓아야 할 것이다.

땅벌, 참치, 그리고 아기들 : 유사한 문제들

내 딸이 9개월이었을 때, 나는 수업시간에 언어습득 이전의 언어발달 단계를 보여주기 위해 일상적인 가족 저녁식사 시간을 비디오로 촬영하고 있었다. 나는 비디오 장면에서 가족들이 '장난'이라고 자신 있게 부르는 상호작용을 찾아냈다. 비디오 장면을 다시 살펴보면서 딸에게 다른 사람들이 원하고 기대하는 점들이 무엇인지 인식하는 모습에 감명을 받았고 이를 통해 오늘날의 이론적인 가정의 첫 번째 문제점을 발견했다. '왜 의도와 관심 그리고 예측과 같은 정신적인 대상들을 인식하는 것에 관해 논할까?'는 흔한 학문적인 질문이었다. '왜 행동의 인식에 관해서만 말하지 않을까?' '왜 그들을 삼차순환 반응기 또는 학습기라고 부르지 않을까?' 유사한 논평이 내가 소개하는 새로운 현상마다 뒤따랐다. '왜 그것을 훈련이라고 부르지 않을까? 혹은 반사? 왜 인식이라는 단어를 사용할까?' 문제가 무엇이든지 그것은 난해하고 헷갈리게 한다. 왜 '단지(just)'이며 함축된 '한낱(merely)'으로 치부할까? 아기들이 한낱 신체적인 현상보다 정신적 상태와 심리적인 현상을 인식한다는 사실에 왜 반대할까? 심리학에서 다른 주장들은 불필요하며 일관성이 없는 것처럼 보였다. 영아들이 해내고 있는 이 오묘하고 인상적인 경험을 설명하기 위해 제안한 모든 대안들은 단지 그들에게 벗어난 설명을 하려고 하는 것처럼만 보인다.

　이 문제는 날 수 없는 땅벌에 관한 오래되고 허구적인 이야기에 비유될 수 있다. 단순히 술집에서 문득 생각이 떠올라 행동으로 옮기는 스위스 과학자들까지 포함해 몇몇 견해에서, 공기역학적인 수학적 모델로 땅벌의 비행을 단순하게 설명할 수 없다는 이야기가 있다. 그들의 순회, 무거운 몸통, 조그마한 날개들은 단순히 비행에 필요한 양력의 관점에서 앞뒤가 맞지 않는다. 하지만 물론 그들은 날 수 있으며, 무려 초당 3미터의 속도이다! 또한 참다랑어와 관련된 Andy Clark의 이야기가 있다.[2] 근육의 힘의 관점에서 볼 때 그들은 너무 약해서 재빨리 움직이며 능수능란하게 수영을 할 수 없다. 그리고 그들은 실제 수영 천재도 아니다.

인간의 아기는, 비록 땅벌이나 참치가 하는 것처럼 행동할지라도 과학자들이 신체 대상 그 이상의 것으로 사람을 이해할 수 없다고 말하는 유사한 상황에 있는 존재에 불과할까? 땅벌과 참다랑어의 사례에서 근본적인 문제는 유기체가 기능하는 곳인 환경과 따로 분리하여 유기체의 능력을 생각하는 잘못된 가정에서 비롯된다. 참다랑어는 그들의 꼬리를 가볍게 튕기며 만들어내는 시계방향과 시계반대방향으로 교차하는 소용돌이의 정밀한 과정에서 그들의 몸을 능수능란하게 움직이기 때문에 수영을 매우 잘할 수 있다. 유사한 이야기로 벌의 예를 들 수 있다. 벌은 주변의 공기 중에서 벌들의 빠른 날갯짓을 통해 소용돌이를 만들어내고, 그 후 소용돌이의 공간으로 이동하며 비행을 조절한다. 물고기나 벌들이 가지고 있는 능력에 관해 이야기할 때 우리가 유기체를 환경과 관련지어 살펴보지 않고 환경으로부터 분리하여 유기체의 능력을 분석한다면, 우리는 벌들이 '실제로' 날 수 없고 물고기들이 '실제로' 수영할 수 없다고 결론 내려야만 한다. 하지만 그것은 터무니없다. 그 환경에 능동적으로 참여하는 유기체로서 참다랑어의 수영 실력과 땅벌의 비행 실력을 생각해보면 우리가 이 모순에 쉽게 빠지지 않을 것이다.

아기들에 관한 문제 역시 인간 세계 속에서 아기들을 재정립하여 해결할 수 있을까? 결국 우리는 심리학 책에서 타인을 이해하려고 시도하면서 마치 완전히 분리된 사람 그리고 완전히 분리된 마음으로 다른 사람을 이해하는 것에 대해 생각하고 이야기한다. 우리는 사람이나 마음이 이미 본질적으로 연결되어 있다고 말하려 하지 않는다. 하지만 만약 우리가 그렇게 말한다면? 이 의미는 무엇일까? 우리가 존재로서 사람을 이해하기 위한 출발점을 고립이나 무지가 아닌 감정적 유대감과 심리적인 인지로 생각한다면? 정서 관계에서 출발한다는 생각은 우리가 마음을 이해하려고 할 때 생기는 질문에 접근하는 방법을 크게 바꿀 수 있다. 정서 관계는 합리적으로 구성된 생각의 때늦은 결과라기보다는 또 다른 하나의 강력한 깨달음이 드러나고 밝혀지는 친밀함의 순간일 수 있다. 서로를 새롭게 꿰뚫어볼 뿐만 아니라 관계 그 자체가 변화하며, 이해하기 위해 새로운 것들이 창조된다는 점에서 Daniel Stern이 '현재' 순간이라고 부르는 것과 유사하다.[3]

그러므로 이 문제는 타인의 마음과 분리하여 그리고 마음이 존재하는 대상과 활동의 세계를 분리한 채 아기를 생각한다는 점에서 비롯된 퍼즐로 이어진다. 그러나 마음을 신체와 분리시켜 아기들이 어떻게 마음을 이해하는지에 관해 논하는 과정에서 우리에게 난해한 문제가 있을까? 결국 많은 심리학은 마음을 개인적인 영역이고 신체라는 가면 뒤에 숨겨져 있는 것, 때로는 신체의 행동으로 드러나지만 때로는 드러나지 않는 불투명한 것으로 생각한다. 실제로 많은 심리학자들은 마음을 정확하게 신체와 분리되어 있다고 정의 내린다. 근본적으로 심리학 교과서는 마음과 신체가 기본적으로 일치하지 않는다고 본다. 그럴 경우 마음은 신체와 분리된 것으로 보인다. 여기서 문제가 시작된다. 만약 실제로 마음이 깊게 감춰져 있다면, 아기들은 마음을 당연히 파악할 수 없다. 마음이 감춰져 있다고 가정한다면 물론 아기들은 마음의 첫 단추부터 이해하지 못할 것이다. 아기들이 타인을 볼 때 (마음이 숨겨져 있다는 가정을 받아들여) 성인처럼 지적이고 연역적인 능력을 갖고 있지 않다면, 그들의 신체적인 움직임이나 소리를 제외하면 무엇으로 타인을 지각할까? 이것은 타인의 심리적 존재에 아기들의 접근을 완전히 차단하게 만든다.

이러한 두 가지 문제[포함되어 있지 않음(dis-embedding)과 신체와 분리되어 있음(dis-embodying)]는 아기들뿐만 아니라 성인 혹은 다른 동물들, 심리학자들이 마음을 어떻게 이해할 수 있는지에 대해 일관성 있는 설명을 하기가 매우 어렵다. 단지 마음을 추론만 할 수 있다면, 마음은 믿기 어려우며 심리학 자체를 의심하게 되고 오히려 마술적이고 근거 없이 이론화하며, 아기들 혹은 인류가 건너려는 가상적인 '루비콘(Rubicons) 강(돌이킬 수 없는 지점—역자 주)', 그리고 가장 중요하고 신중하게 행동을 취할 수 없는 능력으로만 가득 찬 분야가 된다.

또한 우리는 종종 행동과 상호작용의 단서를 판단할 때 이중적인 기준에 처하게 된다. 아이들의 마음에 관한 지식을 증명하기 위해 적절한 관찰은 영아들이 마음을 이해할 수 없다는 일반적인 믿음으로 인해 적합하지 않다고 여겨졌다. 그리고 타인을 이해하려는 측면에서 일상생활 가운데 우리에게 가장 의미 있는 사실은 숨길 수 없는 눈짓, 모두 알고 있다는 표정, 건방진 미소, 흠칫 놀라 멈춤, 욱하는 감정과 같은 아주 소소한 정서 관계가 이미 형성된 대인관계를 발전시킨다는 점이다. 이는 우리가 사람을 어떻게 이해하는지 과학적으로 보고하기 시작할 때 소심하게 제대로 작동하지 않는 경향이 있다. 이중적인 기준은 마음에 관한 지식과 관련해서 몇 가지 질문을 던진다. 우리는 타인의 마음을 이해하기 위해 어느 정도까지 학문적인 객관성이 필요할까? 일상생활에서 우리가 마음을 이해하는 방식이 객관적일까? 이해는 자세히 모두 경험하면 아는 것일까 아니면 이론을 완전히 파악하면 알게 되는 것일까? 즉 행동일까 이론일까? 사람을 이해하는 데에 있어서 객관적인 과학자, 혹은 일상생활 속의 평범한 사람들 중 누가 전문가일까? 아기들을 사람들과 함께하는 심리적 관계 속으로 다시 포함시키고 마음을 신체와 함께 다시 담아내는 것은 아기들이 타인의 마음을 이해하고 있다는 입장과 그리고 과학이 아기들이 이해하지 못한다고 보는 입장 사이의 모순을 해결할 수 있을까? 과연 과학이 아기를 이해하고 있는지가 중요할까?

그것은 중요할까?

과학자들이 부모들의 생각과 다르게 아기들이 우리를 이해할 수 없다고 생각한다면 그것이 그리 중요할까? 천여 년 동안 철학자들과 심리학자들의 도움 없이 그리고 철학자들과 심리학자들의 논쟁이나 잘못된 가정들 없이도 부모들은 그들의 아기들과 잘 지내왔다.

나는 이러한 사실이 매우 중요하다고 생각한다. 과학과 철학의 관점은 아이를 갖는 것과 같은 본질적인 문제까지 포함하여 사람들의 행동에 영향을 미친다. 통속 심리학과 양육 문화는 '전문가들'의 문화와 함께 정보와 가치를 주고받고, 그 제안들은 바지 너비에 관한 유행처럼 변하고 전파된다. 우리가 타인의 마음을 이해하기 위해 궁금증을 해결하는 방법은 우리가 아기들을 어떻게 이해하는지뿐만 아니라 그들에게 어떻게 **행동하는지**에도 영향을 미친다. 만약 아기들이 생각하고 느끼고 자각하지 못한다고 알고 있다면 우리는 사람들이 아기의 생각과 감정이라고 간주한 어떤 것에도 기대하거나 반응하지 않을 것이다. 속설에 의하면, 영아들이 보고 들을 수 없는 상태로 태어나고, 셰익스피어가 말했던 것처럼 "양육자의 팔에서 가냘프게 울고 토하는" 행동보다 조금 더 나은 행동을 할 수 있을 뿐이라는 생각은 그리 오래되지 않았다. 의학은 신생아들이 고통을 느낄 수 없다고 주장하였고, 의문을 제기한 부모들도 없었으며, 그래서 마치 없는 수술과 같은 숱한 침입적인 처치를 정당화했던 것도 그리 오래전 일이 아니다.

영아들이 우리의 마음에 대해 무지하다는 가정이 주는 영향은 훨씬 더 직접적으로 관련되어 있다. 만약 아기가 우리의 감정과 생각을 알아맞히지 못한다고 본다면 우리는 아마도 긍정적일 때 마음을 표현하려고 애쓰지 않을 것이고 아마 부정적일 때 마음을 숨기려 하지도 않을 것이다. 또한 우리는 아기들을 관찰하고 가르치고 즐겁게 해주면서 실제로는 **관계를 맺지** 못해 우리를 이해하지 **못하는** 아기를 위해 그에 알맞은 여러 상호작용을 개발해야 할 것이다.

하지만 관계는 필수적이다. 아기가 관계로부터 발생한 경험을 받아들이거나 거부하는, 게다가 마찬가지로 그 관계로 얻은 아기들의 경험을 부모가 기꺼이 받아들이거나 거부한다는 측면에서 관계의 영향은 즉각적이다. 우리가 자신을 다른 사람들과 관계를 맺도록 허용하는 방식은 우리가 그들을 알 수 있는 방식을 제한하게 한다. 우리는 타인과 깊이 관계를 맺을수록 그들은 우리와 관계를 맺을 수 있다. 이 책은 아기들과 관계를 맺을 때 '해야만 하는 행동'과 '해서는 안 되는 행동'을 알려주지는 않지만, 기본적으로 이러한 관계의 묘사와 정서 관계가 중요하다는 전제에 바탕을 두고 있다. 영아들에게뿐만 아니라 어른들, 다른 동물들, 그리고 타인의 마음을 이해하려고 연구하는 심리학자들에게도 말이다. 사람들과 떨어져 아무런 감정 없이 그리고 어떠한 관계 없이 그저 그들을 지켜만 보고 있다면 아기들도, 어른들도, 어떤 동물들도, 심리학자들 그 누구라도 이해할 수 있는 기회를 잃어버릴 것이다.

나는 상상했던 것 그 이상으로 이 질문에 대답하려고 애쓰면서 그 과정이 흥미로웠는데, 당신도 우리가 알지 못하는 사실을 인정할 수 없다는 가설, 즉 우리가 마음과 아기, 행동에 관해 설정한 철학적인 가설들을 하나하나 풀어보려고 하지 않는다면 대답을 얻을 수 없다. 따라서 나는 다음 장부터 이를 시작할 것이다. 하지만 철학에 관심이 적은 사람들은 타인의 마음을 이해하기 위해 대안적인 접근 방법을 제안한 제3장으로 건너뛸 것을 권한다.

제2장

차이 주시하기

그 옆으로 지나가는 모습을 보고 있어도
코끼리라고 믿지 않는 사람처럼,
남겨진 발자국을 보고서야
비로소 믿게 된다, 나도 그렇듯이.

—Kalidasa, 샤쿤탈라(Shakuntala)[1]

마음은 '볼 수' 없다고 한다. 그럼에도 우리는 정말 쉽게 마음을 다루고 있다. 이 장에서는 두 가지를 다룰 것이다. 첫째, 마음이 불분명하고 다가가기 어렵다는 가정의 뿌리를 살펴보고자 한다. 이러한 가정이 필요할까? 내가 언급한 마음에서의 그 차이가 정말 고민해볼 필요가 있을까? 그 차이는 아기들이 어떻게 사람을 알고 있는지뿐만 아니라 우리가 성인으로서 심리학자로서 인간을 어떻게 알아가는지 설명하는 데 문제가 있다는 사실을 알려준다. 둘째, 만약 차이가 있다면, 마음을 어떻게 알게 되는지를 뒷받침할 수 있는 대답들을 찾아보고자 한다. 일반적인 답변을 두 가지로 구분해볼 수 있는데, 이에 해당하는 1인칭 접근이나 3인칭 접근은 모두 그 차이를 뛰어넘을 수 있다고 제안한다. 그러나 둘 다 썩 만족스럽지는 않다. 모두 근본적으로 다른 사람과의 관계 속에 참여하거나 관여하기보다는 방관자나 관중과 같은 태도를 가정한다. 다른 관점으로 보면 1인칭 접근과 3인칭 접근은 타인의 마음이 원래 보이지 않는다는 문제, 즉 '차이'를 보여준다. 따라서 다음 장에서는 이를 더욱 자세하게 다룰 수 있는 대안적인 접근인 2인칭 접근을 제시하려고 한다. 그 전에 이 차이라는 것은 도대체 무엇일까?

(불가능한) 차이

아기들이 매일의 관계에서 타인의 마음을 이해하는 모습을 보여준다고 말했을 때, 나는 마음과 행동 사이의 차이를 인정해야 한다고 조언을 들었다. 이러한 차이는 정확하게 무엇일까? 아마도 그 차이는 행동과 사고방식을, 물질과 마음을, 표면과 심층을 구분하는 그 무엇일지 모른다. 아기들은 표면에, 물질적인 것에, 행동에 다가갈 수 있지만, 사고방식과 마음이라는 심층에는 다가갈 수 없다. 이러한 사실은 실제로 헷갈리게 한다. 최근 10년 동안 심리학은 아주 어린 아기가 온갖 것을 다 이해할 수 있다고 믿어왔다. 예를 들어 중력과 고체는 물론 숫자와 크기까지도 이해한다고 말이다. 만약 아기가 아주 쉬운 물리와 수학을 이해할 수 있다면, 왜 기초 심리학은 이해하지 못한다고 하는 걸까? 왜 영아가 마음보다는 신체 활동 수준에서 우리와 관계 맺는다고 생각하는 걸까? 마음을 보이지 않고 다가가기 어려운 영역으로 몰아내면서 왜 차이가 있어야 한다고 하는 걸까? 이것은 반세기 전보다 더 오래된 심신이원론을 거부해왔던 심리학에서 비롯된 퍼즐을 푸는 것과 같다.

어떤 이론가들은 그 차이가 마음과 마음 간에 존재한다고 본다. 막말로 그들의 문제는 "나는 내 마음을 아는데 네 마음은 몰라"로 귀결된다. 이러한 견해는 틀림없이 피아제를 비롯한 많은 현대 '시뮬레이션(simulation)' 이론가들의 입장이다. 또 다른 이론가들은 그 차이가 신체와 정신 사이에 존재한다고 주장한다. 마찬가지로 그들의 문제는 "나는 너의 몸 또는 마음을 볼 수는 있지만, 너 또는 내 마음속에 무엇이 있는지 모르겠어"로 귀결된다. 현대 '마음 이론' 이론가들은 이를 출발점으로 삼았다고 볼 수 있다. 그러나 차이를 가정한 채 마음을 알아가는 것은 문제가 될 수 있다. 어떤 입장이든지 간에 모두 다른 사람의 마음은 모호하고 알아차리기 어렵기 때문이다.

여기에는 양쪽 입장의 차이를 조합하고 커다란 함정을 일으키는 문제로 규정되는 현대의 공통된 방식이 있다. 자신의 신체적 느낌, 자기 몸을 움직이고 불편을 느끼는 데서 오는 '내적' 정보 및 감정과 지각으로 자신의 경험을 알아차리는 영아들이 어떻게 단지 '외적'으로만 인식할 수 있는 타인을 경험할 수 있을까? 영아는 자기에 관한 자기수용적인 정보가 타인에 관한 외부 지각 정보와 유사하다는 점을 어떻게 연결하고 인식할까? 다시 말해, 스스로 얻은 직접적인 1인칭 정보와 다른 사람으로부터 얻은 아주 간접적인 3인칭 정보를 어떻게 연결할까? 사실 이러한 의문은 프랑스의 르네상스 철학자인 데카르트가 제시한 것과 다를 바 없다.

데카르트의 문제

데카르트는 세상에는 마음과 물질이라는 두 가지 요소가 있다고 주장했다. 정신적 실체(*res cogitans*)는 생각하는 반면, 물질적 실체(*res extensa*)는 단지 기본적으로 공간만 차지할 뿐이다. 물질적 실체들(신체, 나무, 탁자, 별)은 인식할 수 있으나, 감각의 흔적 때문에 착각일 수도 있다. 마치 꿈이나 환각 상태와 같은 경우처럼 말이다. 외부 현실에 관한 우리의 감각과 신념은 믿을 만한 것이 못 된다. 그러나 우리가 여기에 의문을 가지고 생각하거나 느낄 때, 우리는 확실히 정신적 실체를 경험한다. 그러므로 데카르트가 주장했듯이 우리가 확신할 수 있는 단 하나는 우리가 우리의 마음을 의심하고 생각하는 존재라는 점이다. 여기서 그의 유명한 명언인 '나는 생각한다. 고로 존재한다(*cogito ergo sum*)'를 떠올릴 수 있다. 그러나 데카르트의 말이 '타당한지' 살펴볼 필요가 있다.[2]

문제는 다음과 같다. 만일 마음은 오직 개인적인 경험에서만 개방되어 있다면, 타인에게도 마음이 존재한다는 사실을 어떻게 확신할 수 있을까? 불가능하다. 확신할 수 없다. 마찬가지로 세상에 대해서도 확신할 수 없고, 단순히 추정하거나 가늠할 뿐이다. 데카르트에게 마음은 자기 자신 이외에는 그 어떤 것에도 직접적으로 다가갈 수 없는 독립적이고, 초월적이며, 실체가 없는 것이었다. 결과적으로, 개인의 마음(또는 사람들)은 타인의 마음을 알고 관계 맺기 위해 엄청난 차이에 직면할 뿐만 아니라 그들을 둘러싼 세계를 알고 관계를 맺기 위해서도 마찬가지이다. 그들의 관계는 어쩔 수 없이 세상과 타인의 마음에 대해 자신이 가지고 있는 생각에 국한되어 있는데, 이 생각도 환각일지 모른다. 데카르트의 이론이 미지한 세상에서 어떻게 살아남았을까? 데카르트의 해결책은 그를 둘러싼 세계의 존재나 타인 마음의 존재에 관해 잘못 예측하지 않도록 신이 이끌어줄 거라고 믿는 것이었다. 그러나 적어도 심리학에서는 변명이라고밖에 볼 수 없다.

현대의 심신이원론

오늘날, 타인의 마음을 알기 위해서 신에게 기대지 않는다. 그리고 아무도 데카르트의 심신이원론 혹은 심신을 분리하여 염두에 두지도 않는다. 심신이 구분되어 있다는 17세기의 개념은 연소, 생명력, 다른 미신적 개념들이 차지한 영역으로 사라졌다. 몇몇 극단적인 관점들을 제외하고는, 대부분의 지각 이론들은 어느 정도의 현실주의를 받아들였다. 최소한 어느 정도까지 유기체는 전체를 구성하기보다 물질계를 반영하는 것처럼 보인다. 그럼에도 불구하고 심신이원론을 반대하는 현재 입장도 모순이 없지는 않다. 우리는 마음과 신체의 깊은 연관성을 강조하는 한편 마찬가지로 마음과 신체를 단어로 구분하기도 하는데, 특이하게도 정신은 모호한 것으로, 신체는 식별 가능한 것으로 간주한다. 또한 데카르트의 심신이원론은 반대하지만, 심신이원론으로부터 추론할 수 있는 심행이원론은 여전히 받아들이고 있다. 이것은 설명이 해석과 구분되어야 한다는 행동관찰법을 가르치는 학생 훈련매뉴얼의 제1원칙과 유사하다. 즉, 신체 움직임은 심리적 의도와는 관련 없다. 신체 행동은 관찰자가 알기 쉽지만, '정신적'이거나 '고의적인' 의미는 모호하고 해석이나 추론을 통해서만 알 수 있는 것처럼 보인다. 대학교 1학년 학생들은 그 '의미'로 이루어진 행동을 혼동하더라도 용서받을 수 있을 것이다.[3] 정신과 행동이 관련 없다는 믿음은 때때로 종교 교리처럼 확고하다.

이상하게도, 정반대 입장의 두 심리학파가 모두 이러한 구별과 가정(심신이원론, 심행이원론)을 전제로 한다. 행동주의는 20세기 초에 강경하게 정신에 관한 모든 논의를 거부했고, 이원론을 견지했다. 그리고 인지주의는 20세기 말에 행동주의에 대한 반작용으로 정신에 대한 기본적인 탐구에 초점을 두며 행동을 배제했으나, 마찬가지로 이원론을 받아들였다.[4]

이른바 상반된 두 학문은 이론적으로 서로 양립하지만, 다른 한쪽을 필요로 한다. 즉, 인지주의는 학문적으로 아직 확립되지 않은 현상을 설명하기 위해 행동주의의 업적을 필요로 한다. 예를 들어, 복잡한 인지적 표상 능력의 발달을 설명할 때 이론가들은 이 능력의 발달에 관해 설명하기 전 이해를 돕기 위해 무엇을 할 수 있을까? 이론가들은 인지적 표상이 어떻게 발달하는지에 관해 발달적 설명을 해야 할 뿐만 아니라 앞서 무엇이 논의되었는지를 설명해야 한다. 이를 위해 인지적 표상 이론가들은 '이해'를 통해 연합, 학습, 또는 조건화를 기반으로 '이론상의', '표면적인' 행동을 이해하면서 논리적으로 설명해야 한다고 말한다. 이해의 측면에서 '실재'로 여기지는 않지만 초석(정확한 선구자) 또는 그야말로 '가짜' 기술로서 이런 초기 현상을 늘 행동주의 용어로 기술했다. 분명 인지주의는 어쩔 수 없이 발달과 관련하여 행동주의를 전제로 한다! 마음의 이해와 관련하여, 단지 행동과 마음을 지각할 뿐 마음의 인식이 불가능한 단계이며, 그 후 이 단계는 진보된 개념에 의해 사라진다. 영아가 행동주의자로 삶을 시작하지만, 아동기에는 인지주의자가 된다는 내용과 일맥상통한다. 또한 비슷한 유추는 마음에 대한 지식의 점진적인 발달을 고려하며 계속된다. 짧은꼬리원숭이나 개코원숭이 같은 원숭이는 (행동을 관찰하고 기술하는) '생태학자'로 생생하게 묘사되는 반면, 유인원은 (행동을 심리학적 용어로 해석하는) '심리학자'로 묘사된다. 이때 행동주의적이거나 인지주의적인 이해를 단일하고 순차적인 발달 경로에 포함시키는 메타이론을 적용하여 진화이든 인간발달이든 간에

행동주의적인 이해가 인지주의적인 이해에 (반드시) 필요한 단계라고 결론지으면서 말이다.[5]

형이상학적인 문제('마음을 읽는 것'과 '행동을 읽는 것'의 구분은 마음을 신체로부터 완전히 떼어놓는다고 가정한다)와 발달적인 문제(단순히 행동을 관찰하는 것에서 마음의 존재를 가정하는 것으로 생각을 변화시키기 위해 상대방이 납득하도록 설명하는 것은 매우 어렵다)는 물론 방법론적인 문제이기도 하다. 만약 두 가지가 완전히 다른 범주에 있다면, 한 가지를 나머지와 비교하여 실험할 수 있다. 그러나 단지 각 영역에 관한 설명은 그 영역에 관해서만 가능하다. 우리는 표상의 설명이 단지 추측에 불과하다는 만족스럽지 못한 진화와 발달의 모습으로 남겨져 있다. 데카르트의 사상에 대한 의문은 여전히 존재하며, 현대 심리학의 심신이원론에서도 그러하다. 심지어 과학자들이 마음을 뇌의 소프트웨어에서 하드웨어로 간주하는 것처럼 물리적인 용어로 묘사하는 방식을 즐길 때조차 알려진 추측 이외에는 궁극적으로는 접근할 수 없다고 설명했다. 이러한 모델에서 사용자는 소프트웨어를 읽지는 못하지만, 그것의 효과와 상호작용 안에서 행동만은 알 수 있다. 그러나 전문가가 바로 읽고 쓰는 컴퓨터 소프트 프로그램과 다르게, 이러한 도식에서의 마음의 소프트웨어는 몇몇에 따르면 초현대적인 신경과학자 이외에는 전문가도 읽어내지 못한다. 마음을 강조할 경우, 심리학자와 일반인 모두 소프트웨어라고 알려진 것들에 대해 무지한 것처럼 보인다. 즉, 단순히 추측만 가능하기 때문이다. 따라서 마음에 관한 현대적인 모델은 데카르트 사상과 다르지 않으며, 마음과 행동 간의 차이에 관해서나 존재론적인 관점에서 차이를 받아들이지 않을 때조차 인식론적 관점에서 변함없이 그 입장을 고수하고 있다.[6] 두 학문에 의하면, 타인의 마음은 추측하는 것 외에 눈으로 보거나 대하기 어렵다고 한다. 그러나 이것이 왜 문제가 될까? 이에 대해 세 가지 문제, 즉 불확실성, (영혼)육체이탈, 개인적 영역을 알아보려고 한다.

차이에 관한 문제들

견딜 수 없는 불확실성

첫 번째 문제는 확실성이다. 데카르트의 '변명'은 마음을 신에 의지하여 추측하므로 받아들일 수가 없다. 오늘날의 과학은 오로지 감각을 통해 우리가 경험한 사실만 알고 믿는 심각한 경험주의자이다. 결과적으로 타인의 마음을 확실히 안다는 것은 과학적으로 풀 수 없는 문제이다. 만약 우리가 경험한 것 이외에 다른 것은 아무것도 알 수 없다면, 그리고 자신의 마음조차도 알 수 없다면, 만약 '이론-이론'으로 알려진 내용만을 받아들인다면, 타인의 경험을 알 수 있는 방법은 절대로 없다는 불가피한 결론에 이른다. 본성은 물론 타인의 마음의 존재에 대해 확실하게 알 수 없다. 이것은 '타인의 마음에 관한 문제'의 핵심이다. 이러한 가정에 의하면 타인의 마음을 아는 것은 불가능하다. 그러나 일상생활에서 경험한 바에 의하면 실상 타인의 마음을 알 수 있다. 알려진 바로는 데카르트가 타인의 마음이 존재한다는 사실에 확신을 갖지 못하고 다른 사람의 마음을 설득하기 위해 공들여 글을 쓰는 것이 너무 어려워 괴로움을 호소했다고 한다.[7] 그러나 일반인들에게는 아무 상관없다고 논할 수 있다. 일반인은 타인의 마음이 존재한다는 것과 그 본성에 관한 진실을 정립하기 위해 애쓰는 과학자가 아니다. 확실성은 철학자와 과학자가 주장하는 것과 같은 방식으로 사람들과 함께 매일 다루어야 하는 주요한 사안이 아니다. 그러나 일반인들 역시 실제로 불확실한 상황을 겪는다면 살아남을 수도 제대로 기능할 수도 없다.

나는 학부과정에서 '타인의 마음을 이해하기'라는 과목을 가르친 적이 있다. 가장 흥미로웠던 사실은 언제나 둘째 주가 되면 학생들이 좌절했다는 점이다. 대다수는 그들이 타인의 마음이 가지고 있는 '내용'을 확실히 알 수 없다고 단언하며 자신만만하게 시작했다. 그러나 그들은 의기양양하게 또 다른 두 가지 신념을 가지고 있었다. 첫 번째는 다른 사람들이 마음을 지녔다는 점에 대해 전혀 의심하지 않았으며, 두 번째는 그들이 살면서 다른 사람의 생각이나 감정을 때때로 확실히 알아차렸다는 점이다. 첫 번째 신념에 대한 이유는 분명했다. 그들은 마음을 볼 수 없고, 다가가기 어렵다고 생각했기 때문에 그 마음이 지니고 있는 '내용'에 대해서 아무도 확신할 수 없었다. 두 번째 신념에 대한 이유와 세 번째 신념 역시 명확했다. 그들은 매일 마음의 존재와 본성에 대해 통계학적 추측보다는 확실성을 가지고 다른 사람들과 상호작용을 했다. 그리고 확실성을 부정할 수도 주장할 수도 없었기 때문에 모순에서 벗어나 만족스러운 방법을 찾지 못해 그들은 좌절했다. 그들은 의문의 여지가 없는 마음의 비밀스러운 부분을 확신하면서도 사람들 간의 이해와 신뢰 가능성을 지나치게 순응했고 다른 사람의 마음이 존재한다는 의문을 갖는 그들 자신의 논리적 모순에 질려버렸다.

마음의 투명성에 관한 모순된 신념들은 일반적이다. 반면, 대다수의 문화는 마음을 꿰뚫어보기 어렵다는 속담이 있다. 예를 들어, 러시아 속담 중에 "다른 사람의 영혼은 잴 수 없다", 우르드어(語)로 "금은 잃어버리면 그 가치를 알지만 사람은 잃어도 그 가치를 알 수 없다"는 말이 있고, 셰익스피어조차 "얼굴만 보고서는 마음의 본성을 알 수 없다"고 했다. 그리고 모든 사람들은 인간관계에서, 심지어 친한 사이에서도 언제나 속임을 당할 수 있다는 점을 안다. 다른 한편으로, 사람들은 다른 사람의 생각이나 감정을 알아가고 믿는 것을 매우 중요하게 여긴다. 톨스토이가 쓴 안나 카레니나의 한 장면에서, 사람들로 가득 찬 러시아 양식의 응접실에서 최근에 약혼한 레비와 키티가 서로의 암호화된 언어를 정확하게 추측하고 서로 말하지 않은 생각을 알아차림으로써 둘은 믿을 수 없을 정도로 친밀감을 느꼈다.

우리는 다른 사람의 감정이나 생각을 의심하거나 짐작하기보다 알아감으로써 우리 개인 삶의 대부분을 영위한다. 우리가 아끼는 사람들의 마음을 알아내는 능력이 전혀 없다면 이로 인해 생기는 결과를 결코 감당하기 어려울 것이다. 만약에 우리가 완전히 홀로 있다거나 우리의 마음 세계가 불확실하기만 하다면, 인생은 살 만한 가치가 없다. 우리는 그렇게 되어야만 한다고 생각하는 암흑 세상 속으로 들어가게 된다. 우르술라 르 귄이 말했듯이 "T. S. 엘리엇이 쓴 시에서, 인류는 현실을 감당할 수 없다고 말하는 새가 등장한다. 그러나 새가 틀렸다. 인간은 80년 동안 우주의 전체 무게를 견딜 수 있다. 그가 견딜 수 없다고 한 점은 비현실적이다."[8]

그러나 그 문제는 불확실성에서 오는 견딜 수 없는 고독보다 훨씬 더 크다. 우리가 의식에 둘러싸여 살았다면 우리는 제대로 기능하지도 결코 관계를 받아들이지도 못했을 것이다. 만일 불확실하다면, 합심하여 무언가를 해내기 위해 우리는 최소한 불확실성의 부재가 필요하다. 그리고 우리는 마음으로써 계속 존재하고 발달하려는 그들을 그리고 우리를 위해 합심해야 한다.

(영혼)육체이탈의 불가능성

영혼의 육체이탈은 심신이원론의 두 번째 문제이다. 행동 관찰이 그 해석과 분리될 수 있을까? 실제로 마음을 신체의 움직임으로부터 구분할 수는 없다. W. B. 예이츠는 인간의 행동으로부터 인간을 분리해내는 어려움과 관련하여 "오 음악에 맞춰 흔드는 몸, 오 반짝이는 눈짓, 우리는 춤으로부터 춤추는 사람을 어떻게 알 수 있는가?"라고 물었다. 행동의 맥락적 현상(춤추는 사람)에서 완벽한 형태(춤)로 행동만을 따로 분리할 수 없다면, 어떻게 매일매일 실제 표현(행동)에서 이상적이고도 감추어진 형태인 마음만을 구분해낼 수 있을까? 마음이 신체 움직임으로부터 분리되었던 적이 있기는 할까?

데카르트에게 신체는 마음을 알아차리는 데 있어 아무런 관련이 없었다. 어떤 사람들이 말하길, 그는 육체에서 '영혼을 분리'하였다. 그러나 현상학자와 같은 다른 철학자들에게 신체는 비인격적인 존재이자 마음의 명령에 무조건 복종하는 불확실한 기계가 전혀 아니며, 신체는 의도를 지닌 그 자체이다. 신체는 의도적이고, 우리 존재의 표현적인 핵심이었다. 그리고 타인의 마음에 대한 기초적인 지식을 형성하는 신체들 간의 연결고리였다. 프랑스 현상학자 메를로-퐁티는 "다른 사람의 몸을 지각하고, 다른 그 몸의 경이로운 부분 중에 나만의 목적을 발견하는 그것이 세상을 다루는 익숙한 방식인 바로 내 몸이다."[9]라고 말했다. 현대 신경과학은 신체들 간의 거울 뉴런이라고 불리는 발견을 통해 이러한 차이를 종식하는 데까지 근접해가고 있다. (비록 타인의 사고방식을 지각하는 것처럼 타인의 신체적 표현을 지각하는 것에 관해 논의되고 있지만 여전히 금기시되고 있다.) 마음의 진화에 대해 지속적으로 관심이 있던 다윈에게도 신체는 그 자체로서 의도적인 독립체이며, 이리한 신체 움직임의 지각 시스템과 구분하여 이러한 의도성에 관한 해석 시스템을 구분하는 질문은 진화적으로 모순된다.[10] 이러한 관점에서 보자면, 마음은 살아 있는 신체 활동의 방식이 되며, 분리되어 있다거나 뒤에 숨어 있다거나 행동을 이끄는 것은 아니다. 길버트 라일의 말을 빌리면, 마음은 명사라기보다 행동을 제한하는 부사와 같기 때문에 더 잘 보인다. 예를 들면, 우리가 불안해하며 앉거나, 조심스럽게 걷고, 자신만만하게 움직이고, 신중하게 걸음을 멈추고, 주의 깊게 살펴보고, 결단력 있게 목표를 성취하는 것 등을 들 수 있다. 이러한 행동에서 사고는 독립된 과정처럼 보이지 않지만, 행동 그 자체의 특성처럼 보인다. 입장에 관해 이해하기 위해 마음에 관한 이러한 의견들의 영향은 만약 마음이 신체를 행동하도록 한다면 만천하에 드러나지, 은밀하지는 않다. 마음을 알기 위해 추론이나 이론이나 이야기는 필요 없다. 마음은 지각할 수 있도록 투명하다. 그러므로 영아들 혹은 그 문제와 관련하여 어른들, 다른 동물들, 심리학자들이 반드시 또는 항상 이러한 행동 특성을 인식한다고 말할 수 없다. 그렇게 말하기 위해 우리는 식별력과 의미에 관한 증거가 필요하다. 하지만 원칙적으로, 최소한 그들은 인식할 수 있다.

몸과 분리된 마음에 있어서 다른 감각은 육체의 가면 뒤에 숨겨진 일종의 숨은 존재가 아니라 지적인 활동으로 추정해야 하며 '표상'으로 존재하는 순전히 개념적이거나 '정신 표상의' 존재로 그것을 나타내왔다. 이러한 관점은 상상이나 추론을 통해서만이 정신이 '실재'로 보인다는 점에서 몇몇 현대적인 접근과 유사하다.[11] 실재가 아니라 정신적이거나 심리학적, 가상적인 존재로 정의하면서 마음을 가진 유기체가 세계와 어떻게 관계 맺는지를 설명할 때 문제가 드러난다. 그러나 유기체의 마음에 대해 알아감으로써 함축된 의미는 유사해진다. 발달적인 관점에서, 비현실이 가상이나 상상할 수 있는 시점에 도달할 때까지 마음은 날뛰기 십상이다. 개념적인 현실을 강조하는 의견을 받아들이지 않는 다른 이론가들은 마음이 최초로 관여하는 '표상'을 중시한다.[12] 이러한 주안점에 따라 마음을 이해하는 데 있어서 아동의 과업은 곧 표상을 이해하는 것이다. 그러나 표상은 마음이 무엇을 하는가에 관한 첫 번째 양상이지만, 이러한 측면을 과도하게 중시할 경우 영아나 다른 사람들과 심리적인 관계를 형성하는 데 문제가 될 수 있으며, 실제로 표상이 어떻게 발생하는지 이해하는 것에서조차 문제가 될 수 있다. 다음 장에서 보게 되듯이 표상은 행동을 무시한다는 오해를 일으킬 수도 있다.

개인적인 영역

세 번째 문제는 심리학 현상인 개인적 영역에 몰두하는 것이다. 만약에 다른 사람들과 대화를 하는 도중에 인상적인 누군가에 관한 생각, 회의 중 누군가의 실수에 웃음을 참으려고 노력하는 모습, 퍼즐의 맞지 않는 부분 때문에 얼굴을 찡그리며 드러내 보이는 아동의 집중력, 초콜릿 케이크를 보고 즐거워하는 행동 또는 장난감 박스 아래에 비스킷을 급하게 숨겨 속이려는 의도 등 다른 사람의 행동이 갖고 있는 정신적 특성을 지각할 수 있다면, 어떻게 개인적인 영역이 마음일까? 일부 마음 경험들은 개인적일 수 있지만 마음 경험이 반드시 그리고 **발달적으로도** 그러할까? 무엇을 개인적인 경험의 영역으로 생각해야 하는지에 대해 중요한 두 가지 이유가 있다. 첫째는 발달과 관련되며 둘째는 문화와 관련된다.

개인적인 영역이 갖는 발달 문제 사생활 그리고 공유 경험에 관한 대표적인 사고방식은 개인의 정신 상태에 관한 의사소통이 발생할 수 있는 출발점으로 개인적인 영역을 떠올리게 한다. 이러한 주장에도 오류가 있을 수 있다. 한편, 발달적으로 본다면 그것은 거짓이다. 첫째, 발달상의 측면에서 말하자면 개인적인 것은 공개적인 것보다 훨씬 더 어렵다. 많은 방식으로 이러한 의견이 진실이라는 사실은 쉽게 알 수 있다. 우리는 영아가 울고, 웃음 짓고, 고개를 돌리고, 얼굴을 찡그리는 모습을 볼 수 있으며 이는 고통, 즐거움, 흥미를 표현하기 위해 공개적으로 자신의 감정을 보여준 행동이라는 점을 의심하지 않는다. 하지만 성인이 되면 영아처럼 자신의 감정을 쉽게 드러내기 어려우므로 그러한 행동을 우리는 의심할 수 있다. 그리고 이 점은 성인과 영아가 가진 중요한 차이점이 된다. 둘째, 발달적으로 협동 행동과 공유 경험은 개인적인 경험에 관해 이야기하는 것보다 먼저 드러난다. 타인에게 자신의 생각, 감정, 인지, 의도를 말하는 행동은 타인의 생각, 감정, 인지, 의도와 서로 오랫동안 관계를 맺은 이후에만 나타난다. 게다가 '사적' 언어가 '공적' 언어에 선행한다는 체계적인 연구결과는 이런 주장을 뒷받침해준다.[13] 정신 상태에 대한 의문은 발달적 측면에서 후기에 발생하며, 정신 상태에 관한 대화는 정신 상태를 공유한 선행 역사 이후에 발생한다고 본다. 이러한 발달적 요소들은 발달적 요인의 기준을 통해 주객을 전도시킬 수 있으며 결과의 방향을 바꿀 수 있다. 만약 우리가 개인적인 영역을 인정하는 정신 상태의 공유 경험을 주장한다면 더 나은 발달 감각을 갖도록 해준다. '공적'인 공유는 비밀과 같은 '개인적'인 것에 다가갈 수 있는 필수적인 발달적 단계이며 이것 이외에 개인적인 비밀에 다가가는 다른 방법은 없다. 상호 심리적 접촉에 진실한 관계가 있다면 스스로를 이해할 수 있도록 도와주지만 진실한 관계가 없다면 스스로를 이해하는 것은 불가능하다.

개인적인 영역이 갖는 문화적 문제 또 다른 관점은 개인적인 영역의 의문에 대해 생각하도록 우리를 돕는다. 문화와 다른 문화 관습은 개인적 영역, 공유 경험과 관련되어 존재한다. 서구문화에서는 우리는 우리 자신을 개별적인 문제들과 경험들, 수많은 가능한 방법들 중 하나의 삶의 방식으로만 보기 어려운 사고를 가진 독립된 개인으로 생각하는 경향이 있다. 어떤 문화에서 문제, 손실, 어려움, 승리, 의심, 우유부단함, 고난은 절대로 한 사람에게 달린 것이 아니라 오히려 사람들 사이에서 발생한다. 만약 당신의 경험이 전적으로 서구문화 안에 있다면, 이러한 주장을 믿기 힘들며 사람들과 함께 살아가기 매우 어려울 것이다! 그러나 나는 서로 다른 두 문화권에 속해 있었기 때문에, 사건을 통해 경험한 다양성이 혼자만의 것이 아닐 때 끊임없이 이끌렸다. 예를 들어, 서구문화에서 유족들에게 어떤 감정 상태인지를 물어보며 동정심을 표현하는 것은 보편적인 일이다. 하지만 '집단주의' 문화에서는 특수한 경우일 수 있다. 그리고 방문객에게 결코 어떠한 요청도 하지 않았음에도 불구하고, "당신의 기분은 어떤가요?"라고 건네는 말은 심도 깊은 이야기이다. 그것은 감정에 대한 책임감과 슬픔에 대한 주인의식을 가지며 곧바로 책임감을 가지도록 이끈다. 그것은 거론할 필요도 없이 분명히 공유한 그 어떠한 행동에 관해 사건, 감정, 그리고 책임감을 만들어낸다. 우리에게 흥미로운 사실은 당신 주변의 모든 사람들을 알아가고 '당신의' 일상에서 사사건건 '간섭하는' 것이 개인적이거나 공개적인 당신의 정신적 삶의 방식을 실제로 바꿀 수 있다는 데 있다.

Nico Frijda와 Batja Mesquita는 타인들이 어떤 감정과 생각을 하고 있는지와 관련하여 사람들의 예측에 관해 문화적 차이가 나타난다는 색다른 연구를 했다. 그들은 전통적 문화권에 사는 사람들이 타인의 상황에서 정신 상태, 감정에 대한 지식을 산업화된 현대 문화에 있는 사람들보다 더 많이 알고 있다는 사실을 발견했다.[14] 하지만 문화적 차이 그 자체로는 의미가 없다. 단지 추정하는 정보는 실제 존재한다고 보기 어렵다. 그러나 이 주장은 다른 사람의 문제를 함께 다루고, 서로 도우며 해결하기를 바라는 높은 수준을 가진 문화권에서 나타난다. 중요한 점은 바로 이것이다. 타인의 '상황'과 연관된 빈번하고 강력한 행동을 사실상 이러한 상황들에서 정신 상태의 개인적 영역과 덜 연관시킬 수 있을까? 이 주장은 이상해 보일 수 있지만 잠재적으로 중요하다. 그들 각자의 문제에 대해 두 사람이 함께 알고 행하여 책임감을 공유할 때, 생활 상황이 공유될 때, 실제로 어떻게 개인적 영역이 정신 상태로 실현될 수 있을까? 공상과 상상력 역시 타인과 공유된다.

'개인적인 경험이 존재할 수 있을까?'라는 질문은 옳지 않다. 물론 이러한 질문을 할 수 있지만 더 좋은 질문은 '개인적인 경험이 항상 존재할까?'이다. 그리고 '어떤 조건들이 개인적인 경험을 존재하지 못하게 할까?'와 같은 질문을 던지는 것이 낫다. 좀 더 공적인 상황에서 협동, 책임감을 공유하면 타인과의 관계에서 조금 더 마음 경험이 드러날 수 있다. 마찬가지로 사람들 사이에서 개인적인 행동이 더 예상될수록 마음 경험 또한 더 개인적인 것이 된다. 서로에 대해 알기 위해서는 필수적으로 무엇인가를 함께해야 한다.

이와 같은 생각은 문화적 집단 사이에서뿐만 아니라 사람과의 관계에서도 차이를 분명히 드러나게 한다. 다른 사람과 오랜 기간 동안 함께 일하거나 놀이의 일환으로 함께 그 상황에 참여했다면 타인의 생각, 의도, 인지적 경향성, 공상까지도 알 수 있는 부분이 많다. 가까운 관계에서 상대방에 관한 궁금함은 종종 서로의 마음을 아는 데 있어 공유된 삶과 관련이 없다는 증거로 활용된다. 그러나 이는 설득력이 부족하다. 자신과는 다른 타인의 삶의 방식을 함께하면 공유하는 생활 범위가 꽤 넓어진다. 50년 동안 누군가와 함께 살았더라도 생활과 경험이 특정 사건을 개별적으로 분리시킬 수 있다. 즉, 개인은 타인과 생활 사건을 공유하는 것이 아니라 공간과 시간을 공유한다. Margaret Donaldson의 말을 빌리자면, 삶을 공유하기 위해 당신은 타인과 고민, 목표를 공유해야 한다.[15] 함께한다는 사실은 오랜 관계이며 '개인적' 경험을 드러낼 뿐 아니라 사실 공적인 경험을 더 많이 만들어갈 수 있도록 해준다. 개인적인 영역은 사람과의 관계에서 이중으로 문제가 발생할 수 있는데, 첫 번째는 관계를 방해할 수 있고, 두 번째는 정신적인 경험이 줄어들 수 있다.

따라서 차이와 관련된 세 가지 문제점으로 불확실성, 영혼의 육체이탈, 그리고 개인적인 영역이 있다. 그렇다면 대체로 차이를 가정한 이후에는 얼마나 연결이 되어야 하는 걸까?

(추정되는) 차이를 연결해보는 관점

아기들 또는 아이들이나 어른들, 다른 동물들, 심지어 심리학자들은 이렇게 제기된 심오한 차이와 관련된 심리학적 존재로서 타인에 대해 어떻게 알아 갈 수 있을까? 이 질문에 관한 대표적인 답은 두 가지가 있다.[16] 첫째는 타인의 마음을 자신과 관련하여 아는 방법으로 1인칭 접근이라고 부를 수 있다. 유추법 혹은 주장이나 시뮬레이션 이론에 관한 현대적 적용으로 일반적으로 철학에서 알려진 1인칭 접근은 차이를 연결해서 보고, 타인의 신체를 보며 자신과 유사한 신체로 인식한다고 주장한다. 타인과의 관계에서 자신을 보는 것은 당신이 타인을 한 사람으로서 인지할 수 있도록 돕는다. 또 다른 방법은 3인칭 접근으로 철학에서 가장 적합한 가설을 찾는 접근법 혹은 마음 이론의 대중적인 이론이며 현대적 용어로 알려졌다. 논쟁은 여기에 있다. 3인칭 접근으로 빈 공간을 연결하여 볼 경우, 영아는 타인과 자신을 보는 것이 아니라 자신과 타인을 신체적 양상으로 본다. 이러한 양상과 동시 발생성에 관한 해석은 수정될 수 있다는 마음의 존재와 본성의 가설로 이끌 수 있다. 3인칭 접근은 영아가 사람을 사람으로 발견하여 나타내는 논리적 결말로 통한다.

1인칭 접근과 3인칭 접근은 공통적으로 타인의 마음에 쉽게 접근할 수 없다는 차이를 극복하기 위한 전제조건이 되며 그러므로 두 접근은 다리 역할로 차이를 연결 짓는 데 필수적이다. 양 끝에 있는 마음에 다가가기 위해 이러한 다리 역할은 현대 용어로 혹은 마음의 본질로 구성되어야 하며, 정신 표상과 관련지어야 한다. 이러한 해결책은 두 가지 다른 측면에서 의견이 다르다. 즉, 두 가지 측면은 이러한 표상을 이끌어 내는 곳(자기 안의 경험 대 타인 관찰로 얻은 경험)과 어떻게 발달되는지(자기 참조 대 가설 검증)이다. 이러한 각각의 해결책은 성인으로서 타인을 이해하고 차이를 연결하는 과정이 어떻게 이루어지는지 몇 가지 방식을 통해 분명히 깨달을 수 있게 해준다. 그러나 논리적인 적절성과 영아발달에 관한 설명에 몇 가지 문제가 있다.

유추 : 1인칭 경험에서 시작하기

존 스튜어트 밀은 몇몇이 말한 것을 참작하여 유추를 처음으로 주장한 사람이다. 데카르트가 그랬던 것처럼, 밀 역시 적어도 자신의 정신 상태에 접근하는 직접적이고 특별한 방법이 있다고 주장했으며 유추를 통해 타인의 화난 모습을 이해하는 과정을 예로 들어 설명했다. 주먹을 휘두르고 발을 구르는 사람을 보게 된다면 우리가 화가 나서 비슷한 동작들을 했고 화가 난 감정을 경험했던 지난 일들을 떠올리게 된다. 우리는 몸도 우리가 갖고 있는 어느 정도 유사한 정신 상태를 갖고 있어야 한다는 사실에 관해 경험을 바탕으로 유추를 통해서 추론한다. 유추를 통해 이해하는 것은 우리의 일상과 닮아 있으며 이러한 해결책이 우리에게 믿을 만하게 보이는 이유이다. 예를 들어, 개인적으로 이혼, 아이의 죽음, 부모의 상실, 영아에서 10대로의 변화 등 외상을 경험해보지 않은 사람 중에는 어떠한 감정이 비슷한지 알 수 없다. 우리는 자신의 경험이 그 순간에 제한되어 있기 때문에 어떤 사람의 감정이 무엇인지 알아맞히는 데 실패한 순간이나, 다른 한편으로 우리가 자신의 과거에서 유사한 어떤 점을 깨달으면서 어떤 사람의 상태에 대해 갑자기 깨닫는 통찰의 순간이 있다.[17]

그러나 정말로 유추가 타인의 마음에 관한 지식의 기초가 될까? 유추는 타인의 마음의 존재를 깨닫기 위한 연결고리로서 믿을 수 없을 만큼 취약한 편이다. 유추는 최소한의 소수로 증명된 사례를 확장하여 연구한다. 타인의 마음에 관한 사례에서, 우리가 한 번이라도 경험한 적이 있는 일이라면 한 사례로부터 과잉일반화시킬 수도 있다. 만일 우리의 경험이 실제로 너무나 개인적이라면, 왜 우리는 타인의 마음이 존재한다는 사실을 일반화하고 싶은 걸까? 게다가 만일 유추가 타인의 마음에 다가가는 단 한 가지 방법으로 우리에게 제시된다면, 그것은 우리가 가지고 있는 타인의 마음에 관한 정보를 자신의 경험으로 원천 봉쇄시킨다.

철학자 루드비히 비트겐슈타인은 마음에 관한 지식의 자료로서 '자신에게 다가가는 특별한 방법'이 있다는 이 가정에 대해 심도 있는 비평을 하였다. 그의 주장은 언어에 강조점이 있으며, 사적 언어의 가능성을 거부한다. 그럼에도 불구하고 이것은 마음에 관한 논쟁과 관련성이 높다. 비트겐슈타인은 자신에 관한 정신적 경험의 지식이 중요하다고 여기기보다는 전제조건으로 사람들 사이의 정신적 경험을 공유해야 한다고 주장했다. 만약 우리가 화난 감정을 경험했지만 타인의 감정을 알지 못하고 공유하지 않는다면 어떻게 화난 감정이 그 감정과 같다는 것을 알 수 있을까? 화난 감정은 우리가 가지고 있던 '어떤 것'을 뛰어넘을지도 모른다. 공유의 한 양상으로서 타인과 함께하기 때문에 관계는 전체가 되고 이후에 명명되며 더 많이 공유하게 된다.

유추에서 파생된 현대적 견해인 시뮬레이션 이론은 더 복잡한 개념들을 활용하여 설명하지만 본질적으로 영아가 어떻게 타인의 마음을 알게 되는가에 대해 비슷하게 설명한다. 신체 사이에서 행동의 유사성을 지각하면서, 개인은 오로지 일반적으로 그 행동에 달려 있는 자신의 정신적 경험에 접근해야 하고 타인의 마음에 관한 내적 모델로 이러한 경험을 활용해야 한다. 타인의 감정이 발생한 상황을 인지하면서, 개인은 그 상황 안에 자신이 있다면 자신이 지닌 경험에 관한 '시뮬레이션'이 작동되고, 이러한 시뮬레이션을 통해 타인이 무엇을 느끼고 생각했는지를 똑같이 느끼고 생각할 수 있다. 타인의 마음을 이해하는 것은 자신에 기초를 두어 귀속시키는 것이다.

이러한 신체의 유사성과 상황의 유사성은 사실상 시뮬레이션에 적용하기 위해 어떻게 인식되는 걸까? 아기는 타인에 대해 알고 있는 지각 정보가 자기에 대해 알고 있는 자기수용적인 정보와 (겉보기에) 일종의 유사 경험과 연결되어 있는지 어떻게 깨달아갈까? 이런 전제 속에서 하나의 현대적 답은 유사성에 관한 표현의 형태 혹은 '나와 닮은'이라는 표현들이다. 자신과 타인의 심리적 차이가 여전히 존재하는 데 있어 한 가지 현대적 해답은 타인 안에 있는 마음의 인식이 인지를 통해서 나타나는 것이 아니라 귀인의 결과라고 주장한다. 그러나 자신과 타인의 신체적 차이는 혼란스러운 부분이 있다. 자신과 타인의 심리적 차이를 극복하기 위한 출발점은 '나와 비슷하네'라고 타인의 인식을 허용하는 신경학적 '신체 도식'을 소유하는 것에서 비롯된다. 타인의 감정을 이해하기 위한 다음 단계로, 영아에게 주관적인 상태를 발생하게 하는 타인의 신체 움직임을 모방하는 것으로 나타난다. 일단 영아가 자신의 정신 상태를 경험한다면 그다음에는 경험한 상태를 타인에게 귀속시킬 수 있다.[18] 자기에 대한 유사성에서 이런 인식의 다른 견해를 보면 약간 다르다. 행동의 유사성에 관한 즉각적인 지각에서부터 출발한다기보다는 '나랑 같다'고 동일시하는 선천적인 경향성에서부터 시작하며, 그 후 아이가 이미 경험했던 무언가를 타인에게 귀속시킨다. 그리고 자신의 정신 상태에 관한 아기의 지식이 발달하면서, 타인에게 조율하며 귀속시킨다.[19] 사실 이러한 현대적 답은 단순한 '1인칭 접근'으로 설명되지 않는다. 자신에 관해 초기의 이론을 세우거나 '행동에 관한 최초 이론'으로 인해 '3인칭 접근'의 형태로 설명한다.[20]

최근에 반응 신경 활동에 대한 발견을 지지하는 파르마대학의 이론가들은 '경험'에서 타인의 상태를 더 직접적으로 설명하였다. Vittorio Gallese는 공유된 신경 상태가 다른 두 신체를 깨닫고 유사한 감각을 통해 관찰자를 일깨우며 '마치' 그 또는 그녀와 같은 일을 겪었던 것처럼 '객관적 타인'이 '또 다른 자기'로 되어간다고 말했다. 이 이론은 타인과 신체를 함께 공유한다는 심리학적 중요성을 떠올리게 했다.[21] 이러한 이론은 차이를 연결시킬 수 있는 연결고리로서 중요한 역할을 하지만 자기와 같게 타인을 인지할 수 있어야 하거나 혹은 '타인 안에서 자기'를 볼 수 있어야 하기 때문에 영아에게는 **충분치** 않다. 유사성을 인지하는 것은 타인과 관계 맺기나 대화를 위한 동기를 제공하고, 함께하도록 자극하는 반응적인 감정을 설명하기에 부족하다. 또한 신체 사이의 연결을 확고하게 할 뿐 아니라 심리적 유사성을 인지하기 위한 자료로서 신체를 표현할 수 없으므로 반응성과 관련성을 설명하기 위한 다른 방법이 필요하다.

이론 : 3인칭 관찰에서 시작하기

유추가 가지고 있는 문제를 극복하고 우리가 자신의 정신적 경험에 다소 특별하게 접근한다는 문제가 많은 가설을 피하는 한 가지 철학적 해결책은 모든 정신 상태에 대해 연역적 추론에 근거해 더 확고히(즉, 폭넓게) 떨쳐내면서 전반적으로 모르는 체하는 것이다. 한 가지 사례처럼 특정한 자료에 국한하지 않고, 우리는 관찰된 행동의 의미에 관한 지적인 호기심으로 시작하거나 행동 속에 '숨겨진' 마음의 가설과 이론을 점차 발전시키며 일상에서 그 가설을 검증해본다. 그다음 가설을 버리고 수정하는 단계를 거친다. 마지막으로 가장 잘 맞는 정보의 가설을 통해 구체적인 견해를 결정한다. 이러한 해결과정을 따라가보면 마음은 '실제'라기보다 이론적 가설 또는 추측이며, 데카르트와 유추로 추측된 논쟁을 경험할 수 있는 핵심이다. 과학자들처럼 그들의 가설을 검증해보다가 오히려 지지할 수 없는 가설들을 점점 버리게 되는 것이 아니라 3인칭 접근은 사람들이 우리가 발견한 적절하지 못한 가설 속에서 살아간다고 지적한다. 그리고 이것은 우리가 끊임없이 그들에 관한 가설로 사람들과 관계를 맺는다는 사실을 알게 해준다.

일상에서 가설을 검증하며 이론화하는 예를 쉽게 찾을 수 있다. 3인칭 접근에 관한 예들은 왜 그러한지를 이해할 수 있도록 돕는다. 대부분의 사람들은 우리의 삶 가운데 10대가 불평을 하는 이유가 무엇인지, 남자들이 문제에 대해 말하기를 꺼리는 이유가 무엇인지 등에 대해 이론을 만들어내거나 이론을 찾도록 강요받는다. 우리는 스스로를 이해하기 위해 특정 이론을 사용할 때 과거에 경험했던 상황을 활용한다. 예를 들어, "나는 온종일 우는 것 같아. 그러므로 나는 우울해야만 해." 혹은 "어쩌면 정말로 휴가를 떠나기 싫을 수 있어. 그러므로 나는 비행기 예약을 하지 말아야 해." 이론은 검증 가능한 예측을 보여줄 뿐만 아니라 경험도 바꿀 수 있다. 지속적으로 우는 행동은 우울을 나타내며, 피하는 행동은 싫어함을 보여주는 것처럼 이론은 특정 행동을 이끈다. 예를 들어, 스트레스 감소를 위해서 자신을 괴롭히거나 휴가를 취소하는 행동은 피해야 한다. 병리이론처럼 마음 이론은 사람들이 왜 그런지, 사람들이 무엇을 하는지를 설명해줄 뿐만 아니라 다른 사람들에게(나 자신에게도) 적절하게 **행동**할 수 있는 방법에 대해 유용한 지식을 제공해준다.

20세기 후반의 견해 이후로, 이러한 해결책은 발달심리학을 단번에 사로잡았다. 마음이론 혹은 이론-이론(theory-theory)으로 불린 3인칭 접근은 마음이론의 발달적인 측면을 통해 약 4세 아이가 타인의 마음과 타인에 대해 알 수 있을 뿐만 아니라 자신의 마음에 대해서도 알 수 있다고 주장한다. 이론-이론에 대한 현대적 견해들이 많이 있다.[22] 그러나 현대적 견해는 마음을 알기 위해 합리적이고 연역적인 방법이 필요하다고 가정하고 있다. 무의미한 감각자료일 수도 있는 개념, 가설 혹은 이론과 같은 추상적 개념은 심리적 사고를 이끌어내는 데 필수적이다. 이러한 추상적 개념들을 반영하여 현실화시키기 전에는 감각 자료들이 무질서한 혼란으로 표현된다. 일단 추상적 개념이 변하게 되면 관련된 정보는 마음을 인지하게 되고 의미 있는 행동을 할 수 있게 해준다. 이론은 (또는 타인 반영적 실현은) 타인의 마음을 공유하거나 자신의 마음을 경험하는 데에도 필수적이다. 이론 이전에 영아는 타인의 행동 패턴 이외에 다른 어떤 것으로 타인 행동을 이해할 수 없고, 함께 놀 수 없으며, 타인의 심리적 상태 그 자체에 반응하지 못한다.

더 최근에 나타난 다른 주장은 영아가 신체 운동을 주의 깊게 분석할 수 있으며 모든 종류의 신체 사건을 인지할 수는 있지만, 어떤 **정신** 상태도 이해하지 못한다고 말했다. 그들은 인간의 영아가 양육자와 감정을 주고받고 관계를 맺을 준비가 되어 있는 선천적 성향을 가지고 있다고 말한다. 그러나 이러한 주장은 영아 마음의 이론적 '발견'을 위해 사회적으로 계획된 비계의 발달을 이끄는 진화적인 장치로만 보았다. 이러한 정서 교류는 타인의 주관적인 상태가 어떠한지 또는 어쨌든 타인이 주관적 상태를 경험하는 사실에 대해 아기를 어떠한 인식을 반영한 존재로 보지 않는다. 상호주관적인 개념으로서 아기를 설명하는 이 선험적인 저항은 데카르트의 마음과 행동에 관한 심신이원론으로만 이해할 수 있다는 이야기이다. 하지만 데카르트 존재론의 반감은 너무 강해서 이러한 이론들은 때때로 신데카르트 개념으로 상호주관성을 표현한다. 상호주관성에 관련된 데카르트 학파와 신데카르트 학파의 견해에서 깊은 혼란이 발생한다. 만일 상호주관성을 타인에게 자신의 주관성을 기인시키는 것으로 본다면, 그것은 신데카르트 학파의 개념이 될 수 있다. 하지만 상호주관성을 주관성 사이에서의 관계라고 본다면, 그것은 데카르트 학파가 아니다. 영아가 상호주관성을 인식한다는 사실을 마음 내켜하지 않는 의견과 자신에게 다가가는 특별한 방법과 관련된 가설은 같은 출처에서 유래한다. 즉, 마음 특성을 추측만으로 타인들을 직접적으로 인지할 수 없다. 이것은 아기가 행동의 패턴을 알 수 있지만 정신 상태는 알 수 없다는 신데카르트 심신이원론이다. 영아는 선천적으로 양육자의 정서적인 행동과 연결을 이끌 수 있지만 정서는 연결하지 못한다. 영아는 우연적인 양육자의 행동에 반응하지는 않지만 만들어진 결과를 통제하고, 추구하려는 추동을 갖고 있다.[23]

차이에 관한 원인은 과학적으로 단순함(parsimony)을 추구하는 열망에서 비롯됐다. 그러나 단순함은 심리학적 이론 내에서만 존재한다. 만약 우리가 마음을 인지하는 것보다 신체를 인지하는 게 더 간단하다는 이론만을 받아들인다면, 영아는 오직 신체 특성만을 인지한다고 시사되므로 더 단순해질 것이다. 그러나 현대 심리학이 대부분 그러하듯이, 신체로부터 마음을 분리하는 이원론을 받아들이지 않는다면, 마음의 지각으로부터 신체의 지각을 분리하는 이원론을 받아들이지 않으므로 더욱 단순해질 뿐만 아니라 더욱 논리적일지도 모른다.

그러나 영아가 신체만을 지각할 수 있다고 말한다면, 우리는 정말 이론을 통해 영아를 그들의 주관적인 경험으로 이해할 수 있을까? 철학자들이 주관적 경험의 질로 부른 특질(Qualia)은, 가령 빨간색의 느낌, 심장이 빠르게 뛰는 느낌, 사람의 몸에서 스며 나오는 불의 따뜻한 느낌과 같은 감정이 될 수 있다. 사고방식, 정신적 경험에 관한 이론이 그러한 느낌을 얼마나 찾아낼 수 있을까? 1인칭 이론가들이 타인의 마음을 알기 위한 근거가 되는 기본으로서 직접적인 경험을 주장하는 것은 논리적으로 타당하다. 1인칭 이론가의 이러한 견해와 이론-이론을 지지하는 사람들의 견해는 매우 다르다. 그것은 오직 감정 특성에 다가갈 수 있게 해주는 어떠한 경험일 뿐이다. 제3장에서 말하겠지만, 타인의 경험에만 다가가는 것은 그들이 했던 경험처럼 **똑같이** 느낄 수 있다고 가정함으로써, 임밀히 밀하자면 1인칭 집근은 종종 그들과 다른 반응으로 타인의 경험에 다가가는 기회를 놓치고 만다.

1인칭 접근과 달리 이론-이론은 감각과 관련된 문제뿐만 아니라 감정과 관련된 문제들을 가지고 있다. 어떻게 경험해보지 않은 채 감정을 이론화할 수 있을까? 인간의 심리를 이해하라는 임무를 맡은 화성인 또는 스타트렉의 구성원 중 한 명인 감정 없는 벌칸인이 오히려 인간의 괴상함, 상처, 예민한 마음에 관해 객관적인 이론 그 이상을 만들어낼 수 있다고 가정했다. 그들이 감정을 이해하는 능력은 우리와 차이가 있을 수밖에 없다. 왜냐하면 자기 안의 감정적 경험과 타인과 공유한 감정적 경험이 전혀 포함되어 있지 않기 때문이다. 적어도 이는 다른 이해 방식이다. 참여자의 이해보다 방관자의 이해 방식과 더 유사하다. 그리고 이론-이론은 이러한 객관화된 이해 방식이 필수적이라고 고집한다.

무엇보다도 이론-이론은 합리주의자의 기업이라고 볼 수 있다. 이론-이론은 인간이든 진화든 지적 발달의 전형이라고 주장한 피아제를 공개적으로 비난했던 유사한 비평으로 자기민족중심주의의 종류와 같은 탈맥락화, 이론적 개념, 과학적 사고였다. 이와 비슷하게 유행하고 있는 이론-이론은 또 다른 문화중심주의를 양산해내고 있으며 심리학자의 궁극적 오류를 만들어낸다. 나는 심리학자이기 때문에 사람을 관찰하고 통제된 가설 검증과 이론을 통해 타인을 이해한다. 그러므로 타인의 마음을 알기 위해서 어떤 방법을 쓰는가가 중요하다. 이상하게 보일 수 있지만 **유추를 실시한** 완벽한 예시는 유추에서 유래된 논쟁과 같은 비평들 중 하나가 되기 쉽다!

우리에게 문제가 있으며 일단 당신이 차이를 가정한다면 당신은 결코 차이를 극복할 수 없다

데카르트의 차이에 관해 하나 혹은 여러 견해가 있다고 가정한다면, 마음 간에 차이를 연결하기 위해 공개된 방식은 과업을 수행하기에 부적절하다. 타인에게서 자신을 인식하는 1인칭 접근은 마음을 경험하기에 관한 욕구와 타인에게서 그들을 알기 위한 상태들을 강조한다. 그러나 1인칭 접근이 사람들 사이의 신체적 차이에 가까워지려고 애쓸지라도 여전히 서로에게 다가가기 어려운 마음으로 보인다. 타인의 마음에 다가가려는 것은 여전히 자신의 경험에 기초한 귀인의 한 종류이다. 비록 현대적 견해가 자신과 타인의 유사성 발견을 위해 행동을 중요하게 여길지라도, 1인칭 접근은 타인과의 상호작용과 대화로 관계 맺는 점을 설득력 있게 설명하지 못한다. 대화는 타인과 유사하다는 인식 이상을 필요로 한다. 그것은 타인과의 차이를 인식하고 반응할 수 있는 능력이 필요하다.

마음에 관해 이론화한 3인칭 접근에도 이러한 몇 가지 문제들이 있다. 예를 들어, 광범위한 근거들이 타인의 마음에 대해 정보를 제공함으로써 편협한 실험적 자료들이 될 수 있다. 이러한 정보들은 타인을 더 불쾌하게 만든다. 마음에 관한 자료를 얻기 위한 실험적 근거가 무시되면서, 이론-이론은 스스로 귀인하는 사람을 만들어내고 시뮬레이션 관점보다 근거가 부족하며 타인과의 관계 맺기에 대해 설명하지 못한다. 직접적인 경험의 역할 또는 실재를 소홀히 한 까닭에 이런 경로는 당연하다. 즉, 외계인이나 비참여자, 방관자에 관한 이론은 좋을 수도 나쁠 수도 있다. 그러나 다음 장에서 보여주겠지만, 마음에 관한 방관자 이론은 참여자의 마음의 경험을 대신하는 하찮은 대용품이 되기 쉽다. 상호작용이 타인의 마음을 아는 필수적인 자원임을 가정할 때, 1인칭과 3인칭의 두 접근은 메시지를 보내는 관찰자와 피관찰자, '방관자적' 과정으로서 우선적인 '마음 읽기'에 대한 생각이 위험할 수 있다.[24] 1인칭 접근과 3인칭 접근은 단순히 심리학적 지각 그 이상의 귀인 과정으로서 타인의 마음에 관한 정보를 본다. 그러나 한 가지 대안이 있다. 그것은 마음 간의 심오한 차이가 있다는 가정에 의문을 품는 것으로부터 시작된다. 다음 장에서 이 대안으로 '차이'에 대해 생각하는 방식을 바꾸는 2인칭 접근을 제안할 것이다. 또한 타인을 이해하기 위해 변화가 필요한 사람들에게 심리학적인 방법을 제시하고자 한다. 우리기 휴식으로 이 책을 보듯이, 이 책은 아기들이 일상에서 사람들과 함께 행동하는 모습에 대해 더 훌륭한 설명을 제시할 것이다.

제3장

마음과 관계 맺기 : 2인칭 접근

나는 느낌을 통해 본다.

— 리어 왕, 5막 6장

리어 왕은 눈이 먼 글러스터 백작에게 어떻게 볼 수 있다고 주장하는지 물었다. 글러스터는 "느낌을 통해 본다"고 대답했다. 그의 답변은 우리에게 타인의 마음을 읽는 대안적인 방법에 관해 적절한 은유를 제공한다. 타인의 마음을 이해하기 위해 활용하는 1인칭과 3인칭 접근 모두 차이를 전제로 하여 자신의 경험이나 관찰, 추론 그리고 이론을 통해 외부로 점차 확장되면서 다른 사람들을 '이해하게' 된다. 나는 이러한 접근의 대안으로 2인칭 접근을 제안한다.[1] 이 접근은 직접적인 정서 관계를 통해 개개인들이 타인처럼 경험되며, 이것은 근본적으로 '타인의 마음에 관한 문제'를 이해하는 데 있어 그 '문제'를 서서히 약화시켜준다. 나는 이 장의 앞부분에서 2인칭 접근의 가정과 원리를 연구하고, 뒷부분에서는 이 접근이 심리학 적용에 미치는 심오한 영향을 조사할 것이다.

2인칭 접근

2인칭 접근의 가정에는 세 가지 중요한 특징이 있다. 첫째, 2인칭 접근은 '차이'를 거부한다. 행동에 대해 추론하고 모델링하거나 이론화하는 다양한 기제를 통해 사변적으로 접근이 가능할 뿐, 마음을 이해하기 힘든 만큼 지각으로 설명하는 이원론자의 가설에 관해 앞 장에서 비판했다. 2인칭 접근은 감정적으로 지각과 관련된 활동적인 범위 내에서 (그리고 제한된 범위 내에서) 마음을 볼 수 있다. 둘째, 때때로 우리는 타인의 마음, 즉 '그 타인'에 대해 말하는 방식으로 단순함의 가정을 거부함으로써 타인의 마음을 다양하게 한다. 우리는 타인과 다양한 많은 종류의 관계를 맺으므로, 타인을 지각하기 위해 관계의 정도와 종류에 따라 변해야만 한다. 우리는 '타인'을 최소한 두 가지 종류로 볼 수 있다. 즉, 상대방을 '당신(You)'으로 부르는 (그리고 상대방에게 불리는) 2인칭과 관련된 타인, 그리고 그 혹은 그녀로 상대방을 말하는 (그리고 상대방에게 불리는) 3인칭과 관련된 '타인'으로 말이다. 2인칭에서의 관계는 우리 자신과 단순히 그들의 인식이 유사하다는 사실 그 이상의 경험을 통해 특정한 타인으로서 우리의 정서 반응 그 안에서 타인을 경험할 수 있게 해준다. 셋째, 그것은 각자 서로에 대한 정보를 전혀 모른 채 서로 만나고 마음을 구성하거나 만들어나가는 적극적이고 정서적인 관계를 보여준다.

그렇다면 2인칭과 3인칭의 차이는 무엇일까? 누군가가 당신을 사랑할 때 갑자기 당신과 시선을 맞추고 당신을 보며 웃는다면 어떤 기분일지 상상해보라. 미소를 받았을 때의 부드러운 숨결과 온기는 다른 누군가를 향한 미소를 보고 있을 때와 상당히 다른 듯하다. 당신의 엄마가 당신을 향해 찡그리고 있는 모습을 상상하고 당신이 그 모습을 어떻게 받아들일지 상상해보라. 그리고 엄마가 당신의 오빠를 향해 얼굴을 찡그리고 있는 모습을 상상해보라. 아기의 눈을 바라보며 당신이 몸을 기울여 인사를 건넸을 때, 아기가 울음을 터뜨리는 모습을 상상해보라. 그리고 다른 누군가가 아기에게 인사를 건넸을 때 같은 방식으로 아기가 반응하는 모습을 관찰한다고 상상해보라. 당신이 살펴본 '타인의 마음'이 당신과의 관계에서 당신을 향한 것인지 다른 누군가를 향한 것인지는 매우 중요하다. 찡그림, 미소, 눈물과 같은 표현들은 문학적으로는 같은 의미이지만, 그들이 당신에 관해 얻은 정보와 그들에 관한 당신의 경험은 극도로 다를 수 있다. 가까운 관계에서 타인의 경험은 더 직접적이고 강력할 뿐만 아니라 그것은 존재의 다양한 방식, 즉 각적인 반응, 반응에 따른 감정, 사람의 행동에 '답변'할 의무도 당신에게 있다.

우리는 문법을 통해 2인칭 용어를 이해할 수 있다. 2인칭은 누군가에게 직접적으로 이야기하거나 반응하고 이해할 수 있는 사람과 개인으로서의 존재를 인정받는 사람을 이야기할 때 쓰이는 용어이다. 심지어 사람의 이름을 부르는 방식조차도 변하며 (예를 들어 개인을 부를 때 *Christopheros*를 *Christophere*로 쓰듯이) 어떤 언어에서는, 예컨대 그리스의 경우 이러한 차이점이 실제로 분명한 호격으로 확고해진다. 반면 개인을 '그' 혹은 '그녀'라고 언급하는 것은 글의 맥락 안에서는 가능하지만, 특히 본인 앞에서 그렇게 부르는 것은 공손하지 못한 표현이다. 이런 표현은 누군가 마치 그 사람의 앞에서 예의 없이 '그녀'(혹은 '그')라고 3인칭 대명사로 부를 때 "'그녀'가 누구야? 고양이 엄마야?"라고 날카롭게 비평하는 재치 있는 영국인의 반응과 같다. 3인칭을 활용하는 것은 사람을 관찰자 입장으로 몰아 대개 관계에서 사람을 배제시킨다. 물론, 이는 '당신'이라고 부를 때에도 일어날 수 있는 일이다. 당신이 여전히 대상으로 여겨지거나 그 부류의 일원으로 불리기는 하나 진정한 개인으로는 불리지 않기 때문이다. 아마도 당신은 인도 사람, 학생, 강사, 럭비 선수 등 불명확한 다양한 호칭으로 불릴 것이다. 그 영향으로 당황하거나 하찮게 느껴질 수 있다. 또한 우리는 친구와 진지한 대화를 하는 동안이든 백 명의 학생들과 '대화'를 하는 동안이든 열린 마음으로 바라보는 것이 얼마나 어려운 일인지 안다. 심지어 동정적이라도 관찰자는 외부에서 상호작용하며 우리와 비개인적인 관계를 가진다. 물론 가끔 다루기 너무 어려운 감정을 다루어야 할 때에는 이러한 비개인적인 관계가 사실 더 견디기 쉽다. 또한 비개인적인 (3인칭) 관계는 우리에게 2인칭 관계가 제공하지 못하는 자유와 거리의 이점을 준다. 2인칭 관점은 말하는 사람이 듣는 사람에게 개방적이고 친밀한 심리학적 관계로 단순히 '당신'이란 지칭을 능가하여 근본적으로 개인적인 관계를 포함하고 있다.

2인칭과 3인칭 관점의 차이는 다소 복잡하지만 현재 나와 너(*Ich und Du*)라는 책(영문 번역서 제목은 *I and Thou*)으로 유명한 유대인 신학자 마르틴 부버에 의해 주목받았다. 그는 다른 사람이나 사물을 알아가고 관계를 맺는 방법인 나-너(*I-Thou* 혹은 *I-You*) 방식과 나-그것(*I-It*) 방식을 구별하였다. 전자는 다른 사람이나 사물에게 직접적으로 우리 스스로를 개방하고 있는 내용을 포함하고 있는 반면 후자는 평가, 기대, 이론을 반영하는 필터를 통해 더 멀리서 관찰한 내용을 포함하고 있다. 이는 관계에서 '현재'에 몰두해 있음을 의미한다. 즉, 타인을 바라볼 뿐 아니라 타인의 감정을 느껴야 한다. 존 맥머레이(성격 전공), 막스 셸러(공감 전공), 미하일 바흐친(대화 전공) 등 많은 철학자들과 함께한 부버는 독백보다도 오히려 진실한 대화에서 사람들 간의 중요한 개방성(즉, 그들이 그 순간에 있는 것처럼 타인을 진정으로 보고/듣고/느끼는)을 보았다.[2] 이처럼 타인을 개인으로 인식하는 것과 동시에 타인을 개인으로 알기 위해 우리에게 허용한 진술한 대화에는 불가피한 순환논리가 있다. 하지만 개인적인 사건으로 타인의 지각을 얼마나 알 수 있는가?

관계에서 타인을 지각하기

지각이란 단순히 관찰하는 것과 다르다. 모든 지각은 삶과 행동 속 깊이 관여하고 있다. 사물에 관한 데카르트 사상의 도식에 의하면, 의미는 무의식적인 지각의 가장 기본적인 구성 요소들을 통합함으로써 탄생한다고 한다. 대조적으로, 마틴 하이데거와 같은 철학자의 연구에 의하면 (그의 저명한 통역자인 휴버트 드레이퍼스를 통해) '단순히 응시하는 대상들'은 그저 매일의 일상생활에서 행동과 관계가 제한되었을 때 나타나는 잔해일 뿐이라고 한다. 즉, 객관적인 방법에서 지각은 진정으로 바라보는 사물과 매우 다르다는 뜻이다.[3] 이러한 반데카르트 현상학적 접근에서, 의미 있는 지각은 항상 관계가 함께 동반되어야 한다. 물론 이러한 의견은, 우리가 인간관계에서 적극적으로 관계를 맺을 경우 타인을 올바르게 지각할 수 있다는 사실을 암시하므로 인간의 인지 과정에 있어 매우 중요한 시사점을 알려준다. 약 100년 전, 심리학자 게슈탈트는 유기체가 각 부분을 지각하기보다 의미 있는 전체를 지각한다고 주장하였다. 의미 있게 지각되는 무언가는 비록 그 관계의 본질 그대로 관계 맺기의 과정이 이루어지지 않더라도, 서로 다른 개개인, 종, 관계에 따라 다양하게 나타난다. 내부와 관계 맺기는 외부와 관계 맺기와 다른 방식의 '관계'를 가진다. 그러므로 누군가의 비판을 받았을 때 얼굴을 찌푸리는 반응은 비판을 받지 않은 사람이나 얼굴을 찌푸리지 않은 사람에게는 무의미하다. 만약 그 행위가 의미를 가지고 있다면, 그 행위는 우리에게 뜻하는 대부분의 의미와는 다른 종류의 의미(아마도 관념 연합론자 그리고 통계학)를 가지고 있다.

그러나 만약 우리가 타인의 마음을 연결해서 차이를 볼 수 있다면 얼마나 흥미로운 지각 작업이 될까? 타인의 마음에 다가가는 데 있어 나타나는 문제점을 자기 마음의 상태인 1인칭 자기수용 경험과 타인의 행동을 객관적으로 관찰하는 3인칭 지각 사이에서 우리는 어떻게 심리적인 연결고리를 설명할 수 있을까?[4] 2인칭 접근에서 질문의 답은 그 문제가 근거 없는 이야기라는 사실이다. 즉, 지각과 자기수용의 차이점은 보이는 것처럼 명확하지 않다. 지각은 언제나 자기수용 과정을 포함하며, 관계는 지각이 얼마나 자기수용과 관련이 있는지에 영향을 미친다. 1960년대와 1970년대 J. J. 깁슨의 생태학적 혁명은 외부수용(외부 세계에 대한 지각)이 항상 자기수용(유기체 내부 세계에 대한 지각) 과정을 포함하며, 역으로 자기수용은 항상 지각을 포함한다는 주류 의견을 언급했다. 가장 최근 생성된 용어인 전-자기수용은 세상과의 관계에서 자기에 관한 동시인식의 감각을 포함한다.[5] 그러므로 다른 사람의 찡그림, 미소, 혹은 눈물을 향한 우리의 지각적인 경험은 언제나 항상 우리 자신의 신체적 상태에 관한 자기수용 경험과 더욱 중요하게는 정서적, 동기적 상태를 포함한다. 대조적으로, 우리의 행동이나 반응, 그리고 김징에 관한 자기수용 경험은 힝싱 다인의 행동과 말, 그리고 감정과 연관된 지각을 다룬다. 심리학자인 John Shotter에 따르면 자기수용과 지각은 끊임없이 결합하고 혼합된다.[6] 나아가 타인에 대한 관계의 본질은 절대적으로 타인에 관한 우리의 경험을 기반으로 이루어진다. 우리가 지각하고 있는 '타인'이 우리와 2인칭으로 이야기 나누며 관계 맺을 때, 3인칭 지각과 1인칭 자기수용 간에 차이는 더욱 믿기 어렵다. 우리의 지각-자기수용이 관찰과 관련이 없을 때, 지각적 정보와 자기수용적 정보의 결합은 약화되며 질적으로 달라진다. 결국 자신을 경험하는 것과 타인을 지각하는 것을 구분하는 선은 가장 흐려지기 쉬운 것 중 하나이다. 적극적인 정서적 관계에서 타인에 관한 당신의 지각은 항상 타인을 바라보는 자기 감정의 자기수용 과정을 포함한다. 그리고 자신에 관한 자기수용은 항상 당신을 바라보는 타인의 감정 지각을 포함한다. 그러므로 이렇게 감정적/지각/자기수용을 참고하여 표현할 수 있는 새로운 용어를 창조할 시기이다.

심리학은 전통적으로 타인을 사물과 거리를 두어 관찰자로 보길 선호하는 경향이 있다. 타인의 마음을 이해하기에 관한 분야에서 만약 '타인의 마음'을 관찰자로서 자신과 분리하여 추측한다면, 이 대안은 타인을 이해할 수 있는 두 가지의 전통적인 방법 중 하나일 뿐이다. 이러한 우리의 지각과 앎에 관한 이론들 속 깊이 뿌리박힌 데카르트의 이론은 1인칭과 3인칭 접근의 반대 의견을 더욱 공고하게 한다.[7] 그러나 외부세계를 지각하거나 특히 정서적 관계를 맺을 때마다 항상 사람들 간의 감정적인 연결고리가 있다. 이러한 연결고리는 앎과 결코 분리할 수 없다. 이러한 관계 속에서, 내가 그저 당신을 바라보았을 때 잘 알지 못하는 당신을 어느 정도 알게 된다. 당신이 나를 노려볼 때, 나는 당신의 찌뿌린 표정의 의미를 공포, 협박, 혹은 방해받았다는 의미로 이해한다. 당신의 찡그린 표정을 이해하는 방식은 인종, 우리가 처해 있는 상황, 자신의 감정적인 반응에 달려 있다. 당신이 타인의 행동이나 표현에 직접적으로 반응할 때, 당신의 감정적인 반응과 행동은 그것이 완성되었든 그저 초기반응이든 간에 개인과 타인 간의 강력한 연결고리가 된다. 이 연결고리는 1인칭 접근이 강조하는 자기와 타인의 표현적인 유사성에 관한 당신의 인식에 기초를 두고 있으나, 이를 넘어서 당신이 지각하는 행동의 영향력과 그 형태에 따라 타인에 관한 당신의 매우 다양한 반응에까지도 관여한다. 개인과 타인 마음의 심오한 차이에 관한 개념은 점차 사라지고 있는 추세이며, 이러한 이론은 적극적인 정서 반응의 형태로 지속되는 지각적 연결고리로 대체되고 있다. 그러나 타인과의 관계는 심리적인 전-자기수용성 정보에 맞서 그저 물러선 것이 아니라 **창조된** 것이다.

2인칭 관계의 구성 역할

어느 여름날, 우리가 구조센터에서 '입양해온' 두 마리 양 중 한 마리인 나오미가 죽었다. 남은 한 마리 이시스는 외로움에 계속 울어댔다. 그래서 우리는 이시스가 처음으로 탐색을 시작했던 헛간이 있는 정원에 데려가기도 하고, 심지어 주방에도 데리고 가주었다. 이시스는 개밥을 먹거나 양치기 개가 밥을 먹으러 들어올 때마다 현관 앞에 성난 황소처럼 앞발을 올리고 서서 양치기 개에게 겁을 주기 시작하였다. 아마도 외로움이 이시스가 전에 좋아했던 것보다 훨씬 많은 것에 관심을 보임에 따라 이시스는 우리에게 함께 놀 흥미로운 대상이 되었다. 하지만 우리가 한 마리 새로운 양을 친구로 소개시켜주자 이시스는 다시 농장으로 돌아갔고, 다시 예전의 멍청하고 아무것도 하지 않는 전형적인 양의 모습으로 돌아갔다. 우리는 이시스가 얼마 전까지만 해도 역동적이고 흥미로운 동물이었다는 사실을 믿기조차 어려웠다. 다른 사회적 환경의 복합성은 분명 복합적이고 지능적인 행동의 변화를 유발한다.[8] 이시스 내부에 숨어 있던 황소 같은 모습은 우리와 함께 머물던 그 순간 본색을 드러내었지만, 결국 다시 이시스의 환경이 바뀌자 사라져버렸다.

그러나 고작 어떻게 이러한 양의 얘기가 심리적 관계 맺기의 함축성을 설명하는 데 도움이 될 수 있을까? 그 연관성은 우리가 혹은 동물이 자라나는 환경 속에 무엇이 '자연스러운' 것인지에 관한 질문에서 시작된다. 최근 인간이 기른 침팬지와 야생 침팬지를 비교하는 매우 흥미로운 논쟁이 있었다. 몇몇은 인간이 기른 침팬지의 의도와 믿음을 이해하는 복합적 능력은 실제 야생 침팬지가 갖고 있는 능력이 아니라고 주장하였다. 왜냐하면 그들은 인간과 같은 상호작용을 하며 자랐기 때문이라는 것이다. 하지만 인간이 갖고 있는 기술 역시 인간을 둘러싼 환경에서 유래되었으므로 몇몇 영장류 동물학자들이 주장한 바와 같이 이것은 어리석은 논쟁일까?[9] 우리가 인간의 의도를 이해하는 침팬지를 얘기할 때건, 인간의 심리학적 현상을 이해하는 신생아에 관해 이야기할 때건, 관계를 맺는 과정에 있어서 그러한 기술과 지각은 그들이 관계에 빠져 있을 때만 만연하다. 마음을 인식하는 데에는 순환성이 있다. 즉, 우리가 마음을 이해하는 정도는 그들과 우리가 관계에 묶여 있지만, 이러한 관계는 우리가 그들을 이해하는 정도에 달려 있다. 이는 매우 절대적이고 대단히 상호적이다. 당신이 타인의 마음과 관계를 맺을수록, 관계를 맺어야 할 것들은 더 많아진다. E. M. 포스터가 '영국적 특성에 관한 기록' 편에서 "감정은 아마 끝이 없을 것이다. 우리가 더 많이 표현할수록, 우리가 표현할 것은 더욱 많아진다."라고 한 것처럼 말이다.[10]

많은 철학자들이 타인을 당신으로 여긴다는 주장은 실제로 '나'를 존재로서 이해하기 시작했음을 인정하는 말이다. 당신은 이를 주장한 대중적인 러시아 철학자 미하일 바흐친처럼 '호칭의 주체'가 될 때까지, 한 사람이 될 수 없다. 헤겔은 당신 스스로가 '의식적인 존재'가 되기 위해 이를 타인의 '의식'에 인정받아야만 한다고 말한다. 당신은 한 개체가 되기 위해 한 사람으로 인식되고, 알려지고, 인정받을 필요가 있다. 만일 우리의 개인사를 찾아본다면, 우리는 아마도 다른 누군가의 신뢰를 지각하면서 어떻게 해서든 우리 스스로 피어나고 성장한 사례들을 찾을 수 있을 것이다. 훌륭하거나 할 수 있다고 생각하거나 매력적이라거나 친절하다거나 믿을 수 있다고 여기는 것은 우리를 그렇게 되도록 돕는다. 우리가 이시스를 이전의 모습으로 다시 되돌렸듯 '사람'에게도 분명 어느 정도 제한이 있다. 단지 이시스는 반응의 다양성과 감정에 흥미를 느꼈을 뿐이다. 하지만 인간 환경의 복합적인 요구 없이는 그 양은 이전으로 돌아갈 수 없었다.

당신이 한 개체가 되기 위해 주체로서 불리는 것은 중요하다. 의미를 가진 타인의 '호칭'으로 상대방을 부르기 위해, 듣는 사람은 호칭을 고유의 호칭으로서 지각할 필요가 있다. 영아들은 이에 반응하기 위해 (고유한 사람으로서의) 타인의 인식을 지각해야만 한다. 영아들이 가능할까? 영아들이 개인적 관계를 단지 신체보다는 개인으로 지각할까? 이는 2인칭 접근의 논쟁과 주장을 평가하기 위해 대답해야만 하는 질문들이다. 또한 영아의 관계에 관한 여러 가지 다양한 영역으로 다음 장에서 살펴볼 질문들이기도 하다.

2인칭 방법론이란?

심리학, 분리, 그리고 3인칭 방법들

2인칭 접근의 채택은 심리학을 위해 피할 수 없으며 주요한 방법론적인 영향력을 몰고 왔다. 만일 타인과 신뢰로운 관계 맺기에 따라 일반인들이 그들의 '마음'을 이해하는 정도가 달라진다는 사실을 우리가 받아들인다면, 이는 '타인의 마음'을 이해하기가 주 업무인 심리학에 영향을 미치게 된다. 만일 지식이 우리가 알고자 하는 관계로부터 출현한다면, 그리고 개입된 관계가 타인에 대해 심도 깊은 개인적인 지식을 제공한다면, 심리학의 전통적 방식인 거리를 둔 관찰과 실험은 아마도 우리에게 대인관계에 대한 질문에 매우 부분적이고 편향된 답을 줄 것이다.

심리학은 절대로 1인칭 방법이라 불리는 내성주의를 따르지는 않지만, 대신에 3인칭이라 불리는 방법을 집중적으로 연구했다. 심리학은 종종 거리를 두고 과학자와 '대상' 사이의 정서적 거리를 둔 심리적인 다양한 실험 방법에 기반을 두며 개인을 이해하기 위해 추측하여 나타낸다. 그러나 무엇보다도 과학자들은 객관적인 사람들이다! John Shotter가 이야기한 바와 같이 오늘날 심리학의 공인된 산물은 참여가 아닌 형식주의와 거리 두기이다. 100여 년 전에 언급된 것처럼, 경험이 반드시 실험의 객관성을 포함하여 '경험적인'이란 용어와 함께 쓰인 '실험적인'이라는 용어의 뜻이 형편없이 모호하게 나타나 있다.[11] 과학자가 사람들과 관계 맺어야 하는 2인칭 방법론은 무엇일까? 과학자들은 타인을 보다 더 잘 이해하기 위해 신중하게 '대상의' 행동에 관한 그녀 혹은 그의 지각, 직관, 감정, 반응의 데이터를 수집할 것이다.

2인칭 방법은 현대 심리학에서 쉬운 선택사항이 아니다. 사실 2인칭 방법의 영향력은 과학에서 상상할 수 없는 다양한 방법을 찾는 것만큼 매우 급진적이다. 인류학은 꽤 오래전에 우리가 알고 싶은 사람들과 함께 일하고 살기 위해 '실험실을 떠났을' 뿐만 아니라, 그들에 관한 우리의 공감에 개입하며 다른 문화를 연구하는 것을 수용했다. 이는 트로브리안드 제도에서 실시된 Malinowski의 유명한 업적에서 알 수 있다. 심리학은 최근 '피험자'보다는 '참여자'라는 용어를 사용하기로 한 약속과 질적인 방법론의 지지에도 불구하고, 여전히 참여자 관찰과 상호관계적인 지식에 어려움을 겪고 있다. 하지만 만일 개입과 관계가 지각과 지식의 과정, 내용, 실질적으로 존재에까지 대단히 큰 영향을 미친다면 총알이 발사되듯이 질문은 답을 얻는다. 심리학이 개인적인 부분을 이해하고자 할 때 비개인성에 관해 다시 생각해야만 할까? 심리학이 2인칭 방법에 관해 더 고려할 것이 있을까?

2인칭 방법론은 심리학에서, 최소한 임상현장에서는 잘 알려져 있다. 1940년대와 1950년대에 유럽 정신 의학을 설명한 Susan Lanzoni는 정신분열증을 진단하는 방법에 영향을 미쳤는데 '기분 진단' 혹은 '감정 진단'이라고 불리는 논란 많은 기법을 개발했다. 임상가들은 정신분열증의 특징인 현실 감각으로부터의 단절을 알아차리게 하기 위해 환자[조발성 치매(dementia praecox)에서 따온 '프레콕스 기분(praecox feeling)'이라고 이름 붙여진 사람들]에게 그녀 혹은 그 자신의 정서 반응을 사용하였다.[12] 아마도 환자들과 관계를 맺어야 하는 임상가들은 그들을 이해하기 위해 환자들을 향한 그들 자신의 감정인 관계에서 한 부분을 활용하고 상관관계에 있는 앎의 중요성을 인정해야 한다. 심리분석자이자 실험심리학자인 Peter Hobson은 최근 심리학 분야에서 학문적 기준을 벗어난 또 다른 사람이다. 환자의 행동에서 반응에 대해 그 자신의 감정을 나타내는 아름다운 감정 묘사와 '감정보다 중요한 것은 없다'는 그의 신념은 자폐장애에 관한 우리의 이해를 도우며, 실험적인 검사에서 그의 이러한 감정의 빈번한 개발은 '감정 진단'을 활용하는 방법을 제안한다.[13]

이러한 논의는 심리학에 있는 그대로 문학에서 다루어지기에 적절하다. 소설가가 얼마나 그 또는 그녀의 캐릭터와 가까운지 그리고 얼마나 독자와 캐릭터가 가까운지 소설가의 방식에 따라 달라진다. 그의 마음속에 여전히 남아 있는 어린 시절에 경험한 마들렌의 모양과 맛과 같은 개인적인 기억에 대한 친근하고 자세한 서술에도 불구하고, 몇몇 사람들은 마르셀 프루스트가 1인칭과 3인칭 서술 방법 사이에서 불편하게 인칭을 바꾸어가며 서술함에 따라 그의 캐릭터의 깊은 정보를 정확하게 전달하는 데에 실패했다고 말한다. 그는 반응이나 관계 맺음이 거의 없고, 오직 거리를 두고 정보를 제공한다. 캐릭터에 관해 이야기할 때, 그는 항상 외부에 서서 제한된 창문을 통해 바라본다. 그리고 그는 스스로에게 말할 때조차도 이상할 만큼 관여하지 않고, 관찰자적인 입장에서 말한다. 이는 전체를 대화체로 서술하는 도스토예프스키의 방식과 대조를 이룬다.[14]

거리 두기는 불가피하고 가치 있다

그러나 관계는 제한을 가진다. 거리 두기는 불가피할 뿐 아니라 관계에서 발생되는 지식에 대해 가치 있는 관점을 제시한다. 부버는 나-너(*I-Thou*) 관계의 강력한 친밀성과 나-그것(*I-It*) 관계를 비교하며 거리 두기의 불가피성(비록 이상적일지라도)에 주목했다. 그에게 진정한 관계는 시간이 제한된 현상이다.

> 그러나 세상의 모든 너가 반드시 그것이 되는 것은 우리 운명을 우울하게 한다. 너가 관계에서 어떻게 독점적으로 나타나는가는 중요하지 않다. 관계가 잘 맺어지고 의미 있는 존재로 스며들면서 너는 수많은 대상들 중 고유한 주체가 된다. 아마도 여전히 그들 중 하나지만 고정된 대상의 범위와 제한에서 우두머리일 것이다.[15]

만일 우리가 부버의 옛 표현에서 이상한 점을 찾아본다면, 우리가 오랫동안 변화 없이 그들과 거리를 두어 사람이나 사물 없이도 직접적인 관계를 유지할 수 있다고 말한 점일 것이다. 나는 그의 말에서의 슬픔은 우리가 새로운 사랑의 완벽한 조화를 방해받거나 생각을 공유하지 못해(공유할 수 없어) 깨진다는 것을 깨달았을 때 혹은 2개월이 된 아기가 엄마인 당신에게 완전히 빠져 있다가 방을 둘러보는 데에 관심을 쏟으면서 그 황홀함이 깨졌을 때에 경험할 수 있는 슬픔과 같다고 생각한다.

거리 두기는 정말로 불가피하다. 심지어 가장 강력한 상호 간의 응시와 상호 간의 반응 순간에도 다시 전으로 되돌리기 위해 눈길을 돌린다. 우리의 모든 대화에도 초점과 강도의 정도에 따라 다시 생각하고, 반영하고, 고쳐 말하기 위해 멈추는 순간이 있다. 심지어 이러한 경우에 2개월이 된 아기조차도 때때로 접촉을 무시하는 경우가 있다. 다양한 인간의 기술은 관계와 거리 두기의 조화를 요구한다. 예를 들어, 유머는 전형적인 예이다. 이 기술은 거리 두기와 관계의 급속한 변화 폭에 달려 있고, 제9장에서 살펴보겠지만 심지어 1년이 채 되지 않은 아기도 실행하는 기술이다. 관계에 관한 파악은 일시적이라도 웃음을 터트리는 동안 최대한 발휘된다. 분리 역시 원치 않는 존재로부터 우리를 자유롭게 하므로 가치 있다. 만약 우리가 분리될 수 없다면 마치 중추신경계 장애를 가지고 태어난 아기가 환경의 자극에서 벗어나길 원하지만 벗어날 수 없어 고갈된 것처럼 올가미 속에 사로잡힌다. 우리는 모든 아픔과 지루함, 불쾌함의 무력한 희생자가 된다. 우리는 '심장의 일시적 마취'를 모면하지 못한다. 심리적 고통에서 벗어나지 못하거나 반영적인 공감을 통해 우리가 변화하고자 하는 것을 바꿀 수 없다.[16] 우리는 전체적 양상을 보지 못한다. 그러므로 거리 두기는 사람을 이해하기 위해 관계 못지않게 중요하다.

그러나 이것은 분리는 아니다. 거리 두기는 관계에서 발생하며 관계에서 변화될 수 있다. 심리학의 과학에서는 관계와 거리 두기 둘 사이의 균형을 요구한다. 제8장과 제9장에서도 보겠지만 아기들은 놀리기와 경계 검증과 같은 실험에 참가한다. 그러나 그들의 실험에 분리는 없다. 그보다는 단지 장면을 더 세밀히 살피기 위해 일시적으로 제3자의 입장을 취한다. 이것은 발달 문제를 보이는 아동이 타인을 괴롭히는 것과는 분명하게 대조적이다. 그들은 사람들을 못살게 괴롭히며 사람들과 조화를 이루지 못하고, 언제 또는 어떻게 멈추어야 하는지 알려고 하지 않는다. 심리학은 실험 참여자들과의 관계를 통해 얻은 지식에서 도출된 실험방식을 개발할 수 있을까?

유기체에 관한 느낌

지나친 형식주의와 거리 두기는 너무나 위험하며 심리학은 이를 여러 경우를 통해 경험하고 있다. 실험 대상들에 관한 관심사로부터 분리의 위험은 스탠리 밀그램의 연구로 우리에게 친숙하다. 대인관계의 본질을 기반으로 하는 심리학에서 사회심리학이 실험 조건을 소홀히 다루어 초래된 위험은 후기 피아제 학파의 발달심리학을 존립하게 해주었던 언어와 근거 자료를 전면 수정하게 했던 사건으로 알려지게 되었다.

형식주의와 거리 두기의 위험성은 단지 심리학에만 국한되지 않는다. 그들은 덜 개인적인 과학에서도 우려된다. 윌리엄 베이트슨은 1908년 이례적이고 독특한 점들을 간과하여 발생할 수 있는 위험들을 생물학자들에게 경고했다. "당신의 예외를 귀중하게 여겨라. 예외가 없다면 일은 더 이상 진전 없이 따분할 것이다. 언제나 볼 수 있도록 해라. 건설 과정에서 건물의 거친 벽돌과 같은 예외는 더 나아가도록 하며 다음 구조물이 어디에 위치해야 하는지를 보여준다."[17] 심리학에서든지 어떤 과학에서든지 평균에 중점을 두는 실험은 이러한 가르침을 잊게 한다. 그리고 발달이 이렇게 진행되는지 알기 위해 연구의 각 참여자들과의 관계는 필수적이라는 점을 깨닫지 못한다. 노벨상 수상자인 바버라 매클린턱은 특이하고 다른 것에 민감해지게 하며 종잡을 수 없는 유전자에 관해 탐구하도록 그녀를 이끌었던 것은 '유기체에 관한 느낌'이었다고 말했다.[18]

유명한 이론학자들에 관한 대학생의 중요한 비평은 심리과학의 공동체에서 '문화적으로' 수용할 수 있는 방법이 무엇인지 잘 말해주고 있다. 예를 들어, 피아제에 관한 가장 흔한 비평 두 가지는 소규모이며 일반적이지 않은 그의 관찰과 참여자들과의 잠재적인 관계에 초점을 두고 있다는 점이다. 우선 비평은 재현 가능성에 대한 요구와 일반적이지 않고 평균적이지 않으며 예측할 수 없는 단 한 번의 예시로부터 나온 자료에 관한 불신에 중점을 둔다. 학생 펜스는 피아제의 관찰에 대해 토론할 때 '일화'라는 단어를 엄격하게 보았다(비록 영장류 동물학자 리처드 번의 농담일지라도 나의 자료 그리고 당신의 관찰과 그의 일화 간의 차이는 꽤 주관적일지도 모른다!).[19] 단한 번의 관찰을 불신하게 하는 데는 많은 이유가 있다. 그것은 기록되지 않았을 수 있다. 그저 예외일 수 있으며 전 분야를 흔들 수는 없다. 그것을 둘러싼 맥락적인 영향력을 아는 것은 어렵다. 그러나 원칙에 관한 불신과 불안은 이러한 타당한 우려를 넘어 관계뿐만 아니라 실험, 분리된 관찰과 같은 우리의 모든 방법에 영향을 준다. 그리고 종종 과학자들과 관찰자들의 개인적인 개입은 맥락과 특유성에 대한 방대한 양의 정보를 제공한다.

상황이 가장 좋을 때에도 균형을 맞추기란 어렵다. 그러나 피아제의 개입에 관련한 비판은 역설적이다. 물론 그의 관찰은 대단하며 신체적 세계와 관련하여 아이들의 의도에 대해 강하게 공감했지만, 이상하게도 그는 사회적 세계와는 교류하지 않았다. 다음은 재클린이라는 10개월 된 영아에 관한 설명이다.

> OBS 63. At O;10(3) J는 자신의 코를 엄마의 턱 가까이 가져갔다. 그 후 코로 턱을 눌렀고 점점 더 크게 숨을 쉬도록 힘을 가했다. 한 번 이 현상이 재미있으면 아이는 단순히 반복하는 것보다는 현상을 다양하게 변화시킨다. 아이는 재미를 위해 빠르고 복잡하게 행동을 변화시킨다. 아이는 1인치나 2인치 뒤로 물러나 자신의 코를 쥐어짜고, 냄새를 맡고 한 번씩 걸러 매우 어렵게 숨을 쉰다(코로 숨을 몰아 쉬는 것처럼). 그리고 나서 다시 자신의 코를 엄마의 턱에 찌르고 실컷 웃는다. 이러한 행동은 의식적으로 적어도 하루에 한 번, 한 달 이상 동안 반복된다.[20]

피아제의 관찰은 재클린의 개별적인 행동과 감각적 흥미에 중점을 둔다. 타인이나 자기 자신의 반응은 포함하지 않는다. 심지어 반응이 발생했을지라도 이 현상과는 무관한 것으로 본다. 그러나 10개월 된 딸이 턱을 문지르고 숨을 불어넣으며 따뜻한 웃음으로 귀를 채울 때, 엄마가 전혀 반응하지 않았다는 점은 믿을 수 없다. 혹은 다른 경우라면, 타인이 아무 반응을 하지 않았거나 재클린의 반응과 흥미에 아무런 영향을 주지 않은 것이다. 피아제의 관찰은 재클린의 고의성, 호기심, 장난기에 대해 정확하게 지각하고 있을지라도 자신과 분리하여 거리를 둔 것처럼 설명한다.

그리고 이러한 부재는 과학에서 중요하다. J의 예시에서 영아의 발달과 그 행동의 탐구에 대한 대인적 감정과 반응의 적절성은 완전히 빗나갔다. 관찰자의 즐거움은 아기가 즐거워하는 그들이 재미있어한다는 사실을 알아차리면서 중요한 역할을 수행해오고 있다. 이는 관찰자가 현상의 유도적이고 감정적인 연결을 알아차리는 데 민감해지도록 한다. 우리가 관찰한 현상과 관련하여 우리의 감정은 그들을 관찰하는 데 우리를 민감하게 해준다.

관계 지식은 양날의 검이다. 관계없이 우리는 아무것도 알 수 없다. 적어도 매우 색다르고 왜곡된 방식으로 우리는 알게 된다. 또한 우리는 그 관계에서 특정한 부분만을 알 수 있다. Dewey는 에너지와 우리의 제한된 지식으로 인한 긴장에 주목했다.

결과에 대해 완전히 무관심한 사람은 무슨 일이 벌어지고 있는지를 이해하지 못하거나 생각하지 못한다. 일부분에서 발생한, 결과를 성취하기 위해 객관화된 공정성을 가져야 하다. 발생한 사건의 결과를 공유하는 감각에서 발생하는 사고에 관한 활동의 의존성으로부터 사고의 주요한 역설 중의 하나가 도출된다.[21]

(앨 고어의 명언을 빌리자면) 관계는 심리학이 받아들여야 하는 제일 '불편한 진실'일지도 모른다. 즉, 앎의 중심에서 관계를 인정하고, 사용하고, 관리하도록 배워야 한다. 유일하고 적절한 방법론적 해결책은 관계에서 거리 두기와 재관계를 입증할 수 있는 절차가 될 수 있다. 만일 우리가 처음 접하는 환경에서 관계를 맺지 않았다면(심리학자든지 관리자든지 치료자든지) 시뮬레이션 또는 추론으로 이루어진 관찰의 결과는 타인을 이해하는 근거로 우리를 이끌지 못한다. 우리는 무관함의 기괴한 세계에 갇히게 될 것이다.

아기에 관한 나의 연구에서 출발점은 언제나 우리 아이들이 나 또는 다른 가족과 맺는 관계에서 발생하는 사건, 가끔은 격한 감정을 불러일으키는 사건의 관찰에서 시작된다. 때때로 이는 감정적으로 꽤 격렬한 사건이기도 했다. 만약 내가 영아의 행동에 관한 나의 감정에 관심이 없었다면, 그들을 진지하게 알려는 용기나 발달적 역사에 대한 지식을 탐구하려는 자신감을 결코 갖지 못했을 것이다. 마찬가지로 나를 '감동'시키는 감정이 없었더라면 또는 바버라 매클린턱의 말을 빌려 '유기체에 대한 감정'이 없었다면, 나는 미소 지으며 시선을 회피하는 2개월이 된 영아와 보통 수줍음이나 자의식이라고 불리는 미소를 지으며 시선을 회피하는 좀 더 나이 많은 아이의 행동을 최초로 연결하지 못했을 것이다. 만약 내가 9개월이 된 영아가 속이는 행동과 놀리는 행동을 느끼지 못했다면 또는 아기가 남편을 속이고 놀리는 (녹화가 된) 행동을 보지 못했다면, 나는 가족 모두가 말하곤 했던 놀림의 꼬리표를 심각하게 고려하지 않았을 것이다. 이례적이라기보다는 흥미롭게 현상 그 자체를 보지 못하며 표준 이론의 관점에 중점을 두지도 않았을 것이다. 나는 관계를 맺는 데 실패하고, 너무 '관찰'하기에 바빠 반응을 놓치거나 아동이 반응하는 행동 그 자체를 관찰하지 못한 많은 경우를 기억한다. 나는 아는 사람과 개인적으로 관계를 맺는 것이 본질적으로 심리학적 측면에서 얼마나 중요한지 안다. 심리학은 개인에 초점을 둔 지식 분야로서 자료를 얻기 위해 개인의 모든 부분을 유심히 관찰해야 한다.

그러므로 이 책의 자료 선정에서 나는 실험적 결론, 더 구별된 서술, 그리고 관계에서 설명된 관찰을 혼합할 것이다. 이렇게 다른 종류의 자료들은 서로를 보완한다. 각각의 데이터는 다른 사람을 이해하는 데 중요한 역할을 한다. 타인에게 즉각적으로 반응하는 경험에 접근할 기회를 우리에게 주면서 거기에서 형성된 지각은 필수적이다. 그러나 이것은 지역 관계와 패턴, 경향, 외부 관계에 대해 객관적으로 보는 관점을 저해하는 꽤 정서적인 관계로 인해 불만스럽게 엉킬 수 있다. 도전은 다른 시간과 다른 상황에서 각각이 의미하는 것을 분별하며 서로가 어떻게 관계를 맺고, 타인에게 영향을 주는 앎의 한 '방식'에서 어떤 차이와 문제가 있는지 다루어준다. 심리학은 단지 사람에 대한 생각을 다루는 활동이 아니라 사람 그 자체를 다룬다. 그리고 참여하기 위해 관계에서 진실성의 중요한 약속이 필요하다. 만약 쌍방의 참여자가 진정으로 '그곳'에 있지 않다면 발생하지 않는다.

영아, 2인칭 접근, 그리고 책의 후반부

그러나 모든 영아들이 사람들과 심리적인 관계를 언제 어떻게 맺어갈까? 만약 영아가 당신이라고 불리는 그들을 지각하지 못한다면, 그들과 관계할 수 없을 것이다. 그들은 2인칭과 3인칭 사이에 상호작용의 차이를 언제 말할 수 있을까? 그들은 타인의 지각을 실제로 무엇으로 지각할까? 이것은 책의 핵심 문제이다. 윌리엄 제임스는 상상할 수 있는 가장 복잡한 처벌이 사회의 구속에서 자유로워졌지만 여전히 명백히 눈에 띄지 않게 남아 있다고 말했다. 집에 들어갔을 때나 대꾸했을 때 말을 했거나 신경을 썼을 때 의지할 사람이 아무도 없다면 우리는 사람들이 가할 수 있는 그 어떤 육체적 고문보다도 더 좋지 않은 분노와 무기력으로 가득 차게 될 것이다. 만약 우리기 고문을 당한다면 적어도 우리는 우리의 존재에 관해 어떠한 인식을 얻는다.[22] 주목할 만한 중요한 점은 무엇일까? 우리가 세상에 영향을 미친다는 사실을 알아차린 것에 불과할까? 또는 타인의 마음을 통해 알아차리므로 특별한 점이 있을까? 만약 영아가 타인을 통해 알아차리지 못한다면 그들은 어떻게 될까? 이 책에서는 영아가 타인의 마음을 어떻게 이해하는지를 알기 위해 자연스럽게 발생한 상호작용 또는 실험 상황, 직접적인 관계에서 타인의 행동을 본다. 이러한 자료를 통해 영아가 정말로 마음을 보지 못하는지에 관한 질문을 탐구한다. 모방, 의사소통, 관심, 의도, 유머, 자의식, 지식, 속임수와 같은 사람들 마음의 중요한 측면들을 포함하는 여러 생각과 같은 다양한 현상을 고려하고, 영아가 이러한 측면들과 어떻게 관계를 맺는지 질문하여 심지어 성인들에게도 영구적으로 닫히지 않고, 영아와 동물들 역시 점진적으로 접근해 마음을 이해할 수 있도록 우리를 돕는다.

다음 장에서 나는 타인의 마음을 알기 위해 2인칭 접근이 영아의 다양한 삶의 영역에서 어떤 의미를 가지는지 탐구할 것이다. 만약 타인에 관한 반응이 내가 말했던 대로 중요하다면, 그리고 이것이 타인의 마음과 정말로 중요한 관련이 있다면, 우리는 영아와 사람들과의 정서적 관계에 대한 주장을 입증하는 증거를 찾을 수 있을 것이다. 그 증거는 다른 간접 경험 이전에 자기에게서 심리적인 지향성을 경험하는 각 영역에서 발달 연대와 다른 문제 이전에 자기에게서 심리적인 지향성을 경험하는 문제를 가지고 각 영역 내에서의 이상발달에서 찾을 수 있다. 이어지는 각 장에서는 최근 논란이 많은 영역인 영아가 놀라울 정도로 복잡한 방식으로 사람들과 관계를 맺는다는 점과 마음의 인식에 관한 질문에 나타나는 문제에 대해 논할 것이다. 따라서 제4장에서는 신생아 모방의 고질적인 현상을, 제5장에서는 2개월이 된 영아의 의사소통을, 제6장에서는 공동 관심 이전의 관심에 관한 이해의 의문을, 제8장에서는 놀리기에서 타인의 의도에 관한 영아의 공격성을, 제7장과 제9장에서는 자의식 느끼기와 유머의 초기 표현을, 그리고 제10장에서는 초기의 속이기에 대해 살펴볼 것이다. 각 장들에서 내가 제시한 이러한 모든 현상들과 관련한 2인칭 접근은 그들의 발달과 지속적인 기능을 이해할 수 있게 해준다.

이 책에서 감정에 관한 장을 구분하지 않고 설명했다는 점에 놀랄 수도 있다. 하지만 생략은 의도적이었다. 나는 감정을 마음·정신과 다른 측면으로 구분하여 이해하는 개념은 문제가 많다고 생각한다. 이 책이 마음이라는 개념의 발달을 다루었다면, 감정이라는 분리된 개념의 발달도 이해할 수 있을 것이다. 그러나 타인의 마음과 관계를 맺고 그들을 알아차리는 행동은 시작부터 끝까지 감정적인 절차이다. 영아의 의도나 즐거움 또는 믿음을 인식하기 위해서는 감정을 인식해야 한다. 타인의 마음을 느끼는 것은 그 자체로 감정적인 절차이다. 제5장에서는 2개월이 된 영아가 타인의 얼굴 표정을 인식하는 것, 제7장에서는 자의식 느끼기의 발달에 대해 논의함으로써 감정을 더욱 분명하게 연구했다. 이러한 감정들은 영아기인 2세경에 개념적 발달에서 나타나기보다는 초기 첫해에 타인에게 자신을 표현하는 방법으로서 간단한 형태로 존재한다. 또한 이러한 감정은 영아기에 등장하는 자기와 타인의 개념을 형성하기 위해 중요하다.

그러나 감정에 대해 따로 기술하지 않은 데는 또 다른 이유가 있다. 비록 이러한 분리에 관한 언급을 지나치게 단순화하였을지라도, 긍정적이고 부정적인 감정적 관계가 배움의 과정에 영향을 준다고 믿기 때문이다. 그리고 이것이 사실이라면, 타인의 마음에 관해 모든 측면을 이해하는 방법에도 영향을 줄 것이다. 바버라 프레드릭슨은 기쁨, 사랑, 끌림 또는 만족과 같은 긍정적인 정서가 우리가 경험한 것에 더 관심을 가지고 통합시킬 수 있도록 하여 우리가 사람들과 관계를 맺는 데 준비되도록 강화시킨다고 제안했다.[23] 한편 부정적인 정서는 세상에 관한 개인의 반응과 개방을 '넓은' 것보다는 '좁은' 것으로 만든다고 믿었다. 긍정적인 감정은 어느 연령에서나, 특히 영아기의 대인관계에서 가장 중요하게 느껴진다. 따라서 영아기에 긍정적인 감정을 더 많이 경험할수록 대인관계를 더 많이 개방한다. 또한 긍정적인 감정은 영아의 매력을 증가시키며 더 나아가 관계나 생애 초기 긍정적인 감정에 문제가 있을 경우 잠재저으로 두 배나 타격을 입을 수도 있다. 다음 장에서는 영아의 다양한 측면의 정신 상태를 인식할 수 있도록 발달을 돕는 다채로운 긍정적인 정서적 관계에 대해 기술할 것이다.

하나 더 언급하자면, 나는 이 책에서 자폐장애에 대한 자료와 정상 발달하는 영아 및 아동과 자폐아동의 이상행동을 비교한 몇 가지 자료를 참조할 것이다. 이러한 것이 왜 관련이 있을까? 타인의 마음에 대해 아동의 이해를 둘러싼 흥미로운 쟁점들이 최근 범람하고 있다는 사실은 자폐장애에도 어느 정도 큰 책임이 있다고 볼 수 있다. 자폐아동과 정상 아동 간의 능력과 범주적 차이에 중점을 둔 심오하고 때로는 충격적이기까지 한 상관관계에 대한 초기 이론은 현시대에 뒤떨어진다. 우리는 자폐아동을 특정 범주에 속해있는 별개의 일원으로 볼 수도 없고 이들의 장애가 양자택일할 수 있는 유형의 것이라고 볼 수도 없다. 그리고 자폐아동과 정상 아동 간의 기능의 차이점에 대해 지난 20년간 수집한 방대한 양의 자료는 정말로 흥미롭고 때로는 굉장히 매력적이다. 이러한 연구는 자폐장애의 단정적인 성격 특성의 관점이 아니라 스펙트럼이 우리가 인간을 어떻게 이해하는가의 관점(참여의 관점)을 강조하여 언급한다. 자폐아동은 마음의 여러 측면과 관련된 매일의 일상적인 관계에 참여하기 어렵다. 이는 무언가 그들이 경험한 것과 비교하여 너무 압도적이거나 위협적이거나 또는 다르기 때문일 수 있다. 그들의 어려움은 타인과의 편안한 관계를 형성하기 어려워하는 보다 전형적인 발달에 포함된다고 강조한다. 지식과 같은 발달 궤도는 근본적으로 참여에 의해 영향을 받는다.

연결고리 만들기 : 모방

당신(Thou)이 그것(it)이 아니라면, 역시 '또 다른 나(I)'도 아니다.
'또 다른 나(I)'로 사람을 대한다면 그 사람을 단지 자신에게
투사된 이미지로 볼 뿐 진정으로 보지 못한다.
따뜻함을 간직한 '개인적인' 감정일지라도,
이런 관계는 정말로 나-그것(I-It)일 뿐이다.

—Martin Friedman, 마틴 부버 : 대화의 삶[1]

정글 속의 고릴라라는 영화를 보는 동안 나는 놀라고 매우 감동했다. 용감한 영장류 동물학자 다이앤 포시를 연기한 시고니 위버는 고릴라와 '대화를 나누고' 가까워지기 위해서 수개월 동안 따라 하고 익숙해지면서 그런대로 친해졌다. 그녀는 어떻게 시작할 수 있었을까? 무엇이 그녀를 가능하게 했을까? 그녀는 그들을 모방하기 시작했다. 나이 많은 고릴라 수컷이 꿀꿀 소리를 냈고, 그녀는 똑같이 했다. 그는 가슴을 쳤고, 그녀도 쳤다. 그는 고개를 돌렸고, 그녀도 돌렸다. 그는 쉬면서 그녀를 무시했고, 그냥 앉았다. 그녀도 그렇게 했다. 왜 그런지 모르겠지만, 모방이 관계를 형성하는 결과를 가져왔다. 고릴라는 그런 잠정적이고 취약한 관계 초반 이후부터 그녀와 더 많이 대화하고 상호작용하길 원했고 받아들이기 시작했다.

이 장에서 만약 우리가 낯선 사람을 만난다면 모방이 우리가 만드는 첫 번째 심리적인 접촉이 될 수 있는지 물을 것이다. 그리고 만약 모방이 심리적

인 통로로 가는 데에 강력한 의미가 있다면, 그것은 사실상 무엇을 의미할까? 심지어 신생아가 그렇게 한다면 그것은 무엇을 의미할까? 최근 신경심리학의 연구들은 신생아의 모방이 자기와 타인 사이의 심리적인 통로를 증명하는 첫 번째 자료라는 주장을 지지한다. 그러나 신생아들은 왜 모방할까? 그 해답은 관계, 즉 대화의 과정에서 모방하기와 모방되는 것 사이의 경계선이 모호하다는 사실에서 찾을 수 있다.

낯선 사람들과의 심리적인 접촉

나는 신생아에 관해 말하기 전에, 의사소통 장애와 문화를 넘어 관계 형성하기라는 이 두 가지 다른 영역의 모방을 이야기하고자 한다. 모방은 현직 의사들이 의사소통 장애가 있는 아이와 성인을 치료하는 데 유용하게 활용될 수 있다. 전문가인 Phoebe Caldwell은 대체로 달성할 수 없다고 여겨진 사람들의 '언어 학습'을 위해 유연하고 의사전달적인 모방 체계를 개발하려고 노력해온 의사이다. 파빌리온 출판사와 조세프 라운트리 재단은 Phoebe에게 과제를 주었으며, 그 과제는 그들이 찾을 수 있는 가장 어려운 '사례'를 치료하는 모습을 촬영하는 도전이었던 만큼, 그녀의 성공은 몹시 놀라웠다. 가브리엘은 하루 종일 펄럭거림과 소음 만들기에 집중했던 매우 심각한 자폐스펙트럼장애를 가진 어린 남자아이였고, 전문가들은 이 아이를 포기해버렸다. 그들은 그와 심리적인 접촉을 진짜 할 수 없었다. 가브리엘과 의사소통하려는 Phoebe의 시도들은 촬영일인 3일 동안 지속되었다. 그 첫째 날 20분 동안, 그녀는 그의 작고 반복되는 펄럭거리는 움직임을 모방했고, 그가 펄럭거렸던 어떤 대상을 왼손으로 만지는 행동에 대해 감각적으로 흥미로워한다는 점을 알아냈고, 그녀는 자신의 손으로 똑같이 했다. 가브리엘은 반복적으로 좀 더 조용하고, 더욱 외부로 시선이 향했으며, 그들이 교대로 펄럭거리는 동안 그 아이는 그녀의 손을 몇 번 보면서, 제한적이고 자신에게만 몰두했던 모습에서 아주 미세하게 움직였다. 이틀 동안(약 5시간 정도의 작업시간) Phoebe와 가브리엘은 긴 순간 접촉을 하고 조용히 서로를 바라보았다. 정말 믿을 수 없었다. 모든 희망이 사라졌을 때, 모방을 통한 반응은 가브리엘과의 의사소통 통로가 열린 것 같았다. 마지막 날 Phoebe 는 가브리엘의 양육자에게 어떻게 유사한 방법으로 그와 상호작용 할 수 있었는지 설명해주면서 시간을 보냈다.[2]

또한 모방은 '원시적인' 사람들을 만나는 탐험가들과 여행자들이 선호하는 선택적인 방법이다. 그의 비글호로 항해하는 동안 티에라 델 푸에고 섬에서 있었던 다윈과의 만남은 유명한 에피소드이다. 다음은 다윈이 부족과 첫 만남에서 그들의 피부색깔, 옷 그리고 태도에 관해 자세하게 서술한 내용이다.

그들의 태도는 형편없었고, 얼굴 표정은 의심이 많아 보였고 놀라 있었다. 그들은 우리가 준 진홍색 옷을 즉시 목에 묶은 후, 좋은 친구가 되었다. 이것은 노인이 우리의 가슴을 쓰다듬고 소리를 내며 빙그레 웃는 것을 보면 알 수 있었다. 그는 나에게 똑같이 답례하기 위해 그의 가슴을 내게 드러냈고 그는 매우 기뻐 보였다.[3]

이러한 모방은 어떠한 공통어도 없는 상황에서 관계를 형성하는 수단이 될 수 있다. 그것은 무엇인가를 공유하고 쌍방의 상호작용하는 사람들에게 공동의 화제를 형성하도록 한다. 만약 한 사람이 상대방을 모방하고 그 상대방이 모방되는 것을 받아들인다면, 물론 이것은 2명 또는 그 이상에게 적합한 방식이며, 심리적으로 서로 접촉할 수 있다. 이것은 한 사람이 다른 사람을 의도적인 관계의 세상으로 들어가도록 이끄는 심리적인 문이 된다.

영아가 이러한 문을 통해 타인의 마음을 인식할까? 이것이 사람들 사이에 이른바 차이를 연결하는 다리가 될 수 있을까? 과연 신생아가 이런 능력을 가지고 행동할 수 있을까?

모방과 신생아

이 질문에 대해 심오하고 열정적으로 논쟁을 해왔다. 신생아가 모방할 수 있을까? 20세기 초, 매우 어린 아기들의 모방에 관한 관찰을 보고했던 학자들이 있었다. 예를 들어, 프랑스 심리학자 Zazzo는 그의 25일 된 아들의 모방을 촬영했고, 7~15일 된 아기들이 혀 내밀기를 모방하는 모습을 보고하는 관찰자로서 부모들과 함께 연구를 진행했다. 그의 멘토인 Henri Wallon은 Zazzo의 외관상 말도 안 되는 주장에 경악했다.[4] 이런 보고들은 알려지지 않거나 근대 영미의 심리학에 의해 무시되었다. 피아제와 경험주의 심리학의 대다수는 신생아의 모방이 두 가지 이유 때문에 불가능하다고 주장했다. (1) 모방은 자신과 타인 또는 모방된 동물 사이에 있는 공통점을 파악하는 매우 복잡한 능력을 필요로 하기 때문에, 자신과 타인의 많은 경험 없이 갓 태어난 상태에서 이러한 능력은 불가능하다고 추정했다. 그리고 (2) 특정한 행동의 모방은 이러한 모방을 만드는 신체의 일부에서 자신과 타인 사이에 있는 공통점에 관해 구체적인 학습이 요구된다. 즉, 신생아가 경험해본 적 없는 거울을 활용하도록 요구하는 학습처럼 말이다. 그러므로 예를 들어, 만약 당신이 당신의 가슴을 치고 그것을 내가 똑같이 했다면, 적어도 나와 당신이 둘 다 같은 행동을 할 수 있다는 면에서 우리는 유사하다고 이해해야 한다(나는 나 자신뿐만 아니라 당신의 팔과 가슴을 볼 수 있다). 그러나 만약 당신이 혀를 내미는 행동을 내가 똑같이 한다면, 내가 거울을 통해 나의 혀를 본 것뿐만 아니라 다른 측면으로 내 입 안에서 느낄 수 있는 점이 무엇인지 깨닫기 위함이다. 이 두 가지 이유는 차이에 관한 예전 질문으로 우리를 되짚어가게 한다. 즉, 무엇보다도 우선 우리는 어떻게 타인이 우리와 같다는 사실을 알 수 있을까? 그리고 우리는 타인으로부터 얻은 시각적 (외부수용적인) 정보가 우리 스스로 얻은 고유 감각의 (자기수용적인) 정보와 같다는 사실을 어떻게 알고 있을까? 현대의 1인칭 관점이 자기와 타인 사이에 분명히 신경 접촉이 있을 것으로 추정하더라도 신생아는 아직접해보지 못한 경험 학습의 기회 없이는 유추에서 비롯된 전통적인 논쟁도, 이론-이론 관점도 신생아의 모방을 수용할 수 없다.

논리적인 가능성에 대한 의문에도 불구하고, 신생아는 우리가 알고 있는 것처럼 신생아뿐만 아니라 침팬지들 그리고 놀랍게도 더 낮은 진화 상태에 있는 짧은붉은꼬리원숭이조차도 얼굴 표정과 손의 제스처를 모방한다.[5] 여하튼, 타인과 이전 경험이 없는 갓 태어난 상태 그리고 거울의 경험이 전혀 없는 상태에서, 갓 태어난 영장류는 타인의 행동과 자신의 잠재된 행동을 일치시키고 인간의 얼굴에 표현된 표정을 활발하게 모방한다. 반어적으로, 영아가 대략 8개월일 때 '자신의 몸에서 보이지 않는 움직임'을 모방한다고 피아제 이론에 반대한 첫 의견은 그 학회 회원인 Olga Maratos라 불리는 그리스 대학원생에게서 나왔다. 그녀는 1972년 영국심리학회의 연중 회의에서 회의적인 심리학자들에게 생후 1개월의 아기들이 자신의 혀를 내미는 모습을 그녀가 어떻게 발견했는지에 관해 연설했다. 그 후, 그녀가 제네바에 방문했을 때 자신의 발견이 피아제의 이론에서 본질적으로 벗어난 사실을 염려하며 피아제와 의논하길 원했다. 그는 혼자 비디오테이프를 보길 요청했다. Pierre Mounoud의 실험에 관해 그들은 함께 조용히 아기들을 관찰했다. 마침내 피아제는 간단하게 말했다. "아기들이 정말로 모방을 하네요!" 그리고 그의 반응에 어쩔 줄 모르며 "제가 무엇을 해야 하나요?"라고 말하는 그녀를 향해, 그는 침착하게 그의 이론이나 새로운 자료를 받아들이고, 또 다른 이론을 더욱 발전시키는 그녀처럼 그것이 미래의 이론가들에게 달려 있다고 말했다. 원로는 핵심을 지녔다. 하지만 30년 후에 비록 그의 이론만큼 위대하지 않을지라도 우리가 어떤 새로운 이론들을 가지고 있다면 우리는 현상이 '진실'인지에 대해 여전히 논쟁할 것이다. 그러나 피아제는 이 자료에 대해 전혀 의심하지 않았다. 그는 이것이 모방이며, Olga 박사의 대중연설이 단지 구식에 관한 반사작용이 아니라고 그의 의견을 되풀이해서 말했다. 또한 사람들의 시선을 집중하게 한 자료에 관한 피아제의 반응에 흥미로워하며 이후 이러한 현상을 연구한, 제네바에서 청중 가운데 한

명이었던 젊은 Andy Meltzoff가 있었다.[6]

지금까지 인간에 대한 신생아 모방의 연구가 거의 수백 편에 이르고, 신생아들이 혀 내밀기 모방을 할 수 있다는 의견이 완전히 받아들여지고 있으며, 그들이 입 벌리기를 모방할 수 있다는 신뢰할 만한 증거와 그들의 손가락 움직임, 눈 깜빡임, 거진 눈, 심지어 누군가의 목소리, "아아아아"까지 모방할 수 있다는 상당한 증거들이 있다. 다소 논란의 여지가 있는 소수의 연구들은 단지 몸짓보다도 올라가는 눈썹과 커지는 눈과 함께 부분적으로 놀람을 보이는 얼굴 표정의 모방이다. 사실상 오늘날 이러한 행동들을 '모방'이라고 부를 수 있을지에 관해서 의문으로 변화하고 있는 추세지만, 논쟁은 항상 그랬던 것처럼 격렬하다. 신생아가 모방을 한다고 혹은 하지 않는다고 주장하는 자료에 관해 격렬한 학문적 반응으로부터 우리가 최소한 배울 점은 모방 혹은 오히려 모방의 불가능성이 심리학에서 아주 중요하다는 사실이다.

역설적인 기술로서 모방

모방을 해석하는 데 있어 이러한 격렬함과 양가감정은 새롭지 않다. 모방은 진정으로 역설적인 기술이다. 예를 들어, '단순히' 모방이라고 생각한다면, 그것은 보편적이다. 결국 원숭이도 모방을 한다. 그리고 '토착민'도 한다. 그들의 행동을 '모방'이라고 부르는 것은 그들이 현명하게 행동한다는 사실을 의미하지는 않는다. 사실 이것은 틀림없이 정반대를 의미한다.[7] 매우 의구심이 많은 미국의 초기 민족학자는 "흑인이 모방할 수 있는 모든 것을 백인은 할 수 있지만, 흑인은 백인이 할 수 있는 어떤 것도 할 수 없다"고 단언했다.[8] 1832년에 티에라 델 푸에고의 해변에서 있었던 사건들에서 다윈의 궁금증은 모방을 활용하여 미개인과의 동일시를 강화한 점이었다. 다윈은 모방하는 능력이 지적인 예리함이 아니라 감각의 예리함으로부터 나오며 좀 더 정확히 말하자면 지적인 예리함은 도리어 독이 된다고 제안했다.

그들은 우리가 보냈던 어떤 문장에서도 각 단어를 완벽하고 정확하게 반복한다. 그리고 그들은 얼마 동안 단어들을 기억한다. 그러나 우리 유럽인은 외국어에서 소리를 구분하는 것이 얼마나 어려운지 모두 알고 있다. 예를 들어, 누가 세 단어 이상으로 구성된 문장으로 미국의 인디언을 따라 할 수 있는가? 모든 미개인은 보편적이지 않은 수준으로, 모방할 수 있는 힘을 가지고 있다고 밝혀졌다. 다시 말해, 나는 남아프리카 흑인들 가운데 비슷한 바보 같은 버릇에 대해 말한 적이 있는데, 마찬가지로 오스트레일리아 사람들은 누구의 걸음걸이라도 모방하고 묘사할 수 있다는 걸로 유명하다. 그래서 그는 알게 되었고 … 이러한 모방하는 능력은 어떻게 설명될 수 있는가? 그것은 문명화된 사람들과 비교했을 때, 미개인 사회의 모든 사람들에게서 흔히 보이는 보다 능숙한 지각의 습성과 더 예리한 감각의 결과인가?[9]

모방에 관해 앞서 언급한 것처럼 비판적인 시각은 정신분석의 관습으로 비춰질 수 있다. 정신분석에서 모방은 타인을 향해 방어적인 적대감을 지닌다고 여기거나, 단지 '피상적'이고 '집착하는' 상태를 암시한다. 이것은 진정한 정체성을 찾기 위해 타인의 경험과 심오한 관계를 맺는 것과는 매우 거리가 있어 보인다. '피상적인' 것과 '진정한' 모방 사이의 차이점은 이미 앞 장에서 논한 행동 대 마음의 이원론과 유사하며, 비판적인 '단순한 모방'은 동일하게 너무 미숙해서 이론적으로 적합하지 않은 경우라면 외관상 유능한 대인관계의 행동들이 분리되는 비판적인 '단순한 행동'과 구별하기 어렵다. 그러므로 우리는 데카르트 사상의 문제점과 관련된 중요한 핵심을 되짚어 보고자 한다. 모방은 '행동' 또는 어떤 의미에서 '정신'에 있을까?

오늘날 후기 피아제 학파의 심리학과 타인의 문제에 관한 관심이 새롭게 재조명되면서, 모방은 더 높은 명성과 권위를 지니게 되었다. 모방은 지금 중대한 과학적 산업이다. 그러나 신생아기처럼 모방이 발생하지 않는다고 생각하는 범위에서 모방이 발생했을 때 그것이 정말로 의미하는 바에 관한 양가감정은 여전히 분명하게 존재한다. 이에 관해 심리학은 열정적으로 반응한다. 진화이론의 관점에서 19세기 탐험가들같이 회의적이고 파괴적이거나 또는 19세기 신학자들처럼 방어적이고 반어적으로 말이다.

최근 심리학에서 신생아의 모방에 대해 기대하는 변화된 첫 번째 중요한 믿음은 사람과 관계 맺기 위해 지적인 연결(3인칭 상황)의 한 부류가 필요하다는 믿음이다. 만약 우리가 모방이 사람들 사이를 기반으로 단순히 어떤 심리적인 공통점을 다룬다고 믿는다면, 그리고 만약 신생아가 이러한 연결을 지각할 수 있는 능력 혹은 공통점을 경험할 수 있다고 우리가 믿지 않는다면, 어떻게 신생아들은 모방할 수 있을까? 모방을 설명하기 위해 오늘날의 대안은 '초기'에 행했던 단순한 묵살에서 벗어나 어느 정도 더 복잡해졌다. 즉, 모방의 수준은 모방적인 행동의 피상 또는 '단순한 행동'처럼 수준별로 구별되어 각각의 수준에 따라 다양할 수 있다(물론 중요한 수준의 개수는 다르게 측정된다. 어떤 사람은 4개의 수준으로, 어떤 사람은 10개로, 그리고 몇 가지를 제외하여 간단하고 구체적인 대안적 설명으로 세분화한다).[10] 우리는 진짜가 아닌 다른 이론으로서 신생아의 모방을 설명하기 위해, 임의적이고, 대안적인 설명, 그리고 유력한 도전자가 아닌 다른 무언가라고 확립해가고 있을 때 (그리고 우리는 '진짜'가 실상 의미하는 내용을 이제 밝혀야 한다) 모방은 여전히 선천적인 발생 메커니즘 또는 어떤 종류의 고정된 행동패턴의 반사적인 결과로 여겨지고 있다. 다이앤 포시가 고릴라에게서 발견했고 티에라 델 푸에고의 '미개인'들이 백인에게 발견된 것처럼 그야말로 신생아들도 성인과 친구가 되어 성인과 관계를 형성하려고 애쓸까? 또는 만약 따분하게, 그저 단순히 이러한 모방은 반사적인 힘으로 움직이는 걸까? 신생아의 모방을 해석하는 문제를 다루기 위해, 우리는 먼저 이러한 질문들에 대답해야 한다.

신생아의 모방은 반사 행동일까?

우리는 심지어 갓 태어난 신생아가 간단한 반사 행동보다 그 이상의 행동을 할 수 있다는 점을 알고 있다. 그들은 시각적으로 물체를 따라갈 수 있고,

180도 고개를 움직일 수 있고, 얼굴 표정과 머리 돌리기로 의사를 표현할 수 있고, 심지어 태내에서 시의 특정한 구절도 배울 수 있으며, 특정한 느낌을 떠올리기 위해 일부러 빨거나 머리와 팔을 움직일 수도 있다. Audrey van der Meer는 독창적인 실험 환경에서 1개월이 된 아기가 굉장한 신체적 노력이 필요할지라도, 한 줄기 빛을 끌어들이기 위해서 또는 비디오상에 자신의 팔의 움직임을 보기 위해서 팔을 움직인다고 발표했다.[11] 심지어 15주된 태아에 관한 초음파 스캐닝 연구는 독립적인 손가락 운동, 빠르거나 느린 입 벌리기, 손의 움직임, 손가락과 입의 반복적인 접촉을 보였으며, 뿐만 아니라 24주에는 정교하게 조절하는 표정과 눈을 뜬 채로 움직임의 증거를 포함해서 적어도 15개의 다양하게 조직화되고 비반사적 운동 패턴들을 밝혀왔다.[12] 신생아는 의도적인 행동뿐만 아니라 심리적인 안정을 위해 단지 타인이 유도한 행동을 넘어서 호기심과 흥미로 동기화된 의도적인 행동까지도 할 수 있다. 그러나 신생아들과 관련 있는 모든 행동들이 이러한 종류라고 볼 수 없으므로 신생아 모방이 모두 의도적인 행동을 의미하지는 않는다. 가설은 검증되기 위해 여전히 존재한다. 신생아의 모방은 반사 행동 그 이상일까?

선천적으로 발생하는 메커니즘의 증거

아마도 선천적으로 발생하는 것이라고 제안하는 증거가 있다. 신생아는 혀 내밀기를 모방할 뿐 아니라 혀 내밀기를 통해 펜 또는 공의 튀어나오는 움직임을 '모방한다'(비록 그들이 진짜 혀 내밀기를 모방하는 것보다 빈번하지 않지만).[13] 통계적으로 유의한 자극들 간 선별력의 결함은 '표출 요인'에 관한 설명을 뒷받침하기 위해 이해되어왔다. 신생아의 모방에 관해 가장 진지한 주창자인 Anisfeld는 보다 복잡한 인지를 필요로 하는 자신과 타인의 공통점에 대해 인식하기보다 선천적인 발생 메커니즘(Innate Releasing Mechanism, IRM)에 의해 작동된다고 보았으며, 현재 신생아 모방에서 연구 가능한 범위로 행동에 관한 다음 활동의 빈도를 증가시키는 관찰은 신뢰할 수 있는 증거이므로 혀 내밀기를 단지 몸짓으로 볼 수 있다고 주장한다.[14] 그의 결론은 다양한 이유에 기초한다. 일부 연구에서 다른 모델보다 성인 모델의 입 벌리기에서 신생아의 입 벌리기 횟수가 더 많다는 사실을 설명하는 데 실패했다. 일반적으로, 입 벌리기(MO)의 횟수를 기초선 비율로서 가져온 섯인지 모델 싱태에서 가져온 깃인지 모르겠지만 혀 내밀기의 횟수보다 더 적다. 예를 들어, 1977년 Meltzoff와 Moore의 전통적인 연구에서, 다른 모델보다 MO 모델을 향해 입 벌리기가 더 많았음에도 불구하고, 모델을 향한 실제 입 벌리기 횟수는 혀 내밀기보다 낮았고, 다른 사례에서도 12명 아기들 중 8명으로, 터무니없게 적었다. 만약 혀 내밀기가 오직 확실히 모방된 몸짓이라고 하면, 신생아의 모방은 모방하기 위해 더 많은 일반적인 능력을 유도하거나 자기-타인 공통점의 인식에 바탕을 두고 있다는 주장을 심각하게 약화시킨다. 그러나 여기 중요한 방법론적인 논쟁이 있다. 반응의 활용과 모방된 행동에 관한 영아의 민감한 표현 방법은 신생아 그리고 침팬지에게 있어 많이 경직되고 비관계적인 과정보다도 모방의 횟수를 높였다.[15] '2인칭' 방법은 '3인칭' 방법에서 많은 연구와 다양한 종을 망라하여 새로운 연구 결과를 이끌어내고 있다. 그 현상의 존재에 대한 주장은 그것을 탐구하는 데 사용된 방법에 관한 논쟁과 일단락되었다.

몇몇 연구자는 신생아의 모방이 피아제가 관찰했던 것처럼 추후 첫해 말무렵 재출현하기 위해 생후 1~2개월 후에 사라진다고 주장한다.[16] 예를 들어, 신생아의 '걷기' 반사(당신이 신생아를 세우고 발을 표면에 닿게 할 때 신생아들은 걸음을 걷는다), 파악 반사(당신의 손가락을 신생아의 손바닥에 놓았을 때 신생아들을 들어 올리려고 하면 자신의 몸무게를 들어 올릴 만큼 힘세게 손가락을 꽉 잡는다), 그리고 모로 반사(목을 뒤로 젖힐 때 팔과 다리를 벌렸다가 안쪽으로 모은다)와 같은 다양한 신생아의 반사들은 고의적으로 격려하지 않는다면 태어난 후에 즉시 사라지고 나중에 더 통제된 형태로 점차 재출현한다. 신생아 모방의 분명한 소멸은 신생아의 발달이나 일상생활에 별로 중요하지 않으며 반사적인 피질하부의 현상을 나타낼 뿐이다.

오늘날 이러한 반사들에 관해 피질하부에서 피질의 통제로 변화한다는 가설은 논쟁이 되고 있다. 이러한 증거로 예를 들자면, 만약 신생아가 물 속에서 계속 있다면 걷기 반사는 완전히 살아남는다. 왜냐하면 성장하고 있는 뼈를 관리하기 위해 미성숙한 근육이 쓰러지지 않도록 도와주기 때문이다.[17] 이러한 논쟁을 넘어, 모방이 실제 사라졌는지와 관련된 논란이 있다. 자연 그대로의 상호작용에서 모방에 관한 종단연구를 살펴보면, 크레타에서 Giannis Kugiumutzakis는 모방의 실상이 변화된 것이 아니라 모방된 무언가가 변화한 것이라고 설명했다. 생후, 가장 큰 가능성을 가진 모방 행동은 혀 내밀기가 첫 번째이고 두 번째는 입 벌리기이다. 두 번째 입 벌리기 무렵, 혀와 입의 모방은 (U자 모양 곡선으로) 감소하지만 눈 움직임의 모방은 계속된다. 그리고 목소리 모델의 모방은 체계적으로 증가하기 시작하며, 발달하면서 입 모양보다는 목소리 의사소통이 증가되어 그 특징을 신호로 보낸다.[18]

다른 증거에서 실제로 신생아 모방이 추후에 나타나는 모방과 다르다고 말한다. 비록 신생아 모방이 선천적으로 발생하는 메커니즘(IRM)을 토대로 증거를 제시한다고 하더라도, 가설은 의심스럽다. 다른 종단연구에서 Mikael Heimann과 Eva Ullstadius는 3개월의 영아들이 보이는 모방에서의 개인차가 12개월의 아기들의 개인차와 관련이 있는 반면 막 출생한 아기들과 3개월 또는 12개월의 아기들에게서 나타나는 개인차 간에는 관련이 없음을 발견했다. 이처럼 '방식'이 지속되지 않는 이유는 출생 당시와 생후 3개월에 모방을 통제하는 두 가지 다른 기제의 결과일 수 있고, 출생 시 더 큰 역할을 하고 '방식'에 있어서 또 다른 점을 무시하거나 왜곡하는 (스트레스나 신기한 것과 같은) 상황 요인의 결과일 수 있다.[19] 사실 병리학에서 (병리학에서는 전두엽의 하반부에 국소적 병소가 있는 성인들이 몸짓에 관한 모방을 억제할 수 없다고 보고했다) 자료를 수집했을 때, George Butterworth는 출생 시 강력하게 전두엽이 주는 영향과 유사한 부재는 사실상 신생아가 모방하고자 하는 성향을 증가시킨다고 주장했다.[20] 비록 모방은 전두엽에 장애가 있는 성인들처럼 그 조절이 힘들지 않더라도, 오히려 신생아기에 고정적으로 나타나지 않으나 혹은 지지해주고 의도적으로 나타난다 할지라도, 그는 생후 1개월에 나타나는 모방에 대해 모방 행동이나 다른 어떤 행동이든지 간에 억제하는 능력을 증가시킨다고 제안했다.

세나가 모방은 고정된 이미지들로 나타나지 않는다. 혀가 이미 나오거나 입이 이미 벌려 있는 사람을 마주했을 때, 신생아는 모방으로 반응하지 않는다. 단지 모방을 만드는 행동 그 자체를 관찰한 것뿐이다.[21] 인간의 신생아에게서 모방은 갈매기 새끼가 붉은 점이 있는 하얀 실린더를 볼 때마다 부리를 벌리는 것보다 좀 더 복잡한 행동에 불과할까? 또는 개구리가 눈에 띄는 장소에서 움직일 때마다 혀를 재빨리 내미는 것보다 더 복잡한 행동일 뿐일까? 이런 동물의 행동들은 단순하고 융통성 없는 반사일 뿐이다. 신생아의 모방은 이러한 것들에 불과할까? 몇몇 증거들은 이런 결론에 반대한다.

반사에 관한 의견에 반대하는 증거

첫째, Meltzoff와 Moore의 주장처럼 왜 인간은 혀 내밀기와 같이 의미 없는 몸짓을 자동적으로 방출하는 사람으로 진화해왔을까? 혀 내밀기는 반사 행동이며, 인간이 젖꼭지와 같은 자극의 접근으로 인해 유도된 먹이주기에 적응되었다는 주장은 정말이지 말이 되지 않는다. 즉, 혀 내밀기에 관해 발표된 내용을 살펴보면, 보통 혀 내밀기는 수유 행동을 동반하지 않으며 그들은 실제로 젖꼭지에 접근하는 맥락으로도 설명되지 않았다. 어쨌든, 그들은 일관되게 방출하는 요인으로 나타나지 않는다. 즉, 앞부분이 움직이는 검은 펜은 혀 내밀기를 유도하지만, 앞부분이 움직이는 갈색 실린더는 혀 내밀기를 이끌어내지 못하는 것처럼 모두 '유두 같은' 자극으로 작동하는 건 아니다.[22]

둘째, 타인의 행동에 관해 즉각적이며 자동적으로 그 특징을 이해하지 못하는 신생아들의 모방은 반사적이거나 선천적으로 자극을 방출하는 행동을 이끈다고 알려져 있다. 예를 들어, 모방은 늦게 발생할 수 있다. Andrew Meltzoff의 연구 중 성인이 입 또는 혀의 움직임을 만드는 동안 고무 젖꼭지를 신생아의 입에 물렸다. 모델링이 끝났을 때, 고무 젖꼭지를 제거했다. 신생아들은 여전히 정확하게 모방을 했다.[23] 6주 된 아기들을 대상으로 한 유사한 실험에서, 영아들은 얼굴 움직임을 만들어서 보여주었지만 움직임을 따라 하지는 못했다. 하루 뒤에 동일한 성인이 영아를 찾아갔고, 이때 영아는 무표정인 얼굴을 보였다. 심지어 24시간 이후에, 같은 성인과 마주했을 때 영아들은 같은 움직임을 보였다.[24] 즉각적인 모방을 멈추기 위해 (입에 넣었던 고무 젖꼭지처럼) 인위적인 시도가 없어도, Kugiumutzakis의 연구에서 신생아들은 항상 즉각적이고 충동적으로 모방하지 않았다. 모방의 움직임을 따라 하기 전에, 그들의 대부분은 몇 초 동안 모델의 얼굴을 조심스럽게 집중했다. 흥미롭게도, 지연 행동은 성숙한 아기들일수록 더 길고, 이것은 그들이 노력하고 행동으로 옮기는 데 필요로 하는 시간이 더 오래 걸린다는 사실을 시사한다.

생후 1일 된 아기를 대상으로 한 인상적인 연구를 살펴보면, Emese Nagy라 불리는 젊은 헝가리의 의대생은 이런 지연 모방이 단순히 지연된 것이 아니라 사실상 상호작용을 위한 자극의 역할을 한다고 말했다. 그녀의 연구에서, 행동에 모델이 되었던 성인에 관한 반응으로 신생아들은 혀 내밀기, 입 벌리기, 손 움직임을 보였을 뿐만 아니라 동일한 성인이 그들을 즐거운 표정으로 바라보았을 때도 지연된 후에 나타났다. 이렇게 '자극을 유발하는' 지연 모방은 모방보다는 전체적으로 다양한 심장박동 패턴이 동반되어 나타난다. 즉, 심장박동이 줄어들수록 준비를 위한 주의 집중은 더 높아지고, 반대로 명백한 가속화는 모방을 특징짓는다.[25] 다른 한편으로, 반사는 보통 즉각적이고 자극이 철수된 후에는 보이지 않는다. 또한 자극을 관찰한 후 24시간 내에 확실히 발생하지 않거나 타인의 반응을 유발하기 위해 나타난다.

게다가 신생아의 모방은 필연적이거나 심지어 예상할 수 없다. 즉, 동일한 영아나 모든 영아들에 의해 관찰된 행동들은 시간마다 항상 나타나지 않는다. 동일한 영아라도 때로는 모방하고 때로는 모방하지 않으며, 일반적으로 주의 집중하는 영아는 결코 모방하지 않는다.[26] 이러한 사례가 발생하는 이유는 명확하지 않다. Mikael Heimann에 의하면, 모방을 포함해 아기의 행동과 기질의 많은 측면에서 출생 이후 제대로 자동하는 확실한 개인차는 반응이 아기들의 평균에 딱 맞춰져 있을 때 신생아의 모방과 현상의 '소리'에 관한 모호함을 설명해준다.[27] 다른 한편으로, 반사는 예측할 수 있다. 만약 눈에 빛을 비출 때 우리가 눈을 깜박이지 않거나, 물에서 나왔을 때 숨을 헉헉거리지 않거나, 태어날 때 울지 않는다면, 이것은 신경심리학적인 문제 때문이다. 신생아의 모방 때문이 아니다.

셋째, 신생아의 모방은 쉽게 할 수 있는 게 아니라 대체로 노력이 필요하고 창조적이다. 신생아의 눈 깜박임은 전체 얼굴의 근육을 다루기 위한 노력을 통해 이뤄지는데, 이것은 신생아의 경우 쉽지 않은 행동으로 깜박임의 모방에서 가장 두드러지게 보인다. 또한 영아는 하나의 쉬운 모방을 간단히 행동하거나 멈추지 않는다. Kugiumutzakis의 연구들에서, 신생아는 몇몇의 다른 모방 패턴을 보여준다. 어떤 영아들은 점차 더 어려운 모방으로 차례차례 몇몇의 모방을 수행하는 반면 어떤 아기들은 몇 번 움직이지 않고도 그다음 단 한 번에 정확한 모방을 해내기도 한다.[28] 더 나아가 모방된 행동을 검증하기 위한 시도에서, Meltzoff는 앞보다는 옆으로 혀를 내미는 6주 된 모델을 보여주었다. 일부 영아들은 점차적으로 초기에 나타난 앞으로 혀 내밀기를 적절하게 수정하거나, 심지어 앞으로 혀 내밀기와 옆으로 고개 돌리기를 정확한 모방으로 성취하기 위해 노력했다![29] 사람을 포함한 동물 왕국에서 반사와 고정된 행동 패턴은 복잡하지 않아 그들은 항상 정형화 되어있으며 관습을 거의 바꾸지 않고 수행하기 위해 노력이 거의 필요하지 않는다. 신생아의 모방과 다르게, 목적을 달성하기 위해 노력하는 동안 고정된 행동 패턴을 다루는 기관은 그 자체를 교정하지 않는다.

나아가 혀 내밀기 모방의 소거에 관한 더욱 흥미로운 설명은 혀 내밀기가 사실상 혀를 활용하여 탐색하기 위해 대상을 입에 닿고 가져오는 능력의 부재에서, 입으로 탐색하는 활동의 시도라는 점이다. Susan Jones는 연구를 설명하면서 혀 내밀기가 재미있고 시각적인 전시에 반응으로 어떤 맥락에서 발생할 뿐만 아니라 혀로 하는 '사실상의' 탐색은 영아가 손으로 잡기를 시작하자마자 멈춘다고 한다. 그녀는 신생아의 혀 내밀기 '모방'이 반사적인 것도 아니고 의도적인 것도 아니라고 주장했다. 이것은 단순한 모방이 아니다.[30] 만일 모방이 단지 혀 내밀기에 국한된 사례라면, 이 주장은 매우 중요하다. 그러나 이것은 밝혀지지 않았다. 또한 이러한 설명은 아마도 생후 첫 1개월 또는 영아기 후에 혀 내밀기 소거에 관해 다룰 수 있지만, 생후 첫해의 끝 무렵에 사라지지 않는 다른 종류의 모방뿐만 아니라 재출현하는 모방에 관해서는 설명할 수 없다.

논쟁은 계속되고 있다. (논쟁의 양측에서) 아마도 격렬할 수밖에 없는 이유는 그 현상이 심각한 결과를 불러오기 때문이다. 만일 신생아가 출생 후 몇 분 안에 자기와 타인 사이에 있는 공통점을 인식한다면, 사람들 사이에는 명확한 차이가 존재하지 않을 뿐 아니라 마음과 행동 사이에 있는 차이가 상관없어진다. 그러나 분명히 반사 이외에 얼굴, 입, 또는 혀를 결코 본 적 없는 영아가 다른 누군가의 혀, 입 그리고 얼굴 움직임을 어떻게 모방할 수 있는지 여전히 설명이 필요하다. 하지만 이러한 미스터리는 적어도 거의 해결되어가고 있다.

신생아의 모방과 차이

철학자들과 심리학자들이 연결되는 공통점으로 많은 경험과 관찰이 필요한 차이를 가정하고 다루는 동안 자기와 타인 간에 그러한 차이가 실제 있다면 우리 역시 신생아들이 모방 능력이 있다고 할 수 없을 것이며, 만약 우리가 그랬다면 자기-타인의 시각적 비교는 더 드러난다는 점에서 이러한 모방은 '눈에 보이는' (손과 다리 같은) 신체적 특징을 가장 먼저 포함할 것이다.

그러나 우리는 신생아가 모방 능력이 있다는 사실을 알고 있으며 그것은 기본적으로 눈에 보이지 않는 신체적 특징을 갖고 있다. 그것이 반사 행동이든 연결하기 위해 보다 복잡한 과정이든 상관없이 그것은 출생 이후 이미 알려져 있는 그 차이와 어떤 관련이 있음을 시사한다. 그러나 이러한 연결은 정확히 무엇일까? 그리고 풀리지 않는 차이의 본질에 대해 무엇이라고 말할 수 있을까?

신경생리학은 차이를 연결해줄까?

원숭이를 대상으로 한 연구에서 '거울 뉴런'의 발견은 자기-타인의 유사성에 관한 재인식에 대해 신경생리학을 기반으로 한 첫 번째 명확한 증거이다. 이러한 발견은 페니실린의 발견처럼 우연한 사고로 인해 발견되었다는 소문이 있다. 파르마대학교 Giacomo Rizzolatti의 유명한 실험실에서 한 과학자가 짧은붉은꼬리원숭이의 목표 지향적인 운동에 관해 연구하기 위해 대뇌 전운동피질 내에서 발생하는 특정한 뉴런 분비물을 측정하고 있었다. 문제의 그 뉴런은 기록 장치와 연결되어 있었고 원숭이가 땅콩을 집어 올리거나 입으로 가져갈 때마다 크게 활성화되는 모습을 보였다. 이탈리아의 더위로 힘들어하고 있던 그 과학자는 아이스크림을 사러 잠깐 나가게 되었다. 그가 돌아와 느긋하게 아이스크림을 먹고 있었을 때, 그 원숭이는 땅콩을 들고 있지 않았지만 단지 그 과학자가 아이스크림을 들어 올리는 것을 보았을 뿐인데도, 원숭이 뇌에서 그 같은 뉴런이 활성화되었다. 기록 장치에는 아무런 이상이 없었지만 이것은 다시, 또 다시 발생하였다. 최소한 원숭이들에게는 어떤 행동을 관찰할 때 그 행동을 하는 것처럼 유사한 뉴런의 활동이 일어났다. 어떤 직접적인 '공명'이 행동과 관찰 사이에서, 그리고 자신의 행동과 타인의 행동 사이에 존재하는 것으로 보인다. 이것이 소위 차이라 불리는 형태와 연결될 수 있을까?

거울 뉴런의 발견과 거울 뉴런의 심리학에 대한 잠재적인 영향은 생물학의 DNA 발견과 관련된다. 이러한 발견을 뒤따르는 뇌과학 분야에서 최근

급증하는 문헌들은 확실히 위와 같은 의견을 지지한다.[31] 하지만 거울 뉴런은 신생아의 모방에 관한 설명을 헷갈리게 만든다. 첫 번째로 거울 뉴런의 활성화는 24시간 동안 지속되는 지연 모방을 설명할 수 없다. 또한 Meltzoff와 Kugiumutzakis의 연구에서 신생아들이 모방하는 동안 관찰된 모습은 자기수정(self-correction)으로도 설명할 수 없으며, Nagy의 헝가리 아기와 Meltzoff의 미국 아기들의 자극 역시 잘 설명해낼 수 없었다. 거울 뉴런은 소위 차이라고 불리는 것을 이해하는 다리로는 불충분해 보인다.

신경학과 근육의 관점에서 두 가지 다른 발견들은 더욱 복잡한 이야기를 제공한다. 하나는, 거울 뉴런이 발견된 곳인 전운동 시스템은 때때로 '단순한 초기 운동'을 허용하며 다른 하나는 타인에 의해 본의 아니게 쉽게 인식할 수 있고 응답을 받을 수 있다는 점이다. Rizzolatti와 Arbib는 상호 운동조절과 초기 대화의 출발점에 대해 복합적이고 더욱 과정 중심적인 설명을 제공한다.

이러한 사실(움직임의 선행)은 행동하는 사람과 관찰하는 사람 모두에게 영향을 미친다. 행동하는 사람은 관찰하는 사람의 의도를, 관찰하는 사람은 무의식적 반응이 행동하는 사람의 행동에 영향을 미친다는 사실을 알아차린다. 그 또는 그녀의 거울 시스템에서 관찰자가 지닌 능력의 발달은 (자발적으로) 신호를 내보내기 위해 매우 중요하다. 이러한 상황이 발생할 때, 관찰하는 사람과 행동하는 사람 간의 초기 대화가 이루어진다. 이 대화는 언어의 핵심을 구성한다.[32]

다른 발견은 스스로 하는 어떠한 행동과 타인에 의해 행해진 행동을 관찰하는 사이에서, 광범위한 지각적 운동의 연결들이 나타난다는 점이다. 자기 영상(물론 사용할 순 없지만, 특정 뉴런의 활성화를 기록하는 깊숙한 전극)을 활용한 인간에 관한 연구들은 감각 뉴런과 운동 뉴런 활동의 통합 가능성과 관련된 광범위한 사실에 관한 증거들을 발견했다. 행동을 하는 동안 활성화되는 뇌 영역인 대뇌 운동피질과 좌측, 우측의 전두정엽은 행동을 관찰하거나 상상하는 것만으로도 활성화된다.[33] 게다가 행동을 관찰하는 동안의 활동성은 뇌에 국한되지 않는다. 활동성은 전운동구조에 스며든다. 예를 들어, 어떤 사람이 사물을 움켜쥐는 모습을 지켜보는 것은 전운동피질 뿐만 아니라 관찰자 손 안의 운동발생적인 잠재력을 향상시키고, 목소리를 듣는 것은 혀 근육의 민감성을 증가시킨다. 이것은 20세기 초 행동주의자들이 사고하는 동안 성대의 활동에 관해 신뢰할 수 없는 예측과 기묘한 유사점을 나타내는 발견이기도 하다.[34] 이러한 발견은 자신과 타인 간에 소위 차이라고 불리는 형태를 연결한 다리로 단지 뇌뿐 아니라 신체 전부를 포함해야 한다고 제안한다.

차이에 접근하기 위한 시도들

다양한 설명들은 신경학적이고 광범위한 신체적 연결들이 어떻게 자신과 타인 간의 차이에 접근할 수 있는지를 다루기 위해 제공되었다. Andy Meltzoff 와 Keith Moore는 태내의 움직임인 '태동'이 새로운 신체 상황들을 비교하여 추가될 수 있는 '행동 공간'으로 이에 관한 지도 제작을 위해, 그리고 자기수용적인 피드백을 어떻게 제공하는지 그리고 특정한 감각 양식으로 묶지 않은 상태인 '상위 양식'으로 어떻게 저장이 이루어지는지 설명하기 위해 AIM이라고 불리는 방법을 언급했다. 그들은 자기수용적인 표현과 같은 공간 내에서의 시각적인 피드백이 우리가 필요로 하는 차이와 연결할 수 있는 방법이라고 제안했다. 그것은 타인의 움직임에서 자신의 움직임으로 활동 경로 매칭(Active Intermodal Matching, AIM)을 허용한다.[35] AIM은 자신과 타인 간의 유사점을 인식하게 할 뿐 아니라 신생아의 모방도 가능하게 한다. 게다가 자기 내에서 행동과 정신 상태들 간을 일치시킴으로써 점진적인 배움의 과정과 타인에게서 자기와 유사한 행동과 유사한 정신 상태 간의 결합에 대한 추론을 통해 타인에 대해 관찰할 수 있는 행동과 마음 간의 관계를 영아가 이해할 수 있다고 말한다.

이러한 인지과학의 형식에도 불구하고, AIM 가설은 여전히 은유에서 오는 주장에 의존하고 있다. 이 모형에서 의도는 움직임에 매여 있지 않다.

의도는 개념적인 독립체로, 추론을 통해 상기된다. 마음은 기본적으로 관찰될 수 없다고 생각한다. 그러므로 영아의 과제는 사람을 심리학적인 존재라고 인식하기 위해 행동 그 이상으로 성장하고, 사람을 '내가 모방할 수 있고 나를 모방할 수 있는, 단지 피부로 이루어진 역동적인 가방에 불구한 것'이라는 지각을 넘어서 그 이상으로 발달한다.[36]

반면 또 다른 1인칭 접근의 제안이며, 삶의 출발점에서 존재하는 Vittorio Gallese의 '원시적인 자아 중심적 공간'이라는 개념은 추론의 필요성에 반대하며 더욱 설득력 있는 설명으로 발전되었다.[37] Gallese에 의하면, 공유하는 공간은 자기와 타인의 차이를 연결할 수 있는 다리가 될 수 있으며, 우리는 '자기감(self-ness)'의 감정을 타인의 것으로 '돌린다'고 설명한다. Gallese는 이렇게 공유하는 공간이 모든 발달과 관련되어 사회적인 독자적 힘을 가능하게 할 수 있으며, 상호작용 안에서의 규칙성, 일관성, 예측성에 대한 지각적인 분별력을 만들어주는 강력한 도구를 제공하고, 의도적인 조절뿐만 아니라 감정적인 조절도 용이하게 한다고 제안했다. 하지만 공유된 '자기중심적' 공간은 2인칭 접근을 설명하기에 필수적이지만 충분하지는 않다. 이것은 타인을 자신의 다른 형태로 인식한다는 '나-너'의 공간에 대해, 그리고 영아가 반응을 위해 움직이고 마음을 끌어당기는 행동에 대해 여전히 충분한 설명을 제공하지 못한다.

일부 저자들은 행동의 지각을 행동의 실행과 연결시킬 뿐만 아니라 행동의 의도와도 연결짓는다. 예를 들어 자기공명 기술을 활용하는 Jean Decety는 적어도 성인에게는 행동의 지각을 수용하는 사람의 의도에 따라 다르게 부호화된다고 말한다. 모방하기 위한 의도의 지각은 단순히 관찰을 하는 동안 활성화되는 뇌의 양상보다, 행동을 실제로 실행하는 동안 발생한 뇌의 활동 양상과 더 유사한 양상을 보여준다. 상상하는 활동은 그들 자신이 행동하고 있는 것처럼 상상하는지(좌측 전두정엽의 활성화), 혹은 다른 사람들이 행동하는 모습을 상상하는지(우측 전두정엽의 활성화)에 따라 너무 다른 대뇌피질의 활성화 양식을 나타낸다. 설득력 있는 의견은 행동이 다소 유례없는 현상이며, 행동가, 계획가, 상상가, 그리고 관찰자 사이에서 자연적으로 발생한다기보다 일반적인 신경 기질로 가정된다는 점이다.[38] 이러한 종류의 설명은 잠재적으로 의도와 행동 간의 또한 자신과 타인 간의 이원론적인 구별을 피한다.[39] 이것은 행동에서 자기감 대 타인감 수준, 행동의 상상감 대 지각감 수준, 행동이 지각감 대 실행감 등 이들 가운데 하나로 차이를 변형시킨다.

유사성이 아닌 관련성

이러한 결과와 설명은 혼란을 주지 않고 단지 자신과 타인의 연결에 관한 이해를 돕는다. 즉, 현재 우리는 신경학적인 관점에서 자기와 타인의 일치성을 설명하는 데에 가까워지고 있다. 하지만 단지 자기와 타인 간의 유사성에 관한 설명으로 영아의 인식을 설명하기에는 충분하지 않다. 신생아들은 그들 주위를 둘러싼 세계와 '연결' 활동 그 이상을 한다. 신생아들은 그들의 신체와 닮지 않은 신체적 세계에서, 그 세계의 행동과 양상이 유사하지만은 않은 다른 행동들을 활용하여 적절하게 행동한다.[40] 예를 들어, 신생아들은 멀리 굴러가는 공을 잡기 위해 손을 뻗고, 움직이는 얼굴을 따라 그들의 머리를 돌리며, 이전에 경험하지 못했던 공간에서 소리에 집중하고, 빛과 기억을 다시 이끌어내기 위해 고무 젖꼭지를 더 세게 빤다. 예를 들어 Trevarthen 연구진의 한 학생인 Kevan Bundell은 우리가 세상 안에서 행동하기 이전에, 어떻게 실제로 세상의 행동에 대한 행동 유도성과 잠재력을 지각하는지, 혹은 우리가 어떻게 그 의미들을 아는지, 예를 들어 우리가 어떤 사물을 잡아본 경험이 없음에도 불구하고 잡을 수 있는 사물로 어떻게 인식하는지에 대해 의문을 가졌다. 행동이 실행되기 전에 계획된다는, 그리고 행동을 계획하는 것과 실행하는 것(행동 그 자체의 실행을 제외한) 사이에 실제로 차이가 없다는 Bernstein의 이론을 적용해보면, Meltzoff와 Moore의 설명과는 대조적으로 Bundell은 우리가 행동의 의미를 알기 위해 행동을 하지 않아도 된다고 주장한다. 행동을 위한 신체와 행동의 잠재력은, 신체가 살아 있는 중계자가 되기 위해 뉴런의 활성화 양상(역동적이고 아날로그적인 양상)으로 끊임없이 표현되어야만 한다. 그리고 뉴런의 활성화와 같은 양상에서 지각된 세계 또한 역동적으로 드러나야 한다. 표현된 신체와 세계 사이에 공유된 정보는 행동을 하는 신체의 잠재력과 행동이 행해지는 세계의 잠재력 간의 통합을 가능하게 한다. 하지만 이 설명조차도 사람들의 상호 간의 행동을 설명할 수 없다. 왜 우리는 그것들을 연결하거나 모방하는 것 그 이상을 하는 걸까?

사람들과 상호작용을 할 때, 갓 태어난 신생아들은 모방하지 않고 반응한다. 그들은 관심이나 무관심에, 관심과 회피에, 그리고 적어도 몇 주 이내에 모방적인 정서적 행동보다 상호 간의 정서적 행동에 반응한다. 심지어 모방적인 상호작용은 모방이 아니며, 그 행동 자체는 관찰된 것과 절대 동일하지 않다고 주장하고 있다. 그들은 종종 (넓게 보자면 신생아들도) 가지각색의 접근의 정도와 다른 사람들을 따라 하기보다 오히려 반응하기에 다양한 수준에서의 주저함, 변화를 포함한다. 더욱이 Nagy와 Molnar 그리고 Meltzoff의 실험 연구에서 모방 행동들은 다른 사람들에게 반응을 일으키며, 때때로 자극적으로 보인다. 몇몇은 모방이 로봇처럼 행해지는 것이 아니라면, 항상 반응한다고 주장할지도 모른다. 우리는 아쉽게도 아직 이러한 현상에 대해 설명하지 못한다. '나와 같은' 표현과 거울 뉴런, 신체와 세계에 대한 아날로그적인 표현들이 어떻게 모방을 발생시키는지에 대해 설명하지만, 그것들은 왜 그러한지를 설명하지 못한다. 그런데 하물며 어떻게 신생아들이 상호 간의 다른 행동들에 대해 반응하는지에 관해 설명할 수 있겠는가. 우리가 필요로 하는 것은 자기-타인 간의 관련성에 관한 이론이다. 관련성의 개념은 단지 유사성보다는 의미와 적절성에 관한 설명을 요구하며, 그렇게 함으로써 즉각적으로 동기에 관한 물음을 묻고 답하는 설명들에 대해 문을 연다.

모방에 관한 이해와 관련하여 의도성은 많은 수수께끼를 가지고 있다. 예를 들어, 모방하는 사람은 모방하려는 한 행동의 측면을 어떻게 결정할까?[41] 예를 들어, 성공적인 모방은 외면하는 것과는 다른 측면으로 혀 내밀기를 이해하여 의미를 공유하는 배경을 기반으로 넓은 범위에서 살펴보아야 한다. 이러한 일반적인 '지식'은 "영아들이 '토끼'라는 단어가 단지 토끼의 귀나 꼬리가 아닌 온전한 동물을 언급한다는 사실을 어떻게 이해하는 걸까?"처럼 언어 학습과 관련된 질문을 포함하는 '거대한 해석적 배경'이 또 다른 예일지도 모른다.[42] 이 해석적 배경은 공유된 의도성뿐 아니라 모방 그 자체 내의 관계에서 형성된다. 모방을 정의하자면 2명의 참여자가 필요하다. 피아제 학파이며 후기 피아제 학파의 여성 발달심리학자로서 최고 일인자인 Ina Uzgiris는 모방의 취약성과 상황 의존성을 들어, 기본적으로 모방을 상호 간의 행동으로 보고 동기와 기능에 관한 질문이 좀 더 유익하다고 주장하였다. 만약 2인칭 접근이 선택된다면, 2인칭 접근은 우리에게 모방을 양방향으로 볼 수 있도록 이끈다. 즉, 모델과 모방하는 사람이 불가피한 역할의 교대와 영향력으로 상호 융합되어 하나가 된다. 임의의 행동보다 상호작용과 관련이 있으며, 상호작용을 특정한 길로 지휘하고 결국 모방 행동을 더 넓은 사회적 의미를 지닌 문화적인 행동으로 볼 수 있도록 이끈다. 신생아의 모방에서 무슨 일이 진행되고 있는지 이해하기 위해 우리는 동기부여와 관련하여 질문해야 한다. 영아는 왜 그런 행동을 할까?

신생아들은 왜 모방할까?

신생아들이 모방하는 행동은 얼굴, 성대, 그리고 제스처와 같은 의사소통의 양식과 시기에서 특정하게 선택된 신체의 모습들임에도 불구하고 다소 희한하다. 일반적으로 사람들은 누군가와 대면하고 대화하는 도중에 그들의 혀를 내밀어 몇 초간 유지하거나 그들의 입을 크게 천천히 열어 보이며 움직이지 않는다. Colwyn Trevarthen은 일상적인 대화에서 이러한 행동들은 어색하고 이상하기 때문에, 성인들이 영아들에게 표준 반응을 요구하는 것은 당연하다고 제안한다. 과장되지 않거나 한편으로는 가족 내 어른들 사이에서든 인류학자와 '미개인' 사이에서든 '암묵적으로' 얼굴을 맞대고 보는 행동은 과장되지 않은 반응과 함께 눈에 띄지 않아야 한다. 눈에 쉽게 띄고 반응적인 응답을 찾는 것은 이상한 행동으로 간주된다.

그런데 왜 모방할까? 이 순간 두 가지 설명을 할 수 있다. 다른 사람의 정체성을 확인해보려는 이성적인 시도 그리고/혹은 대화에 대한 시도이다. 행동이 사람들에게 몸짓 신호로서 제공되는 것이라고 주장한 Andy Meltzoff 는 X라는 사람이 무엇을 해야 하는지 학습해가는 활동은 영아들이 사람들의 정체성을 확인하거나, 사람과 이루어지는 특정하며 상호적인 '게임들' 혹은 일상적인 일과로 복귀시키는 방법으로 반복해서 사람들을 관찰하고 그 행동을 재생산하기 위해 시도하는 것과 유사하다고 제안한다. 또 다른 한편, 더욱 이분적인 이원론자들의 설명은 영아들과 성인들의 참여를 같은 대화적 단위의 부분으로 언급한다. 메를로-퐁티는 모방이 타인의 신체를 공유하며 타인들의 행동을 완성한다고 주장했고, Kugiumutzakis는 신생아의 모방은 모델과 함께 의사소통하는 단순한 형식이라고 제안한다. 모방을 통해 신생아는 타인들의 아직 미완성적인 대인관계 행동을 완성시킴으로써, 이러한 타인에 의한 의사소통적인 시도들에 반응한다.

이러한 제안과 관련된 실증적인 몇몇 증거가 있다. Kugiumutzakis의 실험에서, 모델은 모방할 행동을 3초에 1회 속도로 최고 5회까지 시연하다 영아가 모방을 쉽게 따라 할 경우, 즉 행동을 모방하자마자 모델이 시연을 멈추었다. 영아들은 더 일찍 시연을 멈추게 할 수도 있었지만 영아들의 3/4 이상이 다섯 번째 시연을 보고 난 후에야 반응했다. 영아들의 뚜렷한 관심과 집중된 주의를 결합하여, Kugiumutzakis는 이 시기를 서로 주고받는 상호관계의 중요한 지표로 보았다. 영아는 성인이 행동을 멈춘 후에 의사소통적인 행동에 반응한다. 비슷한 예로, 모방을 이끌어내는 대화적이고 덜 엄격한 경험적인 절차의 더 높은 성공을 위해서는(침팬지조차도), 모델화한 행동의 지각만이 아니라 대면하는 상호적인 구조가 신생아의 모방에서 중요하다고 제안한다. 더 나아가 신생아들의 모방 행동과 자극적인 행동 사이에서 심박동의 차이점을 살펴보면, 적어도 자극적인 행동이 몇몇 상호관계적인 종류의 가장 기초적인 대화를 꾀하는 시도들의 시작점이라는 사실을 시사한다. Nagy와 Molnar는 이 두 행동이 동물행동학에서 알려져 있는 모든 동기유발 과정 중 두 가지 구성요인이라고 제안한다. 동물행동학의 동기유발 과정은 유선과 관련 있으며 가소성의 욕구(입문), 그리고 폐쇄적이고 엄격한 행동 완료 단계(모방)를 포함한다. 동기와 관련된 질문에 대해 대화적이거나 의사소통적인 대답은, 아마도 개인주의자의 '정체성 실험'보다는 인식적으로 덜 요구될지 모른다. 의사소통은 신생아의 모방에 관한 논쟁에서 불가피한 안건이다. 그것은 차이에 관한 중요한 질문들이기도 하다.

대인관계적인 활동으로서 신생아의 모방

비글호의 '미개인'과 유럽인들의 모방에 관한 다윈과 피츠로이(비글호의 선장)의 일화에 관한 학자들의 의견은 다음과 같다. 다윈은 모방을 거의 일방적인 한 방향으로 묘사하였다. 선원들은 모방을 유발하였다. 그 '미개인'들은 흉내 냈다. 설명이 필요하다고 여겨지는 이러한 현상은 '미개인들' '안'에 있는 우수한 흉내 내기 능력을 말하고 있다. 하지만 피츠로이의 설명은 세심하지 않지만 이론적인 일관성과 관련하여 제약을 두지 않고 다른 측면으로 표현했다. "미개인들은 자신들과 우리의 몸을 비비고 쓰다듬는 행동을 통해서 만족과 호의를 표현하였다. 그리고 춤을 잘 추고 흉내 내기를 잘하는 선원의 익살스러운 짓을 보고 매우 즐거워했다."[43]

Michael Taussig가 제기한 것처럼, 누군가를 흉내 낸 사람은 선원인가, '미개인'인가라고 호기심을 자극하며, 그는 이와 같이 닭이 먼저인가 달걀이 먼저인가라는 문제가 성인과 함께 관계를 맺는 아이들의 상호작용에서도 드러난다고 주장한다.

성인들은 어린애 같은 말투나 유치한 목소리, 표현을 모방하고 아동과 함께 놀이하면서 '아동의 세계'에 참여하고, 때때로 놀이를 통제하려는 목적을 가지거나 아동들에게 개를 쓰다듬는 방식이나 그런 방법이 아닌, 혹은 먹는 방법이나 그렇지 않은 다른 방법 그리고 기타 등등과 같은 성인이 모방하는 방식을 모방하도록 아동들에게 가르친다…. 그리고 그 아동은? 흉내 내기 행동을 흉내 내는 것에 관해 대답할 수 있는가? 그렇다면 성인이 처음으로 모방한 것은 무엇인가? 실제로, 우리는 가령 아동의 목소리 톤이나 행동처럼 이슈를 단순화하여 묘사하길 원하는가? 혹은 성인의 흉내 내기에 대해 아동의 흉내를 성인이 모방하는 건가?[244]

여기에서 우리는 미지의 수면 속으로 빠지게 된다. 모델링의 순환성과 반응은 흔히 경험할 수 있다. 친구들 간의 대화 상황에서 자세를 반영하는 것, 타인에게 영향을 미치고 다시 원래대로 이끄는 어떤 행동, 혹은 모방하는 사람을 모방하면서 그 사람이 다시 행동할 수 있도록 맞춰주고 격려하는 모방 등이 있다. 또한 신생아와 성인의 경우, 엄격하게 통제된 실험 상황이 아니라 자연스럽게 일어나는 경우 모방은 상호적인 맥락에서 일어난다. 그들은 다른 도리가 없다. 어떤 다른 상호작용에서도 성인은 영아들의 반응과 기타 등등에 영향을 받는다.

프랑스의 심리학자이자 Zazzo의 제자인 Jacqueline Nadel은 모방되는 것과 행동과 관련된 효과를 탐구하는 참신한 전형적인 예를 보여주었다. 이것은 모방하는 것과 모방되는 것에 관한 완성된 상호 연결을 매우 생생하게 보여주었다. 성인이자 연구자로서 그녀가 자폐아동들의 전신 자세와 행동 그리고 움직임을 모방하는 모습이 담긴 영상을 살펴보면, 모방되는 것의 효과는 아동을 호기심과 의사소통으로 움직이도록 이끄는 매우 강력한 존재였다. 곧 모방하는 사람과 모방되는 사람 간의 경계를 명확하게 하기는 매우 어려워졌다. 또한 맥락에 대한 고려 없이 어떤 행동이 모방이고 모방이 아닌지에 관해 기준을 세우는 것은 어렵다. 그러나 우리는 모방을 기본적으로 개인 내적인 능력으로 생각해왔다. 우리는 묻는다. 신생아가 무엇을 할 수 있을까? 신생아는 무엇을 볼 수 있을까? 신생아가 관심을 갖게 되는 것은 무엇일까? 우리가 주의를 두는 '그것'은 영아의 개인적인 내면에서 진행되고 있는 것들로 포괄적으로 정의되고 있었다. 하지만 만약 우리가 비트겐슈타인적인 관계의 개념을 필수적인 의미로 받아들인다면, 우리는 다음과 같이 질문해야 한다. '신생아들은 관계 없이도 혀 내밀기를 모방할 수 있을까?' 그리고 '부모들이 만약 신생아들과 관계를 맺으려고 애쓰지 않는다면 (아무리 특이하다 하더라도) 그들의 혀를 신생아들에게 내밀까?' Kugiumutzakis와 그의 동료들은 부모와 영아들 간의 모방하는 행동들을 '감정 속에서 수영하는 것'이라고 보았다. 미소는 종종 모방 행동을 하기 직전, 하는 동안, 한 직후에 영아와 성인 모두에게서 볼 수 있다.[45] 미소는 또한 나이 많은 아동과 장애를 지닌 사람 간의 모방적인 대화 내에서 모방 행동을 할 즈음 증가되어 나타난다.[46] 모방은 기쁨을 생산하는 모습으로 보일 뿐만 아니라 기쁨은 모방의 발생을 가능하게 한다. 긍정적인 감정의 효과에 대해 다른 연구들과 일치하는 이러한 효과의 순환성은 상호작용과 상호이해에 관한 기회의 환원에 영향을 미치면서, 아동기와 성인기에 많은 복잡성을 유지하는 모습을 쉽게 보여준다. 감정적인 행동으로서 모방은 필수적으로 상호적인 것처럼 보인다. 런던에서 Teresa Farroni와 그녀의 동료들에 의해 이루어진 연구 중에서 최근의 결과는 다음과 같았다. 그들은 생후 2~5일 된 신생아들을 대상으로 다른 사람들이 보내는 시선 방향에 대한 지각과 관련된 여러 행동적이고 신경학적인 면들을 연구했다. 이를 통해 태어난 아기들은 다른 곳으로 방향을 돌린 얼굴을 바라보는 것보다 직접적으로 그들을 바라보는 얼굴을 더 선호한다는 사실을 발견했다. 생후 4개월까지, 방향을 돌린 응시보다 직접적으로 본 응시에 신경적인 활동이 강화된다는 증거가 있다.[47] 신생아의 모방에서 나-너 관계에 대한 생각은 전혀 터무니없지 않다.

모방은 어떤 기능을 할까?

자연스러운 상호과정 속에서 신생아들이 사소한 모방을 하더라도, 부모들은 일반적으로 신생아의 모방 현상을 인식하지 못한다. 부모들은 항상 가장 높은 수준의 기술을 그들 영아들의 행동으로 본다는 의견에 반해, 오히려 부모들은 과도하기보다 과소하게 해석하는 경향이 있으며, 때때로 모방 행동은 쉽게 무시되곤 한다. 하지만 부모들에게 그 행동에 대한 증거가 유용해지면, 모방은 부모들이 관계 맺고 시험하고 그들의 영아들과 상호작용할 수 있는 대인관계적인 대화 중 하나로 나타난다. 만일 영아들이 계속적으로 민감할 경우 태어난 지 1시간 후가 아니라 생후 이틀 후라면 몇몇 영아들에게서 모방을 만드는 행동은 무척이나 쉽다. 하지만 영아들은 조용한 각성 상태로 불리는 상태를 필요로 한다. 즉, 활동적으로 움직이는 상태보다 깨어 있으면서 조용히 주변 환경에 대해 집중하는 상태를 말한다. 그러한 상태는 요구가 많거나, 그렇지 않으면 특별히 반응적이지 않은 영아들을 다루느라 지친 부모들이 즐거움을 가질 수 있는 기회로 흥미로울 수 있다. Berry Brazelton은 그가 영아들을 대상으로 한 4주째 임상 검진에서 부모들의 반응을 주목하였을 때, 유사한 관찰을 하게 되었다. 그들은 그들의 목소리에 반응하는 영아들을 지켜보았고, 그가 그들을 불렀을 때 돌아보았으며, 그가 그들을 쓰다듬을 때 그의 신체에 집중하였고, 그가 그들과 관계를 맺을 때 그의 얼굴에 초점을 맞추었다. 부모들은 영아가 이러한 반응과 관심을 보인다는 사실을 알지 못했으므로, 4주 동안 집중적으로 그들의 가정에서 돌보았던 그 똑같은 영아라고 믿을 수 없었다.[48] 모방을 통해 소통해보라는 우리의 요청에 관심을 나타낸 아기들과 관계를 형성할 수 있었던 것은 가능성이 있는 첫 '지금 이 순간' 부모-자녀 관계에 전환점을 제공할 수 있다.

성인에게서 모방은 우리가 생각할 수 있는 어떠한 대인관계적인 기능을 제공할 수 있다. 다른 사람들의 약점을 강조하는 비웃는 행동은 잔혹할 수 있다. 우스울 수도, 건방질 수도, 짜증날 수도, 아첨할 수도, 당신이 그것을 활용하길 원하는 방향으로 대부분 할 수 있다. 하지만 신생아들과 성인들 간의 상호작용에서 모방의 기능은 반향을 보여주거나 숨기거나 드러내면서 또는 타인의 기분에 맞추어 반영하면서 더 단순해질 수 있다. 호기심을 자아내어, 모방의 심리학적인 기능은 행위자보다 수신자이다. Jacqueline Nadel이 말하길, 모방되는 것은 깊이 있는 찬사이다. 그것은 당신이 모방하는 사람에게 "난 있는 그대로의 당신을 받아들입니다."라고 말하는 것과 같다. 모방하는 것은 진심으로 혹은 그 반대로 아첨처럼 의도되지 않는다. 부버와 헤겔이 이전 장에서 논한 관점에서, 모방은 다른 사람들을 '확인하는' 단순하고도 매우 영향력 있는 방법으로 보인다. 아동들과 장애를 지닌 사람들과의 겉으로 드러나는 의사소통에서 모방의 극적인 성공은(Nadel의 자폐아를 모방하는 획기적인 방법과 이전에 기술된 Caldwell의 작품과 관련된), 바로 이 대인관계적인 확인, 즉 '당신'에 대한 인정 덕분일지도 모른다. 모방되는 것은 흥미, 연결 그리고 의도적인 관계에 대한 즉각적이며 영향력 있는 상태를 형성한다. 또한 외면 그리고 의사소통의 어려움과 관련된 상황에서 그 효과에 관한 Susan Zeedyk의 몇몇 최근 연구들을 통해 볼 때, 모방되는 것은 친밀감에 중요한 영향을 미친다고 제안한다.[49] 아마도 같은 이유로 신생아의 모방은 일상생활에서 부모들에게 중요할지도 모른다. 모방의 '기능'은 다른 사람들에게 미치는 모방의 영향, 그리고 모방이 촉진시키는 대인관계적인 대화이다. 다음 장에서는 영아의 가장 초기 대화에 관한 현상과 주장들을 탐색할 것이며 과연 2개월 된 아기의 최초 대화는 무엇으로 불려 왔을지 살펴볼 것이다.

제5장

대화 시작하기

가수는 홀로 노래 부르지 않는다.
노래를 듣고 있는 누군가 있어야 한다.

―Rabindranath Tagore, *Broken Song*[1]

저명한 교육자이자 철학가인 존 듀이는 "모든 일 가운데 의사소통이 가장 경이롭다"고 말한 적이 있다.[2] 대화와 의사소통은 개인적인 의미와 영역을 창조하고 변화시킬 뿐 아니라 흥미롭게도 타인에게 있는 인지를 설명해준다. 어떤 사람이 적어도 마음을 가진 존재이고 이해하거나 반응하는 어느 정도의 수준이 있다고 기대하거나 당연하다고 여기지 않는다면 당신은 그 사람과 대화하려고 하지 않을 것이다. 셜리 발렌타인이 벽과 이야기를 나누거나 존 클리즈가 자신의 미니에게 말하는 것을 제외하고, 당신이 아무 생각 없이 진지하게 이야기를 하는 것처럼 보였다면 미쳤다는 꼬리표가 붙을 위험을 감수해야 할 것이다. 일반적으로 우리가 마음을 지닌 생명체와 대화나 의사소통을 나눌 수 있다면 그들의 기존 사고방식에 관한 인지를 포함해야 한다. 그렇다면 무엇이 대화의 교류를 만들까? 우리는 내용 없이도 대화를 할 수 있을까? 우리가 아무것도 아닌 일에 대해 대화할 수 있을까?

이번 장에서는 수년간 논쟁이 있었음에도 여전히 논란의 여지가 있고 상호주관성의 초기 기원에 관한 주장에 여전히 중심에 서 있는 현상인, 즉 단어도 주제도 없이 마주하고 '이야기 나누는' 2개월 된 아기의 최초 대화를 살펴볼 것이다. 나는 '대화란 무엇일까?'라는 질문으로 이야기를 시작할 것이다.

대화는 무엇일까?

당신은 대화를 생각하면 무엇을 떠올릴 수 있을까? 떠오른 예시는 다음과 같다. 카왈리라 불리는 남아시아 이슬람교 음악 장르는 종종 가수 두 그룹으로 구성된 한 팀이 이길 때까지 타인을 위해 음악, 시적인 도전, 만담을 나누게 한다. 또 재즈 연주가와 동료 음악가의 한결같은 대화, 기숙사에서 삶의 의미에 관한 밤샘 토론, 만사를 제쳐둔 채 이스라엘인과 팔레스타인이 앉아 이집트에 관해 이야기 나누기, 사귄 지 얼마 되지 않은 커플이 아무것도 아닌 내용을 전화기에 대고 끝없이 속삭이기, 아기와 엄마가 얼굴을 마주 보며 강렬하게 무언가 교류를 즐기는 모습을 그 예로 들 수 있다.

대화라고 생각하는 이렇게 다양한 교류는 도대체 무엇일까? 각 예시에서는 타인의 의식에 대해 상대방과 최소한의 상호 인지가 있고 타인의 행동에 상대방이 어느 정도 개방하며 상대방과 반응을 주고받는다. 답은 분명해 보이지만 합의는 되지 않는다. 그리고 이는 간단한 이론적 논쟁이 아니다. 대화의 의미와 타당성에 관한 의문은 우리가 하는 행동 방식에 영향을 미치며, 심지어 매일 상호작용하는 부모들은 일부 교류에 대해 의문을 갖고 시달릴 수도 있다.

다음은 우리의 딸 샤미니가 태어난 후 꾸준히 작성한 관찰 일지에서 발췌한 예이다. 약 2개월쯤에 급진적인 변화가 있을 때까지 웃거나 '이야기하거나' 타인의 감정에 반응하지 못한다는 책의 내용에도 불구하고 우리에게 보여주는 아기의 반응이 무엇을 구성하는지 결정하는 데 어려움을 겪었다.[3]

19일째 : … (처음으로 완전한 사회적 미소를 보인 날) … 내가 딸을 안아 올린 직후 딸은 … 안절부절못했는데, … 말을 건넸더니 (얼굴과 목소리에 웃음을 지으며 다소 놀란 말투로 "왜 그러는 건데?"라고 물으면서) 아이는 즉시 내게 또 다른 미소를 보여주고 … 매우 빠르게 두리번거렸다. 나는 무슨 의미인지 알지 못했다…. 나의 미소에 대한 딸의 반응을 처음으로 느꼈다. 내 정서에 대한 하나의 반응이라는 것을 분명하게 느낀다. 그러나 그것을 여전히 믿을 수 없었다…. 아이는 (몇 주) … 때까지 준비하고 (하지 않을 수도 있고)….

이후에 : (딸이 안절부절못해서 나는 아이를 데려와) 진정하길 바라면서 가까이 얼굴을 보았고 나는 계속 표정을 읽을 수 있었다. [어이쿠!] 나는 아이의 놀라운 얼굴을 자세히 들여다보고 크게 안녕이라고 말했으며 미소를 지었다. 그리고 딸은 내 얼굴을 되돌아보았고ー뚜렷한 미소뿐만 아니라 딸의 얼굴 크기의 반 정도로 환한 미소ー그 이상의 태도로 미소를 보여주었다. 나는 깜짝 놀랐고 잠시 동안 이야기를 나눴다ー여전히 미소에 대해 의심스럽게 느껴졌다. 그것이 반응이라고 설득했다. 그러나 그것이 나와 아이의 관계의 시작이라고 믿기에는 확신이 들지 않았다. 아이에게 많은 것을 전가시키는 것 같아 내키지 않았다.[4]

다행히도 나의 학문적 자의식에도 불구하고 의문을 전적으로 믿을 수 없었지만 아이가 의사소통을 시도하는 모습을 보았고 실제 이야기를 나누는 것처럼 보였다! 나의 궁금증과 관심은 나만이 아니었다. 그러나 발달심리학에서는 여전히 생후 첫해 동안 진짜 의사소통이 가능하다는 사실에 회의적이었다. 의사소통을 파악하려는 노력의 일환으로 심리학은 일반적으로 대화하는 사람들이 아닌 외부에 관한 의미로서의 언어와 의사소통이 갖는 '정보'에 초점을 두고 있다. 미소와 음성 표현과 같은 간단한 교류는 이런 관점에서 의미가 없는 것처럼 보이고, 의도하지는 않았지만 자꾸 생물학적인 어딘가로 내몰리게 된다.

1960년대 말과 1970년대 초반의 회의적인 분위기에서, (임신했을 때 보았던 9주 된 아기와 엄마에 관한 영화에 감명을 받은) 메리 캐서린 베이트슨은 2개월의 아기의 첫 상호작용을 '최초 대화'라고 불렀다. 그것은 이런 분위기 속에서 새로운 시대정신이었으며, 몇몇 독립적인 연구자들은 아주 어린 아기의 초기 의사소통 능력에 집중하기 시작했다.[5] 1966년에는 젊은 생물학자인 Colwyn Trevarthen이 노벨상을 받은 Roger Sperry와 원숭이의 의식에 관한 연구로 박사학위를 받았고, 연구를 위해 프랑스 마르세유에서 1년 동안 머물렀다. 두 가지 중요한 점은 다음과 같다. 첫아이를 낳고 아이에게 흠뻑 빠져 있던 Trevarthen은 하버드에서 아기를 연구하기 위해 집단 설계를 고려하고 있던 역동적이고 원기가 왕성한 Jerome Bruner를 만났다. Trevarthen은 1년 만에 하버드로 돌아왔고, Bruner와 Berry Brazelton, 그리고 Martin Richards와 공동 연구를 했다. 전적으로 독립된 두 실험실에서 다음 2명의 중심인물들이 연구를 했다. Daniel Stern은 엄마와 아기의 상호작용 타이밍과 관련된 복잡한 게임을 연구했고, Hanus Papousek는 조건화 실험에서 아기의 정서적 의사소통 표현을 연구했다.[6] 이제 남은 것은 역사를 바꿀 만한 획기적인 사건이었다. 몇 년 후 Trevarthen은 에든버러로 갔고 아기의 의사소통 기술로 뉴스의 일면을 장식했다. 그 직후 논쟁은 더 격렬해졌다. 어린 아기가 '이야기를 나눌' 수 있을 뿐만 아니라 '선천적인 상호주관성'과 관련이 있으며 진지하게 타인의 감정, 생각에 참여하고 공유할 능력이 있다고 주장한 Trevarthen의 의견이 표면적으로는 대세의 관점에 대항하는 가소로운 도전일 수 있었다.[7] 마찬가지로 Zazzo는 그의 신생아 아들이 얼굴 움직임을 모방할 수 있다고 주장했다.

분명한 의사소통은 [피아제와 다른 연구자들이 기존에 사용했던 가짜 모방(pseudo-imitation)이라는 용어처럼] '(최초라기보다) 가짜 대화'라고 묵살되어버렸다. 이런 묵살은 전통의 다양성에서 나온 신중함과 기존 이론에 대한 확신에서 비롯되었다. 행동주의자-사회학습이론 전통은 이 제안이 여러 학습된 연합과 강화의 결과로 상호작용을 설명하는 데 반대했다. 신인지주의자 또는 피아제 학파인 전통은 대인관계적인 이해가 심오한 아동기의 자기중심성으로부터 시작되었다는 의견과 의사소통에 관한 주장을 지지하기 위해 정신 표상 기술의 세밀한 증거가 요구된다는 두 의견을 반대했다. 말할 필요도 없이 마음과 행동에 관한 오늘날의 유사한 심신이원론은 두 반대

의견에 기반이 되었다. 의사소통이 발생하는 곳은 '마음에서 마음으로' 가는 과정으로 정의되며, 아기가 타인과 의사소통하기 위해 마음의 개념을 인식하기에 단순하고 너무 어리다고 보았다. 강조하고 싶은 점은 강화와 접촉이 서로 작용하는 행동적 구성에 있었고 상호주관성과 의사소통에 관한 복잡한 유심론의 표시를 적용할 필요 없이 아기의 (사실 성인도) 행동은 환경과 행동 제약의 결과임을 보여주었다.

그러나 강력한 전제는 피아제의 개인주의에 저항하고 조지 허버트 미드와 레프 비고츠키의 전통으로부터 유래된 사회성을 받아들인 사회구성주의로 새로운 관점이 출현했다. 노르웨이의 철학자 랑나르 로메트베이트는 1974년 "상호주관성은 목적을 달성하기 위해 당연한 일로 여겨진다"고 말했다. 그리고 이것은 근래 유명한 격언인 만약 엄마가 아기에게 '마치~인 것처럼(as if)' 행동하면 그들을 이해할 수 있으며 아기가 사실상 엄마를 이해하게 된다는 의미에 적용된다. 상호주관성은 관계에서 나타나는 것으로 보이지만 흥미롭게도 엉켜 있다. 즉, 타인의 의도와 이해에 관한 관계에서 한 명 혹은 참여자들 모두가 (이 경우 엄마로 인해) 잘못된 귀인으로 엉켜 있다. 이론가의 견해에서 사실 아기가 타인에 대해 무엇을 '이해'하고 사실상 아기 행동이 귀인이 이루어지기 전에 무엇을 '의미'하는지 회의적일 수 있다.

그러나 로메트베이트의 의견은 다른 방식으로 해석할 수 있다. 대인관계적 의사소통으로 초대하기 위해 먼저 말을 시작하는 사람은 상호주관성을 전제해야 한다.[8] 즉, 아기의 의사소통의 시작은 다른 사람의 주관성을 아기가 인지한다는 증거가 된다. 물론 무엇을 의사소통으로 정의할지에 대해서는 논쟁의 여지가 있을 뿐만 아니라 심지어 시작을 정의하는 것에도 문제가 있다. 의사소통은 타인 각자의 반응에 깊이 관여되어 있다. 그렇다면 개인적으로 반응을 멈추고 시작하는 곳이 어디인지 누가 말할 수 있을까?[9]

그럼에도 불구하고 이런 견해는 사회구성주의와 엄마의 자기충족 신념, 귀인에서 빗겨나는 대신 아기가 무엇을 하는지에 관한 설명에 책임을 돌린다. 아기는 정말 대인관계적 의사소통을 시작할 수 있을까? 동물의 대화에 관한 논문에는 관심과 친구를 필요로 하는 어린 포유동물에 관한 많은 내용이 담겨 있다. 또 아기의 울음에 관한 많은 연구가 있지만 이상하게도 적극적인 요구를 무시하는 경향이 있다. 엄마는 3개월 무렵부터 아기를 돌보지 않을 때 아기의 음성 표현에서 '부름'의 목소리가 있고, 관계가 이미 안정적일 경우 아기가 매우 다른 반응적 어조를 사용한다고 보고했다. 분명히 말하지만 아기가 타인을 부르는 것은 얼굴을 마주 보고 관심을 나누기 위해, 물리적으로 접촉하기 위해, 소리를 주고받기 위해, 즐거움을 위해, 즉 이미 형성된 관계를 유지하기 위해서이다. 그러나 관계 내에서 아기의 첫 음성의 개시는 흔한 일이며 부모는 자주 (다이앤 포시와 고릴라의 태도처럼) 무의식적으로 알고 모방한다.

이런 곤란함에서 벗어나기 위해 2개월 된 아기의 대화가 사실 어떤 내용인지 낙관적으로 바라보아야 한다. 그러나 우리는 이것을 어떻게 알 수 있을까? 나는 독자인 당신에게 이런 대화의 특징을 어떻게 전달할 수 있을까? 이를 위한 차선책은 우리가 아기에게 말하는 행동을 다른 누군가에게 보여주는 것이다. 아기의 영상은 강연에서 청중의 흥미를 돋우는 데 실패한 적이 없으며 이런 청중의 반응에서 중요한 의의를 찾을 수 있다. 나의 생후 10주 된 아들에 관한 특별한 비디오는 항상 청중을 감동시킨다. 에피소드는 강렬하게 대화를 나눈다고 느끼게 해준다. 에피소드에서 아이의 반응은 마음에 맞추어져 있고 대화하는 장면을 찾아보려고 굳이 노력하지 않아도 전부가 대화 같다.

10주 된 로한은 긴 의자에 나를 향해 누워 있고 우리 사이에 계속해서 마주 보고 오가는 진지한 음성 교류가 이어진다. 내가 만들기 시작한 음성 표현을 능가해 아이는 긴 소리를 들려준다. 난 아이의 반응이 끝난 후 약 1초 정도 반응을 멈추고 나서 조용한 목소리로 "뭐라고?" 하고 묻는다. 아이는 여전히 나를 뚫어지게 쳐다보면서 2초 동안 가만히 멈춰 있다가 웃음소리로 반응을 하고 머리를 숙여 몸을 살짝 돌린다. 나는 아이를 바라보고 웃으며 "노래 부르고 있어?"라고 묻는다. 아이는 갑자기 보다 크게 미소를 지으며-거의 웃는 것처럼-얼굴을 위로 올리며 여전히 시선은 나를 향한다.

이것이 진짜 의사소통이고 대화일까? 우리 결론의 근거는 무엇일까?

일상적인 대화와 의사소통의 구조적 특성

상호작용이 진정한 의사소통인지 결정하는 한 가지 방법은 어른들 사이에서 보통 일어나는 일상적인 대화로 확인되는 구조적 특성을 (현상에 대해 보다 성숙한 해석의 기준을 사용하는 것이 우리가 찾으려는 생각의 시초부터 모호해져 있어 위험이 따른다는 점에 주의해서) 살펴보는 것이다. 이 특성은 (표현, 언어, 몸짓과 같은) 의사소통 행동 목록, (잘 조직화되고 일관된 행동을 만드는 능력인) 자기 동시성, (당신의 행동과 정서, 타인의 행동과 정서에 관한 능력인) 상호작용적이고 정서적인 동시성, (행동을 교대로 하는 능력인) 순서 지키기, (누군가 당신에게 관심이 있음을 알고 별일이 아니어도 타인에게 관심을 나누는 능력인) 관심의 협응, (언어로 주목하거나 중점을 두는 능력인) 참조, (이런 것에 대해 어떤 말이라도 할 수 있는 능력인) 정보 내용, (태도를 취하기 위해 임의적인 상징을 사용하는 능력인) 상징성, (문법에 맞는 문장을 이해하고 만들어내는 능력과 많은 양의 정보를 전달하기 위해 문장을 연결시키는 능력인) 문법적인 문자 역량, 그리고 (규칙과 다른 상황과 관중의 요구를 구분하는 능력인) 사회언어적 역량을 포함한다. 1년이란 과정을 거쳐, 아기의 의사소통은 이런 특징 대부분 중 최소한 몇 가지 능력을 보이며 발달한다. 대화가 어떻게 시작할까?

Trevarthen과 늦깎이 학생인 Penny Hubley는 트레이시라는 아기를 생후 첫 달부터 1년 말까지 매달 추적하는 고전적인 연구를 수행했다. 연구자들은 트레이시의 흥미에서 독특한 몇몇의 변화나 1년의 과정 동안 엄마와 '의사소통하는' 행동을 발견했다. 가장 중요한 변화로는 2개월쯤에 진지하게 얼굴을 마주하며 이야기를 주고받기 시작했고, 3~4개월쯤에 두드러진 흥미가 환경으로 바뀌었으며, 생후 1년 중기에는 엄마만큼 놀이 과정을 이끌기도 했다. 이야기를 유지하기 위해 리드미컬한 게임과 노래를 활용하여 아기의 자주 바뀌는 관심을 즐겁게 한다. 그리고 마침내 9개월 정도부터는 엄마, 아기, 주위의 사물이라는 셋 시이의 상호작용이 나타났다. Trevarthen은 1차 상호주관성이라고 부른 2개월쯤의 의사소통 특징과 9~12개월쯤에 보이는 2차 상호주관성을 구분했다. 현재 이런 상호주관성 표시와 관계는 발달심리학과 학생들을 위한 내용이 되었다. 그러나 생후 2개월에 보이는 교류에 관한 해석은 여전히 이론가들에게 뜨겁게 논의되는 대상이 되고 있다.

2개월 된 아기의 웃음, 울음과 '이야기 나누기'가 의도적인 의사소통이라는 Trevarthen의 의견과 관련해 그가 특정하게 중요하다고 강조하는 앞선 목록에는 네 가지 주요한 특징이 있다. 첫 번째는, 이런 행동이 분명한 움직임이거나 심지어 말하는 능력 이전에 입술 기관의 움직임과 입 안에 있는 혀의 움직임을 포함하여 전언어 움직임이라고 불리는 음성 표현에 앞서 성인 언어 움직임의 중요한 전조가 된다는 것이다. 미소와 음성, 그리고 팔 움직임과 조화롭게 나타난다. 한편 2개월의 아기는 우리가 성인을 인지하는 것처럼 의사소통적인 행동을 사용한다. 두 번째는, 그 행동이 일관적이라는 것이다. 즉, 이러한 행동은 무작위로 방출되는 것이 아니라 체계적인 패턴으로 동시 발생한다. 우리가 보고 웃고 몸을 조정하고 누군가와 이런 방식으로 이야기할 때 동시에 이야기하는 방식으로 2개월 된 아기의 미소, 음성, 팔 움직임이나 패턴이 나타난다. 신체의 다양한 부분은 각기 다른 방향과 속도로 움직이지만 서로 관계를 유지하고 '자기 동시성'이라 불리는 어떤 것이 드러나는 '움직임 꾸러미'를 만들어가는 음성 대화를 포함하고 있다. 세 번째로, 아기의 행동이 뒤죽박죽된 중복이라기보다 처음 한 명의 상대와 함께한 후 다른 상대와 어떤 '말하는', 즉 주고받는 대화를 보인다는 것이다. 많은 연구들은 아기와 엄마 간의 음성에서 최초의 중복 현상을 발견했다. 네 번째로, 아기들은 타인의 정서와 관련된 상호적인 정서와 타인의 정서 표현의 의미가 무엇인지 어느 정도 인식을 의미하는 정서를 표현한다. 처음 두 가지 특징('의사소통적인' 행동의 실재와 일관성)은 논쟁의 여지가 없지만 나중의 두 가지는 논쟁의 여지가 있으며, 아기가 어떻게 대화를 시작하고 발달을 이해하는지와 의사소통이 타인의 마음을 어떻게 인식하는지를 이해하는 데 있어 두 가지 주요 사항을 제공한다.

순서 지키기와 관계

모자걸이와 탱고를 춘 것으로 유명해진 Fred Astaire만큼 논란이 된 Kenneth Kaye에게서 시작된 순서 지키기에 대한 단 하나의 비판은 사실 엄마를 조화로운 반응의 환상적인 존재로 만들어놓은 데에 있다. 조화로운 대화처럼 보이는 초기 수유하는 동안의 서로 주고받는 상호작용에서 엄마는 아기가 젖을 집어삼킬 듯이 빠는 동안 가볍게 흔들어주는 경향이 있다. 엄마가 가볍게 흔드는 행동이 아기가 다시 빨기를 시작하는 데 도움을 준다고 믿었다. 이처럼 가볍게 흔드는 행동은 엄마에게 미래를 위한 방향의 패턴을 만들고 대화하고 있다는 착각을 갖게 해준다. 같은 방식으로 그는 2개월 된 아기의 주고받는 대화 패턴이 아기가 적극적으로 순서를 기다린다기보다 엄마가 아기의 행동 틈 사이에 이 반응을 넣어 만들어진다고 주장했다. 이 효과는 엄마가 무엇을 하든지 상관없이 단순히 아기 자신의 방식으로 하는 '가짜 대화'가 될 수 있다. 즉, 조화는 아기의 행동이 엄마에 대한 '반응'이나 의존이 아니라고 분명히 할 수 있다.[10] 반면에 엄마의 행동이 아기에게 정말 중요하지 않을 수도 있지만 그 차이가 무의식적으로 작동해서 엄마는 아기가 소리 내어 표현한 것과 행동을 기록할 수 있다. 이런 착각은 엄마의 상호적 행동을 아기에게 적용하고 아기의 발달을 촉진하는 도움을 주는 데 매우 유용할 수 있다.

순서 지키기는 정말 착각일까? 아기의 반응은 전혀 반응적인 행동이 아니라 의존적인 행동일까? 이와 같은 질문에 대한 답을 찾기 위해 (Trevarthen, Hanus와 Mechthilde Papousek, Ed Tronick의) 별도의 세 실험실은 마음의 동요 실험(perturbation experiments)이라고 알려져 있는 실험을 개발하였다. 에든버러대학교의 Trevarthen 실험실에서 박사학위 논문을 통해 John Tatum은 Tome Bower의 강의에서 영감을 받아 생물학 연구의 방법으로 마음의 동요(perturbation)를 활용했다. 그 연구 방법은 성인을 대신해 엄마가 그들이 아기에게 이야기를 하는 과정에 변화를 주기 위해 빛의 변화를 다루는 복잡한 장치를 개발했다. 그러나 아기는 그 변화를 알아차리자마자 화를 냈다. Trevarthen의 박사 과정에 있던 학생인 Lynne Murray는 Ed Tronick의 독자적이고 유명한 '무표정 실험'을 기반으로 '무표정한 얼굴 실험'을 개발했다.[11] 이 실험에서는 당신이 아기와 '대화'하며 즐거운 얼굴 표정을 유지하다가 아기가 당신을 계속 보고 있다면 무표정한 얼굴로 바꾸며 어떤 방식으로 말하거나 반응하지 않고 계속 아기를 본다. 만약 당신의 반응이 정말 중요하지 않다면 아기는 당신의 행동과 상관없이 이를 '드러내야' 한다. 이 실험을 나의 6주 된 딸에게 시도했을 때 우리는 딸이 약 2주 동안 이따금 웃고 우는 모습에 매력을 느꼈고 결과는 인상적이었다.

6주 : … 긍정적인 '이야기 나누기'와 같은 상호작용을 하는 동안 샤미니는 침대에 기대어 있었고 나는 아이 쪽으로 몸을 숙였다. 나는 무표정으로 딸의 즐거운 표정을 계속 보고 있었지만 움직이지 않았다. 딸의 반응은 교과서의 전형적인 내용과 같았지만 내 경험에는 큰 충격을 주었다. 계속해 나를 보고 웃고 작게 소리를 냈다. 그러다가 어떤 반응도 하지 않고 진지해졌다. 잠시 눈길을 돌리고 다시 날 보더니 웃고 소리 내고 진지하게 있다가 다시 눈길을 돌렸다. 몇 번이고 되풀이 되었다. 나의 무표정은 30초 동안 지속해야 했지만 너무 길게만 느껴졌다. 나는 더 이상 반응하지 않고는 버틸 수 없어 웃으며 이제 그만하려고 했고, 아이에게 말하면서 사과의 의미로 안아주려고 숙였다. 이때 딸의 얼굴이 뒤틀렸고 울기 시작했다. 나는 충격을 받았고 당황했으며 크게 감동받았다. 딸은 실제로 주의를 기울이고 있었다! 이 사건은 나의 자의식에 충격을 주었고 진지하게 대화하도록 했고 딸에 대한 내 이해에 전환점이 되었다.[12]

무표정 연구의 많은 해석이 발표되고 있다. 상대방의 무반응이 아기에게 미치는 괴로움의 종류는 계속해서 증명되고 있다. 아기의 부정적인 반응은 상대방이 무표정하게 그들을 볼 때 더 악화되어 나타난다. 아기들은 자신의 관계에서 타인의 행동에 관해 강하고 '분별 있는' 기대를 가진 것 같다. 분명히 엄마가 아무것도 하지 않은 것이 아기의 반응에 영향을 미친다. 그러나 산후우울증을 앓은 엄마의 아기들의 반응은 안정적인 예측을 할 수 없었던 이들의 경험을 근거로 '정상적인' 대화 상황과는 다소 차이가 있음을 보여준다.[13]

초기 대화에서 순서 지키기가 실제 이루어진다는 또 다른 증거가 있다. Ed Tronick과 그의 동료들은 심지어 2개월이 된 아기의 상호작용에서 구조적 특징으로 적절한 대화가 나타난다고 했다. 엄마는 억양 바꾸기, 느리게 말하기, 머리나 가끔씩 손을 흔들기, 그리고 '주고받기'와 같은 성인의 대화에서 순서를 지키는 공통적인 신호로 불리는 다양한 특징을 보여준다. 그리고 아기는 이런 신호들과 관련해 자신의 행동을 수정하고 특히 억양 변화와 관련한 이 시점에서 더 웃고 소리 내기 시작한다. 아기는 대화에서 동등한 참여자는 아니지만 오히려 순서를 지키며 적극적으로 참여한다. Daniel Stern이 보여준 것처럼 음성 표현은 아기와 엄마 사이에 동시에 (또는 함께 그리고 중복되어서) 나타나지만 활발하게 노는 동안 웃거나 신이 나 소리를 지를 때처럼 높은 각성의 시간 동안 더 빈번하게 나타나는 것으로 보인다. 음성 표현이나 소리가 나지 않는 얼굴 표정, 몸짓과 같은 동시 발생은 동시에 이해하는 능력으로 국한되지 않는다. 즉, 소리 낸 말의 언어적 내용이 중요해질 때 아기가 (혹은 성인이) 누군가 말하는 동안 완전히 침묵하며 기다리는 것이 필요하다. 대화하는 동안 어른들이 항상 기다려주는 것은 아니지만 (녹음된 대화 내용을 글자로 옮겨 적는 누군가를 찾아내기 어려운 것처럼) 여전히 대화는 계속 이루어지고 이해된다.

이런 연구로 얻은 답은 상대가 반응하지 않은 행동을 2개월의 아기가 알아차리고 중요하다고 여기는 모습에서 분명하게 나타났다. 아기는 실패했을 때 우울감과 관련된 신호뿐 아니라 엄마의 관심을 다시 얻기 위해 신호를 보낸다. 그러나 이것은 무엇을 의미할까? 아기는 엄마의 익숙한 행동과 다른 화내기 같은 이상한 행동을 구별할 수 있다. 그것은 아기가 싫어하는 그 자체에 반응을 하지 않는다기보다 다른 차이라고 볼 수 있다. 이 질문을 분석하기 위해 1975년 뮌헨에 있던 Papousck의 실험실에 방문하고 영향을 받았던 Lynne Murray는 CCTV와 관련된 기발한 실험을 고안했다. 그녀는 텔레비전 모니터를 통해 2개월의 아기와 엄마의 상호작용을 보았다. 즉, 아기는 모니터에 비치는 엄마의 얼굴을 생생하게 보고 엄마도 마찬가지로 모니터로 아기의 얼굴을 보았다. 아기와 엄마는 평소대로 상호작용하도록 요구받았다. 이런 생소한 과학 기술의 매체에도 불구하고 (음성 표현과 사람의 얼굴 표정으로 판단되는) 엄마와 아기 사이에 행복한 상호작용이 일어날 수 있다는 것은 분명했다. 중요한 과정으로 엄마와 아기가 이렇게 생생한 상호작용을 하는 동안 보이는 행동은 몰래 녹화되었다. 따라서 행복한 상호작용이 잠깐 활발해져 녹화되면 비디오테이프를 몰래 되감고 아기와 엄마가 둘 다 모르게 해서 그들에게 다시 보여준다. 아기는 엄마의 지금 모습을 보는 대신 몇 분 전의 엄마로 현재의 엄마를 쳐다본다. 아기는 곤혹스러움과 혼란함을 느끼며 지금의 엄마를 비디오 이미지로 되돌아보고 이후 확인한다. 아기는 덜 웃고 더 자주 눈길을 돌렸으며 더 굳은 표정을 지어 보였고 간간이 상호작용하려고 했다. 간단히 말하면, 아기는 엄마의 행동에 있는 변화를 인지할 수 있었다. 이전에 아기들이 잠시 행복한 반응을 보이도록 엄마가 똑같은 미소와 대화로 이야기할 때 아기는 진지하고 신중하게 바라보았다.

분명히 그것은 아기가 싫어하는 엄마의 이상한 행동이 아니었다. 몇 분 전에 아기는 아주 똑같은 행동으로 행복하게 반응했다. 문제는 **부적절한 반응**일 수 있으며, 사실 엄마의 행동은 아기가 무엇을 하는지에 반응하지 않았다. 흥미롭게도 어떤 일이 일어났는지 알아차린 엄마는 물론 곤혹스러움으로 아기 행동에 반응했다. 계속해서 엄마는 실제 아기를 볼 수 있지만 아기는 더 이상 실제 엄마 이미지를 보고 있다는 사실을 알지 못했다. 그러나 엄마는 아기가 더 이상 자신과 관계를 맺지 않으려 하고 이상하게 굴고 별 반응이 없다는 것을 인지할 수 있다. 그래서 엄마도 (아기에게 말할 때 대부분 어른들이 무의식적으로 사용하는 전형적으로 높고 과장된 음성 표현) '엄마의 애기 말투(motherese, 단어나 억양 등을 단순하게 바꾼 아이처럼 부모가 아이 수준에 맞추어 말하는 형태—역자 주)'를 덜 쓰면서 말하거나 상호작용하기 시작하면서 덜 관여한다. 성인이 아기의 중요한 특정 반응에 영향을 미치는 것만큼 2개월인 아기의 반응도 성인에게 중요하다.[14]

이 실험을 성공적으로 수행하기 위해 연구자는 첫 번째로 엄마와 아기가 잘 형성한 좋은 관계가 필요했다. 만약 연구자가 이런 요구를 민감하게 적용하지 않는다면 재생 상황이 실제 상황과 별다른 차이 없이 끝나게 될 것이다. 하나의 상호작용이 아직 이루어지지 않는다면 다른 상호작용도 이루어지지 않을 수 있다. 이것은 아기가 그전에 성인과 성공적으로 관계를 형성해왔는지에 상관없이—재생 후 두 번째 실제 상황—개선한 통제로 진행되었으나 고정 시간표의 기준으로 (1분 뒤) 재생하기 위해 실제 상황에서 통제 조건의 변경된 반복 실험을 통해 밝혀졌다. 이 연구는 실제와 재생 상황 간에 아기의 행동에 아무런 차이가 없다는 사실을 발견했다.[15] Jacqueline Nadel과 그의 동료들은 파리에서 개선한 통제는 동일하게 그러나 좋은 상호작용이 형성된 후 한 조건만 변경한 재생 상황으로 이 실험을 반복하였다. 아기의 행동이 재생 상황에서 더 적은 미소를 보이고 더 자주 눈길을 돌릴 뿐만 아니라 더 집중해서 보기, 더 강력한 부정적인 반응과 같이 변한다는 사실도 발견했고, 이후 두 번째 실제 상황에서 다시 '정상'으로 돌아왔다.[16]

잘못된 의사소통의 예는 실험 조작을 제한하지 못한다. Ed Tronick과 동료들은 그것이 몇 초마다 교대로 잘못된 조화와 수정의 구간이 있는 (다시 맞추어가면서) 정상적인 상호작용에 줄곧 벌어진다고 밝혔다. 아기가 수정 경험 없이 장기적인 잘못된 조화로운 상호작용을 경험할 경우 규칙적으로 타인에게서 시선을 돌리는 것처럼 보였고 방향을 바꾸고 눈을 따분하게 뜨며 자세를 잘 통제하지 못했고 스스로를 위로하고(예컨대, 손을 입에 갖다 대는 행동) 흔들고 자기를 껴안는 모습을 많이 보였다. 이는 많은 연구에서 알려진 것처럼 산후우울증 또는 방임과 같은 상황에서 보이는 반응이다. 흥미로운 것은 그런 아기들이 상호작용의 수정에서 정상적인 경험을 했던 아기들보다 무표징 실험 동안 더 많이 눈길을 돌렸다는 점이다. 다른 연구에서는 상호작용의 수정 경험이 결여되면 나중에 정교한 의사소통 기술에 문제가 따라올 수 있고 긍정적인 '정서적 핵심'과 유효성 감각을 형성하는데 문제가 있을 수 있다고 경고한다. 이런 연구들은 약간의 과장된 견해를 보여줄 수 있지만 아기가 정상적으로 경험한 것이 무엇인지, 만약 수정이 실패해 만성적이 된다면 잘못된 대화가 일상에 어떤 문제를 초래하는지 설명해준다.[17]

상호 의사소통의 정서 : Gergely의 신화 탐색하기

2개월의 아기가 성인과 상호작용하는 모습은 분명히 그들이 대화를 주고받으며 관계를 하고 있다는 확실한 증거가 된다. 단지 대화를 하는 것처럼 보일 뿐 진정한 대화가 아니라는 주장은 틀렸다. 그렇다면 관계를 형성하는 것은 아기가 타인의 (엄마의) 마음을 아는 데 있어서 무엇을 시사할까? 상호주관성 논쟁과 관련된 최근 헝가리 연구자인 Gyorgy Gergely는 아기가 상호주관성이나 우연성을 감지하는 능력에 대해 잠자코 있는 지식이 필요하다고 말했다. 아기가 적절한 시기에 엄마의 행동에 반응할 수 있거나 하지 못할 수 있다는 것은 아기가 타인과 심리적으로 의사소통하면서 관계를 맺어가고 있음을 의미하지 않는다. 그는 "내가 까르륵하면 엄마는 웃는다"라고 하는 것처럼 아기가 순간적으로 지나가는 연속 사건을 알아차리는 이 능력이 (성인과 마찬가지로) 우연히 효과적으로 느껴지고 (아니면 성인만의 은어를 사용'할 수 있도록' 한다든가) 이후 긍정적으로 자극된다고 보았다. 정서 표현과 상호작용에 개입하는 몇몇 성향을 토대로 우연히 벌어지는 일을 감지하는 능력은 2개월의 아기의 상호적인 행동을 설명하는 데 충분하다. Gergely에 의하면 초기 상호주관성은 신화일 뿐이라는 것이다. 서로 여러 우연성을 경험하는 효과에 대한 John Watson의 이론을 기반으로 하여 더 나아가 Gergely는 우연히 벌어지는 재미난 일을 감지하는 능력과 아이의 다음 형성 과정의 마음 이론과 연결했다.[18]

이 이론은 분명한 가정을 갖고 있다. 아기가 일시적으로 우연성을 감지할 수 있다는 사실은 타당해 보이지만 정서적, 심리적인 특징은 그렇지 않다는 것이다. 우연히 일어난 물리적 사건을 어느 정도 이해하는 것은 가능하지만 행동 이면의 심리적 의도를 읽어내는 것은 그렇지 않다. 이런 구분은 너무 쉬워 보인다. 즉, 아기는 물리적인 것을 인지하고 이해할 수 있지만 정신적인 것은 인지할 수 없기 때문에 단지 추측하고 이론화할 수 있을 뿐이다. 심신이원론은 여전히 건재하다. 그러나 Gergely의 대안적인 이야기는 논리적이고 경험적인 질문을 던져준다. 그것은 아주 어린 아기가 정서적인 관계나 타당성이 아닌 대인관계적 행동의 일시적 관계를 발견하는 사례일까?

질문에 대한 답을 하기 위해 관계를 맺는 사람의 특성만이 아니라 관계의 내용을 자세히 살펴볼 필요가 있다. Trevarthen은 2개월의 아이가 하는 행동이 정서적인 상호작용에 개입하는 행동이라고 주장했다. 아이는 자신의 정서 상태를 드러내고 대화를 통해 그것이 자기와 관련이 있기 때문에 상대방의 정서 상태를 지각하게 된다. 서로가 표현한 정서적 분위기는 같지 않지만 상호적이다. 즉, 어떤 정서 상태가 기쁨이나 환희와 같은 비슷한 정서에 가장 적절하게 반응하고, 다른 정서 상태는 다른 정서적인 분위기에 가장 적절하게 반응한다. 예컨대, 분노는 스트레스나 공포에 대한 반응으로 가장 적절하게 표출될 수 있으며, 심지어 박력은 위축에, 과묵은 대담함에 가장 적절할 수 있다. Ed Tronick은 '상호 조절 모델'을 통해 2개월의 아기가 상호 정서적인 관계에 참여할 뿐만 아니라 상대방의 정서 상태에 영향을 주기도 하고 지속시키기도 한다고 주장한다.

아기가 타인의 정서 표현이나 분위기에 반응한다는 증거는 여전히 찾아보기 어렵지만, 다소 모순이 있기도 하다. 반면 갓 태어난 (생후 36시간이

지난) 신생아도 행복하고 슬프고 놀란 척하는 표정을 구분할 수 있고 서로 다르지만 모방적 행동에 가까운 각각의 표정에 반응하면서 따라 한다는 증거가 있다. 우울한 엄마의 아기는 행복하거나 놀라는 표정이 좀처럼 나타나지 않는다.[19] 신생아는 오디오 장비를 통해 재생된 (자기가 아닌) 다른 아기의 스트레스 표현에 대한 반응으로 스트레스에 대해서 얼굴이 신호아 영양가 없는 빨기 반사의 감소를 보였다.[20] 2개월의 아기는 (재미있게도 5개월이 아닌) 홀로그램 사진 가운데 무표정에서 행복한 표정까지 구별해낼 수 있다.[21] 어린 아기도 (분노와 같은) 다른 표정보다 (기쁨과 같은) 특정 표정을 더 오래 들여다보기를 선호하는 것 같다.[22] 여러 종류의 모성적 표현은 아기에게 서로 다른 영향을 준다. 10주가 된 아기에게서도 부드럽고 다정한 접촉은 때때로 미소나 흥미를 끌어내는 반면에 화가 난 음성과 표정은 속상하고 두려운 반응을, 슬픈 표정은 스스로를 위로하는 반응(증가된 '혀로 하는 움직임')이 나타난다.[23] 이런 아기의 정서 반응은 성인의 경험이 무엇이든지 간에 수동적인 반영으로 보이지 않는다. 오히려 맥락 속에서 타인의 정서 표현에 공감하고 이를 반영한다고 볼 수 있다. 아기에게 화를 많이 냈다고 보고하는 엄마의 3개월 된 아기는 다른 아기들보다 더 화를 잘 냈고, 많이 슬퍼한다고 보고한 다른 엄마의 아이는 다른 아이들보다 더 많이 스트레스를 받았다.[24] 요약하자면, 2개월의 아기는 대인관계에서 상대의 미묘한 감정 변화를 민감하게 알아차린다. 모성적 분위기가 긍정적인 데서 다소 부정적인 데로 바뀔 때 아기는 순식간에 '밝음'을 줄이고 관심으로 전환한다.[25]

한편 3개월의 아이가 사진 속 동일 인물의 서로 다른 표정을 쉽게 구별할 수 있더라도 다른 인물이나 얼굴의 방향을 망라해 이를 확실하게 일반화하기는 어렵다고 주장하는 근거가 있다. 이는 무엇이 구별되는지 표현 그 자체가 되는 것이 아니라 계속되는 맥락에서 어떤 특징이 출현하게 될 것이라는 결론으로 이끈다. 즉, 이는 2개월이 된 아기가 특정한 정서 표현에 대해 일종의 개념과 같은 단정적인 인식을 가지고 있지 않은 것으로 보이고, 6~7개월의 연령에 이르러서야 아기가 일반적인 범주의 한 사례로 얼굴 표정을 다룰 수 있게 될 뿐만 아니라 외부 세상의 사물을 의미 있게 그것과 연결할 수 있는 것으로 보인다는 일관된 증거이다. 2개월이 된 아기에게 정서 표현은 **추상적인 의미라기보다 상호적인 의미**가 되는 것으로 보인다. 상호적인 의미가 존재한다는 것은 정서가 실험상으로 모의 실험하게 되거나 실제로 다루어질 때 모두 실제 관계에서 정서에 반응하는 아기에 의해 분명하게 드러난다.[26]

토론토대학교의 Maria Legerstee는 우연 반응과 정서 반응을 구별하기 위해 실제 상호작용에서 여러 엄마가 보여주는 정서 반영의 정도를 측정했다. 그녀는 두 배의 비디오 패러다임을 사용해 높은 정서 반영 집단과 낮은 정서 반영 집단으로 엄마들을 나누었을 때 두 집단 가운데 3개월이 된 아기들은 다시 보기 상황에서 우연 반응을 감지했을 뿐 아니라 더 크게 시선을 외면한 채 반응한다는 점을 발견했다. 그러나 높은 정서 반영 집단의 아기들은 실제 상호작용 상황에서 더 많이 웃고 더 바라보고 더 음률이 있는 음성 표현을 낸 반면 다시 보기 상황에서는 더 부정적으로 반응했다. 높은 정서 반영 집단의 아기들이 영상을 먼저 봤더라도 낮은 정서 반영 집단의 아기들보다 실제 상황에 더 많은 관심을 보였다. 이 복잡한 연구는 심오한 질문을 많이 끄집어냈다. 그러나 실제 엄마와 아기 간에 정서적으로 관계를 형성한다면 관계에 지장을 받을 경우 아기는 훨씬 부정적인 반면에 다시 관계를 형성할 수 있다고 여기면 더 크게 자신감을 얻게 될 것이다.[27] 게다가 높은 정서 반영 집단에서 심지어 5주가 된 아기들도 (완벽하게 들어맞는 우연 반응이라기보다 간간이 일어나는) 낮은 정서 반영 집단의 아기가 구별하지 못하는 정상적인 개입과 (우연에 가까운) 모방적이거나 엄마와 유관하지 않은 표현을 구별해냈다. 이 연구에는 다른 어떤 방법보다 우연성에 정서적으로 반응한다는 데 그 직접적인 영향력이 드러나 있다![28]

엄마의 우울증은 항상 우연히 반응하지 않고 정서를 억누르고 있으며 얼굴과 목소리에 슬픔이 더 많이 묻어나고 자주 크게 화를 내고 즐거움이 거의 드러나지 않는 상대에게 아기가 장기간 노출되면서 이를 통해 상황을 힘들게 만들어준다. 아기들은 스스로 정서적인 패턴을 골라내고 심지어 다른 사람들과 상호작용할 때 이를 드러내면서 순식간에 그런 관계에 영향을 받는다. 흥미로운 것은 엄마가 우울하다고 아주 단순하게 상황을 설정해도 아기는 스스로 감정을 더 억누르고 시무룩해지는 등 타인과 관계를 맺는 데 있어 부정적인 영향을 나타낸다.[29] Tiffany Field는 Legerstee의 연구 결과를 설명해주는 이론을 들어 이런 아기들이 '무력감'을 알게 되고 관계를 조절하는 능력이 손상될 수 있음을 경고한다. 그러나 낙관적으로 생각해볼 수도 있는데, 이런 효과는 적절한 중재로 완화될 수 있다. Field는 중재 프로그램의 놀라운 효과를 보고하면서 이 프로그램에서 우울한 엄마들이 자녀를 모방하고 그들에게 긍정적인 감정을 보여주기 위해 자녀에게 접촉을 통해 반응하는 간단한 방법을 배웠다. 엄마와 아기가 서로, 그리고 타인과 보다 더 의사소통이 향상되었다.[30] 우울한 엄마들의 아기가 엄마를 모델로 삼아 엄마에게서 '어떻게 할 것인지'를 배우게 될까? 엄마가 어느 정도 '모성적 원형'을 줄 수 있을까? 우울한 엄마의 아기들이 생후 1년 후에 '정상적인' 엄마의 자녀들보다 눈 맞춤과 움직임 측면에서 보면 사실 더 적극적이라는 최근의 주장은 적어도 6개월 이후에 이 상황을 더 복잡하게 만들지 모른다.[31] 정서적 관계의 반응적 또는 보상적 모델은 대상을 단순히 모델링하는 것보다 더 적합하다. 이는 일상적인 대화의 과정과 같은 어떤 점을 시사한다.

따라서 2개월의 아기가 대인관계에서 일시적인 접촉만을 알아차리고 정서적 관계나 관련성을 인식하지 못한다는 생각은 성립될 수가 없다. 아기를 대상으로 한 의사소통 연구에서 지금까지 연구되어온 찬성론자들의 연구를 거부하면서 2개월의 아기들을 의사를 전달하는 사람으로 받아들이지 않는 Gergely의 거절 의사는 데카르트 사상의 모델이 주는 함정에 빠지는 것 같다. 알아차릴 수 있는 신체적 특성과 감지해낼 수 없는 심리적 특성을 구분하고 중요한 인식을 할 수 있는 의미 있는 정서적 존재로 아기를 보지 않으면서 아기의 의사소통 연구는 심신이원론에 매달린다. Gergely는 아기가 타인이 드러낸 감정의 결과로 행동을 관찰하여 감정의 본래 의미를 파악하게 된다고 주장한다.[32] 기본적으로 관찰자가 모든 것을, 심지어 정서의 느낌까지도 추정하는 제3의 이론이라 할 수 있다. 여기에는 관찰된 표현의 기질적 의미를 구성하거나 심지어 자신의 정서적 표현에 영향을 주는 아기의 정서 반응을 위한 방이 없다. Ed Tronick은 아기의 경험이 두 사람 간의 토대에서 복잡성을 확장할 수 있는 그 방식을 잡아주는 두 사람 간의 확대로 불리는 개념을 사용하는데, 두 사람 간의 관계는 아기가 할 수 있는 것보다 더 큰 도약을 하도록 하며 능숙하게 다른 방식으로 접근할 수 없었던 정서와 행동 패턴을 취하게 해준다.[33] 이런 패턴은 최근 지식을 반영할 뿐만 아니라 우리가 배울 수 있고 알 수 있는 것에 영향을 주면서 아기에게, 사실 어른에게도 경험에 대해 일관성을 준다. 이런 패턴은 우리의 문화로 아기를 초대한다. 그러나 이런 패턴은 아기들에게 이득을 주는 것만큼 손해를 줄 수도 있다. 그런 일관된 '정서적 중심의 중력'으로 무장되어 아기는 그 패턴을 향해 계속해서 끌려간다.[34] 어른들도 그러한 것처럼 아기들도 행동하는 새로운 상호작용에서 적어도 친근하고 가까워지는 데 도움이 되는 정서와 교류를 재현하는 방식으로 행동한다. 이는 아기가 주고받은 '단절된' 메시지가 무엇이든지 간에 새로운 상대를 정서적 특질에 상응하여 유도한다.

요약하면, 2개월쯤에 아기의 의사소통은 타인이 표현하는 특정 정서와 Daniel Stern이 '활력 곡선(vitality contours)'이라고 부르는 상호작용의 정서적 어조에 어느 정도 민감성을 갖고 우연성을 감지하는 그 이상이다. 이것들은 일상적인 행동에 변화와 속도를 주고 우리가 행동하고 말하는 모든 것에 존재하며 일반적으로 정서 표현이라고 부르는 것보다 숨기거나 위장하기 훨씬 어렵다. Trevarthen은 타인과의 관계에서 의미 있는 감정을 지각하는 것이 정서적 진화의 핵심일 수 있다고 보았다. Trevarthen이나 어떤 단체에 의하면 정서 표현의 진화 이론에서 '독해(read-out)'보다 타인이 정서를 중요하게 지각하기 때문에 정서가 발달한다는 것이다.[35] 미소의 여운을 느낄 누군가 있지 않고는 미소를 지을 수 없다. 슬픔을 알아주고 다독여줄 누군가 없다면 슬프다고 말할 이유가 없다. 진화에 있어서 사실이든 아니든 간에 2개월이 된 아기가 정서적으로 의사소통하는 것은 타인의 정서 표현이나 리듬에 관련이 있을 뿐만 아니라 타인의 반응부터 아기 자신의 정서까지 그것의 의미에 대해 배울 수 있는 놀라운 능력이 있다는 것을 보여준다. 간정을 표현하는 것은 우리가 타인에게 계속 반응하기 위해 끊임없이 감정을 드러낸다는 점에서 진짜 상호적이라 할 수 있는데 그 의미는 아마도 평생 우리를 변화시킬 것이다.

일상적인 대화와 의사소통의 기능적 특징 : 개방성과 인지

어떤 것이 진짜 의사소통과 대화인지 알기 위해 구조적 기준을 사용하는 것이 유일한 방법일까? 정서적인 관계의 과정을 확인하는 데 그런 기준을 사용하는 것은 무척이나 불만족스러울 수 있다. 다양한 원리를 망라하여 축소시키는 것보다 경험되는 것이 나은 '특질'과 같은 그 무언가를 파악해보려는 셀 수 없이 많은 시도가 있었다. 대화의 기능적 특징이라 불리는 것을 확인하기 위한 시도로 두 가지 측면은 '개방성'과 '상호 인지'이다. 이렇게 모호한 개념은 개인 각각의 관계에 속해 있다기보다 속성으로 보다 더 연구될 것이다. 그러나 우리가 결국 대화와 의사소통을 이해해야 한다면 최소한 미래의 도전으로 넓게 받아들일 필요가 있을 것이다.

일상적인 대화는 짜여 있거나 미리 정해져 있지 않다. 대화는 알고 있을 수 있는 것과 관련된 것이 아무것도 없는 길을 내려갈 가능성 그 속에 자리하고 있는 것이다. 마틴 부버가 대화에 대해 말했을 때 그는 알지 못하는 것을 허용하는 그 개방성의 극적인 변화에 대한 잠재성만이 아니라 이런 개방성의 본질 가운데 무언가에 사로잡혀 있었는데, "내가 대화라고 부르는 것에는 필연적으로 꼭 놀라게 되는 순간이 있다. 그 온전한 매력은 … 상대가 무엇을 할지 내가 알지 못하고 또 알 수도 없다는 것이다. 상대가 그렇게 해서 내가 놀라게 되고 전체의 그런 놀라움에서 유희 전체가 기본이 된다."[36] 서로에게 마음을 여는 진정한 대화는 많은 사람들이 '확인'이나 '인식'이라 부르는 뜻을 갖고 있다. 헤겔에 의하면 일상의 관계에서 어떤 사람이 행동해온 방식으로 타인이 '인지'하지 못하는 위험이 있다고 하는데, 그것은 우리가 자신에 대해 확인을 받는 또 다른 사람이 인지될 때뿐이다. 만약 영아기 초기에 관계가 이런 개방성의 특징과 타인에 의해 인지된다는 점을 보여준다면 우리는 아기들과 어른들의 삶에서 2인칭 관계가 실제 어떻게 작동되는지 볼 수 있을지 모른다.

우리는 대화에서 미리 짜여 있지 않은 특성을 당연하게 여기지만 물질적인 세상이든 사회적인 세상이든 그것이 바로 우리 관계에서 계속 살아 숨 쉬는 것이기도 하다. Stern이 언급한 적이 있듯이 '살아 있는 이야기'를 만들면서, 즉 개방적일 때 예기치 않은 기발한 일이 일어나고 보상적인지 갈등적인지 상관하지 않고 해결과 설명을 요구한다. 그리고 바로 이 순간을 공유할 때 참여자들의 어느 한쪽보다 더 큰 어떤 것이 드러난다. "또 다른 사람의 살아 있는 이야기에 참여할 수 있거나 그것들과 상호적으로 살아 있는 이야기를 창조할 수 있을 때 그 순간 인간의 다양한 여러 유형의 접촉이 만들어진다."[37] 나는 직장에서 관리 업무를 맡았을 때 이와 비슷한 점을 발견했다. 나는 부서를 위해 당신은 무엇을 할 수 있을지 그리고 부서는 당신을 위해 무엇을 할 수 있을지와 같은 케네디가 했던 질문으로 직원들의 생각과 느낌에 대해 모든 사람들과 이야기를 나눠볼 계획을 시작했다. 나는 내 계획이 대부분의 사람들에게 상관없다는 사실을 알게 되었다. 내가 참여했던 대화는 초심자의 순진하고도 열정적인 힘이 느껴졌고 변화를 위한 강력한 수단이었다. 그러나 필요로 했던 것은 대화 속의 '진짜', 즉 심리적으로 존재한다는 사실이었다. 그 나머지 사람들이 등장했다. 어떤 사람이 듣고 있을 것으로 기대하지 않은 사람이 듣고 있을 때 그 일이 마술처럼 일어났다. 이런 대화에 무슨 일이 일어난 걸까? 그들은 왜 그렇게 강력할까? 그리고 그들은 대화로 내게 왜 완벽한 인상을 주는 걸까? 나의 직감은 정직과 용기라는 두 경우에서 두 가지 모두를 받아들였는데, 다른 사람의 이야기를 듣고 반응하는 것에 있어서 정직과 예상치 못한 결과를 받아들이는 용기가 그것이다. 치료적 관계에서 이것은 '과정에서의 신뢰'라고 알려져 있다. 치료자가 '지금' 맺고 있는 치료적 관계를 신뢰하고 과거의 문제나 이론, 계획을 모두 놓아둔다는 의미이다. 서로를 사랑하고 있다는 것을 막 깨달은 사람들이니 이런 시절 맺었던 우정이 얼마나 진실했는지를 발견한 사람들에게서 볼 수 있는 것처럼 모든 것이 완벽하고 순조롭고 아름답게 들어맞을 때 대인관계, 특히 두 사람 간의 상호작용에서의 조화라고 부르는 것과 유사하다. 부모-자녀 관계에서 '개방성'과 '지금에서의 믿음'은 단지 발달을 위한 필수일 뿐만 아니라 합리적인 정당성에 반항하면서 서로에게 경이로움을 불러일으킨다.

엄마-아기의 상호작용에서 이런 특징이 보일까? 아기가 적어도 2개월이 되면 이미 타인이 무엇을 할지와 관계가 어떨지 등을 예상한다는 모든 마음의 동요 연구에서의 명확한 결과처럼 아기는 분명히 타인의 행동에 놀랄 수 있다. 또한 아기가 다시 한 번 관계에 대한 기대를 드러내면서 타인의 분위기와 표현에서 나타나는 미묘한 동요에 꽤 민감하다는 사실은 분명하다. 관계에서 아기들의 행위는 그들이 타인에게서 경험하는 행위에 영향을 주는데, 아기-성인 관계의 개방성의 측면에서 우리가 여기서 그 개방적 체계를 다루고 있다는 것은 의심할 여지가 없다. 의식에 대한 두 사람의 상태를 설명했던 Ed Tronick의 개념을 사용해보면, 2개월밖에 되지 않은 아기들에게서도 우리는 상대방이 개방적이고 상대방이 타인에게서 영향을 받을 것이라는 관계를 다루고 있는 것 같다. 개방성이 관계를 시작하는 시점과 관계의 소도를 바꾸는 순간에 관한 Dan Stern의 '지금'이라는 순간에 대한 개념은 아기가 어떻게 예측할 수 없는 것에서 정서적 민감성을 통해 다른 사람들과 실제로 관계를 발달시키는지 확인하는 데 도움이 된다.[38]

아기도 예상을 빗나가는 것과 놀랄 만한 것이 필요해 보이는데, 완전히 예측 가능한 것은 지겨워진다. 그리고 아무리 잠깐이라도 아기가 성인과의 관계를 벗어나려고 할 때 성인은 애초에 아기의 흥미를 계속해서 붙들어두기 위해 의도적으로 마음의 동요를 일으키고 기대를 저버리는 변화를, 즉 게임을 하거나 노래를 부르거나 말을 하면서 다양한 강도와 동작으로 선보이며 자주 접하게 해준다. 그러나 이렇게 기대를 저버리는 것을 몇 개월 후부터 아기들이 하지 않는데, 우리는 아기가 놀리기를 하는 행위에 대해 논의할 때 살펴볼 수 있을 것이다. 그러나 아기들은 한 번 시작하면 성인이 아기를 감당할 수 없을 때까지 이끈다! 개방성과 예측불허는 놀리기에서 (보다 일반적으로 쓰이는 말로 하면 장난에서) 핵심이 된다. 제8장에서 살펴보겠지만, 아기들은 일부러 다른 사람들을 놀라게 하는 행위에 참여하기 시작하고 아기들은 굉장한 즐거움으로 놀리고 으스대고 까분다.

타인을 확정하거나 인지하는 것은 수많은 평범한 방식으로 일어나거나 일어나지 않을 수도 있다. 모든 마음의 동요 실험에서, 성인은 (지도하에 부모가 무표정을 짓거나 실험을 위해 조작한 비디오를 재생하든지 간에) 아기의 이전 행위나 아기 자신을 알아보거나 인지하지 못하면서 아기를 명확하게 확인하지 않는다. 무표정을 짓는 실험에 참여한 엄마들이나 다른 성인들은 정서적으로 힘들다고 호소했다. 그 이유는 그들이 아기를 아는 체하지 않고 아기가 마치 거기 없는 것처럼 행동하라는 요구를 받았기 때문이다. 무반응은 명백한 도전이나 타인 거부보다 상호작용에서 상대방에 대한 훨씬 가혹한 '무시'일 수 있다. 우리는 하루 종일 줄곧, 이따금 우연히, 또 가끔은 일부러 그렇게 할 수 있지만, 우리가 알고 있든 아니든 우리 삶에 작게라도 피해를 입힌다. 마음 동요 연구는 (이 연구에서 그들은 윤리적으로 성공을 거두었다) 심지어 이렇게 초기 개월 수에서조차도 아기들에게는 매우 큰 문제가 될 수 있다는 점을 우리에게 알려준다. 이런 인지와 확정은 무엇으로 이루어졌을까? 어떻게 느낄까? Barbara Smuts는 인지와 같은 무언가를 설명하기 위해 존재(presence)라는 단어를 사용하면서 다음과 같이 말했다. "우리가 또 다르게 인지한다는 '존재'는 우리가 상호관계에서 만나면 우리가 알고 있는 것보다 더 많이 느끼는 것이고, 우리가 이용한 사람이라기보다 우리가 음미한 사람이다. 상호관계에서 우리는 우리가 동등하게 공유한 현실을 재창조할 수 있는 그들 본질에서 자기와 같이 누군가를 '누군가의 집'이 있는 것처럼 내부에서 다른 신체를 느낀다."[39]

아마도 과학계에서는 이런 설명이 가치가 없는 것으로 크게 일축해버리겠지만, 우리의 도식 범주에서 우리가 존재를 어떻게 축소할 수 있을까? 그렇디면 이 질문은 매우 중요하다. 만약 한 사람의 발달만이 아니라 또 다른 타인으로 인지하는 것이 대화에서 중요하다면 우리는 적어도 그것을 어떻게 연구하는지 모른다는 점을 인정해야 한다. 이런 인지를 제공하면서 다른 사람에게 다가가기 위해 모방을 활용하는 것에 대해 마지막 장에서 논의할 내용은 이 문제를 탐구할 가장 생산적인 방법이 될 수 있다.

의사소통을 하려는 의도 : 상호관계를 향해

그렇다 해도 여전히 (적어도 은연중에라도) 2개월 된 아기들의 행동을 가짜 대화로 치부한다. 현대 '인지주의자'인 Michael Tomasello가 간단명료하게 주장한 바에 의하면 아기는 9개월이 되기 전까지 스스로 의사소통을 하려는 의도를 가질 수도, 타인에게서 의사소통하려는 의도를 이해할 수도 없다는 것이다.

그 이론은 다음과 같다. (그저 상호작용만 한다기보다) 진짜 의사소통을 하기 위해 유기체는 (아기, 동물, 외계인도) 의사소통하려는 의도가 있어야 할 뿐만 아니라 다른 유기체도 그 의도를 갖고 있어야 한다. 의사소통을 하려는 의도는, 예컨대 세상의 모든 것을 향해 있다는 점에서 평범한 의도가 아니다. 의도는 마음과 정신 (또는 의도적인) 상태를 향해 있다는 점에서 다르다. 마음을 향해 있기 위해서는 의사소통의 의도가 반드시 마음에 표상이 된 '의도를 지닌 대상'을 포함해야 하는데, 이는 어떤 것에 '대한' 것이어야 한다. 첫해 말까지 의사소통의 공유된 '주제'는 아기가 주제에 주목하거나 주제에 대한 어른들의 참고를 이해한다는 측면에서 분명하지 않다. 따라서 결론적으로 2개월의 아기들은 의사소통의 의도도 없고 타인의 의도도 이해하지 못한다.

이런 관점에서 의사소통을 하려는 의도는 어떤 마음이 존재하고 또 다른 마음을 향해 있는 행동에 대한 계획으로 보인다. 신체는 의사소통의 의도를 위한 도구에 불과해 그 자체로 의도가 있다거나 드러내지 못한다. 그래서 성공적인 의사소통은 어떤 마음에 존재하는 생각에 대한 또 다른 마음에 존재하는 생각이다. 이는 감춰진 독립체가 개념화될 수 있을 때까지 (영아기 후기) 의사소통의 의도는 존재할 수 없고 (아기는 그것들을 유도할 마음이 없다) 이해될 수도 없다는 (아기는 어떤 것이 오고 있을 것 같은지 생각이 없다) 데에서 출발한다. 의도적인 의사소통의 마음-마음 본질에 대한 가정은 마음과 신체의 움직임 간의 이원론에 꽤 견고히 뿌리박혀 있는 듯하다.

이 관점에서 다른 사람을 향해 있는 2개월 된 아기의 감정 표현, 타인에 대한 표현에 있어서 아기의 상호 간의 반응, 다른 사람들과 직접 마주 보는 상태에서 아기의 관계 추구, 관계 패턴에 대한 적응은 의사소통과 상관없다. 이것들은 타인의 신체 움직임에 대한 신체 반응으로, 타인에게 향한 정신적 행위나 타인의 정신적 행위에 대한 반응이 아니다. 이것들은 표상으로 중재되지 않기 때문에 신체적으로나 생물학적으로 무시될 수 있다.

외부 세계에 대한 타인의 지각을 지각하는 데 2개월의 아기들이 불가능하다고 언급하면서 Tomasello는 "아기가 타인의 관점을 이해하지 못하고 외부 세계와 관계를 맺을 때 아기가 어떻게 지각하고 나(me)와 관계를 형성할지에 대한 질문이 있을 수 없다"고 주장한다. "다른 누군가 내가 X에게 관심을 갖기를 원한다는 사실을 이해하기 위해, 즉 의사소통하려는 의도를 이해하기 위해" 정신적 대상을 파악하는 것은 타인이 의사소통하기를 원하는 모습을 이해하는 데 필수 전제조건처럼 보인다.[40] Tomasello는 (만약 우리가 의사소통에 대해 이야기를 하고 있다면) 관계를 맺는 사람끼리 공유하고 진지하게 말을 전하려고 한다거나 (만약 우리가 관심에 대해 이야기를 나누고 있다면) 진지하게 공감대를 형성하려고 한다거나 (만약 우리가 의도에 대해 이야기를 하고 있다면) 진지하게 의도를 연결하려고 하는데 둘 다 공유하는 마음에서 대상이 분리되어 있어야 한다는 일반적으로 만연된 신념을 반영하고 있다. 달리 말하면, 중요한 가정은 만약 정말 그 행위가 정신적인 것이라면 사람들 간의 행위가 다른 어떤 것에 대한 표상으로 중재되어야 한다는 것이다. 이는 내가 정말 당신과 의사소통을 하기 위해서는 내게 당신과 내가 공유할 수 있는 생각, 대상, 가르침, 다른 어떤 독립된 매개체가 필요하다는 것을 암시한다. 이런 관점에서는 부버의 용어로 나와 너(I-Thou) 관계에서 가능한 직접적인 관계가 없다. 아니면 최소한 신체적으로만 어떤 직접적인 관계가 정신적인 관계를 구성하지 않는다. 그래서 의사소통을 위한 '대상'을 주장하는 것도 만약 의도적이지 않다면 계속해서 심신이원론에 전념한 결과이다.

의사소통에 이렇게 접근하는 것은 발신인, 수신인, 공통의 부호, 메시지와 같은 전통적인 '전보'에 빗대어 볼 수 있다. 전보에서처럼, 모든 것은 정확한 발신인, 수신인, 분명한 초기 의도와 메시지를 포함한 의사소통의 각 행위로 적절한 순서에 따라 일어난다고 믿게 된다. 그러나 아기와 성인이 의사소통의 의도에서 연속적이고 개인적이지 않고 의사소통의 의도를 미리 알거나 의사소통보다 먼저 존재하지도 않는다. 어떤 것을 말할지 계획하고 메시지를 전달하고 반응을 기다리는 것과 같은 이런 방식으로 우리가 서로 이야기를 나눌 수 있고 나누게 될지라도 의사소통은 훨씬 더 자주 정신없고 동시다발적으로 이루어진다. 두 사람만 이름을 들자면 John Shotter와 Alan Fogel, 그리고 그 밖의 많은 저자들은 의미, 의도, 의사소통의 의도가 상호작용 안에서 변하고 드러나며 그렇기 때문에 의사소통의 목적과 의미를 의도와 별개로 살펴보는 것이 무의미하다고 설득력 있게 주장했다.[41] '지속적인 과정 모델'로 부르는 것에서 Alan Fogel은 의사소통이 "미리 한 사람이 알 수도 없고 타인에게 일방적으로 보내는 메시지로 의사소통되지 않는 것처럼 서로 조율하는 과정을 통해 창조된 어떤 것을 공유하더라도 협상을 하는 과정이자 역동적인 과정"을 시사한다고 주장한다.[42]

의사소통의 역설

의사소통에 관한 이상한 역설이 있다. 언어는 사적인 정신적 경험의 문을 여는 도구로 비춰진다. 대화에서 언어를 사용하는 것은 사적인 경험을 공적인 것으로 만들어준다. 우리는 말을 못하는 동물과 말하지 않는 아기들에게 언어를 구사하고 말을 하는데, 이들이 이야기를 나눌 수 있다면 좋겠지만 우리는 이들이 생각하고 느끼는 바를 알고 있다. 의사소통은 마음을 나누도록 이끄는 것 같다. 이는 적어도 우리네 고도의 언어 문화에서 충분히 이해가 된다.

그렇다면 아기가 정신적 경험을 공유하는 언어를 사용하는 의미를 어떻게 획득할까? 언어를 사용하기 위해 우리는 그것이 의미하는 바와 진짜 그 어떤 것이 의미하는 바를 이미 알고 있어야 한다. 단어가 공유되기 전에 그 의미는 단어가 나타내는 바를 알기 위해 이미 공유되어야 하고 사람들은 그 의미로 마음을 갖게 되는 것을 이해해야 한다. 다시 말하면, 의사소통하기 위해 우리는 타인이 이해한 그것과 그들이 이해한 것을 이미 이해하고 있어야 한다.

우리가 갖고 있는 역설은 이런 방식이다. 의사소통은 마음을 알기 위해서 필수적이지만 의사소통이 우리가 마음에 대해 이미 알고 있다는 것을 암시하기도 한다. 우리가 이 문제를 어떻게 풀어갈까? 역설은 좌절하게 만든다. 그러나 이것 하나는 실제보다 더 분명하다. 그것은 의사소통의 의미가 표상적인 행위라는 가정에서 나타난다. 즉, 의사소통의 내용은 (마음에서 표상된) 의사소통 그 자체보다 선행되어야 한다는 것이다.

루드비히 비트겐슈타인은 당신이 만약 표상이 의사소통보다 선행한다고 가정하면 결국 의사소통을 설명할 수 없게 된다고 주장했다. 당신이 처음 그곳에서 기원된 의미를 어떻게 공유할지 설명할 길이 없다. 의미가 대화나 의사소통에 적용되기 위해서는 공개 혹은 공유되어야 한다. 그래서 우리가 고려해왔던 분명한 역설은 마음과 마음의 그 내용이 (의미가) 공개적으로 되기 전에 사적인 것으로 추정하면서 단순히 주객이 전도된 추상적인 기능이라는 점이다. 우리가 비트겐슈타인의 해결책을 받아들이면 다음과 같은 의문이 생긴다. 아기가 성인과 어떤 의미를 공유할까? 이런 의미는 언제 그리고 어떻게 나타날까? 의사소통이 가장 우선시된다면[즉, 우리가 만약 이 실문에서 '해석 순환(hermeneutic circle)'을 받아들인다면] 역실은 사라질 것이다. 단어와 몸짓은 그것들이 의미하거나 가리키는 것에 대해 이미 공유한 동의를 토대로 할 때만 그 의미에 닿을 수 있다. 단어와 몸짓은 분리될 수 있고 표상할 수 있는 의미로 출현하기 전에 공유한 의미를 기반으로 해야 한다. 그러나 이는 관계가 없는 상태에서는 불가능하다. 따라서 의사소통은 기반을 다져주고 마음에 대한 지식을 반영한다.

리어 왕은 사랑하는 딸에게 "다시 말하지만 무에서 유를 창조할 수 없다"고 말했다.[43] 의사소통을 하려는 의도는 이런 모든 것이 없는 상태에서 출현할 수 없다. 그 의도는 발달하겠지만 당신은 저 멀리 근원으로 돌아가 그 시기의 발달을 시작하게 된다. 의도가 있는 의사소통은 영아기 초기부터 분명히 나타난다. 의도를 지닌 의사소통의 과정은 시간이 갈수록 더욱 복잡해지지만 이 과정이 가짜-의사소통이 많은 개월 수를 채운 후에 타인의 심리상태에 대한 추론의 결과로 뒤늦게 출현하는 것이 아니다. 2개월에는 이미 초기 의사소통의 관계를 보여야 한다.

요약

그래서 2개월 연령에서의 의사소통은 상호주관적일까? 아기가 타인을 한 사람, 심리적 존재로 인식한다는 것을 드러낼까? 물론 모든 것은 우리가 한 사람과 심리적 존재를 어떤 의미로 보는지에 달려 있다. 이번 장에서는 일상적인 대화와 의사소통의 구조적이고 기능적인 몇몇 특징을 설명했고 타인에 대한 아기의 인식에 영향을 미치는 요인을 어떻게 이해할지에 대해 도움을 주었다. 2개월 된 아기의 대화와 복잡한 상호작용에서의 민감성을 가짜 의사소통이나 우연성의 감지에 불과한 것으로 무시하려는 시도는 분명히 표상 없이 대인관계를 이해하는 것이 (불)가능하다는 이원론의 가정을 근거로 한다. 2개월 된 아기는 사람들의 심리적 특성에 관한 인지로 이끌고 드러낸다. 그러나 2개월 된 아기가 타인의 사람됨(person-ness)이나 심리적 임(psychological-ness)의 어떤 부분을 끄집어낼 수 있을까? 별개의 유형으로 심리적 특성을 끌어내려는 여러 시도에서 가장 우선되는 관심과 의도라는 두 가지가 있다. 다음 장에서는 현대 심리학에서 발달되어온 개념으로 통합된 (비-이원론자) 관심의 정의를 사용하여 관심이라는 개념을 알아보고 아기들이 생애 첫해라는 기간 동안 타인의 관심으로 무엇을 하는지 다루어볼 것이다.

제6장

관심 경험하기

나는 데카르트의 표현을 빌려 '보고 있는 것에 대해 생각'하는 것이 아니라
가시적인 세상을 붙잡아 들여다봄으로써 비전을 발견하고,
그래서 내가 또 다른 시선으로 볼 수 있게 한다.

－메를로-퐁티, 지각의 현상학[1]

당신은 심리학에서도 일상생활에서도 관심(attention)을 무시할 수 없다. 어떤 사람이 우리에게 관심을 보이는 것은 우리의 속마음에 이르게 하는 수많은 방법으로, 위로를 해주고, 들뜨게 하고, 겁을 먹게 하고, 활기를 불어넣어주고, 쑥스럽게 만들고, 흥분시키며, 짜증나게 할 수도 있다. 윌리엄 제임스가 옳았던 것 같다. 사람들에게 둘러싸여 있지만 단 한 사람도 우리에게 관심을 주지 않는다면 어떻게 살아갈 수 있을까?[2] 타인의 관심은 우리가 가진 최고이자 유일무이하고 가장 강력한 정신적 경험이다. 타인의 관심 가운데 어떤 것은 우리의 정서 생활과 발달에 결정적이기도 하다. 왜 그럴까? 그리고 관심이 아기에게 어떻게 그리고 언제 의미 있는 것이 될까?

이런 질문에 나는 연결된 2인칭 접근이 분리된 3인칭 접근이나 자기 기반으로 된 1인칭 접근보다 더 나은 답이라는 점을 이 장에서 다루려고 한다. 이 접근은 타인의 관심에 대해 아기가 보여주는 정서 반응이 아기가 마음속에서 이를 이해하고 있다는 전제에서 출발한다. 그것은 아기를 사로잡은 타인의 시선에 있으며, 나는 메를로-퐁티(프랑스의 현상학자—역자 주)의 이미지를 응용하여 그 시선이 아기를 의미 있게 만들어준다는 사실을 입증할 것이다. 이 관점에서 보면, 아기는 타인의 관점을 보고 싶은 것에 대해 인지적으로 추론하거나 머리로 공감하는 것이 아니라 관계 안에서 타인이 주는 관심에 반응하면서 가장 먼저 느낀다. 이를 위해서 우리는 관심에 대해, 그것의 지각 가능성에 대해, 그리고 관심의 대상으로서 가장 중요한 것에 대해 어떻게 생각하는지 (생각할 수 있는지) 한번 살펴볼 필요가 있다. 이 분야에서 우리가 쌓아온 자료의 대부분은 눈에 보이는 관심에 관한 것이기 때문에, 비록 관심에 대한 인식이 다양한 모습으로 색다르고 다채로운 이야기를 담고 있을지라도 나는 관심에 대한 아기의 인식이라는 질문에 대답하기 위해 눈에 보이는 관심에 초점을 둘 것이다. 그 전에 퍼즐부터 시작하자.

아기는 타인의 관심을 언제부터 인식할까? 하나의 갈등

이 질문을 이론화하는 데 있어서 몇 개의 퍼즐이 있다. 아기는 (태어난 직후부터 사람과 사물에 관심을 갖고 있더라도) 생후 9~12개월에 타인의 관심을 인식하기 시작한다는 것이 일반적인 여론이다. 이 결론은 그 당시 특이하게 국제 여성 심리학자 단체와 함께 지금은 고인이 된 Elizabeth Bates가 이끌었던 1970년대 전언어 의사소통과 인지에 관한 자연주의적 종단연구를 선두로 시작되었다. 생후 첫해 끝 무렵에 아기는 가끔 매우 극적으로 세상 안에 있는 온갖 것을 (즉, 성인이 보고 있는 것을 살펴보는 것) 가리키기 시작한다. 흥미롭게도 아기는 [원시 명령적 가리키기(proto-imperative pointing)라고 통용되는] 자기에게 물건을 가져다 달라고 어른들을 설득하기 위해서 사물을 가리키는 것, 그리고 그 물건을 어른들에게 그저 보여주기 위해 사물을 가리키기[원시 서술적 가리키기(proto-declarative pointing)]라는 분리된 두 가지 대인관계 기능을 다루는 것으로 보인다. 이는 아기가 사람들에게서 관심을 발견했을 때 발달하는 순간이었음을, 예컨대 사물을 손에 넣으려고 사람들의 관심을 끌거나, 사람들의 관심을 얻으려고 사물을 이용하는 아기의 동시 발견을 강력히 시사한다. 이렇게 두 기능이 있는 단일 행위의 동시 발생은 관심 그 자체에 대한 아기의 숨겨져 있던 내용을 발견한 것이기도 하다. 최근 수많은 수정과 논쟁에도 불구하고 오늘날 이론의 밑그림은 대체로 동일하다.

그러나 타인의 관심은 아기의 초기 관계를 어느 정도 신비롭게 만들어준다. 우리는 출생 직후부터 자신을 똑바로 응시하는 데 민감한 아기가 다른 사람과 대면해 얽히고설킨 교류에 참여하고 타인이 자신을 쳐다보는 것을 알아채며, 생후 2개월부터는 타인을 부르는 행동까지도 스스로 시작하면서 자기를 대하는 타인의 행위를 식별 가능한 정서 반응으로 대응하며 성인과 초기 대화 같은 복잡한 교류에 참여하는 것을 이미 보아왔다. 만약 타인이 관심을 보이고 있다는 사실을 아기들이 인식하지 못한다면, 앞 장에서 살펴봤던 2개월 된 아기의 난해한 대화적 교류는 어떻게 이루어진다는 것일까? 심리학자들은 대개 관심에 대한 아기의 인식과 관련된 이러한 교류를 고려하지 않는다. 이들은 자주 생물학적 혹은 사회적이거나 정서적인 조율이라 지칭하는 다른 영역으로 구분한다. 그렇다면 2개월의 아기는 타인의 관심에 대해서 도대체 무엇을 알고 있을까? 아무것도 없을까?

나는 타인과 상호작용하는 2개월 된 아기가 다른 사람들의 관심에 대해 인식한 바를 관심으로서 실제로 보여주고 있고, 이러한 인식이 관심에 정서적으로 반응하는 역량을 기초로 한다는 사실을 말하고자 한다. 첫 번째 예로, 아기는 타인의 관심이 자기에게 향해 있을 때 이를 깨닫는다. 타인의 관심은 물론 아기의 관계가 서서히 복잡하게 발전함에 따라 타인의 관심이 세상의 다른 것을 향할 때 아기는 이를 깨닫기도 한다. 나는 생후 첫해 말 무렵 아기가 관심을 깨닫지 못하고 있다고 본다. 더 정확히 말하면, 아기는 이미 타인에게서 관심을 인식하고 있는데, 이것은 오로지 타인의 관심이 향할 수 있는 더 많은 '대상', '목표 대상', '주제'를 점차 알아가는 인식을 통해서만 가능한 것이다. 나는 왜 이 논쟁을 할까? 그리고 나는 어떤 증거로 이를 지지할까? 이에 대답하기 위해서 첫 번째로 그 이유를 알아보려고 하는데, 그 전에 관심은 무엇일까를 먼저 물어보자.

주의를 기울이려면 대상과 관계를 맺어야 한다

관심의 본질에 대한 설득력 있는 이론이 많지만, 타인의 관심에 대한 아기의 인식 연구에서는 대부분 흔히 '공간 기반(space-based, 주의가 공간상에서 차례로 이동하는 것—역자 주)' 또는 '조명(spotlight, 주의가 조명의 움직임에 따라 변하는 것—역자 주)' 이론을 다루고 있다.[3] 이 이론에서 주의란 우연히 발견한 것에 얽매이지 않아 수시로 변하는 세상에 독립적으로 (혹은 속해 있지 않고) 자유롭게 움직이면서 세상에 관심을 갖게 하는 일종의 심리적 조명으로 이해된다. 그리고 본질적으로 몸짓과 조화를 이루지 못한 채 심신이 분리되어 작동하는 신체와 분리된 어떤 것으로 여겨지기도 한다. 우리가 관찰자가 되어 관심을 붙잡아 인지할 수 있는 유일한 방법은 하나의 '지식'으로 이를 개념화하는 것이다. 전개념(pre-conceptual)의 아기들이 분명히 타인과 관계를 형성한다는 사실에 대해 그 어떤 기초 자료에서도 아기가 주의를 어떻게, 언제 기울이는지 묻는 질문에 답을 주지 않는다. 그러나 조명 관점을 의심하고 대안을 선택하는 데에는 이유가 있다.

조명은 새 무리든, 물웅덩이든, 의자 다리든, 누군가의 코든, 또는 진짜 텅 빈 공간이든 조명 빛이 비추는 특정 공간 영역에 빠져 거기서 그 무엇이든 끄집어내어 시각 영역을 돌아다닐 수 있다. (사람이든 동물이든) '유기체'는 중요한 영향을 미치는 요인을 통제하고 주목할지의 여부를 결정하며 특정 영역을 확대 또는 축소하면서 볼 수 있다. 그러나 문제는 조명 빛이 환하게 밝혀준 것을 가지고 그 무엇도 하지 않는다는 것이다. 그리고 이것은 사물이 아니라 환해지는 공간을 선택한다. 그렇지만 유기체는 그런 식으로 기능하지 않는다. 유기체는 작은 공간에서 이리저리 또는 이 대상 저

대상 둘러보며 세상을 그저 배회하지 않으면서도 그것으로 아무것도 하지 않는다. 관심 대상은 발견되고 다루어지고 다른 누군가에게 제시되고 이해되고 미소 짓게 해주는 등 여러 모습이 된다. 조명 이론과 달리 관심을 받고 있는 유기체가 활동적이고 의욕적인 신체를 가지고 있다는 이러한 사실은 어떤 관심인지 크게 구별되어야 한다.

유기체가 하는 어느 것도 공간과 특별한 관련이 없다. 사실 유기체는 그가 속해 있는, 그러면서도 정확히 동일한 공간에서 다른 대상을 전혀 알아보지 못하는 공간보다 오히려 대상에 전적으로 집중할 수 있다. 수년 전 Ulrich Neisser가 진행한 실험은 이 점을 분명하게 설명하였다. 그는 똑같은 영상물에 (두 쌍의 손과 손목) 박수 치는 게임과 (농구를 하는 세 사람) 공놀이의 두 가지 이미지를 겹쳐놓았다. 그는 두 게임 중에서 하나, 한 예로 박수 치는 숫자를 세어보라고 요구하였다. 이를 세는 동안, 다른 활동은 모든 남자 농구선수를 여자로 교체하여 대폭 변경시켰다. 믿을 수 없게도 사람들은 이 변경 사항을 눈치채지 못하였다. 보다 최근에 이 연구는 고릴라 인형 옷을 입은 사람이 카메라를 향해 돌아서고 가슴을 치며 계속 걸어 다니는 '엉뚱한' 장면이 사이에 등장하는 실험으로 반복 진행되었고, 사람들은 이 또한 알아내지 못하였다![4] 그러므로 주의는 공간 영역이 아닌 사물에 초점을 두는 것이다. 그리고 사람들도 주의를 기울이는 데 있어서 '동일 대상 이점(다른 대상이 제시되는 것보다 대상 내의 정보가 제시되는 것이 주의를 기울이기에 가장 빠름−역자 주)'으로 알려진 것, 즉 여러 대상에 관한 유사한 약간의 정보보다 하나의 대상에 관한 많은 정보를 받아들여 흡수하는 것에 더 능숙하다. 잠시 겹쳐져서 두 대상이 제시될 때, 그 대상 각각의 특징 하나보다 한 대상의 특징 두 가지를 간파하는 것이 더 쉽다. 또는 두 모습이 나란히 제시되고 이전 단서에 기초하여 표적 대상을 찾아내는 임무일 때, 그 단서가 같은 거리라도 다른 대상에서보다 동일한 대상에서 보인다면 반응이 더 빨라진다.[5] 사물을 지각하기 위해서 그것을 이해한다는 것은 우리가 예전부터 게슈탈트 심리학자들의 업적을 통해 알게 된 바로 그것이다. 예를 들면, 우리는 우리에게 하나의 선이 의미가 있으면 그 선에서 어떠한 차이도 알아내지 못하고 그 모양이 의미 있게 보이면 전혀 그런 모양이 아닌데도 완성된 선으로 본다. 그래서 관심이 하나의 조명이라면, 둥근 모양 자체에 어떤 것으로만 연결되어 있고 전경에 있더라도 다른 것을 생략하며 반짝이는 대상으로 바꾸고 어떤 것을 선택하며 나머지를 무효하게 만드는 매우 이상한 종류의 조명일 것이다. 우리는 공간 기반 이론가들이 제안한 것으로서 대상과 분리 가능한 것이 아니라 오히려 대상과 관계를 형성하는 것으로서 관심을 생각해볼 수 있다.

주의를 기울이는 것은 옷의 감촉을 느끼거나 바다 냄새를 맡거나 도로의 굴곡을 볼 때마다 생기는 하나의 관계이다. 사실 어찌되었든 관심이 존재하는지는 관심을 갖고 있는 대상이 존재하는지의 여부에 달려 있다. 일례로 대상이 전혀 없거나 감각적으로 박탈된 환경에서 가능성을 생각해보자. 주의를 기울일 만한 것이 아무것도 없는 이런 상황에서 관심이 존재하거나 발달할 수 있을까? 그리고 주의를 기울이는 것의 질, 즉 집중 강도, 집중 변동 폭, 집중 지속기간 등 그것이 관계하고 있는 대상에 따라, 또 아이들이 자라나는 지각적 환경을 다루는 데 있어서 강력한 영향력을 지닌 의존 관계에 따라 달라져야 한다. 관심에 대한 대상 기반 관점(대상을 단위로 주의를 기울이는 것-역자 주)에 따르면, 주의를 기울이는 과정은 본질적으로 대상성(object-hood)과 밀접한 관련이 있다.[6] 그러므로 관심을 우리의 머릿속의 '사물'로서가 아니라 **활동**으로서 생각하고 그래서 명사보다 동사로 주의를 기울이고 있는 것으로서 그것을 언급하는 것이 더 나을 수 있다.[7] 물론 관심을 이런 방식으로 생각하여 초래될 수 있는 결과는 어떤 누군가가 주의를 기울이는 행동이 그 즉시 공개되고 빤히 들여다보인다는 점이다. 만약 그 행동이 사람들이 세상에서 하는 행위라면 그것은 관찰될 수 있는 것이다. 그리고 그 행위가 관찰될 수 있다면 최소한의 가능성으로라도 아기는 그것을 관찰할 수 있을 것이다. 그러면 심리학자로서 우리는 그것을 관찰하는 그들을 관찰할 수 있을 것이다.

물론 아기도 성인도 전형적인 관중의 입장으로 타인의 관심을 '관찰'하지 못한다. 타인의 관심에 대한 지각은 일반적으로 지각한 사람의 흥미, 동기, 감정, 또는 반응 행동을 포함하고 있기 때문이다. 먼저 주의를 기울이는 것이 그 대상을 통해 어떻게 지각될 수 있는지 살펴보자.

주의를 기울이고 있다는 인식은 그 대상에 관한 인식과 연결되어야 한다

만약 주의를 기울이는 것이 대상과 관계를 형성하는 과정이라면, 타인이 주의를 기울이고 있다는 인식은 사람과 대상 간의 관계에 대한 인식을 포함해야 한다. 만약 주의를 기울이는 것이 Brian Scholl(예일대학교 심리학과 교수－역자 주)이 지적한 것처럼 '대상성에 밀접하게 연결되어' 있다면 그래서 누군가 관심을 두고 있는 것을 알기 위해서는, 사람은 사람과 대상 간의 이 관계에 대해 알 필요가 있다. 주의를 기울이고 있다는 인식은 그 대상의 인식과 밀접하게 연결되어 있어야 한다. 달리 말하면, Jerry Bruner가 주장해왔던 것처럼 관심의 그것은 그것의 무엇과 분리될 수 없다. 즉, 관심이 어떤 것을 향해 있지만 무엇을 겨냥하고 있는지 모르면서 관심이 이해된다고 말하는 것은 이치에 맞지 않는다. 만약 관심을 조명 불빛이라고 상상해본다면, 관심을 이해하는 데 있어서 그 조명이 비추는 게 무엇인지는 중요하지 않다. 그러나 주의를 기울이는 것에 관한 대상 기반 관점에서 (잠재적) 대상의 인식은 주의를 기울이고 있다는 인식에 있어서 결정적이다. 이것이 실제로 현실에서는 무엇을 의미할까? 우리는 주의를 기울이는 것과 그 대상을 어떻게 지각할까?

나는 타이프를 치는 동안 창가 옆 외양간 뒤 퇴비 더미로 가는 자갈길을 걷는 두 마리의 닭을 보면서 여기에 앉아 있고 그 닭이 주의를 기울이는 것을 내가 알아볼 수 있을까 궁금해하고 있다. 이곳을 보자. 계속 걷다가 우리 눈에는 잘 보이지도 않는 부스러기를 내려다보고 쪼고 있는 몸집이 큰 갈색 버프 오핑턴 종의 닭 한 마리가 있다. 한 마리의 블랙 록 종의 닭은 뒤따라 걷다가 외양간 앞에서 멈춰 서 있고, 나는 그 닭이 왜 멈춰야 했는지 알 수가 없다. 이 닭은 아무것도 쪼지 않고 머리를 높이 세워 들고 외양간 벽을 보고 돌아서서 땅을 쳐다보고 벽의 다른 부분을 본다. 그런 다음 앞으로 몇 발짝 걸어 나가 나무 조각 위에 있던 암모나이트 화석 앞에 멈춰 선다. 잠시 암모나이트를 보다가 옆길로 머리를 돌리고 나무와 암모나이트 사이의 무언가를 쪼다. 단순히 쪼는 게 아니라 꽤 씨름을 하면서 잡아당기고 다시 멈추고 옆길을 쳐다보다가 암모나이트를 두고 건물 옆으로 돌아다닌다. 이 닭이 돌아다니는 동안 버프 오핑턴 종의 닭은 뒤에서 여전히 계속 쪼고 있다. 나는 더 이상 닭들을 볼 수 없다. (그러나 나는 닭들이 떠나고 있는 방향의 외양간 뒤쪽 창문 밖으로 내다보이는 이제 막 내게 등을 돌린 말을 볼 수 있다.)

닭이 주의를 기울이는 것은 끊임없이 변하는 연속 과정으로 보인다. 나는 그 닭들이 관심을 두고 있는 것을 지각하는 데에는 문제가 없지만, 나는 닭들이 관심을 두고 있는 대상을 언급하지 않고 닭들의 관심을 기술할 수는 없다. 그 '대상'이 훨씬 자주 바뀌었던 다른 닭의 관심보다 블랙 록 종의 닭의 관심은 내게 너무나 분명해 보였다. 나는 그 닭이 하고 있던 것에 대해 불확실한 한 지점과 그 닭이 보고 있던 대상에 접근한 바로 그 점 덕분에 관심의 초점에 대해 보다 분명한 또 다른 지점에 있을 수 있었다. 내가 어떤 대상도 알아볼 수 없었을 때 (아마도 그 닭도 마찬가지로 볼 수 없었을 것이다) 나는 그 닭이 보고 있던 곳이 아니라 (내가 그 닭이 머리를 돌리는 곳을 볼 수 있었기 때문에) 관심을 두고 있던 것에 대해서 헷갈리고 확신이 없었다. 그 닭이 보고 생각했던 벽에 조그마한 무엇이 있었을까? 닭은 그 무엇도 쳐다보지 않고 빈 공간을 '응시'하고 있었을까? 내가 하나의 대상을 볼 수 있었을 때 나는 그 닭의 관심을 알아볼 수 있었다. 내가 하나의 대상을 지각할 수 없었을 때 주의를 기울이고 있는 존재로서 그 닭을 생각할 수 없었다. 주의를 기울이고 있음을 지각한다는 것은 관심을 두고 있는 그 대상을 지각하고 있는 것과 밀접한 관련이 있다.

이는 아기의 경우에서도 마찬가지인 것 같다. 실험에서 거의 우연히 발견된 어떤 근거는 아기가 주의를 기울이고 있는 누군가 다른 사람을 하나의 대상으로 볼 수 없다면 아기는 관심을 알아차리지 못하거나 전혀 뒤따라가지 못할 것임을 말해준다. 예를 들어, 고인이 된 George Butterworth의 호기심을 불러일으키는 연구 결과에서는 아기들이 출생 후 2세 중간 무렵까지 (흥미롭게도, 그들도 지나간 과거의 현실을 상상할 수 있게 될 때) 자신의 몸 안에 숨겨져 보이지 않는 공간인 마음을 억누를 수 없다고 한다. 대략 18개월인 이 시기까지 아기들은 어른이 자기 뒤의 무언가를 응시하고 집중하고 있는 것을 쫓아가기 위해 고개를 돌리지 않는다. 아기에게 있어서 자신을 위한 대상은 존재하지 않기 때문에 말이 안 되는 관심처럼 여기는 것 같다. 더욱이 어른이 아기 앞에서 몸을 돌린다 하더라도, 만약 실제로 그 부근에 아기가 관심을 보일 만한 것을 찾을 수 있는 대상이 있다면 아기가 그 지점을 따라가거나 머리를 돌릴 가능성은 더 높아질 것이다! 여러 연구에서는 아기의 시선이 가능한 목표 대상을 발견할 때까지 대충 적절한 방향으로 움직인다는 결과를 내놓고 있다.[8] 그런 다음 (정확하지 않더라도) 멈춘다.

놀랍게도, 3~4개월의 시기에서도 아기들이 누군가 고개를 돌리는 행동을 따라 할지의 여부는 대상이 존재하는지 부재한지에 따라 결정된다. 당신이 아기와 얼굴을 마주 보고 이야기를 나누다가 어떤 것을 보려고 눈길을 돌린다고 해보자. 일본의 한 연구진에서는 당신이 몸을 돌리려는 방향으로 틀기 전 아기는 잠시 눈길을 돌리는 당신의 옆모습을 계속 쳐다보고 있는 것을 발견하였다.[9] 만약 이미 친숙하고 좋아하는 것임을 아기가 알아차린다면 아기는 당신이 몸을 돌려 보고 있는 동일한 그 대상을 쳐다볼 것이다. 만약 아기가 당신 근처에 있는 관심을 끌 만한 그 어떤 대상도 찾지 못한다면 아기는 당신의 옆모습에 고정한 채 쳐다보고 있을 것이다. 당신이 세상의 어떤 것에 관심을 갖고 있으며 이를 지각한다는 것은 아기 역시 주의를 기울일 만한 것이 거기에 있다고 지각하는 것과 같다. 아기는 그렇게 고개를 돌리는 모습을 따르는 것도 배울 수 있다. Chris Moore와 그의 동료들은 보상이 8개월의 아기들에게서 고개를 돌리는 반응(즉, 성인 모델처럼 동일한 방향으로 돌리기)의 정확성을 높일 수 있음을 밝혔다. 이 연구는 시선을 따라가는 초기 행동의 피상적인 특징을 설명하기 위한 것이었다. 그러나 이 연구 결과에서 가장 흥미로운 사실은 보상이 목표 대상의 위치와 일치한다면 훈련만이 영향을 미친다는 점이었다. 다시 말해서, 우리가 아기에게 진심으로 관심을 보이는 행동에 (즉, 이치에 맞는 대상에게) 더 민감하도록 가르치면서 우리는 아기에게 마치 그것에 관심을 주는 것처럼 단지 어떤 행동(고개를 돌리는 것)에 무턱대고 반응하도록 가르칠 수 없다. 또 다른 사람의 관심에 부합하거나 따르는 것은 (1세 무렵에) 아기가 관심을 가질 대상을 알고 있지 않다면 불가능해 보인다.

우리가 타인이 주의를 기울이고 있는 대상을 지각해야 한다는 타인의 관심에 대한 인식이 그렇게 중요하다면, 우리가 타인의 관심 대상에 대한 아기의 인식에 대해 알고 있는 것은 무엇일까? 우리가 출발했던 퍼즐로 돌아가기 위해 2개월의 아기와 타인과의 관계를 어떻게 생각해야 할까? 사람들과의 상호작용에서 2개월의 아기가 알고 있는 대상이 거기에 존재하지도 않는다! 단지 우리는 대상이 무엇인지를 단순하게 생각할 뿐이다. 그리고 이것은 중요한 문제이다. 나는 다음 절에서 우리가 지각할 수 있는 관심 대상으로 무엇을 고려할지 또는 고려해야 하는지 질문할 것이다. 이 질문의 답은 다음 절에서 타인의 관심 대상에 대한 아기의 지각이 어떻게 발달하는지에 관한 우리의 실증적 의문에 답을 줄 것이다.

지각할 수 있는 관심 대상으로 무엇을 '고려'할까?

'외부' 대상

우리가 관심 대상에 대하여 이야기를 할 때 주의를 기울이는 사람과 그 행위를 관찰하는 사람 모두 외부에 있는 대상에 대해 생각하는 것은 이 분야의 연구에서 흔한 일이다. 발달심리학자들은 보통 '공동 관심'이라는 개념을 관심에 대한 인식의 동의어로 여기고, 공동 관심 이전에 발생한 것은 관심에 대한 인식과 다른 것으로 다루고 있다. 공동 관심은 관심에 대한 아기의 인식에 있어서 우리가 결론을 이끌어낼 수 있게 두 사람이 공통 대상에 의도적으로 관심을 갖고 있도록 요구한다. 삼각측정은 주로 공간에서 발생하는 것으로 생각하게 되고 (그리고 여기에서 시각적 주의에만 절대적으로 의존하는 것은 우리를 잘못 인도할 수 있다) 그래서 관심에 관한 공통 대상은 아기와 성인 모두에게서 공간적으로 분리된 것, 즉 Elizabeth Bates의 용어를 인용하면 '세 번째 부류'로 비춰진다.[10] 외부 대상에 집중하는 심리학자들에게는 매우 좋은 이유가 있다. 즉, 우리가 방금 본 것처럼 시선을 쫓아가는 것은 항상 외부 대상을 포함하고, 아기와 성인과 관련이 있는 그들의 기하학적 위치에 따라서 대상을 시선으로 쫓을 수 있는 아기의 능력은 분명하고 식별 가능한 패턴으로 발전한다.[11]

손으로 가리키는 것도 마찬가지이다. 우리는 손으로 가리키기 시작하는 아기를 보면서 대상의 외형이 아기가 어떻게든 이해해보려는 실마리가 됨을 쉽게 이해할 수 있다. 한 아이에게서 이를 볼 수 있는 예가 있다. 거실 바닥에 앉아 있는 (10개월 4일이 된) 샤미니는 갑자기 오른팔을 뻗어 집게 손가락으로 벽난로 주변의 무언가를 오래 가리켰다. 소리가 나는 대화 장면에 따라 아이는 가까이에 앉아 있던 할머니에게 고개를 돌렸고 팔을 내렸다. (나는 처음에 이 소통적인 가리키는 행동에 너무 흥분해서 아이가 가리키는 것을 적는 것도 잊어버렸다!) 그날 저녁이 끝날 무렵, 아이는 가리키는 행동을 적어도 10~15번 정도 하였다. 세 번째 부류는 분명히 그 현장에 있었다! 그렇다고 이 사건이 우리의 관심에 대해 아이의 새로운 발견을 시사했다는 결론에는 문제가 있었다. 그 저녁 이후 "… 어디 있게?"라는 질문을 건네 아이의 행동을 이끌어내려는 내 노력에도 불구하고 그 행동은 12일 동안 완전히 사라졌다. 그러나 아주 흥미롭게도 아이는 그렇게 12일 동안

소통하지 않고 스스로(즉, 타인과 상호작용하지 않고 누구도 쳐다보지 않은 채로) 수없이 가리키는 것 같았다. 그 발견은 타인에게 보이는 관심 상태(attentionality)라기보다 그 자체를 가리키는 행위가 더 빈번했을 것이라는 사실이며, 다만 이 발견을 여기에서 주장할 수 있을 것이다.[12] 다른 유형의 내상이 아닌 다른 사람들에게 주의를 기울이고 있다는 것은 이미 이 시기 전부터 충분히 파악해왔던 일이다. 나는 이렇게 주장하고 있다.

'외부' 대상을 넘어 : 2인칭 관점 받아들이기

우리 모두는 공간에서 대상만이 아니라 매우 다양한 것에 관심을 가질 수 있는 성인이라는 사실 정도는 알고 있기 때문에 이렇게 외부 대상에 집중하는 것은 문제가 있다. 아기가 지각할 수 있는, 우리가 관심을 둘 만한 다른 대상은 무엇이 있을까? 그것은 (아마도 우리가 아기의 존재에 주의를 기울이고 있는) 다른 사람들, (우리가 들고 있는 머그잔이나 바로 옆의 의자와 같은) 우리 몸에 근접해 있는 대상, (옷이나 보석과 같이) 우리 몸의 일부인 대상, 그리고 심지어 (머리카락이나 발가락 혹은 배꼽과 같은) 우리 몸에 있는 대상일 수 있다. 추상적으로 생각해보면 그것은 아기가 (또는 다른 누군가) 하는 (머리 흔들기, 손 흔들기, 발가락 꼼지락거리기, 미소 짓기와 같은) 행동일 수도 있고 (깨진 우유병에 관한 기억이나 내일 있을 모임에 대한 기대와 같은) 우리가 말하거나 말했던 그때의 사건일 수도 있다. 또, 그것은 물론 아주 어린 아기는 아니겠지만 (이 책의 지식이나 관심에 대한 개념과 같은) 견해나 개념일 수도 있다.

　무엇보다 우리의 관심 대상은 아기 그 자체일 수 있다. 솔로몬의 노래에 나오는 "당신에게서 벗어날 수 없으니, 내게서 당신의 눈길을 거두세요."라는 아름다운 시구처럼 말이다.[13] 자신을 향한 또 다른 사람의 관심은 분명히 관찰 가능하고 우리 중 어느 누구라도 꼭 겪게 될 관심에 대한 가장 강력한 경험이 될 수 있다. 따라서 이런 추정에서 파생한 하나의 대상으로서 자기 자신을 배제하는 것은 이것이 발달심리학에서는 관례라 하더라도 방법론적

인 분야에서는 이상하게 보일 것이다.[14]

이 분야는 관심 대상의 개념을 넓힐 필요가 있다. 그러면 우리는 연구 영역을 개방하여 보다 풍부한 자료를 구할 수 있을 것이다. 만약 주의를 기울이는 것이 항상 대상을 포함해야 하고 관심에 대한 인식이 항상 하나의 대상과의 관계에 대한 인식을 수반해야 한다면, (타인이 주의 깊게 관계하고 있는) 대상의 본질은 이들이 그 관계 안에서 무엇을 하는지, 그리고 이것은 아기가 관심에 대해 무엇을 지각하고 이해할지에 영향을 줄 것이다. 예를 들면, 타인의 관심 '대상'이 한 (또 다른) 사람일 때 아기는 대상이 무생물일 때보다 다른 노력을 하고 관심을 공유하면서 관심 상태에 대한 다양한 인식을 보여주는 것 같다. 그리고 이론적으로, 우리는 주장할 수 있다. 세상에 홀로그램의 대상만 있거나 절대 한 대상으로 고정할 수 없고 대상을 바꿔가며 주의를 기울여야 한다면, 관심에 대한 아기의 이해력은 그만큼 상당히 달라질 것이다. 또는 어른들이 모두 근시안적이라 그 즉시 손에 잡히는 것 이외에 어떤 것도 보지 못한다고 상상해보면, 관심에 대해 아기가 파악한 내용은 분명히 어느 정도 달라져야 할 것이다.

대상의 개념을 넓힌다면 우리는 이 분야에서 불필요한 이론의 결과를 해결하여 그 이상으로 많은 것을 할 수 있을 것이다. 결론은, 그보다 대상과 연결하기 위해 개입되는 어떤 '생각'이나 표현을 요구하면서, 손에 닿는 것과 그 대상 사이의 관계를 지각할 수 있는 반면 눈으로 본 것과 그 대상 사이에 관계는 지각할 수 없다. 예를 들어 Amanda Woodward는 관심과 그 대상 사이에 관계를 관찰할 수 없는 것이 주의를 기울인 행동과 비교해 의도적인 행동에 대한 아기의 식별 능력의 초기 출현을 설명할 것이라고 말한다. (여기에서 언급한 의도에 대해서는 제8장에서 보다 자세히 다룰 것이다.) '외부' 관심 대상 외의 것을 무시하는 것은 오로지 '관심을 보이는 행동'과 그 대상 사이의 관계만이 추론의 대상이 되어야 한다는 이원론자의 관점과 다를 바 없다. 이러한 관점에서 주의를 기울이는 사람과 대상 사이의 심리적 관계는 (3인칭의 입장에서) '보이는' 것처럼 내부 과정인 추론 또는 (1인칭 접근에서) 보고 있는 것이 자기 경험처럼 '보이는' 것의 동일한 내적 모델을 동반하는 시뮬레이션으로 이해되는 것 같다. 물론 어떤 사람은 그것이 관심을 의미 있게 해주는 관심 대상으로 의도적인 행동을 통한다고 주장한다. 의도가 아기가 깨닫게 되는 정신의 첫 번째 측면이라는 Michael Tomasello의 주장은 이러한 측면으로 이해될 수 있다. 그러나 나는 아기가 관심의 의미를 직접적으로 경험한다는 이러한 결론이 필요하지 않다고 생각한다.

실제로 이 이론가들은 보고 있는 두 눈과 그 대상 사이에 관계가 지각될 수 없다고 주장하고 있다. 그러나 이것이 어쩔 수 없는 경우일까? 우리는 다른 사람들의 관심의 한 대상으로서 자기를 받아들이지 않는다면 말이다. 다른 사람들의 관심이 자신을 향해 있을 때 우리는 바라보는 행동으로 이를 지각하는 것이 아니라 그에 대한 우리의 반응으로 이를 경험한다. 반응을 일으키기 위해서 충분히 공유된 진화의 역사와 충분한 정도의 '정상 상태(normality)'를 가정해보면 눈으로 바라보고 있는 것과 그 대상 사이의 관계는 지각/정서/자기수용의 하나로서 경험된다. 그것은 느낄 필요가 있다. 이것은 단독의 시각적 은유에 관해 경고하는 또 다른 이유이다. 그것은 우리가 추론이나 시뮬레이션이 아닌 느끼는 것으로의 정신 상태를 다른 방식으로 경험하는 것을 잊게 할 수 있기 때문이다.

이 절을 요약하면, 지각할 수 있는 관심 대상에 관한 개념을 확장하는 것은 관심을 받아들이는 최근 모델보다 타인의 관심에 대한 아기의 인식에 관련된 더 복합적인 자료를 탐색할 수 있게 해준다. 이것은 주의를 기울이는 관계의 본질에 영향을 주기도 하는 다른 유형의 대상을 제공하고, 아기가 주의를 기울이는 사람과 관심 대상 사이의 관계를 지각할 수 있는 방식을 바꾼다. 2인칭 관점에서, 자기가 받아들인 관심에 대한 정서 반응은 관심의 경험적 인식을 중심에 두어야 한다. 그런 다음 이것은 자기를 넘어 다른 대상으로 관심의 인식을 확장할 수 있게 해준다. 자료가 이 모델을 지지한다면 이 주장의 실마리는 타인의 관심이 사실상 뒤늦게 발견되지 않는다는 데 있다. 대신에 나는 관심의 경험이 존재하는 것은 타인의 관심에 대해 보다 새로운 대상을 발견하게 해주는 하나의 대상으로서 자기를 겨냥한 것이라고 보고 있다. 지각할 수 있는 타인의 관심 대상을 확장해야 한다.

이 주장이 지지를 받을까? 관심이 자기에 대해 느낄 수 있고 정서적/자기수용적/지각적으로 경험될 수 있다고 말하는 것은 새로운 도전 과제도 아니고, 우리 모두가 성인으로서 그것을 느끼고 있다. 그리고 우리는 성인의 상호 응시가 심장박동 수를 늘릴 뿐만 아니라 뇌의 특정 영역에서의 활성화를 촉진할 수 있다는 것도 알고 있다.[15] 그러나 아기가 자기에게 향한 타인의 관심을 정말 경험할까? 2개월에? 그 증거는 무엇일까?

타인의 관심 대상으로서 자기 : 관심에 반응하고 관심을 유도하기

2개월에 (그리고 그 이전에) 관심에 반응하고 관심을 추구하기

우리는 신생아조차도 자신에게 향한 타인의 눈길에 '민감'하다는 사실을 알고 있다. 적어도 4개월 무렵에 누군가 자신을 바라보는 것을 보는 것은 외면하는 눈길보다 직접적으로 훨씬 높은 대뇌피질의 각성을 유발한다. 그리고 4개월의 아기도 옆으로 외면한 얼굴 사진보다 자신을 향해 돌려놓은 화가 난 얼굴 사진에 더 각성된다는 것을 (그러한 차이는 아주 흥미롭게도 무표정이거나 행복한 표정에서는 나타나지 않더라도) 보여준다.[16] 이보다 더 재미있는 것은, 4개월의 아기에게 성인이 처음에는 그들을 보고 그 다음에는 외면한다면, 아기는 성인이 바라보고 있는 그 방향에서 대상을 바라볼 가능성이 더 높다는 것이다. 자기에게 오는 타인의 시선에 관한 어떤 것은 더 넓은 세상에 대해서 아기에게 '신호를 주는' 것처럼 보인다.[17] 그러나 현실에서 상호 응시는 무엇을 할까? 주목할 만한 답변 하나는 성인이 8주 된 아기를 외면하기보다 바라볼 때 아기는 더 빈번하게 미소를 짓는다는 결과를 보여준 소아과 의사인 Peter Wolff의 일련의 자연주의적 개입에서 나온다. 그 어떤 사람이라도 8주 된 아기에 관한 이러한 연구 결과를 분명히 터무니없는 진술로 볼 것이다. 물론 아기는 누군가 자기를 바라보고 있다면 더 많이 미소를 지어 보일 것이다! 그렇지만 아기도, 심지어 태아도, 그리고 스스로 미소를 짓고 당신도 특별히 잘 먹인 후 재울 때 신생아가 보여주는 그런 미소를 자주 볼 수 있다는 이야기를 그렇게 어처구니없는 내용으로 듣지 않을 것이다. 그렇게 혼자서 짓는 미소는 완전히 사라지지 않지만 (스스로 미소를 잘 지어 보이는 성인 누구나 알고 있는 것처럼) 생후 한 달 말부터는 '사회적' 또는 반응적 미소가 출현한다. 비록 단순한 신체의 한 유형일지라도 혼자서 짓는 미소가 반드시 만족과 관련이 없는 것은 아니다. 그러나 미소 짓기가 먼 사건, 특히 (누군가 당신을 쳐다보고 있는 것과 같은) '심리적인' 사건에서 비롯되어 시작될 때 외견상으로 마음에서 마음의 마술적인 충격은 두드러지게 분명해진다. 어떤 사람이 당신에게 주의를 기울이고 있다는 것을 지각하면 (성인의 지각에서) 관심에 '적절한' 정서적인 반응이 생길 수 있다. 그들은 솔직한 미소가 필요할 뿐만 아니라 다채롭게 혼합된 정서를 지닐 수도 있다. 여기 이러한 혼합을 묘사한 초기 기록에 관한 일기장의 내용이 있다.

샤미니 : 7주 5일 : (지나치게 흥분해 있거나 너무 배고플 때를 제외하고!) 아이의 기분이 어떻든지 간에 나는 내가 원하면 언제든지 아이를 웃게 만들 수 있다고 느끼고 있다. 오늘 예를 들면 아이는 (시작 단계에서) 울고 있다. 내가 아이를 달래는 동안 아이는 옆으로 시선을 돌리고 있다. 나는 기저귀에 신경을 끄고 아이와 이야기하며 웃고 있다(즉, 나는 한 방에 터뜨리려고 … 아이의 관심을 얻으려고 노력한다). 그리고 아이는 내게 몸을 돌려 아이는 잠깐 동안 울지 않고 입을 삐죽거리고, 떨면서 웃고는, 여전히 나를 바라보며 (울기보다) 입을 삐죽거리고 칭얼거리고/투덜거린다.[18]

내가 기저귀에서 아기의 얼굴로 관심을 바꾸자 웃으려고도 하고 소통적인 다양한 음성 표현을 하면서 울음을 (잠시) 그쳤다.

성인의 경우로 돌아와, 자기에 대한 관심 역시 아기에게서 부정적 반응을 일으킬 수 있다. 적절하지 않을 때 계속해서 쳐다보는 것은 아주 어린 아기에게 오히려 스트레스를 유발할 수 있으며, 특히 조산아나 중추신경계 문제가 있는 아기의 경우에 원치 않는 관심으로부터 자유로울 수 없다.[19] 관심을 원하지 않는 건강한 아기의 경우 외면하려고 애를 쓴다. 다음은 샤미니가 태어난 지 3일째 되는 날 남편이 관찰한 내용이다.

셋째 날, V는 침대 위 아기 가까이에—약 6인치 정도—누웠고 이렇게 해서 처음에 아기에게 부드럽게 말을 건넸다. S는 약 5~10초 간격으로 사이사이 눈길을 돌리면서 V의 (머리나 이마가 아닌) 눈을 두세 차례 바라보았다. 그런 후 아기는 V의 턱이나 목을 내려다보았다. V는 아기와 다시 시선을 마주치려고 얼굴을 숙였다. 잠시 후 S는 여전히 더 아래쪽을 쳐다보면서 (V의 시선을) 분명히 피했다. 그렇게 눈길을 피하는 일은 자주 일어난다.[20]

아기가 성인의 관심에 대해 누가 봐도 알 수 있는 무관심으로 외면할 때, 이는 성인에게 강력한 효과를 줄 수 있다. 특히 아기가 몇 주 되지 않았고 이미 '대화'를 나눠왔을 때, 내 연구의 하나로 비디오의 한 장면을 묘사한 다음의 내용처럼 무표정으로 외면하는 것은 스트레스가 될 수 있다.

엄마는 7주 된 아기에게 카메라로 주의를 끌어보려고 하면서 안녕이라고 말한다. 아기는 무언가에 사로잡힌 듯 오른쪽으로 눈길을 돌린다. 엄마는 "그럼 나랑 얘기하고 싶지 않아?"라고 말하고 아기가 바라보는 곳으로 고개를 돌린다. 아기는 왼쪽으로 고개를 돌린다. 지금 엄마는 즐겁지만 "넌 재미가 없구나?"라고 의심하며 아기의 새로운 관심사로 장난스럽게 시선을 옮긴다. 아기가 아무런 감정 없이 다시 외면한다. 엄마가 어색하게 웃으며 포기하기 전 두어 차례 더 시도해본다.

많은 연구에 나타나 있듯이 아기가 주의를 끄는 접촉을 계속 피하는 것을 다시 관심 갖게 하려는 강요는 스트레스가 될 수 있고 아기에게도 역효과를 낳을 수 있다. 신경학적인 문제가 있는 경우에 외면하는 행동은 불가능하기 때문에 성인은 아기의 반응과 평소와 다른 잠재적 스트레스를 더욱 민감하게 알아차릴 필요가 있다.[21]

이 연령에서 관심과 관련된 모든 정서 반응 가운데 가장 흥미로운 것이라면 친숙한 사람들, 심지어 거울에 비친 자기에게 '인사'하면서 알게 된 웃고 있는 복합적인 시선을 피하는 것이다. 여기 거울에서 자기 얼굴을 찾고 있는 2개월 반의 제니퍼의 이야기가 있다. 제니퍼는 거울을 쳐다볼 때면 활발해지고 '재잘거리는', 최근 부모가 '어린 친구'라고 부르는 그 무엇을 발견하였다. 이 경우에 제니퍼의 아빠가 촬영을 하는 동안 엄마는 거울 앞에서 아기를 받쳐 안고 있었다.

제니퍼는 엄마의 어깨와 복도 여기저기를 훑어보려고 몸을 천천히 돌렸다. 아기는 기분 좋게 거울 쪽으로 몸을 틀더니 자기 얼굴에 관심 있어 하는 표정을 보였다. 아기의 시선은 자기 얼굴과 마주칠 때까지 거울 아래로 내려왔다. 멈췄고, 한쪽으로만 웃어 보이기 시작했으며, 그런 다음 더 크게 웃으면서 몇 초 동안 보지 않았다. 아기는 거울을 다시 보더니 이번에는 조금 덜 웃었지만 방금 전과 똑같이 한 번 더 했다. 그러는 동안 엄마는 지켜보며 활짝 웃고 있었다.[22]

이렇게 거울 속의 자기에 대한 다른 사람의 반응은 특히 상호작용이 시작되는 시점에서 흔하게 나타난다. 2~3개월의 아기는 친밀한 관계에 무장해제되어 친숙한 성인의 인사에 대해 미소로 반응할 수 있고, 여전히 한껏 미소를 지으면서 고개를 돌리고 나서 가끔 단일 동작으로 앞에서 팔로 곡선을 그리면서 그 사람의 시선과 마주치기 위해 다시 돌아볼 수도 있다.[23] 이렇듯 자의식에 관한 반응의 중요성은 (자폐증에서 자의식의 부재와 함께) 제7장에서 다룰 것이다. 여기에서의 핵심은 이 모든 행동이 자기에 대한 관심이 촉발되는 시점에서의 강한 반응이라는 것이다.

이런 모든 반응의 다양성과 강도는 아기가 주의를 끄는 접촉에서, 특히 그 시발점에서의 어떤 것을 강한 정서 반응에 각성될 만큼 중요한 것으로 지각한다고 알려준다. 다른 사람이 보내는 관심의 존재와 부재는 2개월의 아기에게 굉장한 심리적 효과가 있다. 그런데 이것은 정말 수동적인 반응일까? 2개월의 아기는 타인의 관심에, 또 그에 대한 반응에 모두 그렇게 할까? 그러하다면 2개월의 아기는 단지 정서적 각성으로 이루어진 응시나 음성에 반응하는 어떤 방식이 하드웨어에 내장되어 있다는 것에 불과하다고 주장할 수 없을까? (정서의 각 종류에서 반응의 풍부함과 가변성은 사실 '하드웨어'로 설명하는 것이 적합하지 않지만 지금은 신경 쓰지 않아도 된다.) 그러나 아기가 다른 사람들의 관심에 그저 반응만 하는 것은 아니다. 즉, 이들도 반응을 유도한다. 실제 생후 첫해 말에 아기가 (타인의 관심에 단순히 반응하기보다는) 이를 유도할 수 있다는, 즉 인지 혁명처럼 공동 관심을 지지하게 만드는 논쟁거리는 사실이다. 그러나 아래의 내용에서 보겠지만 관심을 유도하는 시도는 첫해 말 훨씬 이전에 나타나고, 가장 흥미로운 것은 타인의 관심 대상에 대해 아기의 인식이 변하는 것에 따라 성인이 적절하게 달리한다는 점이다.

2개월의 아기가 관심을 받지 못할 때 관심을 받으려고 애쓸까? 타인의 관심을 추구하는 주도성은 관심을 직감하는 그들의 능력에 대한 타당한 시험이 될 수 있기도 하고, 신생아에게 호기심을 불러일으키는 '모방'의 근거를 갖고 있는 2개월의 아기에게는 놀라운 일도 아닐 것이다. 그렇지만 현재 문헌에서 이용할 수 있는 자료는 상당히 짜깁기식이다. (마지막 장의 무표정과 이중 비디오 실험에서처럼) 갑작스러운 무관심에 반응하는 아기는 2개월밖에 되지 않았더라도 음성 표현과 얼굴 표정을 통해 정서 관계를 회복하려는 시도를 보여준다. 그러나 이는 아기가 자기에 대한 타인의 관심을 상실한 꽤 특이하면서 '비정상적인' 상황이다. 보다 일반적인 상황은 부모가 다른 방에 있어 아기의 시야에서 벗어나 있거나 아기의 시야에 있지만 아기를 향해 있기보다 오른쪽으로 항상 돌리고 있는 얼굴로 무표정처럼 멍하니 무관심할 때이다.

부모들은 3~4개월의 아기에 대해서 부모가 없거나 있지만 무관심할 때 아기가 부모를 부르기 시작한다고 말한다. 그 부름에는 다양한 음색과 강도, 때로는 앙칼진 높낮이가 담겨 있다고 보고한다. 심지어 같은 거리에서 부름은 이미 받은 관심에 '반응'하는 소리와는 꽤 다르게 들린다. 그리고 그 '부름'은 관심이 다시 돌아왔을 때 멈추는데, 그렇지 않으면 부모가 이를 부르는 것으로 지각하지 않을 것이다. 이 사실은 현재 입증되지 않았고 이러한 '부름'의 소리가 보다 '반응적인' 소리와 어떻게 다른지, 그들이 얼마나 자주 부르는지, 이렇게 초기 개월 수의 그들과 다른 연령에서는 어떻게 다른지, 개개인의 아기가 다른 아기들과 어떻게 다른지는 우리가 아직 모르고 있다. 그러나 우리는 초기 부름이라는 현상에 놀라지 않는다. 동물 관련 문헌을 대대적으로 조사한 결과 어린 '새끼들'이 (최근에는 박쥐도!) 그 어미를 부른다는 내용이 방대한 자료에 나타나 있다. 우리가 내려야 하는 판단은 관심에 대한 이 '부름'을 어떻게 설명할지에 대해서이다. 그것은 "내 그림을 봐"도, "내가 뭐 하는지 봐"도, 물론 "나 봐봐"로도 해석될 수 있는 부름의 유형이 아니고 "내게 와"로 해석될 수 있는 가장 간단한 수준의 유형이다. 우리는 아직 이 현상에 대해 잘 알지 못하지만 내 생각에는 신체적 접촉이나 따뜻함 혹은 무표정의 시선을 단지 되찾으려는 그 이상의 것이라고 본다. 더 정확하게는 자기에게 관심과 주의집중을 요구하는 것이다.

관심을 추구하는 이 재능은 삶을 통틀어 우리와 함께 계속되지만, 우리가 알고 있듯이 첫해 중반부터 다양한 모습으로 나타난다. 아기는 원시 서술적 가리키기로 끌어들이기 이전에 다른 사람들의 관심을 끌어모으고 계속 붙잡으려는 몇 가지 안 되는 요령과 익살맞은 동작을 선보일 수 있게 된다. 관심을 유도하는 기술은 관심에 반응하는 기술과 나란히 발달하는 것으로 보인다.

관심 또는 단순한 상호작용?

그래서 아주 어린 아기는 자신을 향한 타인의 관심에 민감하고 적절하게 반응하고 관심을 주지 않을 때 이를 갈구한다. 그러나 회의론자는 아기가 반응하고 있거나 찾고 있는 것이 정확하게 무엇일까라고 (질문하고) 의문을 가질 것이다. 타인의 관심 그 자체라기보다 아기가 추구하는 전부로서 상호작용이 될 수는 없을까? 타인의 관심에 대한 아기의 인식 연구에서 두 사람 간의 관계를 제외하고 세 사람 간의 관계에 맞춘 모든 방법론적인 이유 중에서 우리는 자연스러운 두 사람의 관계에서 그것이 갈구하는 것 혹은 관심 단독으로서 상호작용인지 아닌지 말할 수 없다는 견해가 가장 유력하다.[24] 관심의 대상과 아기가 동일한 두 사람 간의 관계에서의 경우보다 세 사람 간의 상호작용에서 관심을, 예컨대 어른이 아기에게 관심을 보이는 것부터 멀리 있는 대상을 바라보는 것까지 성인의 관심을 갈구하는 아기의 노력은 파악하기가 매우 쉽다. 하지만 두 사람 간의 관계에서 2개월이 된 아기의 반응과 주도성이 관심에 대해 매우 구체적인 인식을 갖추고 있더라도 방법론적으로 어려움이 존재한다는 사실을 무시할 수 없다. 관심의 다른 측면에 초점을 맞춘다면 이 문제를 풀 수 있을 것 같다.

내가 기저귀에서 샤미니의 얼굴로 주의를 돌려 내게 관심을 갖도록 아기를 붙잡는 데 성공하였고 울다가 떨면서 웃어 보이던 그 사례를 떠올려보자. 아기가 알아차린 내 관심의 전환은 무엇이었을까? 예를 들어, 그것이 옹알이와 미소로 이루어진 나의 시선의 전환, 즉 단순한 눈길이었고 단 한 번의 시선이 아니라 아기가 찾고 있었던 관심에서 이런 측면의 어떤 것 내지 모든 것이 될 수 있다고 믿을 만한 근거가 없다. 특히 관심의 상호 관계에서 이렇게 몇 개월 되지 않은 아기가 관심의 어떤 측면을 끄집어내고 찾아낼까? 꼭 이런 질문을 다루기 위해 연구가 이루어진 것은 아니지만 이 질문에 관한 상당히 놀랄 만한 답을 실험 연구에서 찾을 수 있다.

가장 단순한 형태의 관심은 신체 가운데 머리인지 눈인지 귀인지 손인지 또는 혀가 될지도 모를 방향성을 갖고 있다. 어떤 과학자들은 태어난 직후의 아기들조차도 타고난 탐지기처럼 간파해내는 어떤 능력을 지니고 있다고 말하며, 사실 우리는 생후 6주라는 시기에도 아기들이 분명히 그렇게 한다는 사실을 알고 있다.[25] 게다가 적어도 3개월이 되면 아기는 머리의 방향을 감지하는 데 매우 능숙하다는 사실도 잘 알고 있다. 이들은 고개를 돌려 자신을 외면하고 고개를 돌려 자신을 바라보는 행동 간의 차이를 알아낼 뿐만 아니라 (딱딱한 실험 조건에서도) 자신을 바라볼 때 더 오래 미소 짓고 응시한다. 생후 3개월 때 아기는 눈의 방향 그 자체보다 머리의 방향에 더 민감하지만, 고개를 돌리지 않고 머리든 눈동자이든 움직임만을 단서로 제시한다면 눈의 움직임은 잘 파악해내지 못한다.[26] 그러나 분명히 3개월에는 뜬 눈과 감은 눈을 구별할 수 있다는 근거가 있다. 사실 흥미로운 한 연구에서 매우 인위적으로 자세를 취한 세 가지 조건으로, 성인이 옆으로 외면하고 있고, 눈을 감고 아기를 마주하고 있고, 눈을 뜨고 아기를 마주 보고 있는 자세 중 하나씩을 아기에게 제시하였다. 성인이 아기에게 말을 건네는 것도 웃어주는 것도 아니었고 말 그대로 인위적으로 고정된 자세였지만 아기는 '눈을 뜨고 고개를 자신에게 향한' 조건에 더 많은 미소를 지어 보였고, 이것은 우리의 질문에 결정적인 답이 된다.[27] 이는 웃어주는 것도 말을 건넨 것도 아니지만 아기에게 정서 반응을 일으키는 성인의 관심이 반드시 필요하다는 것을 매우 강력히 시사한다. 성인이 말을 건네고 웃어주고 관심을 기울이는 세 가지 전부를 경험한 3개월 후에는 눈길 하나만으로도 미소를 끌어낼 수 있게 된다! 그리고 미묘한 시선 방향의 변화도 3개월의 아기는 충분히 알아차릴 수 있게 된다. 5도 정도도 안 되는 수평으로 굴절된 시선은, 즉 눈보다 귀를 향한 시선은 3개월의 아기가 다르게 반응하기에 충분하다. 그런데 재미있는 것은 수직으로 굴절된 유사한 시선을 (즉, 이마나 턱의 방향) 분간하기란 쉽지 않다는 점이다.

그러나 이것이 출생 후 첫해 말보다 훨씬 그 이전에 관심을 중요하게 지각한다는 사실을 알려주는 유일한 증거라면 우리는 여기서 멈출 수 있다. 이 논쟁은 이미 시작되었지만 관심 대상을 넓히자는 견해에 대한 새로운 시도는 그리 많지 않다. 그렇지만 아예 없는 것은 아니다.

'대상'으로서 신체 일부와 행동

당신은 타인의 관심을 외부 세계로 유도할 수 있고 당신에게로 향하게 할 수 있다. 그 밖에도 당신이 하는 것 그 어딘가로 관심을 돌릴 수 있다. 우리는 다음의 예시와 현상을 해석하면서 많은 토론을 할 수 있다. 그러나 드러나는 모습은 눈에 띈다. 2개월 또는 4개월에 아기는 행동을 통해 관심을 달라고 구체적으로 요구하지 않지만 6개월 후에는 그렇게 하기도 한다. 그리고 이는 이들이 손으로 가리키는 행동을 통해 멀리 있는 대상에게로 타인의 관심을 요구하기 전에 주목해야 하는 일이기도 하다. 이 행동이 출현하는 시기는 관심에 대한 인식이 나타나는 것과 무관하지 않다. 멀리 있는 대상에게로 타인의 관심을 유도하기 전에 아기는 자기의 행동으로 타인의 관심을 유도한다.

여기에 한 예가 있는데, (만약 당신 근처에 아기가 있다면) 무엇 때문에 꼼지락거리는지 당신이 궁금해하는 게 별일 아니라고 여길지 모른다. 그렇지만 정말 별일이 아닐까?

로즈는 차 안에 앉아 자신을 향해 분명하게, 움직임의 느낌을 탐색하면서 머리를 좌우로 빠르게 흔들고 있다. 지켜보던 엄마는 재미있고 관심 있게 뭐라 뭐라 말한다. 이제 로즈는 엄마를 바라보며 힘차게 머리를 계속 흔든다. 그로부터 약 2주 동안 엄마와 눈이 마주칠 때면 기다렸다는 듯이 머리를 흔든다. (로즈 엄마, 7개월, 인터뷰)[28]

손으로 가리키기를 통해 멀리 있는 대상에게 타인의 관심을 유도할 수 있기 전과 멀리 있는 대상을 눈으로 확실하게 쫓아다닐 수 있기 전에 7개월이 된 아기는 자기의 행동에서 타인의 관심을 꽤 구체적으로 유도한다. 7개월 시기부터 아기에 관한 두 가지 각각 다른 종단연구에서 우리는 성인의 관심을 얻으려고 (몸짓, 표정, 손, 목소리의) 행동을 보여주는 노력은 아주 흔한 일이라는 사실을 밝혔다. 아기는 성인과 살아가는 그러한 일에 풍부한 민감성으로 집중하고 있었다. 관심을 주지 않았을 때 때로는 관심을 얻으려고 노력을 하고 때로는 붙잡으려고 애를 썼다. 어떨 때는 웃음과 같은 특정 행동에 상당히 집중하였다.[29]

크리스마스 전 어떤 행사에서 내 동생은 탁자에 앉아 있었다…. 그리고 아이가 (바네사) 살짝 콜록거리자 그녀는 (내 동생) "아파, 콜록 (콜록 콜록)"이라고 말했고 바네사는 "콜록 콜록" 했으며 그들이 한 9~10번 정도 여러 차례 계속 그렇게 했고 내 동생이 "콜록 콜록" 하면서 얼굴 가득 미소를 띄워 조를 바라보면 아이는 매번 웃어주었다. (바네사 엄마, 8개월, 인터뷰)

그리고 아기는 가끔 뻔히 알 만한 매력으로 이미 자신에게 향한 관심을 양껏 누리려고 하거나 '만족스러운' 결과를 위해 관심을 얻으려고 노력하였다.

딸 역시 이제 수없이 일어서기를 시작하려고 하고 자신이 얼마나 잘하는지 알려주려고 당신을 찾고 있다. 딸은 몸을 끌어당겨 올린 후 자신을 보고 있는 사람이 있는지 주위를 둘러 찾는다. (바네사의 엄마, 8개월, 인터뷰)

만약 어떤 어른이, 특히 낯선 어른이 방에 들어간다면 아들은 관심을 얻으려고 애쓸 것이다…. 만약 그게 다른 사람들이라면 박수를 친다든지 손을 흔든다든지 일종의 이런 모든 행동(그런 일련의 일들)을 갑자기 할 것이다…. 6주 동안 아들과 우리 가족을 보지 못해서 나는 지지난 주말에 엄마를 보러 올라갔었는데 아들은 거기서 정말 많은 사람들을 만났고 주말 내내 너무나 행복해했다. 그래서 아들은 … 주말을 전부 과시하며 보냈다. (아담 엄마, 11개월, 녹음기와 인터뷰)

Elizabeth Bates와 그 동료들의 선구적인 연구에서는 이탈리아 공산당원의 집단 행사 때 동무에게 하는 경례를 하던, 항상 무대의 주인공이었던 9개월 된 카를로타의 유사한 경우를 설명하였다. 그 현상은 부모에게 매우 친숙한 의사소통과 언어 연구 분야의 심리학자들에게 잘 알려져 있다. 피아제는 이를 아기가 얻어내려는 자신의 행동과 반응 사이를 연결하는 능력, 즉 3차 순환반응이라 명명하였다. 그러나 관심이 커져가는 아이의 지식과 이 현상 간의 관계는 제대로 밝혀지지 않았다. 이 문제가 소홀히 다루어지는 이유는 마음에 드는 '관심 대상'이 무엇인지 어느 정도의 선입견을 우리가 갖고 있기 때문이며, 관심에 대한 인식이 곧 발달하는 시기에 대해 거론하지 못하게 하는 이론적 고정관념 때문이기도 하다. 아기에 관한 이러한 현상은 (적어도 영국에서는!) 널리 강력하게 퍼져 있다. 아기가 관심을 다시 이끌어내기 위해 예전에 관심을 끌었던 행동을 반복하면서 능숙해진다는 사실을 알려주기 전부터 우리는 이미 잘 알고 있었다. 한 연구를 통해 우리는 8개월 아기의 74%와 11개월 아기의 90%가 관심을 얻기 위해 그렇게 반복되는 행동을 한다는 사실을 알게 되었다. 다음 장에서 보다 자세히 살펴보겠지만, 과시하는 여러 행동, 다른 사람을 웃게 만드는 여러 귀여운 짓, 다양한 종류와 수준의 반응을 유발하는 장난과 같이 관심을 다시 이끌어내기 위한 다양한 동기가 있다. 신체와 그 행동은 타인의 관심을 이끌어낼 수도, 타인의 관심을 받을 수도 있는 대상이 되었다. 이 연령에서 일반적인 관심 대상은 자기 자신을 넘어 자기의 행동으로 넓혀갔다.

그러나 비평가들은 8개월의 아기가 아빠를 다시 웃게 하려고 머리를 흔들 때 아기는 머리를 흔드는 행동으로 관심을 얻으려고 한다기보다 자기 자신에게 관심을 주려고 그런 행동을 하는 것이라 주장하기도 한다. 다시 말하면, 몇 개월 전에도 그랬지만 타인의 관심을 추구하는 방향으로 (행동 그 자체보다는) 자기 자체가 그 '대상'이 되기도 한다는 것이다. 그럼에도 두 목표 사이에서 큰 차이를 발견할 수 있다. 4개월의 아기가 '부를 때' 자기에게 타인의 관심이 오면 부르는 것을 **멈춘다.** 반면 귀여운 짓을 하거나 과시하는 듯한 행동을 하는 경우처럼 타인의 관심을 얻는다는 것은 행동과 관심을 주는 사람과의 관계 사이에 관련성을 보다 분명하게 인식하면서 행위를 반복하게 된다. 물론 이는 전체로서 자기가 목표 대상이 된다. 성인기에서조차도 타인의 관심은 오로지 행위로만 결코 얻어낼 수 없다. 타인의 관심을 얻기 위해 곡예사 같은 동작을 여러 차례 선보이는 10대의 경우를 생각해보자. 자기 자신이 추구하는 것일지라도 (적어도 행위자는) 그 행위와 관련하여 그 관심을 분명하게 이해한다. 이와 비슷하게 8개월의 아기도 4개월 된 아기보다 행위와 관심 간의 관계를 더 의식하게 되고 오로지 어느 한쪽이 아닌 포괄적인 자기보다 다른 것에 관심을 더 보이게 된다. 아기외 관심에 대한 이해력을 자세히 설명하고 구별한다는 면에서 아기는 계속 성장하겠지만 이 관련성은 관심과 포괄적인 자기 간의 이전 관련성에서 분명히 한 발짝 더 나아가게 해준다. 더욱이 8개월 무렵에는 관심을 끌어내는 동기가 구별되기 시작하고 아기가 행동에서 타인의 관심을 인식하지 못할 것 같은 행동과 어느 정도 관련이 있다.

이처럼 관심 대상을 확장하는 것은 예전에 자기에게 오는 관심에 정서적으로 반응했던 것과 관련이 있을까? 우리는 정확히 알 수 없다. 다만 우리는 이것이 심리적으로 관련되어 있어야 한다고 가정할 뿐이다. 이렇게 확장하는 것이 관심 대상을 인식하는 데 있어서 이후 발달과 관련이 있을까? 여기에 그 답이 있다. 8개월에 귀여운 짓을 하거나 과시하는 행동에 푹 빠진 이 아기는 11개월 때 손으로 가리키는 능력을 발달시킬 가능성이 높다.[30] 그러므로 타인의 관심을 끌어내는 두 가지 방법은 연관되어 있다고 볼 수 있다. 학령 전의 자폐아 연구는 추후 공동 관심과 귀여운 짓이나 과시하는 행동 간의 연관성을 더 지지해준다. 우리는 자폐아가 타인을 이해한 경우와 관련하여 이를 이해하는 데 있어서 그리고 원시 서술적 가리키기를 보여주는 데 있어서 두 경우 모두 어려움을 겪는다는 것을 이미 알고 있다. 특별히 관심을 서술적으로 공유하는 것 외에 일반적인 공동 관심은 자폐 스펙트럼 장애의 최초 징후 중의 하나로 검사를 받게 하는 자폐증에서 많은 문제를 보인다.[31] 우리의 연구에서도 발달상 동일 연령의 학령 전 다운증후군 아이들에게는 나타나지만 자폐아의 경우 귀여운 짓을 하거나 과시하는 행동, 특히 귀여운 짓이 거의 없다는 점을 밝혀냈다.[32] 나아가 한 손으로 가리키기와 타인에게 귀여운 짓이나 과시하는 행동을 하는 개별 능력 사이에서 두 경우 모두 밀접한 관련이 있었다. 8개월에 귀여운 짓을 하거나 과시하는 행동을 하던 정상 발달 아기들도 11개월에는 가리키는 행동이 나타나며 이들 가운데 아무도 그런 행동이 나타나기 전에 가리키는 행동이 나타나지는 않았다. 이는 자폐증과 다운증후군이 있는 학령 전기 아이들에게도 똑같이 적용된다. 두 경우 모두 귀여운 짓/과시하는 행동과 가리키기 행동이 둘 다 관련이 있거나 아예 관련이 없는 것으로 보고되었다. 그리고 귀여운 짓을 하거나 과시하는 행동 없이 가리키는 행동을 보이는 경우는 전혀 없었다. 관심에 대한 인식의 발달 가운데 중간 단계에서 귀여운 짓/과시하는 행동은 강력해 보인다. 신체 행동은 하나의 대상으로서 자기 인식의 초기 발달과 외부 대상 인식의 후기 발달 간에 위치한 타인의 관심에 관한 중간 대상을 형성하게 해준다.

겉으로는 비평가들은 더 격렬히 나의 주장에 반대의 의견을 내놓을 수 있다. 자기 자신에게 향하는 관심과 자기의 행동으로 향하는 관심 모두 왜 주의를 기울일 만한 것이 전혀 아니라는 것일까? 아기가 왜 일련의 행동 패턴에 대한 인과관계를 전혀 배울 수 없고 다른 사람의 행동에 주의를 기울이고 있음을 인지하지 못한 채 이들에 대한 실험을 과연 진행할 수 있을까? 오직 하나의 대답만이 가능하며, 그 대답은 그렇다, 그렇게 할 수 있다 이다. 실제 이 비판은 걸음마기 아기의 가리키는 행동에 관해서 정말 이루어져 왔었으며, 오직 타인의 신체 반응에 대해서만 실험을 진행할 수 있었다.[33] 이 논리의 가능성은, 즉 그것이 아기나 심지어 타인이 지각하는 성인의 온전한 관심이라기보다 단지 관심 행동에 불과한 것이 될 수 있다는 가능성은 늘 도사리고 있다. 그러나 정상 발달 아기들의 사례에서 어떻게 이러한 가능성이 타당할 수 있을까? 이는 우리가 알고 있는 것과 너무나 달라서 받아들이기 너무 어려울 것 같다. 이런 견해는 아기가 심지어 초기 영아기에서도 경우에 따라서 관심으로서 관심에 대해, 타인의 관심 대상을 어느 정도 인식하고 있다고 여기는 비이원론자의 대안을 서서히 다루고 있는 것으로 보인다.

다른 관심 '대상' : 다른 사람들, 손에 쥐어진 것들, 사건들

이번 절에서는 영아기 첫해 동안 타인의 관심에 대한 인식이 어떻게 발달하는지 퍼즐의 여러 조각을 맞출 수 있게 관심을 기울이는 관계에서 세 가지이상의 '대상' 유형에 관한 연구를 살펴볼 것이다.

가장 적은 노력을 들여 한 예를 찾아보면, 흔한 관심 대상은 무생물 대상이기보다 또 다른 사람이 될 수 있다. 관심의 인식발달에 관한 많은 접근은발달에 있어서 '대상'을 중요하게 고려하지 않는다. 관심을 알아가는 과정은 (제공되는 자료에서 복잡한 감각을 제외하고) 타인의 관심 대상과 별개이다. 그리고 만약 '세 번째 부류'가 대상이 아닌 또 다른 사람이라면 관심에 대한 인식에 차이를 두어야 할 이유가 없다.

그러나 서로 다른 두 연구 단체에서는 관심을 기울이고 있는 세 사람간의 관계가 초기 세 사람의 삼각관계에서 분명하다는 사실을 증명하였다. 파리의 Jacqueline Nadel과 그 동료들은 사람-사람-사람의 3인조 실험 상황에서 6개월보다 더 어린 아기들도 공동으로 관심을 기울여 관계를 형성한다는 사실을 알아냈다.[34] 두 번째 연구 단체인 스위스의 Elizabeth Fivaz-Depeursinge와 그 동료들은 부모와 아기의 삼자 간 상호작용을 탐색하기위해 초기 삼각관계라고 부르는 임상 기법을 개발하였다. 이런 자연실험적인 상호작용에서 이들은 3개월밖에 되지 않은 아기들에게서도 9~12개월이되기 전에 일어날 거라고 믿지 않는 상호주관적인 삼자 간의 전략에 대한조짐이 보인다는 점을 밝혔다. 3개월에는 반복해서 빠르게 한 부모에서 다른 부모로 바꿔가며 쳐다보는 것인 관심의 조율과 부모끼리 두 사람 간에상호작용을 하거나 쳐다만 보고 있는 부모에게서 느끼는 미소, 스트레스, 당혹감을 전하는 분명한 정서의 조율이 나타난다. "하나의 예로 아기는 밝게 쳐다보고 미소 짓고 옹알이를 하면서 엄마에게 따뜻하게 대할 것이고그 미소와 목소리 표현을 그대로 유지한 채로 그대로 아빠에게 갈 것이다." 5개월에 아기는 가끔 세 차례 이상 바꾸어가며 더 빠르게 전환하고 정서를 공유하고 표현하는 조짐이 더 드러나며 심지어 사회적 참조까지 하면서 관심을 잘 조율하는 모습을 선보인다. 9개월이 되면 상호작용하고 있던 한 부모가 멈추어 다른 부모에게 갔을 때 아기는 한 부모에서 다른 부모까지 바라볼 뿐만 아니라 상호작용했던 그 부모 한 명과 그다음 한 명에게 다가가고 관심을 받으려고 적극적이 된다. 아기와 진정한 가족끼리는 삼자 간 공유하는 일이 일어날 가능성은 다양하다. 그러나 이러한 시도는 문제가 있는 가정에서 발생할 가능성이 훨씬 낮았다. 특히나 이 연구에서 흥미로운 점은 관심을 공유하도록 촉진하는 데 있어서 정서적 사건이 중요한 역할을 한다는 것이다. "그것은 즐거움, 좌절, 불확실성의 절정이고, … 세 사람 사이의 노력은 넓혀갈 것 같다"(p. 112). 그러나 부정적인 사건보다 긍정적인 사건이 방관하는 부모와 정서를 공유하려는 노력을 촉발하는 정도는 가족마다 다르다. Fivaz-Depeursinge는 세 사람 간의 관계가 두 사람 간의 관계이후에 발생한다는 가정에 이의를 제기한다. 그것은 '세 번째 부류'의 본질에 따라 존재하고 동시에 발전한다.[35]

일본의 연구진에 의하면 '대상'의 또 다른 유형은 손에 있는 대상이라는 것이다. 이들은 하나의 대상을 계속 붙들고 있는 성인을 포함하여 생후 첫해 중반에 관심을 기울일 만한 관계를 시사하는 근거를 찾고 있다. 이들은 3~4개월에 '대상'이 또 다른 사람이 되어 세 사람으로 이루어진 삼각관계 어딘가의 시작점과 12개월 말에 보다 전형적인 두 사람과 하나의 대상으로 이루어진 삼각관계는 관심 대상이 손에 쥐어진 대상으로 형성된 관계라고 본다. 이들에게 손에 쥐어진 대상은 타인으로서 '대상'과 사물로서 '대상' 사이를 연결하는 다리와 같다. 이들은 이것을 P-P(O)-P[즉, 사람-사람(대상)-사람] 삼각관계라고 부른다. 다시 말하면, 손에 쥐어진 대상에게 쏟는 아기의 관심은 이후 대상 자체에 주의를 기울이는 것을 가능하게 한다. 지금까지 우리가 모아온 관심 대상에 이것까지 추가한다면, 이는 자기의 행동에 대한 적절한 자료로 중간단계에 매우 적합하다. 만약 이를 새로운 용어로 부른다면, 행동을 의미하는 A를 붙여 자기 행동 P-P(A)-P 삼각관계라고 명명할 수 있다.

이제 이에 관한 내용을 마무리하기 전에 마지막으로 '대상'의 유형을 덧붙이고자 하는데, 이는 관심의 대상으로 (아기가 통제하지 못하는) 사건을 말한다. 나는 이것이 구조적으로 다른 종류의 대상이 아니라 하나의 새로운 용어로 소개된 것이라고 밀하고 싶다. 말하자면 사회적인 또는 관심을 기울일 참조 말이다. 우리는 아기가 다소 애매모호하거나 불확실한 상황에서 성인의 표정을 살피는 것을 사회적 참조라고 한다. 아기는 시각 절벽 장치의 끝에 앉아 있고 엄마는 맞은편에서 건너오라고 손짓하는 가장 대표적인 실험이 있다. 그러나 사회적 참조의 경우 대체로 실험 상황 내에서 '부정적인' 사건을 제시했을 때 아기는 관심 대상보다 (어떻게 반응할지 비언어적인 '조언'을 위해서) 성인의 표정을 훨씬 더 자주 확인한다. 그러나 긍정적인 상황이라면, 즉 다소 긍정적인 사건을 마주할 때 성인을 바라보는 아기의 표정은 그 사건에 대해서도 관심을 가지고 있는 모습을 보인다. Lauren Adamson의 표현처럼 "정서를 공유한다는 것"은 공동 관심의 전통적인 '외부 대상' 유형이 생기기 이전에 초기 영아기에 일어나고, 하나의 대상/사건에게 쏟는 타인의 관심을 찾아내는 시도가 될 수 있다.[36]

다음은 8개월 된 아기의 예이다.

재닛은 바닥에 앉아 장난감을 가지고 정신없이 놀고 있다. [아기는 방 한 켠에 몇 발자국 떨어져 있는 엄마(M)나 아빠(F) 또는 카메라 뒤에 있는 연구자(R)를 최소 2분도 쳐다보지 않는다. M, F, R은 간혹 이야기를 한다.] 고양이 가족이 방 저편에서 (M과 F에게) 소리를 낸다. 재닛은 고양이를 한 번 보고는 F를 쳐다보고 다시 뒤돌아 고양이를 쳐다본다. 고양이를 흉내 내어 찍 소리를 내보더니 카메라/R 쪽을 쳐다본다. 모두 웃는다. 재닛은 장난감으로 돌아간다. 몇 분 후 고양이가 다시 부스럭거리자 재닛은 곧장 고양이를 쳐다보고는 M과 F에게 비슷한 소리를 내면서 몸을 돌리더니 다시 장난감으로 돌아간다. 12초 후 고양이가 다시 소리를 내자 재닛은 몇 초간 고양이를 바라본다. R이 카메라 뒤에서 웃는다. 재닛은 R을 쳐다보고 나서 웃으며 M과 F에게 몸을 돌려 고양이 소리를 흉내 낸다. (재닛, 8개월,

비디오)[37]

다른 예에서, 가까이에 있는 성인의 모습은 (또는 다른 사람 누구라도) 우연한 행위(예컨대, 아기가 장난감을 가지고 노는 동안 뜻밖의 소리가 나는 것)와 성공이나 즐거움을 동반하는 의도적인 행위(예컨대, 아기가 양손에 장난감 벽돌을 쥐는 데 몇 번 실패하고 나서야 성공하게 된다는 것)를 따라갈 수 있다. 그러한 행동을 보면 아기는 부모의 관심이 사건으로 향하게 하는 어떤 시도도 하지 않고 그렇게 추측하는 것 같다. 우리는 재닛이 쳐다보려고 몸을 움직이는 것에 대해 그 부모가 반응하지 않았다면 무슨 일이 발생할지 알지 못한다. 그런 행동의 또 다른 이름은 주의 참조일 것이다. David Leavens와 Brenda Todd의 실험 연구에서는 (방 한쪽에 엄마가 있고 방 한가운데에 고정되어 앉아 있는) 6개월 연령의 아기들에게 그 방 반대편에 흥미로운 물건을 보여주었다. 이 시기의 아기들은 너무 어려 엄마 이외의 다른 물건에 집중하지 못했기 때문에, 이들이 12개월 이상 또는 그 비슷한 개월이 되었을 때 동일한 상황에 다시 실험했다. 그러나 이들의 반응은 다른 면에서도 동일했는데, 이 시기 아기들은 흥분한 기색을 보이며 엄마를 쳐다보고 난 뒤 목표 대상을 다시 쳐다보았다.[38] 아기가 단도직입적으로 곧장 목표 대상을 쳐다본 것은 아니지만 다시 한 번 엄마의 관심을 확인한 것이다.

대안적 발달 모델 : 2인칭 이야기

나는 2인칭 관점으로 관심을 인식하는 발달 모델을 개발하기 위해 타인의 관심을 다루는 아기에 대해서 지금까지 나타난 자료를 활용한다.[39] 지금까지 우리가 나눈 익숙한 논제가 〈표 6.1〉로 정리되어 있다.

- 자기는 아기가 인식하고 있는 첫 (대부분 가장 필수적인) 관심 대상이다.

표 6.1 타인의 관심 대상에 대한 아기의 인식의 확장

연령	타인의 관심 대상	타인의 관심 대상과 아기와의 관계
2~4개월	자기	반응 : 미소, 스트레스, 자기에게 오는 관심에 대한 무관심과 소극적인 반응 방향 : '부르기'와 자기에게 오는 관심 찾아내기
3~5개월	타인	반응 : 타인의 관심에 대해 제3자에게 반응하기 방향 : 관심은 두 사람 사이를 교대로 오고 간다.
4~7개월	가까이에 있는 목표 대상과 타인의 손에 있는 대상	반응 : 앞에 있거나 가까이에 있거나 타인의 손에 있는 대상을 응시하는 타인의 시선을 따라가기 방향 : 이런 대상에 관심을 쏟는다는 어떤 근거도 아직 없다.
7~10개월	스스로 하는 행위	반응 : 스스로 하는 행위에 관심을 둔 신나는, 피하는, 양가적인 반응 방향 : 스스로 하는 행위에 보내는 관심을 붙잡아둘 귀여운 짓이나 과시하는 행동
8~11개월	자기 손에 있는 대상	반응 : 자신의 손에 있는 대상을 타인이 응시하는 시선을 따라갈까? 아직 이를 증명할 근거가 없다. 방향 : 타인에게 대상을 내놓거나 주기
12~14개월	멀리 있는 대상	반응 : 대상을 보는 타인의 시선을 보다 정교하게 따라가기 방향 : 멀리 있는 대상을 가리키기, 보여주기, 가져오기
15~20개월	시간의 흐름과 관련이 있는 '대상'과 눈에 보이지 않는 대상	반응 : 아기 뒤에 있는 목표 대상을 보는 시선을 따라가는 것과 같이 드러난 사건에 대한 다양한 정서 반응 방향 : 사건을 선택적으로 보고하거나 대상을 선별하여 보여주는 것과 같이 과거의 사건과 미래 계획을 보고하기

- 관심에 대한 인식에 있어서 발달은 (두 사람 외부에서부터) 인식의 확장과 타인의 관심 대상에 관한 구별과 관련이 있다.
- 자기에게 오는 관심을 인식하는 데 있어서 아기는 12개월 말 무렵 가리키거나 시선을 쫓아가는 것과 관련이 있는 멀리 있는 대상을 포함하여 점차 다른 '대상'을 인식하게 된다.
- 아기의 연령은 아기가 다른 대상에 관심을 보이는 성인을 지각하고 있음을 알려주는 정서적 반응의 다양성과 타당성에 영향을 주지 않는다.
- 각각의 관심 대상에 대해 반응하는 능력과 타인의 관심을 이끌어내는 능력은 각 연령마다 모두 존재한다.

나는 자료를 이해하려고 애쓰면서, 이 분야에서 얻을 수 있는 최고의 증거 속에서 많은 차이를 발견하고 있다. 이 분야에서 내가 개발하고 있는 모델이 지배적인 내용이 아니라는 점과 그래서 심리학자들이 이러한 차이점을 보완할 수 있는 연구를 하지 않고 있다는 사실은 그리 놀라운 일이 아니다. 지금까지 기술한 대부분의 내용은 이러한 차이점을 언급한 것이었다. 〈표 6.1〉을 보면 자기, 타인, 눈앞에 있는 목표 대상, 타인의 손에 있는 대상, 스스로 하는 행위, 몸의 일부와 멀리 있는 목표 대상과 같은 어느 정도 익숙한 범주들이 나와 있다.

내가 전에 언급하지 않았던 두 가지 범주가 있다. 하나는 손에 있는 대상(을 향한 타인의 관심)이고, 마지막 범주는 과거의 사건과 눈에 보이지 않는 대상(을 향한 타인의 관심)이다. 자신이 손에 쥐고 있는 대상에 관한 범주는 타인에게 대상을 보여주고/건네주는 8개월경 이후의 아기에 관하여 (이 시기 무렵에 나타나는 현상이 억측은 아니지만) 이제까지 우리가 알고 있는 지식을 기반으로 한 추측일 뿐이다. 그러나 대상을 붙들고 있는 것 그리고 보여주거나 타인에게 건네주는 것이 어떻게 다른지 우리는 아직 알지 못한다. 아마도 두 경우는 많은 관계를 형성한 후에야 비로소 기능적으로 구별이 가능할 것이다. 우리는 아기의 인식에 관한 자료와 손에 쥐고 있는 대상이나 그 대상을 향한 타인의 관심을 보여주고 건네주는 과정을 관찰한 추적 내용이 거의 없다. 마지막 범주는 과거의 사건이나 보이지 않는 대상에 관한 (반드시 그래야 하는 것은 아니지만) 보다 언어적인 상호작용을 다루고 있고 대체로 타인의 앎과 무지에 대한 인식이라는 주제에서 출발한다. 이에 대한 내용은 제10장에 나타나 있다.

그러나 실증적인 기술을 넘어서 관심의 인식발달에 대해 설득력 있는 이론을 만들어가기 위해서는 변화가 왜 일어나야 하는지 반드시 설명해야 한다. 타인의 관심 대상에 대해서 아기의 인식은 왜 확장될까? 타인의 관심을 조종하는 행위에 있어서 아기는 관심을 끌어내는 것을 왜 온전히 특정 행동에 관심을 불러오기 위해 자기로, 그런 다음 방 건너편의 사물로 바꾸는 것일까?

이 질문에 대한 답으로 두 집단의 연구 결과를 살펴보자. 첫 번째는 영아기 초기에 멀리 있는 대상을 응시하며 쫓아가는 행위에 대해 탐구하는 연구 가운데 하나가 우리가 생각했던 것보다 훨씬 그 전에 발생한다는 사실보다 더 흥미로운 점을 발견했다는 것이다. 그들은 상호 간의 관심이 그 이전에 형성되었을 때에만 비로소 응시하며 쫓아가는 행위가 발생한다는 점을 알아냈다. 달리 말하면, 아기는 성인이 자기를 바라보고 있었거나 보기 직전에만 성인이 응시하는 방향을 바라보려고 고개를 돌린다는 것이다.[40] 왜 그럴까? 두 번째로는 손에 있는 대상에 관한 일본의 한 연구에서 아기들이 성인의 옆모습을 피하는 일이 일어났을 때 아기들은 대상을 붙들고 있는 성인의 손을 쳐다보려고 몸을 돌리기 전에 몇 초 동안 옆모습을 계속해서 바라본다는 사실을 발견하였다. 아기들은 성인의 시선이 자신에게 여전히 머물러 있을 경우 손에 있는 대상을 거의 신경 쓰지 않았고 대상이 없거나 그 대상이 전혀 흥미로운 것이 아닌 경우에도 손에 있는 대상에 신경을 쓰지 않았다. 아기는 왜 손에 관심을 돌리도록 애를 썼을까?

이 두 연구에서 아기의 관심의 전환은 아기가 심리적으로 유도된 행위로서 타인의 관심을 깨닫고 있을 경우에 가장 이해하기 쉽다. 상호 간의 관심에 있어서 방향은 가장 우선되기 때문에, 발달적으로 아기가 대상으로서 자기 자신을 경험하며 다른 목표 대상으로의 이동이 발달 과정에서 일어날 수 있다. 만약 아기가 자신에게 향하는 타인의 관심을 느끼지 못한다면 아기는 세상을 향해 타인의 관심을 탐색하는 동기가 되는 학구적인 호기심이 거의 없다는 것이다. 이는 궁극적으로 아기가 타인의 관심에 대해 개념적 인식을 보다 폭넓게 발달시킬 수 있도록 하는 자기 자신에게 향하는 타인의 관심에 대한 정서적 인식이다.

성인은 자기의 관심 대상에 대해 아기의 인식을 넓혀주면서 자신도 모르게 자신의 일부를 동기부여한다. 예를 들면 비고츠키가 설명하여 이제 널리 알려져 쓰이는 근접발달영역에서 도움을 주는 것처럼 우리는 부모가 아기의 능력 근처에서 무언가를 하고 있다는 사실을 알고 있다. 그리고 대부분 어린 포유동물이 그러하듯 아기도 새롭고 탐구할 만한 것을 즐겨 찾는다는 사실도 알고 있다. 4개월이 되면 아기에 대한 성인의 집착이 줄어들면서 아기는 무의식적으로 거침없이 행동하기 시작하는데 (예를 들어 3~4개월의 아기가 실험실에서 방을 둘러보는 것은 2개월에는 오로지 엄마의 얼굴만을 응시하던 것에 비하면 분명히 다른 점이긴 하다) 아기가 걷는 것처럼 발을 한 발 한 발 떼게 하거나 노래를 부르고 율동이 있는 놀이를 아이와 함께한다든지 아기의 관심을 얻기 위한 더욱 과장된 여러 행동을 하기 시작한다. 이렇게 대개 아기의 신체에 관해서 성인의 행위에 대한 범위를 넓히는 것은 중요할 수밖에 없다. 한편으로 이는 별개의 개체로 그러한 것으로의 대상인 아기의 신체 일부를 나타내야 하며, 절차를 그 자리에서 더 복잡하고 꼭 세 사람으로 이루어진 관계로 만들어야 한다. 만약 새롭고 복잡하고 잠재적인 관심의 목표 대상에 맞서는 아기가 상호작용을 통해 자기에게 성인을 데려오지 못한다면 놀라운 일이 될 것이다. 관심 대상을 확장하는 동기는 분명해지는데 아기는 더 많은 것을 찾아내고 성인은 더 많은 것을 해주면서 아기의 범위는 상호 간에 서로 넓어진다. 이렇게 두 경우가 합쳐지면 관심을 향한 아기의 인식은 더욱 넓혀지게 된다.

만약 이런 설명이 타당하다면 영아기에만 국한되지 않아야 한다. 성인기에서도 서로의 관심 대상에 대한 이런 유형의 관계가 존재하는데, 관심을 받을 만한 사물의 종류와 관심을 둘 만한 사물의 종류에 대해 우리의 인식을 계속해서 넓혀준다. 여러 관계와 각양각색의 문화적 맥락에서 대상과 주제의 다른 측면은 관심 대상으로 정해지거나 강조되거나 모호해지기 쉽다.

이렇게 제대로 되지 않으면 어떻게 될까? 몇 가지 분명한 함의가 있다. 관심에 관한 초기 경험은 자기를 향한 관심에 있어서 지각/자기수용/정서적 특정 반응에 대해 아기의 생물학적인 성향뿐만 아니라 그다음 관계에서 어떤 일이 일어날지를 결정한다. 출생 후 단 몇 초 만에 아기는 성인을 관심을 주고받는 두 사람 간의 상호작용에 끌어들인다. 성인이 아기와 관계를 형성하지 않는다면 무슨 일이 일어날까? 혹은 성인과 아기가 지속적이지 않은 불신의 관계를 형성한다면 어떨까? 아기가 관계를 맺는 데 힘들어하거나 불가능하다면 어떤 일이 일어날까? 아기가 불안해하거나 부정적인 관계로 받아들인다면 어떻게 될까? 관심이 아기에게 어떤 의미인지는 이러한 역사와 매우 밀접하게 관련되어 있다. 비유적으로 추론해본다면 우리는 자기를 향한 관심에 대해 정서 반응이 없다면 발달하고 있는 아기의 관심에 대한 이해력은 실제로 경험하는 관심과 단절될 것이라고 추측할 수 있다. 우리는 자기를 향한 관심에 대해 매우 부정적이거나(불편하거나) 중립적인(무관심한) 정서 반응을 경험한다면 정서적으로 소용돌이치는 거부감을 몰고 와 관심을 갖고 관계를 잘 형성하지 못하게 하며 나중에 관심에 대해 본질적으로 개념을 이해하는 데 있어 영향을 미치게 된다고 예상해볼 수도 있다. 또한 우리는 자기를 향한 관심을 매우 긍정적으로 경험한다면 이를 경험하고 개념화하는 데 있어서 긍정적 태도를 키우고 이끌어낼 뿐만 아니라 관심을 주고받는 관계의 초석을 다지고 더 강화할 수 있을 것이라 생각할 수도 있다. 자폐증의 경우 자의식을 다루는 장(제7장)에서 살펴보겠지만 대략 첫해 중반부터 관심을 주고받는 관계를 형성한다는 사실을 (우리가 알고 있는 정상 발달 아기들의 유형) 의심하는 이유가 있다. (물론 이는 자폐아가 생후

1년 동안 그러한 관계를 형성하지 못한다는 것을 의미하지 않는다. 또 자폐아가 관계를 형성할 수 없다는 것도 의미하지 않는다. 단지 그들의 관계가 분명한 형태를 갖추고 있지 않거나 확실한 조건하에서만 일어난다는 것이다.) 이렇게 타인의 관심에, 그리고 그 다양한 대상에 정서적인 개입이 없으면 우리가 흔히 보는 발달하고 있는 아기들처럼 관심에 대해서 정서적으로 반응하지 못하는 데에 직접적으로 영향을 줄 수 있다. 자폐아는 관심을 이해하는 능력이 발달하고 있기는 하나, 다른 종류의 관심일 수 있다. 발달하는 정서적 관계의 표면을 이해한다는 해석이 더 논리적이고 연역적이며 보호하는 내용일 수 있다. 그러나 우리는 자폐아가 대상의 하나로 자기 자신에게 향한 관심에 대해 정서 반응을 경험하지 못한다는 사실을 믿을 근거가 없다. 반대로 어떤 사람들은 그들의 반응이 지나친 자극이 될 수 있다고 보는데 너무 자극적이어서 자폐아가 여러 상황에서 접촉을 피한다고 여기고 있다.[41] 이러한 궁금증은 아직 풀리지 않고 있다. 그러나 2인칭 접근은 정상 발달 아기나 장애가 있는 아이들, 심지어 성인에게도 타인의 관심이 의미하는 바를 제한하고 구성하는 데 있어서 타인의 관심에 대한 중요한 정서적 경험이라는 점을 시사한다.

요약

이번 장에서 나는 관심이란 행동 이면에 가려져 관찰 불가능한 개체보다 관심을 갖고 있는 세상 속 대상과의 관계로 여기는 것이 더 낫다고 주장하였다. 그러므로 관심을 갖고 있다는 것은 근본적으로 그 대상과 관련이 있다는 뜻이다. 그리고 다른 사람들이 관심을 갖고 있다는 사실을 인식하는 것은 반드시 그 대상에 대한 인식과 관련되어 있다. 타인이 관심을 갖고 있음을 아기가 인식하는 것은 직접적인 상호 관계에 참여하는 대상이 존재한다는 것에서 시작한다. 그래서 관심을 갖고 있는 사람과 관심 대상 간의 접촉은 가장 먼저 정서적으로 경험된다. 이러한 경험에서 정서 반응은 발달하고 있는 아기의 관심 파악 능력을 알려줄 뿐만 아니라 더 나은 관계를 위한 동기를 제공해주어야 한다. 관심 대상의 범위가 확장되어가는 첫해 동안 아기는 안내하거나 통제하는 유사한 정서 반응과 시도를 보여준다. 관심을 인식하는 것은 (보고서의 첫 장에 등장하는 내용이 무엇인지) 생후 1년쯤에 뒤늦게 관심이라는 것을 발견하면서 발달하는 게 아니라 타인이 관심을 갖고 있는 영역에 대해 인식을 넓혀가면서 발달한다. 관심의 방향을 안내하는 초기와 후기 방식 간의 관계는 정상 발달의 아기들만이 아니라 자폐증처럼 문제가 있는 혹은 이상발달의 아기들에게서도 볼 수 있다. 정확하게 예상할 수 있는 점은 서로 관심을 주고받는 데 있어서 관심에 관한 직접적인 정서 경험이 없다는 것은 관심에 대한 '적절한' 이해가 없다는 것과 같다는 것이다. 상호 간의 관심에 관한 경험에 있어서 심리적 장애를 포함하고 있는 발달 정신병리에서는 관심을 이해하고 있는 참여자보다 '방관자'가 어떤 발달을 하고 있는지 논의하는 근거가 더 많이 제시되고 있다. (제3장에서 언급했던 부버의 용어로 상기시켜) 나-너 관계는 관심에 대한 적절한 개념적 인식이 출현할 수 있는 가장 기초적인 토대일 뿐이다.

제7장

자의식 느끼기

나와 … 나-너는 나-그것의 … 나와 다르다.

―마틴 부버, 나와 너[1]

어떤 것에 관한 모든 생각은 그와 동시에 자의식이 된다….
우리의 모든 경험과 그 반영된 생각의 핵심에서 우리는, …
주어진 사실과 관찰이 아닌, 그 자체의 어떤 생각을 통한 추론도 아닌,
그 존재와 직접적인 접촉을 통해서만
그 자체를 즉각적으로 깨닫고,
그 실재 자체를 알아가는 존재임을 발견한다.
자의식은 행위에 있어서 마음에 대한 참된 존재이다.

―메를로-퐁티, 지각의 현상학[2]

델포이 사원은 그 문에 들어설 때 "너 자신을 알라"고 우리에게 명한다. 우리가 진실을 알기 위해서 자기 자신에 대해 발견해야 하는 것 중 무엇이 가장 중요할까? 자기 자신에게 진실해지는 것이 최고의 지혜라는 사실이 왜 거짓말처럼 보일까? 햄릿에서 폴로니어스가 충고한 것처럼 "무엇보다도 너 자신에게 충실해라." 자의식(self-conscious)은 우주에서 우리의 위치와 그 어떤 것보다 인간의 속성을 보여주는 것으로 우리와 같은 종류의 생명체와 우리를 구별하는 가장 심오한 양상을 보여주며 이는 사랑의 감정이 만들어 놓은 일이다. 만약 이것이 그렇게 깊고 숭고한 것이라면 우리는 아기와의 관계에서 이를 어떻게 이야기할 수 있을까? 어떻게 우리에게 자의식이

생겨날까?

사람들이 자의식에 관해 이야기할 때 자주 '자기에 대한 생각'에 주목한다. 이번 장에서 나는 우리가 하나의 정서적인 현상으로 자의식을 바라본다면 과연 자의식은 무엇이며 자의식을 어떻게 발달시키는지를 이해하기 위해 다른 시각에서 다루어볼 것이다. 나는 우리가 생애 첫해에만 볼 수 있는 수줍음과 과시라는, 자주 등한시되던 자의식의 두 가지 정서 관계에 관한 발달을 살펴볼 것이다. 타인에게 하나의 대상으로서 자기 인식(awareness of the self)은 자기개념이 아닌 자기를 향한 타인의 관심과 태도를 처음 느끼면서 생겨난다. 다시 말해 자기 인식은 개념화되기 훨씬 이전에 타인에 대해 하나의 대상으로 자기의 존재를 경험하면서 사람들과 2인칭 관계를 형성하는 것으로부터 시작된다. 그러나 우선 익숙하게 들어왔던 말을 통해 자의식이라는 용어가 어떤 뜻인지 알아보도록 하자.

자기는 무엇이고 누구이며 언제 자기가 될까?

자기란 무엇일까?

먼저, 철학자들이 궁금해하며 우리에게 물어보고 시인들이 매혹되어 있는 그러한 자기란 정확히 무엇일까? 이 질문에 답을 하기란 이상하게도 어렵다. 그리고 자기의 의식이 의미하는 바를 말하는 것도 역시 어렵다. 이는 윌리엄 제임스가 '나(I)'라고 지칭하는 이를테면 '내면'에서부터 우리가 주관적으로 경험한 자기일까, 혹은 '나(me)'로 타인이 경험하고 바라보는 것으로 우리가 상상한 하나의 '외부' 대상으로 알고 있는 자기일까? 각각 발달하고 있는 예상된 다른 연령에서 오늘날 여전히 주관적이고 객관적인 자의식 간의 구별 없이 혼용되고 있다. 그러나 예를 들어 '나(I)'와 '나(me)'가 구별이 불가능하고 나(I)로 존재하는 것과 나(me)라는 이미지를 찾는 것 모두를 방해할 때 사별이나 충격적인 일 이후에 찾아오는 자기 '붕괴'의 경우

비로소 질문을 받게 된다.

　자기가 어디쯤에 있는지에 관한 질문은 흥미로운 내막을 지니고 있다. 만약 당신이 자기의 경계선이 무엇인지를 묻는 질문을 받는다면 당신은 아마도 피부라고 대답할지 모른다. 이 대답이 분명해 보일지라도 상당히 부족한 답변이다. 단순해 보이고 분명한 경계가 있는 완전한 개체로 신체적인 자기에 대해 예를 들어보자. 그러나 여기에서도 피부는 분명하게 구분되는 경계선은 아니다. 무거운 책을 들기 위해 팔을 움직이고 있는 당신을 상상해보면, 근육의 긴장은 당신이 느끼는 것이지만 그 책의 무게와 관계가 깊다. 비슷하게 숨을 쉬는 것은 당신이 하는 것이지만 피부의 경계선을 넘어 당신 주변의 공기 상태에 따라 달라진다.

　우리가 자기의 심리적 측면에 더 다가설 때 문제는 더 심오해진다. 즐거움을 말할 때 느껴지는 기분을 다루어보자. 누군가 당신에게 미소를 보내면 당신도 즐거워진다. 당신이 빠져 있는 그 기분은 다른 사람의 미소와 따로 분리할 수 없고 (별개로 이해될 수 없으며) 당신의 기분에는 다른 사람의 기분이 포함되어 있다. 또 다르게 토니 블레어가 영국 총리로 실망스러웠다는 생각을 예로 들어보자. 우리가 개인적으로 경험한 그 생각은 우리가 나누어 오던 숱한 대화와 뉴스 기사를 벗어날 수 없다. 우리의 생각은 절대 우리 혼자만의 것이 아니며 더 넓은 장의 일부에 지나지 않는다. 타인의 행동이나 기분, 생각, 의견이 끝나고 나의 것이 시작되는 지점은 어디일까? 피부가 하나의 경계선이 될 수는 없다. 우리는 그렇게 많은 다른 사람들을 배제하고 자기가 무엇인지 알아낼 수 없다. 우리가 자신에 대해 이야기를 할 때 단일의 독립된 개체로 보기보다 관계 안의 어떤 것에 관한, 말하자면 개별적인 것보다 차이 안의 어떤 것에 관한 이런 연대성(jointness)을 언급한다. 또, 우리가 자기 인식 또는 자의식을 이야기할 때 단독으로 별개의 독립된 개체에 관한 것보다 이런 관계에 대한 인식을 이야기하게 된다.

자기란 누구인가?

그리고 이러한 자기는 누구인가? 몽테뉴가 500년 전에 언급했던 것처럼 "우리와 우리 자신 간에 엄청난 차이를 발견할 수 있는 것처럼 우리 자신과 다른 사람 간에도 그러하다"라는 말이 있다.[3] 만약 자기가 어떤 것 그 자체라기보다 하나의 관계라면, 우리가 관련되어 있는 상황과 관계를 갖게 될수록 우리 각자는 수많은 자기를 갖게 될 수밖에 없을 것이다. "사람들은 같은 강에 발을 담그지만 흐르는 물은 늘 다르다"는 유명한 말을 남긴 헤라클레이토스의 명언과 마찬가지로 자기가 사람들이나 사물들과 관계되어 움직이는 만큼 이는 그 과정에서 변해가기 때문에 이러한 다양성은 '나(I)'와 '나(me)' 간의 논리적인 내부와 외부의 구별이 요구된다. 더 이상 분명하고 유지 가능한 것만이 아니라 이제 투명하기를 요구하는 인위적으로 보이는 주관적인 대상으로서 자기와 객관적인 대상으로서 자기 간의 구별이 변하기도 하고 합쳐지기도 하면서 수많은 '나(I)'와 '나(me)'는 급격히 증가한다. 파도로 계속 지워지는 모래 위에 그려진 푸코의 얼굴처럼, 자기는 일련의 '멈춰진 순간, 억지로 밀물에서 떨어져 나와 고립된' 것으로 설명될 뿐이다.[4] 그렇다면 우리는 우리의 자의식을 탐구하는 데 있어서 특정 상황에서 특정 시간에 특정 측면의 자기를 선택해야 할까? 우리가 지금 대인관계에서의 자기라고 불리는 것으로 스스로를 제한하더라도[5] 그럼에도 불구하고 우리는 이러한 다양성과 가변성의 사실을 파악해야 하지만 제임스가 언급한 것처럼 우리의 수많은 대인관계에서의 자기들을 상상하는 것은 매우 어렵다.[6] 그래서 우리는 이 시점에서 이러한 질문을 던져야 하는데, 우리는 우리의 관계 속에서 언제 자기를 알게 될까?

언제 자기가 생길까?

어른들은 어떤 사람이 또는 동시에 그 사람의 눈을 통해 다른 사람과 자신이 말을 거는 상상을 하며 자기가 아닌 그 사람을 보면서 거울을 보고 있을 때 격렬한 정서적인 친밀감에 드물지만 순간 자기와 타인을 혼동해본 경험이 있음을 알아차리게 되기도 한다. 그런 순간에 자기가 누구인지 타인이 누구인지, 두 경우를 모두 구별하는 것은 무의미하고 불가능하다. 그러나 '타인'을 자기와 다른 대상으로 인지하는 것은 어떤 의사소통이나 대화에서도 무척 중요할 뿐만 아니라 타인을 한 사람으로 인식하는 데에도 매우 결정적이다.

만약 처음부터 지난 세기의 몇몇 심리학자들의 말에 누군가가 귀를 기울였다면, 아기는 태어나 세상과 동떨어져 스스로를 알릴 수가 없었을 것이다. 자의식의 시작은 자기와 세상 사이에 깊은 혼란에 뒤덮여 있다고 가정했다. 프로이트나 피아제 그리고 다른 유명한 이론가들에 의하면, 인간의 아기는 자기와 자신의 주변에 사람들이나 사물들로 둘러싸인 세상 가운데 사실상 다른 어떤 방식에 대해 말을 할 수 없는 매우 심각한 혼란 상태로 삶을 시작한다고 한다. 그러나 실제로 아기가 자신과 세상을 구별하지 못하는 경우라도, 즉 인간의 신생아 시기에는 이원론이 정상적인 상태이더라도, 행위 그 자체는 불가능할 것이다. 행위를 한다는 것은 나의 신체와 행위가 관련되어 있으면서도 서로 구별되며 세상 저기에 존재한다는 사실을 알고 있음을 내포하고 있다. 또, 이는 신체와 행위가 일관되고 지속적으로 존재한다는 확신에 대해 어느 정도 이해하고 있음을 암시하고 있기도 하다. Maxine Sheets-Johnstone이 말하기를 촉감의 고유 감각에 있어서 "동물은 스스로 움직이는 것을 배워야 한다는 것을 알고 있다는, 자각하고 있다는 사실은 생물학적으로 명백한 이치이다"라고 하였다.[7] 그리고 손을 뻗어 닿을 수도 있고 울 수도 있으며 바라볼 수 있고 따라 할 수 있고 몸을 움직일 수 있다는 일관된 신생아의 행위는 하등동물만이 아니라 인간에게서도 나타나는 특징이기도 하다.

갓 태어난 아기들도 자기만의 서로 다른 움직임으로 주변 사건에 반응할 수 있다. 예를 들면 '접근 가능 공간'이라고 부르는 아기 몸의 일부인 발이 닿을 수 있는 내에서 하나의 대상이 태어난 지 몇 시간밖에 되지 않은 아기 앞에 매달려 있다면 신생아들은 그 대상을 만져보려고 미숙하게 (이따금 성공하기도 하면서) 시도하면서 이를 뚫어지게 쳐다보다가 한 팔 또는 양팔이 뻗어 닿기도 할 것이다.[8] 우리가 제4장에서 살펴보았듯이, 타인의 행위와 자신의 행위를 혼동하면서 반사적으로 움직이는 것이 아니라 이를 따라 하기 전 관심을 갖고 이 행위를 진지하게 생각해보려고 잠시 멈추는데 이렇듯 인간의 신생아는 타인의 특정 행위를 따라 하는 움직임을 보인다. 신생아가 다른 아기들의 울음소리를 듣고 우는 현상(예컨대, 병원의 신생아실에서는 잘 알려진 혼란)은 예전에는 자기와 타인 간의 경계가 없어 혼란이 초래된 증거로 사용되었다. (즉, 아기는 다른 아기의 울음소리를 들으면서 이것이 다른 아기의 소리라고 알지 못한 채 울기 시작한다기보다 '이어서' 울게 된다.) 그러나 이런 울음은 실제 우는 것보다 덜 혼란스러운데, 신생아들은 성인들조차 구별하기 매우 어려운 자기 목소리에 대한 다른 점을 인식하면서 자기 울음소리보다 테이프에 녹음된 다른 아기의 울음소리에 더 잘 운다.[9] 다른 아기들의 울음소리에 반응하는 신생아들의 울음은 아기가 자기가 우는 것이 아님을 알지 못해 혼란스러워하면서 운다기보다 어느 정도 공감적인 입장에서 우는 것으로 보인다.

홍미로운 것은 신생아가 자기와 타인을 구별할 수 있고 일관되게 행동하거나 타인을 모방하는 것이 충분히 가능하여 타인과 닮은 점이나 다른 점을 지각할 수 있다는 사실이 그리 단순한 일이 아니라는 점이다. 물론 신생아들도 분명히 자기들의 행위에 관심을 갖고 있다. Audrey van der Meer와 그 동료들은 한 달 된 아기들을 대상으로 주목할 만한 일련의 실험을 했는데, 아기들은 자기들 손의 움직임을 촬영한 이미지와 무거운 추를 매달아 손을 잘 움직일 수 없게 만들어놓고 촬영한 비디오 이미지를 보았다. 아기들은 촬영된 자신의 팔의 움직임을 유심히 지켜보면서 관심을 보였고, 움직이는 것이 무척 어려운데도 불구하고 손의 움직임을 지켜보는 동안 손을 더 많이 움직이는 것으로 나타났다. 이렇게 움직임을 보는 것과 느끼는 것 간의 조화는 그 장면을 보기 위해 아기가 더 많이 움직일 수 있게 만들었다. 또 다른 실험에서 이 연구자들은 아기의 가슴이나 배 위에 보이지 않는 레이저 빔을 쏘았다. 아기는 우연히 레이저 빔을 맞은 곳을 움직이다가 레이저 빔이 움직이고 비춰 보이게 될 때 다른 어느 곳도 아닌 빔을 맞았던 그 부위를 더 많이 움직였다.[10] 이것은 우연히 발견되거나 강화에 의해 형성되는 그리 단순한 결과가 아니다. 2개월의 아기들을 대상으로 한 다른 연구에서도 그 연령의 아기들은 일시적으로 소리의 효과를 내려고 (철사로 만든 엄마의) 젖을 더 많이 찾을 뿐만 아니라 그들이 젖을 빨고 있는 소리의 아날로그 면에서 어울리는 것을 알고 있는 것으로 나타났고, 그 어울리는 것 주변을 함부로 만지지 못하게 하면서 젖을 빨았다. 아기들은 자신들이 세상에 미칠 영향력을 가지고 있다는 것과 어느 정도의 영향력이 어떤 것인지 아직 모르고 있는 것으로 보였고 그것을 탐구하고 조절하기 위해 동기 부여하고 있었다.[11]

서로의 손가락을 빠는 샴쌍둥이와 같이 심각하고 특이한 경우에도 Daniel Stern은 3개월 연령의 쌍둥이 한 쌍이 자기들의 손가락과 다른 쌍둥이의 손가락을 구별할 수 있음을 증명하였다. 다른 쌍둥이의 손가락이 입에서 빠지면 그들은 손가락이 빠질 때처럼 머리를 손으로 기울였다. 그들은 손을 뒤에서 잡아놓아 빨지 못하게 했을 때 자신들의 손가락을 그렇게 쓰지 않았다.[12] 하나의 신체로서 자기는, 그 신체가 샴쌍둥이의 경우처럼 특이하더라도, 하나로 되어 있으면서 뚜렷이 구별되는 것으로 보인다. 자기 자극과 외부 자극 간의 구별이 가능하다는 사실은 전자가 아닌 후자로 몸을 돌리고 젖을 찾으면서 신생아들이 자신의 볼을 만지는 것과 다른 사람들이 만지는 것 간의 차이를 구별하는 실험 연구에서 밝혀졌다.[13] 자궁 안에서 태아의 손과 발의 움직임조차도 기본적으로 의도를 가지고 있으며 출산 후 생활 속에서도 지속적인 어떤 행위를 보여준다.[14]

자기와 자기가 아닌 것 간의 혼란이 있을까? 나는 그렇게 생각하지 않는다. 어떠한 자기 인식이 분명히 존재하는데, 아기들은 자신 주변의 물리적 공간이나 대상과는 분명히 다른 신체 인식 그리고 그들 주변의 사물이나 사람들의 행위와 뚜렷이 구별되는 자기 행위의 인식과 더불어 눈에도 보이고 소리도 내는 행위를 하게 해주는 것이 자신의 손이라는 인식과 손이 눈에 보이는 움직임을 더할 수 있게 해주거나 소리를 조율할 수 있게 해준다는 인식이 분명히 존재한다. 이러한 능력은 신체와 그 역량에 관한 주관적인 인식을 반영하게 되면서 이제 일반적인 내용으로 받아들여지고 있다. 그것은 붙여진 다른 이름이 있는데, 어떤 것은 '자기 장치'로, 어떤 것은 자기의 촉감적인 인식으로, 어떤 것은 주관적인 자기 인식으로, 어떤 것은 '핵심 자기'로, 또 어떤 것은 신체적이거나 '생태학적인' 자기 인식으로 불린다. 여기에서 주목할 중요한 점은 소수의 몇몇 사람들이 자기-타인 또는 자기-세계를 구별하는 데 있어 전적으로 이원론을 주장한다는 사실이지만, 그보다 신생아가 알아가고 있는 세상과 관계를 맺어가는 것은 사실 자기라는 것이다. 그럼에도 불구하고 적어도 관계라는 측면에서 이원론에 동의하는 몇몇은 사실 성인기에도 모든 신체 행위의 특성이 될 수 있다. 어떻게 자기와 세계 그리고 자기와 타인의 구별을 인식하고 자기의 일관성과 연속성을 더 발달시키며 인식할까? 다시 한 번 강조하자면, 초기의 능력과 후기의 객관적이거나 개념적인 자기 인식을 일반적으로 구별하는 데 있어서 다양한 이름을 붙이는 것은 자기 인식을 더 발달할 수 있게 해준다. 초기의 '자기 장치'라는 곳은 자기에 대한 1인칭 관점에서 주관적인 자기 인식을 반영한 지점이라고 생각하는데, 이후의 발달은 그 자체 하나의 대상으로서 자기 인식과 자기에 대한 3인칭 관점에서 타인을 반영하는 것이라 생각한다.

그러나 여기에는 또 다른 사람에게 주의를 기울이는 감정적인 대상으로 자기 자신을 경험하면서 하나의 대상으로 처음 알려진 자기, 즉 자기에 대한 2인칭 인식이 누락되어 문제가 될 수 있다. 영아기 초기에 자의식의 정서 상태에 관한 증거는 '객관적인 자의식'이 경험하거나 놀면서 터득하게 되는 타인과의 작용과 반작용으로 사람들과의 정서적 관계 내에서 발달하기 전 이미 발달하고 있다는 것을 시사한다. 주의를 기울이고 의도를 지닌 존재로서 타인을 인식하는 데 있어 아기는 이렇게 주의를 기울이고 의도를 지닌 것을 지향하는 대상으로 자기 자신을 인식하는 것과 분리해서 고려할 수 없다. 예를 들어 나를 바라보는 당신의 눈길을 경험하는 것은 바라보고 있는 내가 있다는 것을 인식하게 해주고 나와 같은 당신이 나라고 인식되는 것을 경험하게 해주고 내가 하고 있는 것에 대한 당신의 모습이 내가 무엇을 하고 있는지 인식하게 해준다. 아기가 이렇게 단순한 관계 속에서 인식하는 이러한 '나(me)'는 다른 사람들과 관계를 형성하는 그 속에서 존재하고 발달한다. 이것은 타인의 심리적인 시선을 지각하는 데 있어 관계하는 개체로 존재하면서 간단한 대화 속에도 그 내용이 담겨져 있다. 아기가 타인을 심리적인 존재로 지각하는 것이 더 섬세해질수록 눈에 보일 정도로 타인에 대한 자기의 의식 상태는 더 정교해질 수 있다.

자의식의 영향 : 타인에 대한 가시적인 자기의 정서

가장 단순한 자의식의 정서 상태는 다른 사람이 봐주고 알아주는 (또는 봐주고 알아준다고 생각하게 하는) 데에서 발달하기 시작하며 사람들 사이의 관계에서 기분과 반응으로 생각해볼 수 있다. 즉, 이것은 쉽게 알아볼 수 있을 정도로 다른 사람들에게서 하나의 자기로 발달하기 시작한다. 나는 다른 사람들이 '바라봐주는 존재'로 수줍음과 과시라는 두 가지 반응을 다루려고 한다.

얼굴을 붉히거나 부끄러워 웃거나 수줍어 힐끗 쳐다보는 것은 그것이 다른 사람에게 자기에 대해 부각되는 가시적 상태로 자발적인 반응일 때 매력적일 수 있다. 사실 이런 모습은 공상 놀이나 진지하지 않은 장난 같은 표현으로 이러한 반응이 과장되거나 진부하게 비춰질 수 있다. 예를 들면 옛날 여주인공들은 (직접적으로 보지 않고) 옆으로 눈길을 돌리거나 얼굴을 가리기 위해 부채나 너무 스스럼없이 굴다가 참을 수 없는 미소를 가리기 위해 기모노 소매를 올리거나 하면서 구애자의 청혼을 허락할 때 전통적으로 눈길을 아래로 향하게 하라고 권하면서 격식을 차릴지 모른다. 마찬가지로 오늘날에도 아이의 수줍은 미소에, 우리가 친구를 난처하게 만드는 장난에, 존경하는 사람이 우리에게 뜻밖의 칭찬을 할 때 우리 가운데 누가 쑥스러워하며 이끌리지 않을까? 자의식의 매력은 다른 사람과 만나면서 벌거벗은 채로 존재하던 의식으로 자기를 모순되게 보면서 이전에 감춰져 있던 자기가 이렇게 눈에 보이는 바로 그곳에 있다. 다른 측면에서 보면 가시성(visibility)을 부각시키는 것은 자기를 드러내는 즐거움인 과시와 같은 다른 정서적 행위/반응이다.

어느 날 한 학생이 공연을 하고 심사를 거쳐 뽑히게 되면 유명인이 될 수 있는 텔레비전 쇼인 팝 아이돌에 출연하고 싶다고 말한 적이 있다. 나는 그 학생의 친구 중 한 명이 특정 노래를 불러보라고 하는 것에 맞장구치며 "노래해볼래?"라고 물어보았고 그 학생은 조심스레 "예⋯?"라고 하였다. 평소에는 대범하고 장난기 많은 그녀가 순간 몸을 꼬며 반쯤 돌아서 멋쩍어하더니 "싫어요."라고 고개를 저으면서 수줍어 등을 돌렸다. 그 요구는 그녀 자신에 관해 어떤 것을 드러내도록 했는데, 그 어떤 것은 어떤 이유로 그 순간 그녀에게 지나치게 사적이거나 위협적인 것이었다. 그녀의 반응은 거기 그 순간에서의 자기를 숨기는 것이었고 멋쩍어 웃던 것처럼 다소 긍정적인 정서가 있긴 했지만 부탁받은 것을 보여주지 않으려고 살짝 외면하였다. 자기가 타인의 관심으로부터 그 자체에 대해 어떤 것을 숨기려고 했다며 자의식의 정서 반응을 이렇게 부른다면 그 누구라도 망설일 것이다. 샘이 자기에 대해 자신만만해하며 떠들썩한 노래를 매우 큰 소리로 부르기 시작했다고 하거나 어떤 것은 그 상황보다 훨씬 작게 불렀다고 상상해보자. 그것은 정반대의 의도와 결과를 가져오더라도 지나친 자의식의 반응이었고, 자기는 타인에게 특히 그 자체를 보여주려고 노력해왔다. 사실 내가 주저하며 샘에게 이 글을 보여주었을 때 그녀의 반응은 드러내고 관심을 갖게 하며 적어보는 것에 대한 숨길 수 없는 즐거움!―이러한 것이었다. 이런 반응은 우리의 대인관계에서 매일 일어나는 익숙한 모습이자 아이들과 상호작용하는 평상시의 양상이다.

이렇게 개인적인 두 유형의 행위는 타인과의 심리적인 접촉으로부터 자기를 지키고/숨기고/물러나게 하거나 이런 심리적 접촉을 통해 자기를 강화하고/촉진시키고/개방하는 단순한 방법이긴 하지만 그러한 방법을 모색하고 있다. 어떤 의미에서 심리적인 모든 접촉은 계속해서 자기에 대해 다룰 뿐만 아니라 가시성을 부각시키거나 축소시킬 수 있는 틀 안에서 상호적인 가시적 자기를 포함한다고 볼 수 있다. 그러나 수줍음과 과시 모두를 다루는 데 있어 초점은, 예컨대 인사를 하면 그에 대해 미소로 반응한다거나 어떤 부탁에 응하는 반응을 보낸다거나 요구에 따른다거나 부름에 눈길을 주는 것과 같이 여러 반응의 교류보다 훨씬 직접적으로 가시성 그 자체에 맞춰져 있다. 그것은 여기에서 다루어지는 것으로 분명히 타인에 대한 가시적인 자기이다. 한 예로 도덕이나 교육, 사회적 기준에 따라 자기를 평가하는 것처럼 분명한 초점을 지닌 가시적인 자기와 같은 다른 유형의 교류도 있다. 그러나 이는 타인에 대해 주의 깊은 긍정적인 반응의 용어가 아닌 그런 반응에 대해 사회가 만들어 놓은 규준과 기준에 관한 용어로 자기를 긍정적으로 표현하거나 그것을 감추려 하면서 수줍음과 과시를 확장한 것이다. 그렇지만 이러한 고민을 잠시 접어두고 먼저 영아기에 그런 행위와 반응이 언제 그리고 어떻게 발달하는지 알아보자. 외부와 접하게 되는 자기 가시성을 부각하는 데 있어서 아기들은 언제 가시적으로 자기 자신을 드러내기 위해 행동하거나 가시성이 감소하는 데 반응할까?

발달순서의 표준 : 자기 개념은 자의식의 감정을 유도한다

자의식의 정서 반응 발달에 관한 표준적인 내용은 이런 반응이 자기 개념 (concept of self) 발달 이후에 출현한다고 주장하는 인지발달 이론가들에게서 나오고 있다. 다윈은 100년을 훨씬 넘긴 그 이전에 아기들은 얼굴을 붉히지 않는다는 점을 관찰하였고 이 관찰 결과는 사실상 자기 개념 발달이 영아기에 확실히 이루어지지 않고 이후 꽤 늦게까지도 이루어지지 않는다는 견해를 여러 사람들이 지지하고 주장하는 데 근거가 되고 있다. 여러 연구자들은 이런 자기의 개념화가 일어나는 시기에 대해 서로 다른 의견을 내놓고 있는데, 어떤 학자는 '사회적 자기'의 발달 이후 5세라고 하고 다른 학자는 거울 자기 인지와 자기 개념이 발달한 후 1세 반이라고도 한다.[15] 오로지 상상 속의 생각을 통해서만 심리적인 존재인 타인을 알게 된다는 비판적인 가정을 토대로 자기에 대해서 알아간다는 것도 Michael Lewis가 유창하게 표현한 것처럼 '나(me)에 대한 생각'이 필요하다고 주장하고 있다. 이러한 생각은 아기에게 자기에 대해 묘사하고 주목할 수 있도록 '나(I)'라는 명사를 사용해서 이해할 수 있게 해주거나 자기를 직접적으로 경험하도록 거울을 보여주고 자기임을 즉시 알아맞힐 수 있게 거울 속의 자기를 인식하게 해주며 어색함, 자부심, 공감, 질투심과 같은 이차 정서라 불리는 새로운 감정이 발생하는 것을 가능하게 해준다. 이러한 하나의 대상으로서 자기 인식의 정서 반응은 타인에 대한 관심과 관점을 가능하게 해준다. 이렇게 극적인 발달은 대부분의 영장류를 포함하여 대다수의 다른 동물에서가 아닌 18개월경의 그 시기 인간의 아기들에게서 나타나는 것으로 보고 있다. 표준적인 내용에 따르면, 자의식은 주로 늦게 발달하는 개념적 생각이며 자의식의 정서는 이런 생각에 대한 반응이다. 더 지나 3세 무렵이 되어서야 아기는 이런 기준에 따라 자기에 대해 평가를 하며 무언가 좋지 않은 일을 하거나 잘못된 일에 죄책감을 느끼는 것처럼 쑥스러움과 같은 더 다양한 감정을 드러낼 수 있게 되면서 기준과 목적을 정신적으로 표상할 수 있게 된다.[16]

이 주장의 안면 타당도는 높은 편으로, 의식할 수 있는 마음속의 자기가 있기까지 의식할 만한 것을 느낄 자기가 없기 때문에 아기는 자의식을 느낄 수 없다. 처음에는 이러한 근거가 이 관점을 지지하는 것 같다. Michael Lewis와 그의 동료들은 거울에 비친 자기를 인지하는 아기와 지나치게 칭찬받고 있거나 볼거리 같은 무언가를 보여달라거나 거울 속 자기를 쳐다보라고 요구하는 데 대한 자의식의 정서 반응을 드러내는 것 사이에 밀접한 관계를 발견하였다. 거울 자기 인지 실험에서 자기를 알아보지 못한 극소수의 아기들은 이런 일에 난처함을 보이지 않는다. 만약 이 이야기가 받아들여진다면, 타인에 대한 하나의 대상으로 초기 자기 인식에 관한 주장뿐 아니라 초기 타인 인식에 관한 주장에도 문제가 생긴다!

　그러나 이 이야기에는 문제가 있다. (내가 앞 장에서 주장한 것처럼) 자기가 타인의 관심을 하나의 대상으로 경험할 수 있다면 개념에 의존하지 않는 대상으로 자기 인식의 경로가 있다. 그리고 타인 인식이 3인칭 관점과 같은 어떤 종류의 개념을 통해 중재되어야 한다는 견해는 지금까지 논의한 모든 근거 자료에서 봐왔듯이 문제가 있다. 실증적인 것으로 기준이 되는 관점을 궁금해하는 또 다른 이유가 있다. 자의식의 정서는 그것이 보이는 것처럼 그 단계에 그렇게 늦게 나타나지 않는다. 최근의 몇몇 연구 결과에서는 1세 중반에서 질투심이 발달한다는 사실을 보여주고 있다.[17] 여기에서 나는 내가 사용한 용어들 가운데 가시적인 자기가 줄어드는 데 대한 반응을 포함하는 부끄러움, 어색함, 수줍음, 숫기 없음의 정서 반응에 초점을 두려고 한다.[18] 행동 표준 평가를 사용해보면 우리는 적어도 첫 몇 해 동안 복잡한 특징이 발달하면서 그런 반응이 일생 중 첫해 몇 개월 만에 일어난다는 사실을 알 수 있다.

가시적인 자기의 축소 : 부끄러움, 수줍음, 그리고 어색함

부끄러움이나 '자극'에서 비롯된 걱정이나 위축이 단순히 자의식의 반응이라고 생각하지 않는다. 물론 노출로 인해 생기는 무안함이 부끄러움과 유사하다고 주장하고 있지만 이는 오히려 공포나 경계심과 같은 '일차' 정서에서 기인한 근본적인 생물학적 현상으로 보인다.[19] 일반적으로 그런 반응들이 부끄러움에 대해 단순한 회피 반응보다 한참 후에야 생겨나고 드러나기 때문이고 노출된 자기에 대해 맹목적으로 인정하면서 관계와 회피 사이에서 훨씬 더 복잡한 긴장 상태로 나타나기 때문에 그것은 대체로 자의식으로 비춰지는 수줍음, 숫기 없음 그리고 어색함에 대한 양면인 반응이다. 그렇다면 생애 첫해 그런 행동에 대해 우리는 무엇을 알아야 할까? 우선 어색함이나 수줍음 혹은 긍정적인 부끄러움이 어떻게 보이는지 대략적으로 살펴보도록 하자.

어색함과 수줍음을 구별하다

30년 전에 Beulah Amsterdam은 거울에 비친 자신에게 보이는 반응에 대해 걸음마기의 아기들이 보여주는 자의식이 정서 반응을 여러 차례 세밀하게 관찰하여 발표하였다.[20] 그녀는 걸음마기의 아기들이 자의식의 정서 반응이라 부를 수 있는 다양한 일들을 한다는 사실을 발견하였다. 예를 들자면, 아기들은 (스스로를 오랫동안 흐뭇하게 바라보거나 그 모습을 보여주거나 자기의 특정한 모습을 타인에게 강조하는) 우쭐대거나 자화자찬을 하고 (자신의 시선에 의기소침해지거나 거울 속의 자기와 마주하기를 피하는) 부정적인 반응도 보였다. 게다가 가끔 웃고는 있지만 시선을 피하거나 고개를 옆으로 돌리고 심지어 손으로 입이나 얼굴을 가리면서 수줍어하거나 민망해하였다. Lewis는 그 밖의 특징으로 응시하는 시선과 거리를 두기보다 회피한 후에 시선이 되돌아오는 차례에 고개를 돌리고 위를 올려다보기도 하지만, 걸음마기 아기들의 어색함의 핵심 요소는 웃으며 시선을 피하는 것임을 알아냈다.[21] 어른들의 어색한 미소를 발견하기 위해 추가적인 두 가지 단서를 찾았는데, 하나는 시선을 피하는, 즉 미소가 사라지기 전에 외면하는 타이밍이고 다른 하나는 얼굴을 옆으로 돌리거나 고개를 숙이는 것뿐만 아니라 입을 막거나 입술을 삐죽거리고 입 안의 볼살을 씹는 것과 같은 웃음을 억누르려고 노력하는 표정의 상태이다.[22] 수줍음과 어색한 웃음의 경우 우리가 찾고 있는 핵심적인 표정은 얼굴을 향해 손을 움직이고 가능한 미소 그 자체를 억누르려는 시도로 웃는 동안 시선을 피하고/피하거나 고개를 돌리면서 웃는 것이다.

이런 표현 패턴은 윗사람이나 낯선 사람과 있는 경우 미소를 지어야 할 때 넓은 기모노 소매를 이용해 눈만 보이게 하거나 손으로 치아를 가리며 미소를 숨기는 행동과 같은 예의 바른 행동이자 호감을 주는 태도로 짓궂게 요구하는 것, 그리고 다소 전통적인 사회에서 신부에게 요구하는 "조신하라"는 행동을 노골적으로 알려주는 것을 비롯한 어색한 반응으로부터 발생한다고 볼 수 있다.

1세 영아기에서의 수줍음

나의 딸이 2세 반이 되었고 우리끼리는 몇 주 동안 이미 '수다'를 떨었을 때 아이는 나나 외할머니가 인사를 하면 무언가를 하기 시작했다. 이 일은 단 1주일 정도만 지속되었지만 다음과 같이 특징적인 사건이 벌어졌다.

> 의자에 앉아 계시던 할머니는 무릎에 손녀를 앉히고는 서로 얼굴을 마주 보고 웃으며 안녕이라고 말을 건넸고, 아이는 미소로 답을 하면서 그 즉시 수줍은 태도로 자기 얼굴 가까이 팔을 구부렸고 웃는 채로 잠시 고개를 돌렸다가 다시 돌아왔다. 아이에게 인사는 감당할 수 없을 정도로 너무나 '좋았던' 것 같다.

나는 이런 반응이 혼란스러웠고 그것이 우리와 아이와의 관계에서 의미하는 바를 이해할 수 없었다. 두렵거나 경계하는 반응이 아니었다. 그 반응은 나에게 어렸을 때 보았던 빅토리아 시대나 인도 영화의 수줍음 많은 여주인공들을 떠올리게 했다. (자의식에 관한 기존 이론으로 보면) 2개월 된 아기가 매우 친숙한 어른들과 그런 행동을 하고 있다는 것은 말이 되지 않는다. 몇 년 후 나는 2~4개월 시기의 아기들과 부모, 낯선 사람인 나, 거울 속의 아기 자신이라는 세 가지 상호작용에 관하여 매주 아기들의 집에서 비디오 촬영을 하며 5명의 다른 아기들의 이러한 반응에 대해서 연구하였다. 빈도는 각기 다르지만 아기들 모두 이러한 반응을 보였다. 아기들이 단순히 경계심으로 신호를 보낸 것이라면 예상할 수 있었겠지만 이런 반응은 낯선 사람인 나에게만 일어나는 것이 아니었고 아기들은 엄마나 거울 앞의 자기를 향해서도 자주 그러했다. 가끔 그 반응에는 얼굴이나 가슴 앞에서 팔을 꼬는 행동도 포함되어 있는데 이는 부모의 눈에 쉽게 띈다. 하루는 연구에 필요한 비디오테이프를 복사해주고 있는 우리 실험실 기사 데이브가 이제 막 8주가 된 자기 딸에 관한 이야기를 들려주었다. 아내가 그 날 저녁 "여기 봐봐, 아기가 뭐하고 있었게? 뭘 하려고 했게?"라고 물으며 와서 아기를 보라고 자신을 불렀는데 웃는 눈으로 얼굴 앞에서 팔을 올리고 꼬며 고개를 돌리는 딸의 반응을 보여주었다. 물론 데이브는 아기가 무엇을 하는 지 정확히 이해했다! 비슷한 이야기로 (여전히 공식적으로는 이런 반응을 보이기엔 너무 어리다고 하지만) "당신도 알다시피 '아기가 나나 다른 것 때문에 부끄러워하는 걸까?'가 궁금해서 그 어려운 문제를 풀어보겠다고 아기는 내내 (아기 아빠인) 대니와 붙어 있었어요, 하루 종일이요."라고 말하는 8개월의 레베카 엄마의 이야기처럼 더 큰 아기가 있는 부모들에게서 쉽게 찾아볼 수 있는 내용이다.

그러나 잠깐 쳐다봤다가 웃으며 순식간에 고개를 돌리는 어떤 아이들은 가끔 혹은 그보다 자주 비디오테이프를 아무리 천천히 되돌려보아도 팔에 미동조차 없었다.[23] 태어난 지 2개월밖에 되지 않은 아기라도 그게 1년 반이든 다 자란 성인이든 수줍음이라는 반응과 매우 흡사한 무언가를 하고 있다는 데에는 의심할 여지가 없다. 더욱이 타인에 대한 관심으로 부끄럽거나 수줍어하는 긍정적인 반응을 보이는 어른들의 경우 정서적으로 이해하고 있는 '인사를 하고 맞이하는' 상황에서 아기들은 그런 반응을 하고 있었다. 그렇다면 우리는 어떻게 그런 행동을 하는 걸까? 분명한 것은 통념상으로 2개월의 아기는 너무나 어려 '대상'으로 자기에 대한 어떤 개념을 갖고 있지 않고 더 큰 아이들이 보여주는 거의 유사한 방식으로 스스로 반응하지 못한다는 것이다. 우리가 그 시기에 타인을 긍정적으로 인사하고 맞이하는데 있어서 물론 변치 않는 긍정적 태도를 갖고 있지만 전형적으로 앙탈을 부리거나 스트레스를 받고 무관심하기도 한 그런 반응을 보이는 아기들과 비교하여 뚜렷한 차이가 있는 경우 이런 반응이 중요하다는 사실은 점차 분명해진다. 서로 바라보고 음성 표현을 주고받는 '인사' 장면에서 이렇게 다른 반응을 보이는 맥락을 살펴보면, '수줍음'이라는 반응은 타인이 조치를 취한 데에 따른 어떤 정서적 반응이 아니라고 주장하기 어렵다. 그렇다면 자의식의 측면에서 아기들이 의미하는 것은 무엇일까? 아기들은 자기에 대한 반영적 인식을 포함하고 있다는 뜻에서 보면 자의식의 정서가 없다. 그러나 만약 아기들이 어떤 정서성을 갖고 있다면 (그리고 이들이 전혀 정서 반응을 보이지 않는다고 주장하는 것도 힘들 것이다) 그 정서성은 무엇일까? 만약 아기들이 자기와 관련이 있는 타인의 행위를 어느 정도 인식한 결과로 그 정서성이 발생하고 있는 것이라면, 우리는 이를 자의식의 정서로 불리는 단순 수준의 반응 계열에 속하는 것으로 분류할 수 있을까?

수줍음의 표현에 관한 기능적이고 구조적인 발달

반응의 의미를 찾을 수 있는 분명한 위치는 그 정서가 발생하는 맥락에 있다. 과연 정서는 어떤 기능을 할까? 성인과 큰 아이들에게 부끄러운/수줍은/숫기 없는/어색한 반응은 두 맥락에서 발생하는데, 하나는 달갑지 않고 예기치 않거나 바라지도 않는 타인이 보내는 관심에 대한 반응이고 다른 하나는 (긍정적이거나 부정적인) 평가나 타인이 하는 평가의 기대에 대한 반응이다.[24] 한 예로 성인은 예상하지 못했던 다른 사람을 보거나 자신이 좋아하는 사람을 보거나 칭찬을 받았거나 약간 이상하고 사회적이지 않은 행동을 하는 등 그런 상황에서 어색해한다.[25] Lewis의 연구에서 낯선 사람이 있는 자리에서 (노래를 부른다거나 춤을 추는) "재주를 보여달라"고 부탁 받거나 낯선 사람에게서 외모나 입고 있는 옷에 대해 긍정적인 (사실은 지나치게 긍정적인) 평가를 받았을 때 걸음마기 아기들은 어색해하였다. 반대로 2개월의 아기들은 (Dacher Keltner가 개인 조절에서 실패라고 부르는 것이나 Michael Leary가 예기치 않은 관심이라 부르는) 서로를 바라보고 '인사'를 하는 관심이 시작하는 상황에서만 민망함과 흡사한 반응이 나타났다. 그 반응은 계속되는 상호작용에서 후반부보다 쉬는 시간 이후 다시 만나게 되는 초반의 1분 동안 훨씬 빈번하게 발생하였고, 두 번째나 그 이후에 미소를 짓기보다는 쉬는 시간 이후 다시 만나게 된 후 첫 번째에 더 자주 미소를 지어 보이는 경향이 있었다. 분명한 것은 (적어도 어른들 사이에서의 뜻으로는, 아니면 다른 곳에서 사용하는 의미로라도, 다른 사람이 보내는 모든 시선에는 어느 정도, 그리고 이 경우에, 항상 긍정적인 평가를 담고 있는데) 이 맥락에서는 하나의 평가가 아니라 그저 하나의 관심이라는 것이다.[26] 그래서 2개월 아기의 반응은 두 맥락 중 모두가 아니라 어색함의 표현에 관한 하나의 맥락에 잘 들어맞는다. 아기들의 반응은 걸음마기 아기들, 어른들, 그리고 한 부분일 뿐인 이야기의 반응보다 더 간단하지만, 이들의 반응이 이렇게 절반뿐인 이야기와 구조적으로 유사할까?

걸음마기 아기들이나 성인과 비교하여 2개월 된 아기들의 수줍은 반응의 구조를 자세히 살펴보면 두 가지 유사점과 두 가지 차이점이 있다. 더 큰 아이들의 경우 그 반응은 응시나 고개를 돌리는 회피가 동반되는 미소로 이루어져 있고(응시와 고개를 돌리는 회피의 두 반응 모두 가장 두드러졌고 성인보다 머리의 움직임이 눈에 띄었다), (성인과 큰 아이들에게서도) 팔의 움직임도 포착되었다. 그러나 아기들이 보여주는 팔의 움직임은 (걸음마기 아기들과 성인에게서 보이는 것처럼) 신체와 별개로 손 단독의 개별적인 움직임이기보다는 통제하지 못하고 얼굴을 향해 들어 올리는 팔 전체의 움직임을 말하는 전신의 움직임이다. 이런 팔의 움직임은 Eibl-Eibesfeldt가 여러 문화를 사진으로 기록하여 내놓았던 것으로 친밀한 상황에서 충동적으로 얼굴을 가리던 덮개와 매우 닮아 있다.[27] Lewis에 의하면, 그런 모습은 사회적인 대상인 자기에게 사람들이 적극적으로 보여주는 관심과 주목을 반영하는 몸이나 머리, 옷이 닿는 것에 동요되지 않는다. 또, 부끄러움, 수치심이나 공포의 고정된 특징도 수줍음의 자위적인 특징도 반영되지 않는다.[28] 그렇다면 이렇게 웃으며 응시하고/고개를 돌려 회피하는 반응을 동반하는 팔의 움직임은 무엇을 보여주는 걸까? 나의 연구에서 (일상생활에서 웃음의 단 6%와 견주어보면) 회피 웃음의 25%에서 그런 움직임의 존재는 숫기가 없고 가볍게 장난을 치는 것이 의례적인 행동의 기초를 잘 형성할 수 있다는 점과 여러 문화권에서 얼굴을 가리기 위해 손을 사용하는 것이 긍정적인 부끄러움으로 작용될 수 있다는 점의 두 가지 관점과 관련성을 시사한다.

두 번째로 성인의 어색한 웃음에서 차이점은 웃음을 억누르려는 시도가 얼굴에서 보이지 않는 것이다. 웃음 억제는 (전체보다) 개별적인 손의 움직임에 따라 2년 동안 발달하는 특징이기도 하다. 이 문제를 다루는 명확한 자료는 없지만 차이를 설명하는 두 가지 개인 관찰이 있다.

나는 미소가 눈에 보이는데도 불구하고 웃음을 억누르려고 입술을 꽉 다물고 오므려서 입이 일그러지는 20개월 된 아들을 관찰했다. 한번은 아이가 집에 있는데 다른 곳에서 나를 불러 찾았고 난 많은 손님들과 함께 앉아 있다가 베란다에서 대답을 했다. 아이는 내 대답을 듣고 (손님들이 와 있다는 것을 모른 채) 방으로 들어왔고 크게 웃으면서 내게 고개를 돌려 손님들을 보고서 조금 놀랐으며 계속 웃고 있었지만 입술을 꽉 다문 채로 내게 달려와 (손님을 등지고) 내 무릎에 얼굴을 묻었다. 그런 다음 아이가 머리를 약간 들어 올렸을 때 나는 아이가 더는 웃음을 참지 못해 더 크게 웃고 있던 얼굴을 볼 수 있었다. 한 달 뒤에 두 번째로 손님 앞에서 노래를 불러달라고 아이가 부탁을 받았을 때 그 전과 비슷하게 (훨씬 작지만) 입술을 오므리고 있는 미소를 보게 되었다. 난 아이에게서 그렇게 웃음을 참는 모습을 다시 볼 수 없었다.

이렇게 두 사건에서 어색한 웃음을 통제하는 모습은 친한 사람이 예상하지 않게 기습 방문하거나 (즉, 웃으면서 아이의 엄마를 다정하게 부르는 낯선 사람들이 우연히 아이를 관찰하였다) 과시를 하는 상황 이후에 흐트러진 모습을 수습하려는 아이의 시도로 설명할 수 있다. 웃음이 품위가 떨어진다는 뜻을 나타낼 때도 있다. 실례로, 서구화되지 않고 전통을 고수하는 인도 성인들의 사진을 보면 웃어달라고, 특히 '치아가 보이게' 웃어보라고 요구하는 (서구화된) 사진기사에게 응징이라도 하듯이 미소를 짓지 않으려고 하거나 심각한 표정을 짓는 모습을 쉽게 볼 수 있다. 어떤 상황에서 웃고 있는 것이 어쩌면 무례해 보일 수 있거나 어떤 대인관계에서 서로를 바라보는 것뿐만 아니라 미소를 짓는 것이 너무 친한 사이로 보일 수 있기 때문에 (웃음을 통제하는 데 실패한 경우 계속해서 더 어색하게 만들 수 있다) 웃음을 통제하는 것은 친하지 않거나 잘 알지 못하는 상대방에게 자신의 감정을 드러내지 않기 위해서 시작된 것일 수 있다.[29]

그리고 다른 연구에서도 아기의 이런 수줍은 미소가 1세 말경이나 그 이후에 형성되는 수줍은 미소와 구조적으로 동일하지 않지만 유사하다고 보았다.[30] Harriet Oster가 언급한 것처럼 얼굴 표정은 연령에 따라 그 모습이 변할 수 있지만 그렇더라도 연속적인 상태를 보여준다.[31] 그 차이는 영아기 초기에 아기가 표현을 할 때 전신을 사용하거나 훨씬 통제되지 않은 반응으로 드러나는데 그 정도 범위에서 나타난다. 변화는 (거짓 웃음과 울음에 관해 논의하고 있는 제9장 참조) 표현의 통제와 가짜의 활용을 가능하게 하는 최소 9개월 무렵에 발달하는 인식에서 시작된다. 하나의 게임처럼 부끄러움을 이용하는 다음의 관찰 내용과 같이, 수줍은 반응을 구성하는 요소를 심지어 약 5개월 시기부터 어느 정도 '이용' 가능하다는 증거도 있다.

아이를 돌봐주는 분이 새로 왔는데 그 사람과 성공적으로 하루를 보낸 끝 무렵 돌봐주는 사람과 이야기를 나누면서 내가 로한을 안고서 데려가고 있다. 돌봐주는 분은 내게 말을 하면서 로한이 자신을 쳐다보는 것을 알게 되자 갑자기 산만해지고 로한은 웃으며 내 품 안으로 숨으면서 그분의 눈길을 알아챈다. 그분은 오, 안녕이라고 인사를 하고 내게 다시 말을 걸기 시작한다. 그분은 자신을 다시 쳐다보고 있는 로한을 보고는 아이를 보려고 몸을 돌리는데 로한은 다시 얼굴을 숨긴다. 내가 이제 그 모습에 푹 빠져 무엇을 하고 있는지 관찰하고 있는 동안 이런 상황이 몇 차례 더 반복된다. 아이는 돌봐주는 분이 가려고 하자 그분이 자기를 따라 움직여줄 때 숨으면서 상호작용에 초대하고 있다. 로한의 행동은 거슬리는 시선에 대해 통제하지 못한 반응이 아니라 계획적인 하나의 게임처럼 보인다. 나는 다시 이런 게임을 보지 못했다.

대략 1년 중반부터 아기들은 타인과 이런 가시성을 이용하고 다룰 수 있게 되는 재미있는 게임을 시작하면서 상당한 기술을 선보이고 4~5개월에 보여준 것보다 훨씬 나은 통제와 견고함을 드러낸다.

아이가 그렇게 할 때 대개 아이를 안아준다. 아이는 온전히 스스로 움직이기 시작하고 대놓고 웃으며 그런 식으로 사람들을 올려다보고는 내 품으로 뛰어 들어온다. 그런 다음 잠시 후 어떤 일도 일어나지 않으면 천천히 다시 위를 올려다보고 같은 표정으로 내 품에 다시 뛰어 들어온다. 이것은 분명히 게임에 초대하는 것이다. 그러나 그것은 온전히 아이가 만든 발명품이다…. 그리고 우리는 이제 어떨 때는 함께 어울리고 어떨 때는 숨으면서 반응하고 (우리가) 아이가 무엇을 하고 있는지 어느 정도 따라 하기도 한다. (게임은 약 한 달쯤 뒤에 자취를 감춘다.) (레베카 엄마, 8개월, 인터뷰)

수줍은 반응은 예상했던 것보다 훨씬 빈번하게 나타날 뿐만 아니라 서서히 분화되는 과정을 거쳐 점점 더 능숙하게 의식할 수 있는 통제를 따르게 된다.

부모가 보고하는 한 가지 다른 유형의 반응인 요구에 따르기를 거부하는 자의식도 이 시기 즈음 생기는 것으로 보이며 이와 관련이 있다. 그 모습은 불완전하고 불분명하다. 우리는 손님이 가시기 전까지 관심을 끌어보려고 '손을 흔들거나' 뭔가 새로운 장난치기를 거부하는 아기들의 이야기를 알고 있다! 또, 주변의 모든 사람들을 열심히 모방하는 행동을 전혀 하지 않는 것처럼 (박수를 치기 시작하고서 멈추기) 훨씬 미묘한 이야기도 있다. 자의식의 반응과 같이 어떤 것은 특정 행위에 대해 타인의 반응을 일으키거나 연결시키기도 하지만 보다 명확한 미세 유전자(micro-genetic) 자료가 필요하다.

아기들의 수줍은 반응과 관련된 대화는 어떤 것일까? Keltner는 성인의 경우에서 어색함에 따른 결과를 열거하면서, 타인의 반응이 웃음, 친선, 호감, 신뢰, 용서로 이루어져 있음을 밝혔다. 이 모든 반응은 (어색함이라는 반응의 부정적인 측면을 생각하기 십상이지만) 매우 긍정적이다.[32] 아기의 수줍은 반응에 대해 부모들은 대개 비슷하게 지각하고 있는데, 매력적이고 흥미를 끌 만한 것으로 느끼고 있다. 많은 부모들은 4개월쯤 되면 아기들이 수영장에서나 유모차를 타고 어딘가 가고 있는 동안 특히 눈에 띄게 낯선 사람에게 그런 반응을 보인다고 보고한다. 부모들의 이러한 보고는 4~5개월의 아기들이 타인과 관계를 형성하고 있다는 뜻에서 훨씬 더 의도적으로 이미 그 반응을 이용하고 있다는 사실을 보여주는 것이며 관찰을 통해 이를 지지할 수 있다. 만약 사람들이 이런 반응을 긍정적이고 매력적인 것으로 지각한다면 그들은 그렇게 반응을 보일 것이다. 부모가 이런 반응을 눈치채고 이를 비디오로 촬영해 관찰한 내용에서 아기가 수줍어하면 부모들은 대개 웃는다. 이 연구에서 부모들은 내가 원하는 대로 아기가 행동하고 있다는 사실에 자신들이 기뻐하는 반응이 혼란스럽기는 하지만 (부모들은 연구의 특정 목표를 알고 있었다) 그래도 부모들의 즐거움은 크다. 이런 반응 때문에 태어나 처음 몇 달 사이에 이미 타인의 긍정적인 관심을 선명하게 인식하는 아기들이 관계에 끌리는 게 확실하며, 분명히 몇 달 사이에 아기들은 관계를 시작하는 데 이를 이용할 수 있게 된다. 그래서 4개월 연령에서도 수줍은 반응이 나타나는 대화 속의 그 의미는 일종의 초대를 뜻하는 것이다. 이 유형의 반응이 성인에게는 하나의 추파로 고정관념을 형성해간다는 것은 그리 놀라운 일이 아니다.

아기들이 관계로 초대를 한다고 해도 이런 반응은 본래 타인에게서 자기 가시성을 축소시키는 데 목표를 두고 있다. 우리가 전에 언급한 적이 있는 과시하는 행동에 있어서 자기 가시성을 의도적으로 부각하는 것에 관한 내용으로 그 동전의 뒷면은 어떨까? 자기를 과시하는 것은 타인의 눈에 비춰지는 자기와 그 행동을 훨씬 더 분명하게 설명해준다. 그것은 언제 발달할까?

자기 가시성 부각시키기 : 과시

아기들은 언제 관중에게 자기 가시성을 부각하려고 노력할까? Amsterdam이 설명한 것처럼, 아기들은 언제 우쭐해지거나 자화자찬을 시작할까? Amsterdam은 이런 반응이 14개월 무렵 거울 속 자기에서 시작된다고 보았다. 그러나 타인과 상호작용에서는 어떨까? 우리가 만약 타인을 자기를 위한 관중으로 (이뿐만 아니라 거울 속 자기로) 본다면 이런 반응이 더 일찍 나타날까? 관심의 이해에 관해 이전 장에서 살펴보았듯이, 관중에게 적극적으로 과시하거나 이런 반응으로 관심을 적극 유도하려고 스스로 하는 특이하거나 도를 넘는 기발한 행동은 6개월 이후까지 시작되지 않는다. Colwyn Trevarthen은 이 시기 즈음 아기의 가식적인 태도와 자세를 설명하기 위해 프랑스 심리학자 Wallon의 용어인 위엄(prestance)을 인용한다. Trevarthen에 의하면, 아기는 타인에게 존재할 수 있는 자기로 하나의 존재를 발달시켜간다고 한다. 그리고 이러한 자기는 그 자체를 드러내고 으스대기를 좋아하는데, 한마디로 과시를 일컫는다.[33]

두 가지 연구에서 우리는 이렇게 보다 큰 집단에서 아기들을 지속적으로 관찰해왔다. 부모들은 7~8개월의 아기들이 자신이 했던 상황에서 타인의 관심을 잘 인식하고 있고 모든 장난에서 과시를 하며 흔치 않는, 특히 낯선 사람의 관심을 잘 이용하고 칭찬이나 인정에 관한 조짐이 보이면 그 행동을 반복하려 애쓴다고 전해주었다. 아기들이 의도적으로 과시한다는 점을 받아들이기 위해서 우리는 아기들이 그저 행위 그 자체의 즐거움을 위해서가 아니라 적어도 어느 정도 타인의 인정을 받고자 행동을 반복하는 데 초점을 두고 있다는 증거가 필요했다. 이 증거는 주로 그 행동을 반복하는 동안 타인의 얼굴을 응시한다는 데에 있고 타인의 관심이 차츰 줄어들면 그 행동도 점차 줄어든다는 점을 통해 알 수 있다. 이 시기에 과시하는 행동은 흔히 날카롭게 악을 쓰거나 꽥 소리를 지르거나 쿵쾅거리고 물을 튀기는 것처럼 과격한 행동뿐 아니라 박수 치기, 손 흔들기, 기어 다니기, 서 있다가 스스로 멈추기와 같이 새롭게 배운 어떤 기술과 관련이 있다. 7개월부터 아기의 행동에서는 세 가지 종류의 과시 행동이 뚜렷하게 나타나는데, 하나는 이상하거나 과격하고 '우스꽝스러운' 짓을 하며 자기에게 관심을 끌어모으는 것이고, 다른 하나는 이미 관심의 중심에 있을 때 모든 장난을 다 꺼내 보이는 것이며, 마지막 하나는 칭찬/인정을 받기 위해 똑똑함이나 고난도의 행동을 선보이는 것이다.

부모의 인터뷰에서 발췌한 다음의 내용은 아기들이 관심을 얻고 조종하기 위해 하는 여러 행동의 분위기와 이런 일들이 일어나는 맥락에서 평범한 일상을 느끼게 해준다.

일렉은 이제 막 점심을 먹고 나서 어떤 이상한 행동을 보여주었다. 나는 아이에게 음식을 먹이고 있었는데 아이는 가만히 멈춰 있다가 한 숟가락 가득 저녁밥을 받아먹고 숟가락을 빼자 웃으며 동시에 나를 쳐다보면서 혀를 내밀고 유아용 의자 등받이에 머리를 쿵쿵 부딪치기 시작한다. 다시 내가 아이 입에 숟가락을 가져가자 아이는 멈추고서 숟가락에 있던 것을 받아먹고 다시 머리로 쿵쿵 부딪치기 시작한다. (알렉 엄마, 8개월, 녹음기)[34]

비록 이 행동에 대해 엄마의 반응은 나타나 있지 않지만, 대체로 아기의 관심은 엄마의 관심에 집중되어 있으며 그 관심을 조종하기 위해 아이는 특이한 행동을 이용하고 있고 분명히 그렇게 보인다.

이미 관심의 중심일 때 아기의 행동은, 특히 낯선 사람의 관심에서 다음의 예시에 나와 있듯이 풍부한 자료의 원천이 된다.

그게 사실, 지난주 폴리에 갔을 때 … 아이는 정말 너무나 부끄러워했고 난 아이가 방으로 들어가니 낯선 사람이 4명이나 있다는 것에 놀라서 그렇다고 생각했는데, 아이는 모두에게 활짝 웃어 보이며 거기에 막 앉았고 앉자마자 그곳을 장악했다. 난 낯선 사람들이 관심을 갖고 있는 대상이 아이라는 사실을 우리 아이가 알고 있다고 생각하는데, 내게 일직선으로 올 수 있는 가까운 곳보다 먼 곳인 거기에 아이는 딱 앉아 있었다. 아이는 유명한 영화배우였다. (레베카 엄마, 7개월, 인터뷰)[35]

아이는 유모차 앞쪽에 앉아 사람들에게 막대사탕을 흔들었고, … 꼿꼿이 앉아 지나갈 때마다 사람들에게 손을 흔들었는데, 당신도 알다시피 그것은 여왕의 손짓 같았고, 아이는 관심을 얻기 위해 그렇게 하는 것이고 사람들이 "어머 똑똑해라"라고 말하면 … 아이는 마치 "네, 전 똑똑한 아이예요. 전 박수도 칠 줄 알아요"라고 말하는 것처럼 박수를 친다…. 지금은 아이가 그렇게 자주 하지만, 당신이 만약 "똑똑한 아이야"라고 말하면 아이는 아마 당신에게 박수를 쳐주거나 당신을 보고 환하게 웃어줄 것이다…. 난 벽돌을 쌓아주려고 했지만 아이는 벽돌을 전부 무너 뜨리고 쓰러뜨리는데, 당신이 "똑똑한 아이야, 똑똑한 아이야"라고 말해준다면 아 이는 똑똑한 아이처럼 행동할 것이다. (앨리스 엄마, 11개월, 인터뷰)[36]

일반적으로 긍정적인 관심을 얻거나 유지하기 위해 행동을 이용하는 것 을 추가해서 8개월경부터 아기들도 그렇게 하고 나서 관심을 받으려고 둘러 보며 부모 주위에서 얼쩡거리다가 '똑똑하다'고 여겨지는 행동을 반복했고 칭 찬을 얻어냈다. 이런 행동 중 어떤 것은 성취하는 데 어려운 것도 있고, 어 떤 것은 최근에 능숙해져 성공한 방식을 반복하는 것도 있는데, 다른 것들 이 극히 평범한 행동 유형인 데 반해 어떤 것은 특이한 행동이었던 것도 있다.

이제 아이는 기어 다닐 수 있고 가구를 잡고 혼자 일어서고 다른 방으로 기어가거 나 장난감 상자를 잡고 일어설 수 있게 돼서 굉장히 좋아하고 있다…. 그리고 나서 한 바퀴 돌아보더니 장난감 상자를 탕탕 치고 돌아보고 당신을 보며 마치 나 좀 보세요라고 말하는 것처럼 당신에게 환하게 웃어준다. 내가 한 걸 좀 보세요. 불과 지난주부터 가구를 잡고 혼자 서기 시작했는데 이렇게 잘해요. 당신도 알다시피, 아이는 분명히 보려고 둘러보고 당신을 보고 웃는다…. 엄마는 "똑똑한 아들, 어 디 보자" 기타 등등 이렇게 말하면서 반응한다고 보고한다. (제임스 엄마, 8개월, 인터뷰)[37]

이런 과시하는 행동이 자의식의 정서성에 대해 우리에게 하려는 말은 무 엇일까? 가장 궁금한 것은, 이런 행동이 하나의 감정으로 전부 드러날까? 이런 행동의 정서 상태에 대해서 의심의 여지가 없다. 아기들은 상황에서 그리고 사람에게 굉장한 민감성을 발휘하여 자신의 행동을 고르고 골라 의 식 상태에서 분명히 의도적으로 행동하고 있다. 아기들은 얼굴이나 목소리, 몸을 통해 수많은 다양한 정서의 신호를 보여주는데, 표현 그 자체는 매우 긍정적이고 타인의 반응에 선행한다. 우리가 또 다른 문제라고 여기는 감정이 무엇이든지 간에 그 감정을 만나게 될 것이다.

그러나 수줍은 반응에서 그 가시성을 제한하려는 시도를 근거로 판단해볼 때 만약 아기들이 2개월쯤에 타인에 대한 자기 가시성을 인식하게 되면 왜 최소한 가끔이라도 그 가시성을 부각해보려고 하지 않을까? 대답은 간단하다. 우리가 본 적이 없는 것이다. 7~8개월의 아기들과 다르더라도 부모들은 그 시기에 가끔 '과시' 행동을 하는 아기들에 대해 말해준다. 여기에 비디오로 촬영한 장면 중에 주목할 만한 모든 에피소드를 번호로 기록하여 비디오테이프 커버 안쪽에 주석을 달아놓았던 내용을 옮겨 적은 13주밖에 되지 않은 아기의 이야기가 있는데, 그 당시에는 학문적 근거가 없어 '과시하기'라고 표시했었다!

난 로한 옆에 앉아 있고 대화를 해보려고 아이를 부른다. 아이는 누나와 아빠 그리고 그들의 행동을 구경하느라 정신이 없다. 내가 부른 것을 계기로 날 향해 몸을 돌리더니 미소를 짓고 옹알이하며 반응한다. 난 간질여주며 장난스럽게 말을 하고 아이는 큰 소리로 웃는 것과 비슷한 웃음으로 반응한다. 난 기운이 떨어져 가만히 있는데 아이는 여전히 날 바라보고 있다. 난 간지럽을 그만한다. 잠깐 멈춘 후, 로한은 즐거운 표정으로 눈은 여전히 날 향해 있는데 입을 내밀며 날 향해 억지스러운 긴 소리를 내다가 멈춘다. 난 작은 목소리로 물으며 "싫어어어!? 딴청 부리지 마!"라고 반응하고 나서 "무슨 말을 하려던 거야? 무슨 말을 하고 싶어?"라고 말하며 강도를 높여 다시 간지럽힌다. 아이는 다시 한 번 옹알거리며 반응하고 웃지만 강도가 약해지고 나서 주변을 둘러본다.

아이는 매우 긍정적인 기분이었지만 활기 넘친다기보다 즐거워하고 주변의 모든 것에 관심을 보였으며 기꺼이 참여했다. 아이의 긴 음성은 행동을 반복한다는 측면에서 과시하기가 아니라 단순히 가시성을 부각하고 있는 일종의 연기로 설명할 수 있다. 그때의 활동 중에서 내가 잠시 멈춘 사이에 그 일이 일어났고 그 일은 나의 즉각적인 행동에 대한 반응이라기보다 아기가 안내한 것이 분명하다. 억지스럽고 떨리던 음성은 나의 관심과 관계를 다시 얻기 위해 뭐든 해버린 듯하다. 그렇지만 내가 아이의 노력에 반응했을 때 분명해졌던 것처럼 아이는 그 관계가 격해지는 것을 원하지 않았고 단지 웃고는 주변의 다른 곳을 둘러보았다. 그러나 이보다 나은 연구를 위해서는 무엇보다 더 많은 자료가 시급하다.

　과시할 때 아기들이 참여하고 있는 대화는 어떨까? 과시하는 행동을 대하는 타인의 반응은 긍정적이면서 과시 자체에 관여되어 있다. 게다가 타인의 기쁨과 감탄은 해내 보려고 노력하고 있는 아기의 행동에 기준이 된다. 여기서 자기의 성과는 둘이나 셋에 대해 외부 기준에 따라 판단한 것이 아니라 단순하게 한 사람에 대한 것이다. 나중에 이런 성과는 더 큰 집단에서 기준으로 삼고 따로 용어를 만들어 설명될 것이다. 그러나 우선 아기는 즉각적으로 인정받을 수 있는 한결 수월한 특정 성과에 빠져 있다. 자기가 혼자서 사회적인 인정을 적극적으로 이끌어내는 대상이 되어가고 있다.

자폐증에서 자기 가시성의 축소와 부각

타인의 감탄과 관심이 생애 초기 매우 어린 아기들에게 유효한 것이라면 타인에게서 그런 좋은 정서를 감지하는 게 어렵다고 알고 있는 아이들은 어떻게 될까? 그런 아이들은 관심과 인정을 받는 대상으로 자기를 어떻게 인식할까? 여기에 자폐증은 딱 들어맞는 사례이다. 평범한 정서 관계에서 타인을 향한 하나의 대상으로 자기 인식을 다루고 있는 이번 장에서 지금까지의 주장이 타당하다면, 자폐아가 수줍어하고 과시하는 두 가지 행동을 보이지 않을 것이라고 예상할 것이다. 자폐아들이 거울 속에서 자기를 알아볼 수 있든 없든 (이전 연구에서 그 발달 연령에서 그들이 할 수 있음을 보여주었다) 인정에 대해 긍정적인 태도로 인지하거나 반응하지 않는 것처럼 주목받고 있는 것에 다른 반응을 보여야 한다. 우리는 한 연구에서 거울 속 자기에 대한 반응을 알아보는 거울 실험을 통해 발달 연령에 알맞은 자폐아들과 다운증후군 아이들(DS)의 수행능력을 비교하였다.

그 결과 우리의 예측이 확실해졌으나 새로운 문제가 생겼다. 자폐아들은 DS 아이들도 그러했듯이 발달 연령에 적합한 반응으로 거울 실험에 통과했지만, 두 집단의 아이들 모두 거울을 무척이나 좋아하면서도 거울에 비친 자기에게 매우 다른 반응을 보여주었다. DS 아이들이 지기나 다른 사람들을 쳐다보는 데 대부분의 시간을 보내는 반면, 자폐아들은 거울에 비치는 사물이나 방을 쳐다보면서 많은 시간을 보냈다. 그들이 거울에 비친 자기나 타인을 바라보았을 때조차도 자기나 타인에게 사뭇 다르게 행동했다. 그들은 흥미로운 대상으로 거울 속의 사람을 반사된 각도에 따라 살피고 다루면서 대하는 경향이 있었다. 이와 달리 DS 아이들은 거울 속 사람을 소통하는 상대방이나 공연을 위한 관중으로 대하곤 했다. 이렇게 거울 속 자기에 대한 서로 다른 반응은 아이들이 거울 실험을 통과하거나 실패하는 데 아무런 관련이 없다. 다음의 예시에 나타나 있다.

마리아는 거울로 뛰어가서 자기를 보고 그다음 관찰자를 보면서 웃고는, 계속 거울 속의 자기를 쳐다보면서 "안녕 엄마"라고 말한 다음, 웃는 채로 움직이는 자기를 살펴보면서 얼굴과 거울이 4인치 정도 떨어진 곳에 손으로 턱을 괴고 카펫 위에 엎드려 눕는다. 잠깐 사이에 자기에게 "안녕"이라고 말하고는 계속 자기를 바라보고 웃어 보이면서 혼자 험프티 덤프티를 부르기 시작한다. 다운증후군, 3세, 마리아는 거울 실험에 통과했다.[38]

토니는 웃으며 흥분해서 거울을 쳐다보고 신이 나 계속 조잘거리며 얼굴을 가까이 숙이고 거울을 잡아 거울에 비치는 것을 보면서 좌우로 젖혀본다. 계속 웃고 재잘거리며 아이는 거울에 머리를 몇 번 쿵쿵 살짝 부딪쳐보고는 껄껄 웃더니 엄마가 하지 말라는데도 무시한다. 자폐증, 4세, 토니는 거울 실험에 통과했다.[39]

더욱이 일부 DS 아이들은 거울에 비친 존재에 대해 자기나 타인에게 자의식 정서 반응을 하는 데 반해, 자폐아들은 그런 반응을 보이는 사례가 거의 없다.

칼은 거울 속을 들여다보고 가까이 다가가 크게 웃으며 거울 속 자신의 얼굴에 얼굴을 맞댄다. 그러곤 계속 웃으면서 얼굴을 돌려 거울 속의 엄마를 바라본다. 그리고 등을 기대어 뒤돌아 거울 속의 자기를 가리킨다. 엄마가 "거기 있어?"라고 말한다. 아이는 자기를 보고 웃으며 손으로 입을 막는다. 다운증후군, 3세, 칼은 거울 실험에 통과했다.[40]

실제로 흥미로운 실험에서 Peter Hobson과 그의 제자인 Gayathri Chidambi 는 수줍은 반응을 유도하는 환경을 조성하고 있었다. 한번은 (아마 전에 내가 그들에게 그렇게 한 적이 있어 내게 같은 방법으로 해보려고) 내게 먼저 선보였다. 처음에는 테디 곰 인형이 어떤 대상을 보고 그다음으로 나를 바라보며 다가오고, 내게 다가오면 올수록 더 장난을 치고 친근한 목소리로 행동하는 것에 대해 궁금한 것을 물었다. 난 예상되는 반응을 분명히 알면서도 그렇게 친근한 목소리로 다가오는 인형에게 민망해하며 웃지 않을 수 없었다. 이 연구에서 그들은 자폐아들과 학습장애 아이들의 반응을 비교했다. 학습장애 아이들은 내가 그랬던 것처럼 대체로 그렇게 반응했고, 자폐아들은 웃음, 시선 회피와 엇비슷한 어떤 반응을 보이긴 했지만 실험자와 관계를 맺고 다시 관계를 덜 맺었다.[41]

일상생활에서 (거울이 아닌) 타인과 상호작용하는 자기 가시성에 대해 부모가 보고한 정서 반응은 DS 아이들과 비교해볼 때 자폐아들에게서도 유사한 결핍이 보였다. 자폐증에서 과시하는 행동은 아예 없는 것은 아니지만 거의 보이지 않는다. 그러나 그런 행동이 나타났을 때는 관심에 대해 순응성과 민감성을 보이기보다 행동을 정형화하여 반복하는 것이 눈에 띄었다. 이런 차이점은 우리에게 자의식에 관해 무엇을 말하려는 걸까? DS 아이들이 한 명의 관중으로 자기를 보는 반면 자폐아들은 하나의 대상으로 거울 자기를 보고 대할 가능성이 있다. 이들이 타인의 관심에 부정적인 반응을 보이나 (부모의 보고에 의하면) 가끔 관심에 긍정적인 반응을 보일 때가 있더라도 자폐아들은 거울 속 자기에게 이런 반응을 전혀 보이지 않는다. 거울 실험은 자폐아들과 DS 아이들을 구별해내지 못했고 아이들이 거울 속 자기를 대하는 방식이 그러한 만큼 자기감이 있고 자기를 인식하는 것에 대해 우리에게 알려주지 못하는 듯하다. 자폐아들은 거울 실험의 결과에서 보았듯이 대상으로 자기를 인지하는 게 분명히 가능했다. 그러니 차이점은 그들이 자신을 공정한 관점에서 존재하는 것처럼 심리적 타인 대 대상으로 간주되는 어떤 대상의 상태에 있는 것 같다. 자폐아들은 자기에 대해 3인칭 방향으로 문제를 갖고 있지 않지만 2인칭 방향에 문제가 있는 것처럼 보인다. 이런 결과는 자폐증에서 자의식의 정서적이고 개념적인 두 가지 측면 사이에 분열이 있다는 견해를 지지해준다.[42]

자의식의 정서 이론에 관한 제언 : 대안적인 이야기

우선 2개월에 나타나는 수줍은 반응을 자의식의 정서로 부를 수 있을지 생각해보자. 이런 반응은 기능적으로나 구조적으로 아동이나 성인에게 나타난 반응보다 더 단순하고 한정되어 있다(즉, 이는 훨씬 제한된 맥락과 덜 분화된 패턴에서 발생한다). 우리가 알고 있기로 18개월까지 웃음을 통제하지 못하는 것은 2개월이 된 아기의 수줍은 반응이 웃음 그 자체를 의도적으로 숨기려는 것이 아님을 시사한다. 이는 긍정적인 타인의 관심에 대한 광범위한 충동적인 반응이다. 정상적인 팔 전체의 움직임도 자신의 일부를 숨기는 데 특별히 집중한다기보다 포괄적인 전신의 신체 반응을 반영한다는 해석을 입증한다. 그렇더라도 이 움직임은 타인의 시선으로부터 잠깐 숨어 있기 위한 시도를 뜻한다. 더 나이가 있는 연령에서 이에 대한 반응의 유사성과 그 발달에서 분명한 지속성은 두드러지기 때문에 자의식의 표현을 상관없는 것으로 혹은 별것 아닌 것으로 일축시킬 수 없다. 그렇다면 그것이 정서 반응일까? 그것은 반영도 고정된 행동 패턴도 아니며 학습된 회피 반응도 아니다. 그것은 분명한 정서적인 분위기의 반응이다. 아마도 가장 쉬운

해설은 그 자체를 하나의 어떤 정서로 부르기보다는 그것을 어색함/수줍음/
숫기 없음의 반응 범주로 설명하는 것인데, 이렇게 하면 그 정서를 부정하
지 않으면서 애매한 경계와 내용을 허용하는 이점이 있다.

자의식 반응의 분명한 지속성은 상당한 차이에도 불구하고 '나에 대한 생
각'이 자의식의 정서 반응을 위한 전제 조건이라는 가설로 설명될 수가 없
다. 이런 자료와 연령에서의 변화를 설명할 수 있는 한 가지 방법은 개념적
인 '나에 대한 생각'이 그런 정서 반응을 위해 필요하다는 가설을 기각하는
것이다. 우리는 자기 개념이 아닌 타인의 관심에 대한 하나의 대상으로 다
른 종류의 자기 인식을 반영하면서 대신 적어도 2개월에는 이런 정서가 나
타난다고 주장할 수 있다. 여기에서 하나의 대상으로 자기란 오직 타인과의
관계에서만 이해되는 경험하는 자기를 말한다. 낯선 사람과 상호작용을 하
는 장면에서 반응을 충동적으로 이용하지 않는 것은 4~5개월까지는 그 반
응이 유효한 타인의 상호작용과 타인의 관심으로부터 분화된 부끄러운/
수줍은 자기 인식을 암시하면서 이미 어느 정도 구별된다는 사실을 보여준
다. 훨씬 잘 조절하면서 사물에 손을 뻗기, 손을 지켜보는 데 더 확실하고
보다 일관된 흥미, 그리고 관심 행동에서 더 커진 융통성과 같은 병행 발달
은 이 연령에서 이런 해석을 옹호한다.[43] 이렇게 경험하는 대상으로서 자기
에 대한 인식은 타인에게 이용할 수 있는 자기의 특정한 면에 대한 훨씬
차별화된 이해력뿐만 아니라 자기 가시성이 지각되는 더 넓은 범위의 상황
을 포함하기 위해 서서히 구별한다.

과시는 어떨까? 이것도 역시 정서로 가득 차 있다. 그렇다면 복잡한 감정
은 성취에 대한 기대나 칭찬에 대한 반응으로 자부심과 비슷할까? 아기들이
과시 행동을 한다는 이렇게 소소한 업적이 Michael Lewis가 3세 무렵에 발달
한다고 주장하는 객관적인 표준 평가에 일치하지 않더라도 그것은 업적은
업적이며 ('고난도' 행위의 경우에) 아이들에게는 자기만이 아닌 타인의 눈
에도 업적으로 보인다고 알고 있다. 객관적으로 존재하는 좋고 나쁨에 대한
기준이 되는 표준은 사실 3세까지 아이들에게 유효한 것은 아니다. 그러나

관계 내에서 기념이 되는 업적은 고난이도 행위를 하고 난 뒤 성공한 경우처럼 특정 행위로 타인에게 인정을 받는 양상을 생각해보면 적어도 생후 첫해 후반기에는 유효한 것 같다. 그런 인정을 다시 이끌어내기 위해 이런 행동을 하는 것은 확실한 방법으로 그 자체가 존재하기를 추구하는 자기 발달이라는 맥락에서 무시할 수 없다. 이 관점에서 보면 자부심과 같은 정서인 과시는 생후 첫해 후반부의 대인관계 내에서 존재한다고 주장할 수 있다.

이렇게 초기의 정서 반응과 후기의 수치심, 자부심과 같은 자의식 감정 형태 사이에는 강한 지속성이 보인다. 초기의 긍정적인 부끄러움과 과시는 행동의 조절 기능(관심 요인과의 거리가 멀어지거나 가까워지도록 행동하기, '노출'을 줄이거나 늘리기), 사회적 규제 기능(취약하거나 매력적이거나 능숙하고 우세한 자기와 소통하기), 내면의 조절 기능(각성 자극을 조절하기, 타인과의 관계에서 자기에 대해 아는 바를 습득하는 데 도움 주기)을 제공한다. 이는 타인의 관심 대상이자 타인의 관심을 유도하는 요인으로 자기 인식과 긍정적인 존중으로 자기에게 관심을 기울이는 타인에 대한 감사를 드러내 보인다. 그리고 전형적인 행동과 심리적 반응까지 보여주기도 한다. 초기와 후기 형태의 차이는 자기가 반사적으로 생각할 수 있는 정도에 있다. 그러나 이런 지속성이 존재한다는 사실은 자기 (그리고 타인) 개념이 아직 발달하고 있는 동안 초기 영아기에 이미 감정 자체가 매우 크게 자리하고 있음을 말해준다. 이것은 자기에 대한 생각이 아닌 자기를 향한 타인의 관심과 감정을 지각하는 데에 바탕을 두고 있다. 이러한 지각을 아기들은 첫해 말 즈음에 단순히 포괄적으로 자기를 향한 것이 아닌 자기에 의해 이뤄진 것을 향한 것이라고 인식해가는 것으로 보인다.

자기의 개념화는 18개월경보다 훨씬 더 일찍 발달하기 때문에 인지발달 이론으로 계획된 결과의 방향에 변화가 요구된다. '이차' 정서는 발달 연령상으로 출현한 것도 아니고 파생되어 출현한 것도 아닌 부수적인 것으로 보인다. Carroll Izard와 Peter Hobson과 같은 발달심리학자들이 만든 자기 개념의 결과라기보다 자의식 정서가 이끌어낸 결과의 방향을 전환하는 경우들이 아주 많은 것 같다.[44] 이렇게 뒤집힌 결과의 방향은 그런 감정의 출현과 의의가 자의식을 형성하는 데 결정적일 수밖에 없음을 의미한다. 이것이 어떻게 작용할까? 그 답은 2인칭 관계와 타인을 경험하는 그 속에 있다.

초기 (그리고 후기!) 대인관계 상호작용에서 흔히 볼 수 있는 일은 상대방 중 누군가에 대한 가시성이 늘거나 감소하는 상황이 끊임없이 되풀이되는 것이다. 가시성에서 대부분의 이런 변화는 정서의 어떤 최소 수준이다. 그러나 그중 어떤 것은 칭찬받을 때의 민망함, 인사하며 맞이할 때의 수줍음, 인정받을 때의 기쁨이나 어려운 일을 해낼 때의 자긍심과 같은 분명한 정서 형태를 갖고 있다. 다음의 장면을 생각해보자.

> 그녀는 다가오며 안녕 인사를 하고, 나는 웃으며 쳐다보고, 그녀는 나의 등장을 맞이하고, 나는 웃으며 내려다보고, 그녀는 주제를 바꾼다.
> 그는 그녀에게 가까이 가서 인사를 하고, 그녀는 놀라 웃으며 그를 쳐다보고 웃고는 잠깐 돌아선 후 뒤로 물러나 날씨에 대해 이야기한다.
> 그는 그녀가 말을 걸자 웃으며 수줍게 돌아서고, 그녀는 그 반응에 반해 환하게 웃는다.
> 그녀는 그의 얼굴에서 호의를 알아채고 자신 있게 농담을 건네고, 그는 웃고, 그녀는 다른 농담을 한다.
> 그는 여행 가방의 잠금장치를 힘겹게 채우고 그녀를 쳐다보고, 그녀는 고마워서 눈썹을 추켜올리고 그는 기뻐서 으쓱한다.

이런 정서 교류는 한 가지 사실을 분명하게 알려주는데 자기의 개인 의식이 타인의 의식과 떼려야 뗄 수 없는 사이라는 것이다. 결국 긍정적인 부끄러움과 과시라는 정서는 자기와 타인의 관계에 대한 의식을 반드시 가져야하며 그래서 자기-타인 의식 정서라고 불리는 게 더 나을 수 있다. 이것은 대인관계의 상호작용에서 조절하고 구성하는 역할을 수행한다. 이것은 분명히 개인 간, 개인 내, 모두에서 정서적 긴장 상태의 안정된 균형을 이루는데 도움이 되고 이렇게 관계를 맺고 있는 사람들을 정의하고 재정의하게 해준다. 이것은 자기와 타인의 인식이라는 과정이 변하기 때문에 관계 내에서 그 관계의 본질과 개인 자신의 본질로 시시각각 변한다. 첫째, 아기가 자기를 (혹은 타인을) 인식하기 위해서는 그 정서적 측면을 인식해야 한다. 달리 말하면, 자기는 (그리고 타인은) 정서적인 창조물로서 서로를 알아가야 한다. 둘째, 훨씬 **중요한 것으로** 이기는 지기를 (또는 **타인을**) 인식하게 되는 이런 정서 상태라는 매개를 통한다. 그래서 타인에 대해 아기는 '타인에 대한 자기의 감정을 통해서' 지각하고, 자기는 '자기에 대한 타인의 감정을 통해서' 지각한다. 이는 상호작용하는 동안 아기가 그 관계 속에 있거나 그 속에 있는 다른 사람을 지각하고 있는 어떤 진정한 정서 상태이다. 그러나 이는 참된 자의식의 정서 상태로, 어떤 사람의 호의를 기쁘게 알아차리고 부끄럽지만 어떤 사람의 관심을 알아가는 것은 우리가 그 상호작용에서 자기나 타인을 발달시키는 인식에 직접적으로 영향을 준다. 다르게 말하자면, 자기는 (그리고 타인은) 정서 경험을 통해서 알아간다. 그래서 아기는 자주 정서 반응을 보이고 이런 정서를 경험하는 **동안** 서로에게 영향을 주는 자기와 타인을 알아가는 과업에 맞닥뜨린다. 자기 개념의 발달 때문에 자의식의 정서가 그 이후에 발달한다는 견해는 주객이 전도된 생각인 것 같다. 연대기도 우리가 그 입장을 고수해야 하는 그럴듯한 이유가 있는 이야기도 아니다. 자기 개념의 발달에 따라서 (연대적 순차와 그 영향을 주는 정도로 인해) 자의식의 정서를 볼 수 있게 될 것이라는 이야기가 더 간단하고 훨씬 적합한 설명이다.

그렇지만 자폐증의 경우는 어떨까? 이 아이들도 분명히 자기 개념을 입증할 만한 모습을 보여주는데, 거울 자기 인지 실험에 통과하고, 자신을 알아보지만 (비록 이들이 사용하는 언어에서 대명사의 혼동이 있긴 하지만) 앞서 언급한 일종의 자의식 정서가 나타나지 않는다. 이는 언뜻 보기에는 전에 넌지시 밝혔던 뒤집힌 결과의 방향에 대한 증거로 해석할 수 있다. 대신에 자폐아들에게서 발달된다고 알려져 있는 자기감은 인지발달 이론이 제안한 발달 경로의 부적절함을 예로 들어 살펴볼 수 있다. 이들에게 자기 개념은 확실하게 발달하지만 분명히 장애를 갖고 있다. 만약 자기감이 여기서 논의된 여러 자의식의 정서를 경험하거나 지각하지 않은 채 발달하게 된다면 (자기 가시성을 긍정적으로 부각하거나 축소하는 것을 포함해) 자폐증 사례가 되겠지만 자기감은 그런 정서를 경험하게 하는 매개체 없이도 반드시 발달해야 한다. 이 아이들에게 발달하고 있는 자기 개념은 정서에 관해 방관자와 같은 개념인데, 정상 발달에서 자기와 타인이 서로를 향해 느낄 수 있는 감정의 장점 없이 자아와 타인을 마음속으로 상상한다. 문자 그대로 자기의 가시성을 부각하고 축소한다는 것은 자폐증에서는 문제가 되지 않는데, 자폐아들에게서 볼 수 있는 정서가 묻어 있는 까꿍 놀이의 매력이 심심치 않게 보고되고 있다. 이와 동시에 자폐아들에게서 부정적인 자의식이라 불릴 만한 것 혹은 타인의 관심이나 시선이 괴로워 회피하는 반응이 보고된다. 이는 있는 그대로 정확하게 손상된 자신을 바라보는 게 아니거나 타인의 관심 대상으로 자기를 깨닫지 못하고 있음을 알려준다. 손상된 것은 긍정적인 관계에서 자의식의 정서를 느낄 수 있는 능력인 것 같다. 자기 개념은 자의식의 정서를 이전에 경험하거나 하지 않은 채 발달할 수 있지만, 각각 매우 다른 결과를 초래한다.

윌리엄 제임스는 의식에 관한 연구에서 의식에 적극 참여하는 대상에게만 자신을 맡겼다. 그가 의식 상태를 붙잡으려고 하면 할수록 (내면세계의 분리된 존재 상태를 의심할 필요가 없다는 데카르트의 확신에도 불구하고) 할 수가 없었다. "흔히 얘기하는 사고 활동을 통해 의식하고 있으려고 노력할 때마다 내가 마주한 것은 이마나 머리, 목, 코에서 뿜어 나오는 느낌인 신체의 어떤 실제였다."[45] 다시 말하면, 자의식이 있다는 것은 우리에게 자기에 대한 이미지가 아니라 '자의식'의 감정이나 생각과 자기를 향한 신체적이거나 반영적인 태도를 자극하는 사물이나 사람의 이미지를 남겨놓는 것과 같다. 그러므로 우리는 우리가 아기나 성인과 관련이 되어 있든 아니든 자기-타인-의식의 정서에 대해 이야기하는 편이 낫다.

"우리는 우리의 감정이 이해되거나 다른 사람이 공감할 수 있게 느껴져 우리에게 의미 있는 것이 될 때 '보게' 된다…. 다른 사람이 경험해 느꼈던 바에 닿는다는 것"으로 볼 수 있는 관계 매뉴얼은 우리를 무장해제시킨다.[46] 아기가 본 것을 접촉해왔다는 사실은 부끄러움이라는 정서로 밝혀진 것이다. 그리고 부끄러움의 수취인은 접촉한 사람으로 아기의 정서에 닿았고 봐왔던 사람이나. 민감한 관계에서 긍정적인 부끄러움은 깊은 친밀감에 극적인 역할을 할 수 있다. 약점이 별로 없어 보이는 과시 행동이라고 해도 이는 사람들에게 인정받기를 좋아한다는 증거로 지나치게 어른들의 마음을 흔들어놓을 수 있겠지만, 친해지는 데 있어 그 깊이도 얕고 사람의 마음을 움직이게 하지 못한다. 그러나 또 다른 의미에서 과시 행동은 진정으로 부끄러움의 이면이다. 이는 거절이라는 위험을 감수하는 데 자신감을 나타낸다. 아기가 생애 초기에서부터 타인과의 관계에서 친밀함과 이끌림을 다룰 능력이 있다는 것이 왜 중요할까? 분명히 그것은 생존의 문제이다. 성인에게 아기가 주는 매력은 단순히 변치 않는 앳된 얼굴을 드러내는 것에 있지 않고 아기들도 우리를 붙잡기 위해 뭔가를 해야 한다. 그리고 이 무언가는 아기들이 우리와 관계를 맺는 것뿐만 아니라 아기들 스스로도 긍정적인 부끄러움을 드러내 우리와 관계를 맺어가며 과시 행동을 통해 우리에게 깊은 인상을 주려고 한다는 사실을 알려주는 방법이기도 하다.

요약과 결론

영아기 첫해가 주는 이런 정보는 자기 개념 발달의 결과인 자의식 정서가 그렇게 불리게 된 견해에 반론을 제기한다. 쑥스러움과 같은 표현은 생물학적인 현상에 불과한 것으로 묵살되고 있는 기존 맥락에서 발달에 아직 시기상조임이 자명하지만 그 맥락뿐 아니라 체계적인 표현의 분화로 발달한다. 이와 비슷하게 자긍심과 우쭐해하는 것과 같은 표현은 생후 첫해 말 이전에 능숙해져 눈에 띈다. 자의식이라 일반적으로 불리는 감정은 자기에 대한 생각이 아닌 타인의 관심과 감정의 지각에 뿌리를 두고 있는 것 같다. 자기에 대한 개념화는 18개월보다 훨씬 이전에 발달한다는 증거 자료가 없기 때문에 인지발달 이론으로 계획된 결과의 방향은 변화가 요구된다. 흔히 이차 정서라고 일컬어지는 정서는 사실 자기 개념화 발달에서 제1의 발동력이라고 하는 Carroll Izard와 Peter Hobson과 같은 몇몇 발달심리학자들이 만든 사례가 더 그럴듯해 보인다.[47] 대인관계에서 이런 정서 표현의 출현과 의의는 이런 정서발달을 형성하고 지속시킬 뿐만 아니라 '나(me)에 대한 생각'을 형성하고 발달시켜가는 데 결정적일 것 같다.

그러므로 이런 유형의 자의식 정서는 생애 초기에 단순한 형태로 존재하고 있다고 주장할 수 있다. 이런 주장은 여기서 언급했던 쑥스러움과 같은 표현과 과시하는 행동에 대한 자료만이 아니라 고유한 감각으로 경험하고 있는 그것과 맞추고 보는 대로 자기에 대해 빠르게 이해하기 위한 자료가 될 수 있다.[48] 자의식 정서의 발달에서 개념 기반 단절보다 관계에서 지속성이 분명해 보인다.

이러한 '자의식' 정서가 인지발달 이론이 인정하는 것보다 훨씬 이른 생애 초기에 분명히 존재한다는 사실을 받아들인다면 우리는 이 사실이 자의식에서 얼마나 중요한지 아직까지 다루지 않아도 된다. 영아기 초기에 표현되는 이 정서가 자기 인식 발달에서 제1의 발동력이 될 수 있겠지만 정말 객관적인 자의식을 보여줄 수 있을까? 아기의 행위와 정서는 자기보다는 오히려 타인 의식의 결과로 설명하기가 훨씬 쉽다. 여기서 수줍음, 과시, 초기 공감이나 질투의 흔적에 관해서도 다루었던 모든 사례는 분명히 아기의 관심 대상인 자기가 아닌 타인이다. 그 반응을 '타인 의식 정서'라고 다시 명명하는 게 나을지도 모른다. 대상으로서 자기 인식은 타인과 자기 의식의 발달이 거의 보편적으로 떼어놓을 수 없는 것으로 여겨진다는 점을 제외하고 일반적으로 생겨나는, 즉 생후 2년에 나타나는 그곳에 있을 수 있다.[49] 이것이 무슨 뜻일까? 자기는 딱히 뭐라 말할 수 없지만 끊임없이 움직이는 변화의 지점을 의미하는데, 변함없이 움직이고 다른 사람들의 세계와 관계를 형성하는 과정으로 관계에서 하나의 독립된 개체로 부단히 재형성해가고 이런 관계에서 인식 자체를 서서히 이루어간다. 자기는 관계 속에서만 존재하고 그래서 관계로만 인식할 수 있는 대화의 주체이다.[50] 그러므로 타인 의식은 자기 의식과 분리해 생각할 수 없고 어쩌면 이를 합쳐 자기-타인-의식으로 부를 수도 있을 것이다.

제8장

의도 다루기

> ⋯ 사람의 행위의 본질을 파악하는 것도
> 그 사람의 노력과 생각의 본질에 있는 것을 보는 것이다⋯.
> 사회적 상호작용에 있어 다른 무엇보다도 중요한 사실은
> 그 참여자와 공통분모 위에 있고, 서로를 향해 있으며,
> 그 행동이 상호 영향을 미쳐 그래서 서로를 조율한다는 것이다.
>
> −Solomon Asch, 인간 상호작용의 문제[1]

언어발달 수업을 활기차게 북돋을 만할 소재를 찾고 있던 중 우연찮게 다음과 같은 상호작용을 비디오테이프에 녹화하게 되었다. 그 당시 샤미니는 거의 9개월이 되었고 아이가 다른 사람들에게 성공적으로 사물을 건네거나 주기(offering and giving) 시작한 지 약 2주 전이었다. 아기는 (그리고 그 가족들은) 조그마한 물건을 교환하는 것을 무척 좋아했고, 이는 진일보한 발전이었으며 아주 흔한 영단어 "ta"[고마워(thank you)를 의미함−역자 주]가 언제나 따라다녔다. 그 당시 가족들에게는 이것이 아주 통상적인 상호작용일 뿐이었지만, 나에게는 관계 안에서 우리가 어떻게 의도를 이해하는지에 대해 나의 관점을 넓히게 해주었을 뿐 아니라 인간에게 관계가 어떤 재미를 주는지 그 역할을 관계 안에서 이해할 수 있도록 내가 바라보는 방식을 바꿔주었다.

아기는 또 다시 아빠에게 시선을 고정시키고, 주의 깊게 경계하며, 조그마한 미소를 띤 채 작은 비스킷을 쥔 팔을 내민다. 아빠는 순순히 (그러나 이제는 아마 그 디저트를 다 원할 것이다) 비스킷을 향해 다시 팔을 뻗는다. 팔이 다가가자 아이는 등 뒤로 숨기며, 약간의 미소와 함께 코를 찡그려 보인다. 아버지는 놀란 채로 웃으며, "아빠한테 줘, 이리 줘, 이리 줘!"라고 말하고 비스킷을 향해 좀 더 팔을 뻗는다. 그러자 아이는 그것을 등 뒤로 더 당긴 채 웃어 보인다. 아빠는 뻗었던 팔을 도로 가져와 한 발 물러난다. 아이의 눈동자가 아빠 얼굴을 떠나지 않는다. 아이는 약간의 미소를 띤 채로 아빠를 보며, 다시 팔을 뻗어 비스킷을 준다. 아빠가 이에 호응해 팔을 뻗자 아이는 재빨리 비스킷을 등 뒤로 확 가져가 버린다.[2]

아이는 만약 자신이 비스킷을 내밀면 그것을 가져가려는 아빠의 의도를 예상했을 뿐 아니라 아빠가 비스킷을 향해 손을 뻗자마자 자신이 준 것을 뒤로 빼내어 아빠가 실패하도록 사전에 미리 장치를 마련해 놓고 의도적인 행위로 초대하는 것 같았다. 일부러 아이는 비스킷을 줄 거라 예상하는 아빠의 기대를 유도하며 놀이하는 것 같았다. 아이는 아빠의 의도를 예상하고 또 교묘하게 다루었는데, 아빠가 이런 아이의 의도에 완전히 넘어가 버렸다! 아이는 어떻게 그럴 수 있었을까? 다른 사람이 하려는 생각을 파악하는 것과 매우 능수능란하게 자신의 행동을 조정하는 것은 그리 쉬운 일이 아니다.

자폐증이 있지만 아주 비범한 재능을 가진 창의적인 공학자 Temple Grandin은 언젠가 Oliver Sacks에게 자신이 화성 위의 인류학자처럼 느껴진다고 묘사했다. 어린 시절 그녀는 "무엇인가 신속하고, 민감하며, 지속적인 변화—의미의 교환, 교섭, 때때로 텔레파시를 사용하고 있는 게 아닐까 싶을 정도로 아주 놀랄 만한 이해의 신속성"이 다른 아이들 사이에서 진행되고 있다는 것을 포착했다. 어른이 되었을 때, 그녀는 이러한 사회적 신호의 존재를 인지하게 되었지만 실제적으로 그것을 인식하거나 이런 '신비로운 의사소통'에 참여하지 못한 채, 단지 그것들을 추론해냈을 뿐이었다.[3] 대대수 우리에게도 그녀가 경험한 신비로운 의도성과 의사소통이 그 자체로 불가사의하다. 그녀는 어떻게 다른 사람들의 의미와 신호를 인지하지 **못**하고 의사소통에 참여하지 못하는 걸까? 아마도 우리가 겪을지 모를 그와 가장 비슷한 경험은 규칙이 모두 다른 새로운 학교의 학생이 되었거나 몸짓과 행동이 전혀 이해되지 않는 아주 낯선 문화에서 휴가를 보내게 된 경우일 것이다.

초기 몇 달도 되지 않은 정상 발달의 아기가 접하는 대인관계의 세계는 이와 전혀 다르다. 아기들은 다른 사람들의 행동에서 수수께끼나 외계의 것을 찾는 게 아니라 꽤 확신을 가지고 무모할 정도로 반응하며 행동할 수 있는 것 같다. 심지어 (순하거나 혹은 까다로운) 신생아도 반응할 수 있을 만큼 충분히 의미 있는 타인의 행동에서 무언가를 발견하는 것이 가능하다고 본다. 아주 어린 아기들조차도 중력, 부피, 에너지에 관한 세계나 사람의 행동, 감정, 의사소통의 세계 모두 불투명하고 낯선 것으로 여기지 않는다. 어떻게 그럴까? 어떻게 아기들은 사람들이 하는 것이나 그들의 의도를 이해할까? 왜 누군가에게는 의도를 이해하는 것이 쉽고 또 누군가에게는 아주 어려울까? 그리고 심리학은 그렇게 힘들게 하는 의도에 대해 왜 궁금해할까?

이 장에서 나는 일상 속에서 그리고 실험적인 상황 모두에서 아기들이 다른 사람들의 의도를 가지고 무엇을 하는지 살펴보면서 이러한 질문을 탐구해나갈 것이다. 첫 번째로, 나는 의도가 무엇인지 질문할 것이다. 우리는 그것들을 어떻게 생각해야 할까? 목표를 달성하는 데 정신적인 계획을 세우는 것처럼 활동 이면에 숨겨진 의도를 생각하는 것은 심리학에서 통상적으로 해오던 일이다. 이 같은 정의는 단지 계속되는 이원론 때문만이 아니라 사람들이 항상 다른 사람들의 의도를 '탓하고' 짐작만 한다면 실제적으로 다른 사람들의 의도에 어떻게 관여하는지를 설명하는 것이 어렵기 때문에 문제가 제기된다. 나는 관련이 있는 지각 내에서 명백하게 드러나는 의도를 생각하는 점이 더 낫다는 점을 논의할 것이다. '목적 지향적인(object-directed)' 의도의 정의를 채택하는 것은, 의도적인 행동의 세 가지 특징, 즉 활동에서 의도의 인식, 맥락에서 의미, 그리고 행동에서 관계 능력을 생각하는 데 도움이 된다는 것을 제안한다. 두 번째로, 나는 아기들이 다른 사람들의 의도를 갖고 실제 무엇을 하는지 묻고 보통 1~2세 아기에게서 관찰되는 타인의 의도와 함께하는 행동의 다섯 가지 현상, 즉 의도를 모방하거나, 돕거나, 그것에 순응하거나, 또는 그 안에서의 혼란을 파악하거나 일부러 분열시키는 것을 기술할 것이다. 세 번째로 어떻게 다른 사람의 의도에 관한 인식이 전개되는지를 물을 것이다. 엉이기니 이동기에 끝나지 않고 우리의 생애를 통해 계속되는 의도를 파악하려는 과정으로 관계와 놀이를 제안할 것이다. 3인칭에서 개념적 도식(schemas)인 의도로 행동을 설명하기에는 유용하지만, 우리가 의도를 이해하는 데 문제가 생겼을 때 아기나 또는 성인이 다른 사람들의 의도를 일반적으로 그리고 능수능란하게 파악하는 방법은 되지 못한다.

우리는 의도에 대해 어떻게 생각해야만 하는가?

그렇다면, 우리는 의도에 대해 어떻게 생각해야 할까? 다양하게 정의할 수 있다. Brentano와 같은 철학자들을 따르는 심리학 내에서 가장 우세한 경향은 의도를 목표 지향성(goal-directedness)의 측면에서 정의하는 것이다. 의도는 바라는 (그런 까닭에 비현실적인) 상황에 대한 개인적인 정신 표상을 생각하는 것으로 간주된다. 폭넓게 쓰이고 있지만 이와 같은 다소 개인주의적인 정의는 주위에 단 하나도 아니고 문제가 없지도 않다. 아기의 마음속 의도를 인식하는 시기와 아기의 신체에서 의도가 등장하는 시점에 대해 신학에 가까운 학문적 논쟁으로 위험을 초래하면서, 말하자면 몰래 의도를 몰아가면서 한 가지 분명한 어려움은 의도가 대부분 관찰이 불가능하다는 (결국 알 수 없다는) 것이다. 또 다른 어려움은 표상으로서 의도에 집중하기는 어떻게 발달하며 더 나아가 어떻게 다른 사람의 의도를 인식하는 능력이 발달하는지 설명하기가 어렵다는 데 있다.[4] 대부분의 심리학자들은 의도를 갖는 것과 타인의 의도를 아는 것이 관련이 있다고 짐작하고 있다. 1세기 전 James Mark Baldwin이 만든 그 같은 연계에 관한 설명은, David Olson의 의도성의 발달적 이론에 관한 최근 자료의 도입부에서 의도성을 이해하는 것이 그 자신의 의도를 인식하는 것과 타인의 의도를 인식하는 것 사이의 변증법을 포함하고 있다고 제안한다. 그러나 이 내용에서 사회성의 과정은 해석상의 사회성으로 나타난다. 다른 사람들의 행동에서 외적 측면은 자기에 대한 경험에 귀인과 투사를 통해 의미 있게 된다. Olson이 언급한 바와 같이 "행동에 근거한 3인칭과 1인칭의 견해는 이 때문에 통합된다."[5] 정신적으로 표상된 목표라는 측면에서 의도적인 행동은 언제나 이런 방식으로 타인이 이해한다.

프랑스의 현상학에서 발달하고 체제 기반과 생태학적 접근이 더 선호하는 분리되지 않고 개인주의적인 대안은 **목표** 지향성에 초점을 맞춘다. 이런 접근은 성장하는 '유기체'가 의도적인 행동을 어떻게 지각할 수 있는지, 그리고 그런 까닭에 '탓하거나' 의도를 '행동의 외적 측면'으로 투사하지 않고도 관계를 형성할 수 있는지 설명해준다. 의도를 인식하면서 사회성을 나타내고 진심으로 '타인'과 관계를 형성하는 것은 아주 중요하다. 그러나 내가 주장했듯이 '타인'은 단일 존재가 아니다. 2인칭 관계와 3인칭 관찰의 차이는 관심을 인식하는 능력이 발달하는 것을 설명하기 위해 그랬던 것처럼 의도를 인식하는 능력이 어떻게 발달하는지를 설명하기 위해 필요하다. 다른 사람들의 의도는 단순히 1인칭 경험과 3인칭 지각이 통합해서 이루어지는 게 아니고 2인칭으로 정서적/인지적/자기수용적인 의도를 통해 직접적인 관계에서 지각할 수 있는 것이다.

발달심리학에서 자주 우리는 행위를 하고 욕구를 이루려고 하거나 목적을 달성하려는 사람들의 머릿속에 '계획'과 비슷한 것으로 의도를 생각하는 경향이 있다. 우리가 왜 이런 방식을 생각하는지 분명하다. 계획의 개념으로 여겨지는 의도에는 특성이 아닌 미래적인 무언가가 있다. 그러나 이를 계획으로 생각하는 것은 잘못이다. 우선, 계획을 이해하는 것은 정말이지 매우 어렵다. 3세 아기들조차도 실제로 무엇을 '하는 것'인지 거기서 '하려는 의도'를 구별하는 간단한 질문에도 선뜻 대답하지 못한다.[6] 예를 들어,

그네를 탄 한 아이와 비어 있는 그네를 향해 뛰어가는 다른 아이에 관한, 또는 그림 그리는 아이와 이젤에 다가가는 아이에 관한 간단한 만화를 보여주고 (아직 4세가 안 된) 3세 아기에게 "어느 아이가 그네타기를 (또는 그림 그리기를) 하고 싶어 할까?"라고 물어보면 정확하게 대답하지 못한다. (이 실험에서) 아직 일어나지 않은 행동의 의도에 관한 개념은 미취학 아이들이 이해하기에 무척 어려운 것 같다. 이것은 물론, 상호작용이 이루어지는 일상에서 어린 아기들의 행위가 우리가 알고 있는 것처럼 아직 일어나지 않은 의도적인 행동들을 쉽게 예상하고 예측하며, 교묘하게 조종할 것이라는 것과 완전히 대조적이다. 이런 명백한 모순은 분명 무언가 부적절하다. 아마도 가장 문제가 되는 것은, 계획으로 의도를 생각하는 것이 우리에게 의도를 그 행위에서 완전히 분리된 것인 행동과 전혀 다른 것으로 생각하게 만든다는 데 있다. 그러나 의도는 종종 행동하는 동안 명확해지고 (그래서 의도는 근원과 원인의 측면에서 아주 밀접하게 연관된다) 사람들 간에 자주 협상되고 있다. 그래서 누군가의 머릿속에서 몰아낸다. 계획이 반드시 이해하기 힘든 것만은 아니다. 예를 들어 청혼하려고 프러포즈하는 것처럼 반지를 사거나 식당을 예약하거나 이벤트 전에 긴장하며 서성거리는 등의 무언가 불확실한 모습을 보인다면 (적어도 보수적인 의미에서 청혼이라면) 다른 사람들은 잠재적으로 지각할 수 있다.

우리가 다른 사람들의 의도를 초기에 인식하는 데 관심을 갖고 있다는 기정사실을 고려해볼 때 나는 고의적으로 대상 지향성(object-directedness)의 측면에서 하나의 정의를 선택해왔고 의도적인 행동을 지켜봐왔다. 이는 의도를 지각 가능하고 기본적으로 개연성 있게 해줄 뿐 아니라 다른 사람들과 **관계를 맺도록** 해준다. 먼저, 의도가 왜 지각 가능해야 하는지 그리고 어떻게 그러한지 살펴볼 것이다.

지각 가능성

의도는 움직임의 패턴으로 지각되어야 한다. 왜 그럴까? 이와 관련된 두 가지 이유가 있다. 하나는 행동을 일으키는 정신 표상인지 행동 그 자체인지 우리가 이를 생각하지만 의도에는 신체적 제약, 신체 주변의 환경, 그리고 정해진 대상과 타당한 관계(lawful relations)를 떠맡아야 한다. 누군가에게 다가가려는 의도는 키스하거나 거부하거나, 심지어 곁눈질함으로써 그들 사이의 거리를 변경할 특정 행동양식을 수반해야 한다. 무엇인가를 잡거나 주거나 가지려는 의도는, 누군가를 고의적으로 속이지 않는다면, 의도를 지닌 사람, 사물, 의도를 받는 사람 사이의 조직적인 연계를 갖추고 있어야 한다. 의도적인 행동과 그 대상 사이에서 이와 같은 타당한 관계는 지각될 수 있다. 그것은 추론이 필요하지 않다. 정확하게 또는 의미 있게 지각하려는 것은 개별적인 신체, 자질, 그리고 경험에서 지각하려는 적절성에 따라 좌우된다. 두 번째로, 우리가 의도의 발생을 발달 또는 심지어 진화의 과정으로 설명하려 한다면, 대인관계의 의도는 반드시, 그리고 틀림없이 반응을 유도하기 위해 타인이 이해해야 한다. 만일 종(種)이 다른 구성원들이 그들을 파악할 수 없다면, 그들이 왜 전혀 진화하지 않는 것인지를 신기해할 것이다. 그리고 우리가 어떻게 아기들이 출생의 초기부터 (이번 장의 후반부에서 살펴보겠지만) 다른 사람의 의도적인 행동을 이해하고, 응답하며, 다룰 수 있는지를 설명하기 원한다면, 의도의 지각 가능성을 추측하는 것이 타당할 것이다.

그러나 이것이 지각 가능할까? 그러면 어떤 방식일까? 우리는 의도적인 행동과 그 지각 가능성에 관한 타당한 관계와 그 형태에 관해 무엇을 알고 있을까? 이것은 어떻게 움직임의 패턴을 구체화하고 지각을 명료화할까? 중요한 것으로 밝힌 의도적 행동의 다섯 가지 인지적 특징은 의도의 목표 지향적 정의로부터 도출된 일부 기준과 중복된다(지속성, 목적을 달성하기 위한 합리적이면서 직접적인 방법의 사용에 관한 반응을 기다리기, 놀람의 증거, 선호의 증거, 문제를 해결하는 것뿐 아니라 놀이 안에서 수단과 목적을 분리하는 것 등등). 여기서의 목적은 의도적인 행동의 지각 가능성과 종종 목표 지향적 정의를 추정하는 연구들이 놓치는 특징에 초점을 맞추는 것이다. 이것들은 의도적인 행위를 기술하는 사람으로서 배타적이지도 않지만 철저하지도 않으며, 그러나 타인의 행위에 대한 아기의 경험을 생각하고 그들이 (또는 우리가) 여러 경우를 지각하거나 지각하지 못하는 것을 구별하는 데 도움을 줄 것이다.

의도적인 행동에 관한 이러한 다섯 가지 특징은 **지향성**(directedness), **단일성**(singularity), **형태**(shape), **고의성**(deliberateness), 그리고 **변화에 관한 기대**(expectation of change)이다.

대상을 향한 지향성

철학에서는 의도를 자주 무언가에 '대한' 것으로 정의하는데, 이는 의도적인(즉, 정신적인) '대상'을 말한다. 의도적인 행동의 분명한 대상은 무생물이 될 수도 있고(예를 들어, 철학적으로 '의도적인' 대상이라기보다 세상 속 대상) 다른 사람들이 될 수도 있으며 자기가 될 수도 있다.[7] 제6장에서 관심을 이해하기 위해 반드시 필요했던 것처럼 의도적인 행동을 이해하기 위해서는 우리가 그 대상을 꼭 인지해야 한다. 반면 관심에 관한 사례에서 보았듯이 우리는 그것이 무엇인지에서 그것이 된 그 내용까지 의도를 분리하는 바람에 오히려 위험한 상황에 처하게 되었다. 사실 대상은 단지 의도적인 행동을 도출하기 위해서뿐만 아니라 타인에 대한 의도적인 행동에서 의미를 찾기 위해서 필수적일 것이다. 공간 속 거리는 손을 뻗어 거기에서 무엇인가를 찾을 때까지 (닿을 때 얼마만큼 의미 있는 일이 될지) 궁금하고 이해할 수 없는 움직임으로 지각될 수 있다. 대상이 타인의 관심을 우리가 인식하고 있다고 알려주는 것처럼, 대상은 타인의 의도에 관한 우리의 인식을 알려준다.

실제로 '대상' 없이 행위를 하고 있을 때 적어도 12개월 무렵에는 아기들이 다른 정서 반응을 보인다는 사실이 입증되고 있다. Henry Wellman과 그의 동료들은 대상을 향해 직접적이거나 우회적인 행동을 하는 아기들에게 상당히 전형적인 예시를 활용한 실험을 통해 누군가 (마치 주위에 가공의 장애물이 있는 것처럼) 재미있고 우회적인 방식으로 한 대상에게 손을 뻗었을 때 놀라는 표정을 지었던 아기들이 동일한 행동을 했는데도 놀라는 표정을 짓지 않았고 거기엔 대상이 존재하지 않았다는 사실을 밝혔다. 결국 대상과 그 거리 간의 관계에 대해 알아보는 것은 그 거리의 의도를 (그 의도의 모순을) 자세히 말해주는 것 같은데, 반면 대상이 전혀 없을 때에는 놀라거나 어이없다는 수준에서 행동이 멈췄다. 이는 (우회적인 방식에서) 일리가 있다.

행동과 '사물' 간의 심리적 연계성에 대한 지각은 사실상 발달 초기에 두드러지게 나타나는 것으로 보인다. Amanda Woodward는 놀랄 만한 일련의 연구들을 통해 이 연계성이 언어의 시작 이전인 대략 5~6개월 즈음에 잘 드러난다고 밝혔다. (무형의) 대상을 향해 손을 뻗는 동영상을 보여주면 아기들은 그것을 유심히 살펴보고 (비록 이전의 대상처럼 동일한 장소에 있을지라도) 마치 그것이 아주 다른 행동인 것처럼 새로운 대상을 향해 손을 뻗는데 다른 장소에서 아기들이 똑같은 행동을 보이지만 자세히 살펴보지 않고 동일한 대상에게 손을 뻗는다. 조금 더 흥미로운 것은 (한 연구에서 아기들은 자신의 손을 대상에게 고정시키는 벨크로 안감을 가진 벙어리장갑을 끼는 데 도움을 받는다) 만약 아기들이 스스로 이미 손을 뻗는 행동을 했다면, 3개월밖에 되지 않았어도 다른 사람의 행동에서 대상 지향성(object-directedness)을 식별할 수 있다는 사실을 알 수 있다.[8]

3개월밖에 되지 않았지만 (그리고 철저하게 통제되고, 전혀 대면하지 않는 교류 없는 실험 상황을 통해) 특정 방향에서 움직이는 손의 동작을 지각할 수 있을 뿐 아니라 특정 대상을 가리킬 수 있다면, 아기들은 틀림없이 자신과 타인을 포함한 서로 다른 많은 유형의 대상을 향해 타인의 의도적인 행동의 지향성을 지각할 수 있을 것이다. 우리가 제5장에서 살펴보았던 2개월 된 아기들의 이해하기 어려운 의사소통 반응은 훨씬 더 중요해지고 있다. 그리고 아기가 출생 때부터 보여주는 너무나 다양한 의도적 행동이 아기 자신을 향한 것이 맞다는 사실은 흥미로운 호기심이 되어가고 있다.

단일성

의도적인 행동은, 예를 들어 일련의 작은 움직임이라기보다는 단일한 전체 행동을 구성하는 범주에 속하기 때문에 단수형이 된다. 이 단일성(singularity)을 지각할 수 있게 된다는 것은 확실히 유용하다. 그렇지 않으면 의도적인 행동이 시작될 때 외부적 사건이 아닌 우유부단함에 의해 중단되는 경우에 대해 말하기 어려울 것이다. 누군가 당신에게 접근하고 있음을 알아차린다는 것은 일련의 개별적인 단계가 아닌 하나의 행동으로 그 접근을 살펴보는 것이 필수적이다.[9] 비디오테이프에서 보이는 행동의 흐름을 시작, 끝, 그리고 일상의 행동에서 완성하는 데 부족한 부분을 찾아내면서 '조각'으로 나누도록 요구받은 성인은 아주 자연스럽게 이를 해낸다.[10] 행동화(habituation)를 이용하는 교묘하게 의도된 연구에서 Dare Baldwin은 이런 능력이 아마도 단순한 인지적 특징일 것임을 시사하면서 10개월 된 아기조차 이런 방식으로 비디오테이프상에서 보여주는 행동을 '조각'으로 나눌 수 있다는 것을 밝혔다.[11] 우리는 아직 어린 아기들이 이와 같이 분할을 지각할 수 있는지 없는지를 알지 못한다. 아마도 이들은 서로 다른 의도 (의도적인 행동을 지켜보면서 3개월 된 아기들이 스스로 이미 그런 행동을 했다는 Amanda Woodward의 연구에서 우리가 봤던 것처럼) 또는 자기를 향한 행동에서만 아마도 아주 다르게 반응하는 것인지도 모른다. 대상 지향성의 지각과 마찬가지로 만약 옹알이를 하는 2개월의 아기도 자신을 향한 의사소통적인 행동에서 의도의 리듬을 지각할 수 있다면 확실히 이것은 설득력 있을 것이다.

형태

지각이 가능한 의도적인 행동의 또 다른 특징은 일관성 있는 방식으로 만들어준다는 것이다. 사실 의도적 행동의 **형태**(shape)는 제멋대로 나타나지 않는다. (즉, 특정한 형태의 움직임이 지각하는 사람마다 계속해서 동일한 인상을 줄 뿐 아니라 신체의 구조와 운동성에 깊게 관련되어 있기도 하다.) 이는 일부 아주 단순한 행동에 있어서 사실이다. 만약 당신이 일시적인 특정 관계에서 선을 따라 2개의 직사각형을 같이 움직인다면, 수영을 하거나 기어가기와 같은 단순한 행동만이 아니라 '추적', '합류하거나 단결하기', '몰아내기', '비틀기', '계속해서 밀어내기', '찾고 가지러 가기' 등등의 복잡한 행동까지도 강력한 인상을 만들어낼 수 있다.[12] 공격, 방어, 놀림, 그리고 추적과 같은 행동에 대한 인상은 원과 삼각형이 (아주 활기 있는 방식으로) 화면의 이쪽저쪽으로 움직이는 Fritz Heider의 최근 유명한 실험에서 성인 관찰자에 의해 보고된 것처럼 불가피한 것으로 여겨진다.[13]

거기에는 (최소한) 어른들이, 예컨대 누군가 들어 올린 대상의 무게에 관해 그리고 그것이 실제보다 더 무거운 것처럼 보이려고 애쓰거나 아니거나 기타 등등의 (신체 연결 부위에서 효과적으로 자리하고 있는 빛으로 이루어진 움직임을 감지하는 경우는 거의 없는) 영상 움직임이나 심지어 정지화면에서도 감지하기 힘든 미묘한 것을 자각하게 하여 구별을 잘할 수 있게 하는 신체의 엄청난 증거가 있다. 이러한 지각 효과를 재창조하는 데 관심을 갖는 로봇기술자들은 이런 의도성을 기술하는 것이 정확히 무엇인지에 대해 훌륭한 질문을 던진다. 비록 우리가 아주 어린 아기가 물리적인 동작으로부터, 예컨대 걷는 운동을 식별하는 것과 같은 (의도적인 것으로서) 생물학적인 동작을 간파할 수 있다는 것을 알지만, 우리는 아직까지 아기와 관련된 이런 특징에 대해 거의 알지 못한다. 우리는 아기들이 움직임 혹은 그런 '점광화면(point-light displays, 최근 심리학 분야에서 생물학적 운동의 인식에 관한 연구에서 널리 사용하는 방법으로, 행위자의 움직임을 점으로 표현하여 이들의 움직임을 관찰하는 방법—역자 주)'에서 감정적인 여운을 식별할 수 있는지 없는지는 알지 못하지만 자폐아들이 그것을 하는 데 아주 어려움을 갖는다는 것은 안다.[14]

고의성

그러나 의도와 자유 의지의 중심부인 고의성(deliberateness)은 어떨까? 그것은 인지될 수 있을까? 우리는 고의적이지 않은 측면에서 의도의 이런 양상을 정의할 수 있는 구식의 정의 방법, 즉 대조법을 사용할 수 있다. (다음의) 세 가지 경계는 그들이 고의적이지 않아 그런 까닭에 전혀 의도적이지 않은 것으로 발을 헛디뎌서 음료를 엎질러 누군가에게 사방 군데로 튀게 하는 것과 같은 우발 행동, 딸꾹질과 같은 반사 행동, 그리고 타인이 강요해서 특정한 행동을 하게 하는 강압 행동이 있다. 어떻게 이것을 구별할 수 있을까? 이 질문은 인과관계에 관한 것이자 행동의 역동성에 관한 것이다.

제안할 수 있는 한 가지 사안은 유기체가 (자동차처럼) 자기의 추진력과 같은 어떤 움직임을 의도적인 것으로 지각해야 한다는 것이다. 확실히 미취학 아동들은 이런 견해를 지지하는 의견에 부합한다.[15] 그러나 아마도 자기의 추진력은 고의성을 인지하는 데 있어 핵심적인 특징이 될 수 있지만, 그 자체로 충분한 설명이 될 수는 없다. Amanda Woodward의 연구는 5개월의 아기가 (대상을 향해 손등을 움직이는) 손의 우연하고도 무의미한 움직임과 (대상을 향해 손바닥 근육을 좀 더 긴장시켜 움직이는) 대상 지향적인 움직임을 구별하는 것을 밝혔다. 둘 다 자기 추진력인 것은 분명하지만 의도의 측면에서 이는 아기에게 서로 다른 것을 의미하는 것 같다. 또한 이번 장에서 초반에 언급했던 Michotte의 실험은 움직임의 시간과 속력이 외부적인 밀기, 당기기, 두드리기 등등, 그리고 강제적 행동의 특징화에 관한 인상을 전달하는 것을 아주 설득력 있게 보여주었다. 우발적인 행동을 구별하는 것은 아마도 조금 더 복잡할 것이다. 당신이 발을 헛디뎌서 물컵을 떨어뜨릴 때 외부적 힘의 원천은 아마 가시적으로 나타나지 않을 것이다. 그러나 자연스러운 행동에서 (매끄러운 행동을 가로막는 갑작스러운 요동과 같은 가시적인) 분열은 굉장히 뚜렷하게 나타날 것이다.[16] 이와 유사하게 반사적인 행동에 관한 정보는 틀림없이 행동의 방식으로 드러나는데 외부 사건에 관한 경련, 돌발, 반응 속도, 반복과 시간이 흘러도 변하지 않는 반응의 양식

등등이 그것이다. 아기가 아기와 침팬지가 다르다는 것, 그래서 어떤 차이점이 있음을 알고 있다고 하더라도 우리는 아기들은 고사하고 어른들이 이런 지각적인 구별을 어떻게 할 수 있는지에 대해서도 아는 바가 별로 없다.

변화에 관한 기대

여기서 논의되는 지각 가능성의 마지막 특징은 행동을 특징화하는 변화에 관한 기대(expectation of change)이다. 의도는 변화에 관한, 즉 장난감을 집어 올리거나 누군가를 소파로 밀어내거나, 쿠션을 옮기거나 혹은 코를 후비는 것을 멈추도록 누군가에게 부탁하는 것과 같은 일상에서 무엇인가를 하는 것에 관한 것이다. 사람들은 사소하더라도 변화를 창조하는 것을 추구한다. 내가 당신의 의도적인 행동 양상을 간파할 수 있다면, 나는 당신이 원하는 것을 성취할 수 있도록 하거나 정말 그것을 가질 수 있도록 도움을 줄 수 있다. 더 나아가, 다른 사람들이 하려고 애쓰는 것을 파악하는 것은 그것이 나 자신의 의도에 닿아 있을 때 이해하는 것을 가능하게 된다. 즉, 나의 의도적인 행동을 위해 당신의 의도를 앎으로써 당신이 나에게 기대하는 바를 내가 하거나 또는 하지 않도록 파악할 수 있게 되고, 말하자면 순응하거나 괴롭히거나 고의적으로 순응하지 않음으로써 상대를 무시할 수 있다. 당신의 의도에서 이런 모습을 파악할 수 없다면, 당신의 행동은 내게 있어 잘 다듬어져 있고 일관되며 직접적인 모습으로 남을 것이다. 그러나 당신은 일상에서 일어나기를 바라는 것과 내가 그 일을 해주길 원한다는 사실을 내게 알려주지 않을 것이다. (나의 의도는 그 의도를 '해야만 하는' 그리고 '하지 말아야만 하는' 것으로) 당신의 문화가 내게 가까울 것이다.

변화에 관한 기대는 행동으로 분명해질 수 있다. 다른 사람의 의도적인 행동을 보고 우리는 대상에 다가가거나 그것이 될 때까지 지속하거나, 대상이 사라졌을 때 놀라거나, 혹은 대상이 움직인다면 방향을 수정하거나 하는 등 그때에 맞추어 행동에 대해 만족하기도 멈추기도 하면서 관찰할 수 있다. 예를 들면, 내가 컴퓨터 화면 위에 팔을 뻗어 약간의 방향에 힘을 가한다면, 그리고 만약 그 화면이 꼼짝하지 않는다면, 또 화면이 너무 많이 움직이거나 내가 맞추는 데 실패한다면, 나의 목적은 (만약 내가 고의적으로 그것을 속이지 않는다면) 나의 반응에서 분명하게 나타날 것이다. 나는 아마 놀라기는 하겠지만, 다시 시도하고 또 다르게 시도함으로써 그것이 천천히 움직이긴 기다리거나 결국엔 포기할지도 모른다. 내가 아들에게 방을 정리하라고 말하고, 그가 그렇게 했다면 일상의 변화에 관한 나의 기대는 기쁨(아마 충격 또는 불신)이 되고 만약 아들이 그렇게 하지 않았다면 명령의 냉담한 반복이 되며 만약 아이가 즉각적으로 응하지 않는다면 그가 무엇인가를 말하기를 기다리고 살피는 등 그 안에서 분명해질 것이다. 아기는 잠재적으로 이런 서로 다른 반응, 반복에 다르게 반응하는 것, 아마도 순응하거나 타인이 자신의 행동에서 기대하는 것으로 여겨지는 변화를 고의적으로 방해하는 것을 구별할 수 있다. 사실 아기가 정말로 일관성 있게 행동한다면, 아기는 행동에서 다른 사람이 기대하는 것을 예상하고 그것을 좌절시킴으로써, 혹은 내가 이번 장에서 설명하기 시작한 관찰처럼 기대와 의도적인 행동을 유발한 뒤 그것을 좌절시킴으로써 괴롭힐 수도 있다.

그래서 의도성은 그것의 지향성, 단일성, 형태, 고의성, 그리고 변화에 관한 기대를 통해 행동으로 지각할 수 있다. 그리고 우리는 출생 후 1년 안에 아기가 이미 성공적으로 의도적인 행동의 일부 양상을 파악할 수 있다는 것을 살펴봐왔다. 즉, 지향성은 3개월 또는 5개월 때에, 그리고 단일성은 10개월 때에 말이다. 그런데 일반적인 상황에서 지각하는 사람에게 그리고 특정한 상황에서 아기에게 의도를 뻔히 들여다보이게 할 수 있을까? 그렇다고 할 수 없다. 어떤 점에서는 특정한 의도가 매우 중요한 것이 될 필요가 있다. 의도적인 행동에서 더 나은 두 가지, 즉 그 정황(contextuality)과 관계성(engageability)은 (추정하는 것보다) 의도적인 행동에서 그 중요성을 지각하는 성인과 아기 모두에게 가능성을 준다.

의도는 맥락이 있다

행동의 맥락은 그 특정 의미를 명확하게 한다. 그러나 심리학에서는 행동에서 맥락을 분리해 보려는 경향이 있다. 이론가들은 똑같은 행동이 서로 다른 의도를 가질 수 있고 그래서 '동일한' 행동 이면에 감춰진 다른 의도를 지각하기보다 추론해야 한다고 논의할 때 '동일한' 행동이 자주 아주 좁은 의미로 정의된다고 주장한다. 한 예로 Mike Tomasello와 그의 동료들의 최근 논문에서 도입 단락을 살펴보면, "아주 똑같은 신체 움직임은 아마도 대상을 제공하거나 공유하거나 빌려주거나 움직이거나 제거하거나 회수하거나 바꾸거나 팔거나 행동하는 사람의 목표나 의도에 따라 비춰질 것이다."[17] 여기에 담긴 의미는 이런 의도가 건네주는 동일한 행동에 있어서도 어느 정도 추론을 해야 함을 인식해야 한다는 것을 뜻한다. 당신은 이를 단순히 지각할 수 없다.

그렇다면 우리가 대상을 건네는 의도적인 행동 어디쯤에 선을 그어야 할까? 가게 계산대나 식탁 또는 거리 구석 등 행동이 발생하는 물리적 위치는 행동의 일부가 아닐까? 아마도 이는 행동의 정황을 배제하게 만드는 '중재 변인'이라는 맥락에서 생각해보려는 습관일 뿐이다. 뻗은 손바닥, 언어적 요청, 대상이 주는 물리적인 제공 등 대상을 건네주는 것에 앞선 선행 사건은 행동의 일부가 아닐까? 초콜릿 바, 소금 통, 흰색 봉투 등 건네준 실제 대상은 어떤 걸까? 혹은 신중하게, 뭔가 감추는 듯이, 무심히, 웃으면서 건네주는 방식은 어땠을까? 또 미소, 칭찬, 거절, 수용, 금액을 어물쩍 넘기기 등 이후에 벌어진 일은 어떨까? 우리가 만약 이런 것을 알 수 있다면, 여러 방식의 건네주는 행동을 더 이상 '동일한 행동'으로 부를 수 없을 것이다. 건네는 행위에 담긴 더 깊고 깊은 의미, 즉 시공간의 맥락(spatio-temporal context)은 특정 의도에 수반된 의미를 조금 더 명확하게 만든다.

순수한 물리적 행동을 찾기 위해 맥락을 잘라내는 것은 오히려 '건네주는 행동(giving action)'에 관한 비디오테이프 일부를 조작하는 것과 같다. 전후 사건을 생략하기 위해 비디오테이프를 잘라내는 것, 배경을 지우는 것, 알아주지 않는 대상을 제거하는 것, 지나쳐버린 대상을 확보하는 것은 어떤 표현 방식도 없는, 획일적인 방식으로 이루어진 것이다. 사실, 행동에 대해 이러한 종류의 조작은 확실히 심리학에서 학생들에게 계획된 실험에서 그렇게 하도록 가르친 것이다. 그러나 일상의 삶에서, 우리는 얼굴 표정, 중요한 정황적 정보가 없는 의도적인 행동을 거의 찾아보기 힘들다.

맥락은 부가물이라기보다는 우리가 파악하거나 혹은 그러지 못한 의도성의 일부이다. 누군가가 아기에게 3개월 때에 우유병을 주거나, 5개월 때에 장난감 차를 줬을 때, 아기에게는 그런 행동의 특정한 의도를 알아차릴 수 있는 맥락을 아는 것이 필요하다. 무엇이 맥락을 유익하게 만들까? 아기들은 건네주는 행동의 의도를 어느 정도 깨닫기 위해서 가게 계산대나 거리 구석의 불법적인 상거래를 알 필요가 없다. 그 답은 관계 안에 있어야 하며, 맥락은 지각한 사람이 그 안에서 관계의 경험을 쌓아 제공한 의도에 대해 유용한 정보가 되어줄 것이다. 의도에 관한 세 번째이자 잠재적으로 가장 중요한 측면은 우리를 그 관계 속으로 끌어들인다는 데에 있다. 지향성과 형태 등등의 지각 가능한 특징도, 그들 주변의 상황만도 아닌 함께함으로 완전하게 되며, 또한 대체적으로 개별적인 아이나 성인만이 아닌 이들 모두가 함께 관계 맺음으로 의미 있게 된다. 의도를 지각한다는 것은 지각 그리고 자기 자신을 향한 의도적인 행동을 누군가 유도하는 경험, 즉 2인칭에서의 관계와 반드시 관련이 있어야 한다.

의도는 관계를 형성할 수 있는 능력이다

내가 생각하는 의도적인 행동의 세 번째 특징은 의도에 대해 아기의 인식이란 그 관계 능력(engage-ability)을 우리가 이해하는 것이 필수적이라는 것이다. 타인의 참여가 필요한 의도적인 행동에는 개방성, 즉 불완전성(incompleteness)이 있다. 이는 물리적 대상에 대한 간단한 행동(예컨대 당신의 얼굴에서 낙엽을 치워주는 시도)부터 대인관계에서 특정한 의도적인 행동(예컨대 키스를 하거나 아기에게 장난감을 주려는 시도)까지 적용된다. 그것은 당신이 그것에 막 닿았을 때 바람과 함께 다시 움직일 나뭇잎과 관련된 기대 또는 당신이 다가갈 때 와락 울음을 터뜨리는 아기와 관련된 기대에 따라 그 과정이 바뀔 수 있거나 그것이 존재하는 것에 생명을 불어넣는 것과 관련될 때 기대를 촉발하기 때문에 행동은 열려 있다. 때때로 이는 개방성이나 불완전성 그리고 참여로의 촉구를 전하는 단순한 근육의 긴장이 되기도 한다. 내 부엌 창문 위에는 작은 점토 조각상이 있는데, 한 손으로 자신의 어깨를 움켜쥐고 보이지 않는 플롯 연주자의 음악을 들으면서 완전히 빠져든 표정으로 몸을 옆으로 구부린 여성 조각의 모양으로 조각가는 내게 이 조각상을 통해 말을 건넨다. 그런 조각상을 바라보며 나는 내 몸에서 그녀의 분투를 느낄 수 있다. 의도성을 알아차리는 핵심은 움직임을 통해 마음이 움직이는 경험일지 모른다. 이는 1950년대에 Albert Michotte가 영화를 볼 때 4단계로 나타나는 지각하는 사람과 그 사람의 신체에 나타나는 네 가지 수준에 대해 말했던 주장에서 시작되었다. 대부분의 현상학자들과 좀 더 최근에 강력하게 표현했던 Peter Hobson도 여기에 포함되어 있다. 물론 최근 신경과학의 연구 전반의 중심에서도 자기와 타인 간의 연계성에 대한 이 주장이 핵심이 되고 있다.[18]

'관찰자'를 초대하는 의도적 행동의 불완전성에 대한 관계는 두 종류가 될 수 있다. 하나는 동일한 의도를 거의 받아들이는 감정 이입의 공유하는 방식으로 참여를 유도할 수 있다. 다른 하나는 타인의 반응에 대해 감각으로 참여를 유도할 수 있다. 타인의 의도를 가져와 타인의 의도를 받아들이는 첫 번째 방식이 완료될 때는 가장 재미있는 방식으로 나타날 수 있다. 철학자 비트겐슈타인에 관한 출처가 불분명한 한 이야기가 있다. 그는 언젠가 열차를 타고 가야 하는 한 친구와 기차역에 갔었다.[19] 그들은 늦었기에 달리기 시작했다. 비트겐슈타인은 떠나려는 기차를 먼저 잡았고 그 기차가 출발할 때 거기에 올라탔다. 열차를 잡으려는 의도만 있던 친구는 플랫폼에 망

연자실하게 서 있었다. 이 경우 친구의 생각은 자신이 비트겐슈타인이 되는 것이었다. 누군가의 몸에 타인의 의도를 흡수하는 보다 덜 극적인 사례를 일상에서도 찾아볼 수 있다. 줄타기 곡예사를 지켜보는 군중에 관한 애덤 스미스의 예화를 살펴보자. 동정적인 우려 속에서 모든 군중들의 근육은 긴장될 것이다. 또 다른 예로 스스로 먹어보려고 애쓰는 아이를 지켜보는 엄마의 경우를 보자. 엄마의 머리는 기울어지고 입은 조치를 취하고 강화시키고 타인의 행동을 고쳐보려고 열려 있다. 누군가 타인의 의도를 인식하지 않는다면 그것을 상상하는 것은 어려우며, 우리는 자신의 신체에서 그것을 분명히 드러내는 방식에 협력하여 행동할 것이다. 이는 타인의 의도를 받아들이는 이런 분명한 방식이 자기에 대한 타인의 단일성으로 1인칭 공감적 인지를 포함한다는 사실을 말해주는 것이다. 그러나 이는 더 나아간 것일 수 있다. 현장에 있는 구경꾼들이나 입을 벌리고 있는 엄마나 열차에 올라탄 비트겐슈타인도 알고 보면 자신의 행동을 살펴보려고 하기보다 (생각 없이) 자신을 위해 자기 행동을 완수함으로써 타인을 도우려고 애쓴 것일 수 있다. 또는 어떤 점에서는 그 차이에 관해 혼란을 겪고 있는지도 모른다.

두 번째 종류의 완성은 우리가 이 책의 앞 장에서 다루어온 좀 더 명확한 종류의 관계이다. 부름은 답을 구한다. 위로 향한 손바닥으로 상대방에게 팔을 뻗는 모습은 '가지' 않더라도 그래도 눈길을 끈다. 다른 사람의 의도적 행동에 관한 아기의 초기 경험은 (적어도 시각적 지각의 미숙함으로 인해) 본래 그 자신을 향하기 쉽다. 이러한 행동에 대한 아기의 반응은 틀림없이 그 유형에 관한 지각과 그 맥락에 관한 기억뿐만 아니라 동기와 감정도 포함한다. 여기에서의 요지는 이것이다. 자신을 향한 의도적인 행동은 반응이 요청되며, 그에 반응하는 것은 발달에 중요하다.

의도는 타인에게 영향을 미치며, 타인에 의해 영향받을 수 있다. 의도의 소극적인 관찰은 드물다. 누군가 소금에 손을 뻗으면 당신이 그것을 가까이로 밀어준다. 누군가 당신을 포옹하려고 팔을 뻗으나 당신은 그 대신 손을 내밀고 흔든다. 당신의 형제들이 안락의자로 가고 있고 당신이 가장 먼저 달려간다. 사람들과 함께 사는 것은 어려우며, 특별히 그들이 우리를 향할 때(즉, 우리가 그들의 의도의 대상이 될 때) 그들의 의도에 의해 영향받지 않는다. 불가피하게 영향을 받게 된다면, 우리는 타인의 행동에 영향을 준다. 직접적으로 소금을 밀어서 도움을 주려는 당신의 행동은 타인의 거리를 변경한다. 당신의 손을 내미는 것은 포용하려는 다른 사람의 의도를 바꾼다. 안락의자를 차지하기 위해 당신이 돌진한 것은 확실히 당신과 형제들의 의도를 변화시킨다. 그리고 이것은 바로 그 같은 복잡한 관계를 초래하는 의도에 그들이 영향을 주고받을 수 있기 때문이다. 이런 관련성과 상호 영향성은 불가피하게도 인식에 관한 궁금증과 밀접한 관련이 있다. 이는 아기들이 타인의 의도와 관계가 있다는 사실을 이해하지 못한 채 우리가 아기들을 이해한다는 것은 불가능하다는 것을 보여준다.

아기들은 다른 사람들의 의도로 무엇을 할까?

그래서 타인의 의도로 무엇을 할 수 있을까? 아기들은 모방하고, 돕고, 순응하고, 방해하고, 이끌어내거나 통제하고, 허를 찌르며, 이름을 짓고, 이야기하고, 이론화하는 등등을 할 수 있는데 비트겐슈타인이 화행이론(Speech Act Theory)에 대한 평론에서 주장했던 것처럼 관계가 있는 만큼 수많은 다양한 관계를 맺는다. 다음 절에서 나는 타인의 의도와 관련된 아기의 몇 가지 행동과 그와 같은 행동에 대해 우리가 알고 있는 것을 요약할 것이다. 특히, 나는 장난스러운 놀리기를 통해 타인의 의도적인 행동을 방해하려는 아기들의 시도에 초점을 맞추려고 한다.

의도적인 행동을 모방하기

신생아의 다소 단순한 모방만이 아니라 그 후에도 좀 더 다양하고 '선택적인' 모방을 통해 아기들은 타인의 의도적인 행동을 분명하게 모방한다. 모방은 우리에게 사람들과 관계를 맺는 아기의 동기에 관해서 그리고 타인의 의도성에 관한 그 본질과 정도에 관해서 알려준다. 거기에는 어떤 의미에서 당신이 '이해하지' 못하는 것을 모방할 수 없다는 사실에 대해 논의할 만한 내용이 있다.

신생아는 의도적 행동을 다른 사람의 혓바닥 돌출부(융기, protrusion)나 손가락의 움직임으로 알아차리는가? 예를 들이, 대상으로 존재하는 탁구공을 아기들 앞에서 달랑거리면 아기들은 보통 달랑거리거나 흔드는 것으로 이를 '모방'하지 않는다. 그러나 신생아들이 모방을 할 정도로 그것에 대해 유도성이 있는지 우리가 모르더라도 (예를 들어, 모델의 얼굴을 옆쪽으로 돌렸을 때 신생아들이 혀의 돌출을 모방할 것인지 아닌지) 그 대신 신생아들은 손을 뻗거나 힘껏 치거나 붙잡거나 그것에 따라 머리를 흔든다. 신생아는 확실히 성인의 행동에서 (그들을 향한) 유도성을 인지하는 것으로 보인다. 그러나 2개월 된 아기의 민감성이 약간의 시각적 굴절에 대해 말해주는 것은, 유도성이 반응을 이끌어내는 꽤 단순한 특징이라는 것과 관계된다. 모방적 교류가 보여주는 의사소통의 본질이 시사하는 것은 신생아의 모방이 1인칭과 2인칭의 감정 모두를 포함한다는 것과 같다(즉, 나는 내가 그것을 할 수 있기 때문에 당신이 하려는 것을 알고 있으며, 나는 내가 그것에 응하고 싶기 때문에 당신이 하려는 것을 안다)는 점이다. 신생아는 의도적인 행동을 인식할 뿐 아니라 모델에 반응하고 그 모델이 멈춘다면 모델에게 요구하고 모델을 건드리면서 그에 맞춰 행동을 하며, 이들이 2개월의 아이처럼 복잡한 상호작용을 보여주지는 않지만 그 안에서 무언가를 하고 있다.

최소한 2개월이 된 인간의 아기는 동일한 행동이지만 의도적인 행동과 기계로 작동되는 장난감의 움직임이 아닌 인간의 행동을 모방한 기계화된 행동을 구별할 수 있는 것으로 보인다.[20] 2개월이 된 아기가 대상과 무언가를 (다가가고, 움켜쥐고, 만지고 하는 것처럼) 하려고 하는 대신 반응하지 않는 사람들에게 좀 더 의사소통의 행동을 (미소 짓고 소리 내고) 기울인다는 증거와 결합하면서 이런 차이가 있는 모방은 훨씬 흥미로워진다. 그러나 기계적으로 움직이는 사람으로 생생하게 대조하는 것은 양날의 검인데 (얼마나 차이가 있는지 논증을 적용한다면) 그것은 단지 당신이 만들어내는 만큼의 차이가 있을 뿐이다! 로봇기술자들은 우리가 고의성을 구별해낼 수 있는 어떤 정보를 정확히 상술하려고 애쓰면서 완전히 판세를 뒤엎을 수 있다.

18개월의 아기가 기계적이 아니라 사람들의 의도를 모방한다는 것을 보여주는 Andy Meltzoff의 놀라울 만한 연구를 살펴보자. 성인의 행동(아령한 쌍을 갈라놓는 데 실패하는 장면)을 지켜보는 18개월 된 아기들은 아령을 받았을 때 아무 의심 없이 (실제 그것을 완성시키는 것을 본 적이 없음에도) 그 의도적인 행동을 모방한다. 아기들은 실패한 시도에서 그 의도를 이해한 것으로 보인다. 18개월에 이것을 하는 것은 우리에게 그리 놀랍지 않다. 그러나 이 연구에서 호기심을 자극하는 것은 아주 동일하게 설계된 실험에서 18개월 된 아기에게 그 시도에 관한 기계적인 실연을 제시했을 때, 아기들은 그것을 모방하지 않는다는 점이다. 왜 그럴까? 그것은 아기들이 오직 본질적인 인간 (또는 유기체) 행동에만 의도를 반영할 수 있다는 것을 능동적으로 추정해서일까? 아니면 아기들이 단순히 그 기계적으로 시연하는 사람의 '의도'를 이해하지 못해서일까? 일본에서 로봇기술자들과 작업한 Shoji Itakura와 그의 동료들은 더 자세히 이런 결과를 연구했다. 이들은 아이에게 완벽한 실연과 (기계 같은, 두 팔을 가진 얼굴 없는 머리 그리고 두 개의 튀어나온 눈의 아주 로봇 같은) 로봇으로 실패한 시도 모두를 제시했다. 그러나 이 각각의 설정을 조금 더 비틀었는데, 로봇은 (성공 후 또는 실패 후) 아이를 바라보거나 아이를 쳐다보지 않는다. 행동이 성공했을 때, 아이들은 로봇이 자신을 향하거나 바라보거나 하는 행동과 상관없이 그것을 모방했다. 그러나 그 행동이 실패했을 때에는 그 실패가 자신을 향한 시선이 있었을 때에만 그것을 모방했다! 이 훌륭한 연구는 비인간적인 것, 생명이 없는 것에게서도 (그리고 이런 경우에서는 아주 분명히!) 우리에게 의도에 관한 정보를 제공할 수 있다는 것을 가장 먼저 시사했다. 여기까지 연구하는 데 방대한 양의 작업이 필요했지만 이런 연구는 행동의 서로 다른 많은 양상과 협응 행동(예컨대 응시의 실패)이 의도를 나타내거나 정보를 제공할 수 있다는 것을 제시했다.

어떤 의도적 행동의 측면이 아기를 모방하게 할까? 물론 이는 아기들이 무엇을 의도적인 것으로 보는지 그리고 아기들이 이런 양상을 중요하게 여기는지에 따라 다르다. 놀라운 것은 12개월 된 아기가 모방하는 것을 '합리적'으로 선택하는 것 같다는 것이다. 예를 들어 성인이 이마로 스위치를 끄는 것을 본 아기들은 그 기묘한 행동에 대한 이유를 찾을 수 없겠지만 정확하게 그것을 '모방'할 것이다. 만약 거기에 합리적인 설명이 있다면(예를 들어, 성인이 무언가 옮기고 있는 중이라 그의 손을 자유롭게 쓰지 못했다) 아기들은 간단하게 손을 사용해 스위치를 끌 것이다. 반면에, 자폐아들은 (심지어 그렇게 할 이유가 없을 때조차도) 그런 행동의 기묘한 '방식'을 무시하는 것처럼 보인다. 런던에서 Peter Hobson과 그의 동료는 언어장애가 있는 아이들이 행동의 '방식'을 모방하는 반면 자폐아들은 타인에 대한 관점을 바꾸지 않는다는 것을 발견했다.[21] 예컨대 당신이 이들 앞에 섰을 때, 이들에게 "내가 하는 것을 따라 해보자"라고 요구하더라도 당신이 오른손을 흔들면 이들은 왼손을 흔들고 만다! 타인과의 동일시는 모방의 중요성에 관한 Hobson의 설명인데, 행동의 방식이든 태도의 방식이든 (자주 보고되는 희한한 걸음걸이를 일컫는) 걸음걸이든 모방 그 자체이든지 간에 자폐아들에게 모방의 결함에서 반영되는 장애를 확인해준다.[22]

타인의 의도를 돕기

어린아이들이 자발적으로 타인을 돕는 것에 관한 인상적인 많은 일화들이 있다. 일례로, 걸음마기 아기가 지팡이를 잊어버린 할아버지에게 지팡이를 가져올지 물어보지도 않고 달려가서 들고 왔다는 이야기가 있다. 이 아기는 틀림없이 할아버지의 평소 습관을 기억하고 있고, 지팡이를 기억하지 못했다는 기억의 실패로 일탈 행위를 인지하고 있다. 또 그 필요를 정정하려는 할아버지의 의도를 미리 예측한다. 아이에게 그와 같은 행동을 도출하려는 일부 독창적인 연구들의 설정 가운데 Michael Tomasello와 Felix Warnekken은 1년 6개월 된 어린 아기가 만약 가족 구성원들뿐 아니라 실험실 안에 있는 모든 낯선 사람들이 무거운 짐을 잔뜩 들고 있다면 이들을 위해 전혀 물어볼 것도 없이 그 짐을 넣을 수 있도록 찬장 문을 열어주거나 그 사람들 손에서 빠진 물건을 챙겨 가져와 도와준다는 사실을 밝혔다.[23] 다른 사람이 하려고 애쓰는, 그리고 하는 데에 문제가 있거나 문제가 있을 것 같다고 예상하는 것은 아기들에게 아주 쉬워 보인다.

이런 기술은 어디에서 나오는 것일까? 일련의 단순한 행동이나 단순한 상황에서 유아기 초기에 무슨 일이 일어나는 것일까? 주변 상황에서 오직 다른 대상에게만이 아니라 자기에게도 지시하는 행동과 타인과 간단한 행동으로 협력하는 것은 어떨까? 3~4개월의 아기들에게서 그 사람들을 돕기 전에 그들을 향해 다른 사람들의 행동에 협조하거나 부응한다는 사실에 관한 어느 정도의 근거를 얻을 수 있다. 그 전형적인 예가 들어 올리는 것이다. 4개월 된 아기를 카시트에서 들어 올리기 위해 손을 아래로 뻗으면 손이 다가갈 때 아기들이 자신의 등을 구부리는 것을 종종 볼 수 있다. 당신이 닿았을 때, 그 몸은 이미 긴장하고 있으며 들어 올려질 준비를 하고 있는 것이다. 부모들은 이것이 대략 3개월 이후에 시작된다고 보고하는데, 이것은 신중히 받아들여지기에 합당한 아주 잘 알려진 현상이다. 이는 우리에게 무엇을 말해주는 걸까? 행동하기 전 행동을 예상하는 것으로 그것이 완성되고 아기는 성인의 행동에서 자신을 향한 **지향성**을 발견하며 특정하게 **형성된** 행동이 행해져 나가고 있는 것을 인지하게 된다.

비평가들은 아마 이런 신체적 적응이 지나온 경로에 대한 인식 그 이상이 아니며, 아기는 단지 자신이 카시트에 어중간하게 있어 들어 올려지길 바라는 것이라고 지적할지 모른다. 이는 성인의 행동이 아닌 거의 대부분 아기 자신의 욕구로 할 수 있는 게 아무것도 없다는 것이다. 그러나 그러한 부응은 의도의 인식(intention-awareness)을 중심으로 두기에 그 주장은 두 가지 점에서 비판받을 수밖에 없다. 첫 번째로, 자폐아들은 들어 올려지기 위해 간단히 몸을 적응시키는, 즉 정상 발달의 1세 아기들이 쉽게 하는 들어 올려지기 위해 자신의 팔을 들어 올리는 것조차도 못한다.[24] 이는 아기들이 사람과 그들의 행동에 흥미를 보이지 않는다는 것을 의미하며, 그런 까닭에 그것을 예측하거나 적응하는 데 시간과 힘을 쏟을 수 없다는 것을 의미한다. 또 이는 아기들이 타인에 관한 행동의 의도성을 인식할 수 없기에 그것에 맞출 수 없다는 것을 의미하며, 아기들이 자신을 향한 다른 사람들의 의도적인 행동의 지향성을 인식할 수 없다는 사실을 의미한다. 심지어 타인의 행동에 대한 이런 간단한 적응은 아마 심리학적으로 중요한 하나의 현상이 될 것이다. 두 번째로, Amanda Woodward의 연구는 사실 이 연령의 아기들이 개인적인 욕구를 가지고 성취하려는 행동을 위해 하는 것이 아무것도 없을 때조차도 행동과 그것이 지향하는 대상 사이에 접점을 발견한다는 것을 보여준다. 4개월 된 아기가 다른 사람의 의도를 알고 **돕는다**는 견해는 더 이상 기괴한 주장으로 여겨지지 않는다.

타인의 의도에 순응하기(또는 순응하지 않기)

대략 8~9개월의 시기에 아기는 통제하려는 타인의 의도에 민감해지기 시작하는데, 아기들은 지시와 금지에 순응하기 시작한다. 아마도 가장 인상적이고 아기의 문화적 참여에 있어 가장 의미심장한 것은 타인의 의도가 직접적인 관계의 범위를 넘어 시간이 흘러 아기 스스로가 행동을 통제하게 되면서 단지 단어나 음성만을 가지고 거대한 물리적 거리를 뛰어넘어 인지하기 시작한다는 것이다. 분명한 것은 이런 의도는 아기의 행동이 무엇인가 의미가 있어야 한다는 점에서 그 수준이 떨어진다는 것이다. Colwyn Trevarthen과 Penny Hubley가 초기 연구에서 지적한 것처럼, 어머니가 그 행동을 설명할 때조차 그것은 보통 불완전하고 부분적인 미완성된 설명이라는 것이다. 아기는 나머지를 파악한다. 이처럼 예상된 완결의 행동의 끝은 아기가 타인의 불완전한 또는 암시하는 형태의 행동과 아기와 대상을 향한 공동 지향성, 아마 (우발적인 것도 반사적인 것도 아닌) 그 신중함, 그리고 무엇보다 그 복합적인 변화의 기대를 알고 있음을 시사한다. 흥미로운 것은, 이런 인식이 반항적인 주장의 형태로 나타나든지 아니면 다소 미묘한 뻣뻣함이나 듣지 않는 척하는 것으로 나타나든지 간에 순응뿐 아니라 명백한 불응에서도 분명히 존재한다는 것이다.

아직까지 우리는 이런 통제된 의도가 [혹은 최신 경향을 따른다면 우리는 이를 메타 의도(meta-intentions)라고 부를 수 있다] 어떻게 부모와 아이 사이에서 협상되는지 거의 알지 못한다. 명확한 것은 이 연령 즈음에 부모들이 아이의 흥미를 발견하거나 '가르치는 데' 대한 반응으로 자진해서 기꺼이 하겠다는 마음과 멀리서 통제하려는 시도를 동시에 보인다는 것이다. 부모들의 행동에서 분명한 전환은 그들이 목소리로만 아기들의 행동을 통제하려고 시작한다는 점이다. 부모들은 왜 그렇게 전환할까? 여기에는 강력한 문화적 차이가 존재하겠지만 부모의 이러한 부분에 대해 상당히 광범위하고 즉흥적으로 대답하자면 반드시 아기 때문에 초래된 결과라고 할 수 있다. 아기의 행동 가운데 무언가가 (Colwyn Trevarthen이 제시한 것처럼 그것이 스스로를 위해서 부모의 의도에서 아기의 흥미가 늘어나는 것인지 그것이 우연히 나온 명령에 아기가 반응한 어떤 것인지) 신체적으로 아기를 조종하려 하기보다 오히려 떨어진 거리에서 아기의 의도를 조종하게끔 부모를 이끈다.

우리가 갖고 있는 몇 안 되는 증거를 찾아보면 순응은 갑작스레 습득된 것이 아니며, 그렇다고 정확하게 인생 전반에 걸쳐 획득하는 것도 아니다. 9개월이 된 아기의 부모들은 아마도 아기에게 형제자매의 머리카락을 당기는 것과 같이 가장 충동적인 행동을 못하게 했는데 이를 따르는 천사가 되었다고 말할 것이다. 한 달 후 그 부모들은 당신에게 또 "오 안 돼요. 아이는 '안 돼'를 정말로 이해 못해요. 아이는 하지 말라는 말을 전혀 못 알아들어요"라고 말할 것이다. 순응은 각기 다른 문제에서 서로 다르게 나타나는데, 부모들은 (아기들이) 분명히 콘센트나 난로를 건드리지 말라는 것과 같은 문제에 있어서 순응하지만, 비디오 플레이어를 건드리지 말라는 것과 같은 금지에 있어서는 무관심하다고 보고한다. 순응을 통제하려는 부모의 의도를 인식하지 못하는 것에서 인식하려는 것으로 일반적인 발상 전환으로 기인했다는 것을 논의하기는 어려울 것이다. 좀 더 국한된 협상이 놀이에 있다고 본다.

다른 종에서는 순응이 어떻게 일어날까? 우리는 이에 관련한 자료가 별로 없지만 가축을 그 예로 들어보면, 양치기 개들처럼 인간을 기쁘게 하려는 강한 욕구가 있더라도 순응은 훈련되어야만 한다는 것을 알려준다. 순응은 의도의 지각을 통해서라기보다는 적어도 인간의 아기에서만큼은 반응의 강화를 통하여 성취되는 것으로 보인다. 자폐아들은 아직까지 다른 형태를 보여준다. 자폐아들의 경우 (아이의 행동을 위한 타인의 의도는커녕) 타인의 의도에도 별 관심을 보이지 않으며, 순응을 습득하는 것 자체가 적잖이 어려워 보인다. 순응을 위한 훈련 체제는 강화와 보상의 협상에 상당히 의존한다. 의도적인 훈련과 강화는 아마 참된 관계에서 벗어난다기보다 덜 유연하고 덜 자발적인 아주 다른 종류의 반응과 순응을 이끌어올 것이다. 수년간 자폐아들과 작업해왔던 심리학자 Cathy Lord는 여기서 상기해볼 만큼 흥미를 자아내는 차이를 하나 구별했는데, 자폐아가 아닌 아이들이 보통 '일상을 벗어나' 발달하는 사회적 행동 방식(즉, 타인의 필요에 맞춰 '진짜 반응하는' 비일상적인 방식으로 나타난 행동 방식)과 '일상의 한 부분'으로 (그리고 계속되는 일상으로) 자폐아들에서 발달하는 행동 방식 사이를 구별하고 있다.[25] 후자의 과정은 필요하고 의도와 감정 및 강화와 일상에 의해 유지되고 있는 '행동'에 대한 인식을 거의 포함하지 않는 것 같다.

의도적인 행동에서 방해를 알아내기

지금까지 이렇게 부드러운 관계에 대한 자료로는 충분하지 않다. 자료는 우리에게 모든 종류의 의도적인 관계와 협동에 대해 말해주지만 충분한 것은 아니다. 우리의 질문에 답하기 위해 이런 부드러운 관계를 사용하는 것은 너무 막연하다. 부드러운 관계를 맺는 동안 그들의 지나친 부드러움은 타인의 의도에 대한 아기의 인식을 우리에게 감출 수 있다. 철학자들은 종종 장님과 그의 지팡이에 관한 예화를 사용한다. 장님이 자신을 도울 지팡이를 사용할 때, 정작 지팡이는 '사라져'버리곤 한다. "장님은 단지 연석만을 알아내거나 (또는 지팡이가 닿는 대상이 무엇이든지 간에) 잘 갈 수 있다면 그는 그것을 인식하지 못한 채 자유롭게 걸어 다니거나 친구와 무슨 이야기를 했는지만 인식할 것이다."[26] 이는 지팡이가 부러졌다고 말한다든지 땅에 닿을 수 없다든지 또는 예상치 못한 감촉을 발견한다든지 단지 인식이 지팡이나 그것이 발견한 대상 둘 중의 하나로 전향되어야 할 어떤 종류의 분열이 거기에 있을 때에만 해당된다. 어떤 사람은 타인의 의도나 실제 우리 자신을 알아갈 수 있다고 비슷하게 주장할 수 있고 우리도 독일의 철학자 하이데거가 우리네 매일의 관계에서 '안정된 분명함(tranquilised obviousness)'이라 불렸던 방해나 중단 또는 문제가 필요할 수 있다.

다음의 반복되는 연속적인 행동에서 우연한 움직임에 반응하는 11개월 아기의 사례를 살펴보자.

> 아담과 엄마는 바닥에서 놀고 있다. 아담은 손에 빵조각을 쥐고서 한 입 먹고, 그걸 엄마에게 건네자 엄마도 한 입 먹고, 아이는 몸을 돌려 뒤돌아 엄마에게 다시 빵을 건네고, 엄마는 다시 한 입 먹자 아이는 살짝 몸을 돌리더니 다시 뒤돌아 또 엄마에게 빵을 건넨다. 웃으며 엄마는 빵을 향해 얼굴을 기울이지만 먹진 않고 살짝 잡아당긴다. 엄마를 바라보며 아담은 웃는다. 엄마도 웃고, 이 비디오 장면을 보는 모두가 다 같이 웃는다.[27]

이 비디오 장면에서 확실히 알게 된 것은 아담이 엄마의 행동에서 우발적이라는 특성의 무언가를 알아챘다는 것이다. 우리는 아기가 우연히 웃는 건지 아예 모르는 건지 아는 바가 없다. 이 주제에 관한 자료 중에 단 하나의 연구는 아담의 웃음이 믿기지 않는 일이라고 해석한다는 것이다. Mike Tomasello와 그의 동료들은 실험실에서 장난감을 건네주는 놀이를 하는 성인을 대하는 아이의 반응을 연구했다. 어떤 경우에는 어른이 고의적으로 아기들을 놀리거나 가지고 놀기 위해서 장난감을 주지 않았고, 장난감을 우연히 떨어뜨려주지 않기도 했다. 6개월이 된 아기는 9개월, 12개월 그리고 14개월의 아기들 모두가 하는 것처럼 이 두 가지 유형의 반응에 있어 다르게 반응하지 않았다. 기본적으로 아기들은 장난감을 단지 줄 수 없어서가 아니리 이른이 기끼이 주지 않을 때 더 참을 수 없어 히는 것을 보어주었다.[28] 이와 비슷한 질문은 의사소통에서 오해에 대해 묻는 것이다. Roberta Golinkoff의 연구는 14개월의 아기가 의사소통에서 생긴 오해를 수정하려는 타인의 '이해'를 충분히 알고 있음을 말해주었다. 9개월, 12개월 그리고 14개월의 아기들도 어른들이 자신의 요구나 욕구를 잘못 이해하고 있으며 타인의 실수가 고의가 아니라는 본심을 알아주면서 심술을 부리지 않고 참을 수 있을까? 우리는 아직까지 몇 가지 답만을 가지고 있지만, 8~9개월 무렵부터 타인의 행동으로 설명할 수 없는 중단이 있을 때(예컨대 당신이 아기를 먹이고 있다가 갑자기 멈춘다거나 아기가 공을 건네는 동안 갑자기 그것을 끌어당겨 버린다든지), 아기는 숟가락이나 공의 움직임을 멈춘 손이 아닌, 당신의 얼굴을 쳐다볼 것이라는 사실을 알고 있다. 유사한 실험 과제에서 자폐아들은 하지 못한다.[29] 이들은 손을 기대하며 보는 것을 계속한다. 왜 그럴까? 정상 발달의 아이들이 자폐아들과 달리 얼굴에서 행동의 원인에 대한 정보를 찾아낸다는 그 사실은 흥미롭다. 아마도 이것은 의도의 개념에 '집중하는 것'처럼 얼굴과 그 표현에 대해 배우려는 결과일 것이다.

타인의 의도를 방해하기

몇 년 전 민족사회학적 방법론의 연구자인, 예컨대 Harold Garfinkel과 같은 학자는 타인의 행동에 대해 사람들의 기대를 탐구하는 강력한 방법이 그것을 훼방 놓는 것이라는 사실을 (물론 방해하는 것이 무엇인지를 먼저 알아야만 한다) 알아냈다. 그래서 수년간 심리학과 학생들은 공원 의자에서 낯선 사람과 아주 가까이 앉을 때, 사람의 눈을 아주 지속적으로 응시하며 그 반응을 살피는 것과 같은 이상한 실습(오늘날 윤리 위원회가 결코 허락하지 않을 만한 실습!)을 했었다. 알려진 사회적 양식은 그 존재를 확인하기 위하여 침해하는 것이다. 물리적인 법칙에 대해 아기가 깨닫기를 기대하는 발달심리학자들은 비슷한 전략을 쓰고 있는데, 공중으로 사라진 대상, 화면 뒤로 사라져버린 형체, 이해할 수 없게 변해버린 형태 등을 말하는 것으로 아기를 살피는 데 있어 놀랄 만한 반응은 그들이 무엇인가 다른 것을 기대하고 그런 까닭에 위배되고 있는 그 법칙을 알게 된다는 데 있다. 우리는 타인의 의도를 인식하는 것을 아기에게 실험하는 데 있어 이 분열(breakdown)의 '방법'을 사용할 수 있을 뿐 아니라 실제로 편히 앉아 그것이 일어나기를 기다릴 수 있다. 인간의 아기는 다른 영장류들과 달리 의도적인 관계에서 분열을 창조하기를 즐거워하는 것 같다.[30]

놀리기는 첫해의 끝 무렵 이전의 아기들에게서 아주 일반적으로 나타나며, 9~10개월 무렵부터 실제 흉내 내기 시작한다.[31] 종단연구에서 우리는 성인의 얼굴을 장난스럽지만 주의 깊게 살피면서 자극하거나 분열시키는 행동이 나타나는데 8개월의 1/4 무렵에서 적어도 11개월의 3/4 무렵에서 확실해진다는 것을 발견했다. 아기들은 대상을 주거나 뺏으며 놀릴 뿐만 아니라 (또는 어떤 경우에서는 안아주거나 키스하고) 다른 사람들의 행동을 자극해서 따르지 않거나 고의로 훼방을 놓기도 한다(다음 장에서 놀리는 가운데 즐거움과 유머에 대해 다시 살펴보겠지만, 여기에서는 의도의 인식에 대한 그 제언에 중점을 둘 것이다). 아마도 가장 흔한 놀리기 유형은 대다수 부모들 모두에게 지나치게 익숙한 '따르지 않으면서 놀리기(teasing with non-compliance)'이다. 여기에 아기가 특별히 무언가 접촉하기를 원하지 않지만 엄마는 아이가 원하지 않는다는 것을 알면서도 금지에 대해 계속 요구하며 엄마를 놀리는 데 그것을 이용하도록 '결정'하는 상황에 관한 한 예가 있다.

지난주 나는 내 친구네 집에 들렀고 아이는 방 앞에 놓인 식물을 잡고 건드려 난 그러지 말라고 말했고, 아이는 실제 만지지 않는 것처럼 떨어져 있었지만 1/2인치 정도 물러서 닿지 않는 것처럼 손을 치웠다. 그래서 나는 안 된다고 말해주었다. 아이는 웃었고 가만히 있었으며 그렇게 가만히 있고 그렇게 하고 있으면서 나를 쳐다보고 있었다. (이 상황은 반복되지 않은 단 한 차례 사건이었다.) (멜라니 엄마, 11개월, 인터뷰)[32]

다른 일반적인 범주의 놀리기는 사람들이 '훼방하며 놀리기(teasing with disruption)'라고 부르는 것이다. 이런 유형의 놀리기가 흥미로운 것은 반응하거나 저항하거나 게임을 지속하는 데 있어 아기를 향한 어떤 참견이나 억압적인 명령이 없을 때조차 그 시작이 아이 편에 있다는 것이다. 아기와 직접적으로 관계를 맺지 않을 때에도 타인의 행동에서 꽤 분명하게 관심을 끌고 장난을 치기 시작하면서 인식에 대한 유력한 증거와 타인의 의도에서 흥미를 가져올 수 있다.

특별히 레베카를 위한 것은 아니지만 아이의 엄마는 아이를 곁에 두고 리코더를 연주하고 있었다. 레베카는 팔을 뻗어 엄마 손에 있는 리코더를 뺏는다. 엄마는 더 연주할 생각을 하지 않고 그대로 둔다. 그러자 레베카는 웃으며 엄마에게 돌려준다. 엄마는 받고 역시 웃으며 다시 연주한다. 레베카는 다시 팔을 뻗어 뺏고 웃는다. 엄마는 그렇게 하게 둔다. 그러자 레베카는 '짓궂은 미소'로 리코더를 다시 준다. 엄마는 '아이가 놀리고 있는 것이 분명하기' 때문에 이제 웃는다. 이는 다시 반복되지 않았고, 게임도 아니었다. (레베카 엄마, 11개월, 인터뷰)[33]

놀리기는 아기가 그 심화된 행동(예를 들어 실제적으로 대상을 제공하거나 놓는 것, 또는 지시와 금지에 순응하는 것)을 수행할 수 있는 경우에만 의도의 인식과 관련된다. 그리고 만약 행동이 우발적이지 않았다는 것이 명백하다면, 마음의 변화 때문만도, 그 자신이 열망하고 있는 행동이어서 단순히 누군가 했던 행동의 의도 때문만도 아닐 것이다(비록 역할을 뒤집거나 놀리기를 모방할지라도 실제적으로 좀 더 복잡하고 자신을 놀리는 것보다 부담이 더 클 것이다!). 그럼에도 불구하고 일반적으로 아이들은 그 대상을 놓을 수 있는지 명령에 순응할 수 있는지 어떤 새로운 상호작용을 파악한 후 곧 특정한 방식에서 놀리기를 시작하는 것으로 보인다. 이는 놀리기가 아기가 배우거나 탐구하거나 발견하는 무언가 새로운 것과 직접적으로 관련이 있다는 것을 알려준다. 놀리는 행동의 의미는 심지어 성인에게조차 항상 깨지기 쉬운 것인데, 이는 그것이 가진 반응에 따라 상당히 다르며 그 다음 것과 동일한 경우가 없다. 이러한 어린 아기들의 놀리는 첫 번째 시도는 항상은 아니지만 종종 게임으로 변하거나 일상과는 다른 일이 되면서 더 이상 놀리기가 아니게 된다.

놀리기에 있어 그 깨지기 쉬운 첫 번째 시도는 타인의 의도에 대한 아기의 인식이라는 측면에서 아주 흥미롭다. 이것은 종종 지향성, 형태 그리고 타인 행동의 목적에 관한 분명한 인식을 보여준다. 예를 들면 주고 뺏기에서 아기들은 타인이 대상을 향해 있고, 그 거리가 그 대상이 주는 것으로 유도될 수 있으며, 아기들이 그 대상에서 물러서기 시작할 수 있는 그것이 시작하자마자 그 거리는 그런 특정 모양과 형태를 지니며, 어떤 의미에서 타인은 대상이 아기에게 주어져 만들어가는 것처럼 아기의 행위에 영향을 주는 경향이 있다는 것을 알고 있어야 한다. 물론, 자극하면서 따르지 않는 행동에서 아이의 행동에 영향을 주는 타인의 의도에 관한 인식은 아주 분명하다. 타인의 행동을 방해하는 놀리기에서는 (아기가 그것을 예상하고 훼방 놓는 것을 받아주기 위해서) 타인의 행위에 대한 모습이나 형태와 아기 자신의 의도라기보다 환경에서 어떤 것에 관해 타인의 행동의 목적이 있기 때문에 방이나 몸의 어딘가를 향해 타인의 행위에 관한 지향성을 이 시기의 아기가 인식하고 있다는 분명한 증거이다.

물론 우리는 놀리기가 '단지' 기계적인 반응에 대한 탐구일 뿐이라고 주장할 수도 있는데, 그것은 우연성과 반응 외에 의도의 인식이 필요하지 않다는 것을 의미하며, 그렇기 때문에 단순히 사람들과 관련된 사물만이 아니라 예컨대 자전거를 타는 것과 같은 기제에도 적용된다는 것이다. 아이들이 어떻게 자전거를 타는지 배우자마자 "봐, 손을 놓고 탈 수 있어!"라고 하며 타기 시작하거나 아주 단순한 형태로 키를 조종하면서 자신의 기술을 시험해볼 것이다. (주거나 따를 수 있게 되도록 배우는 것처럼) 확실히 새로운 기술을 숙달하고 얼마 안 돼서 그 기술을 쓰고 상호작용에서 처음의 변화와 어려움에 자발적으로 참여하는 것도 아기가 놀리는 데 있어서 분명히 유사성이 있다. 그리고 자전거를 타고 노는 경우에서도 아이는 기구가 아닌 자신의 기술의 한계와 자전거를 넘어지지 않고 타보려는 바람/의도로 놀고 있는 것이다. 놀리기는 의도가 있는 상대방이 필요하고, 자전거를 타고 노는 데 있어서 또 다른 사람을 위해 빈약한 대역이지만 자기가 그런 의도가 있는 상대방을 준비해놓는다. 그러나 우리가 타인을 놀리는 아기의 정서 표현을 볼 때 자전거를 타고 노는 것과 비교하는 것은 어리석어 보인다. 이 장의 맨 처음 예시에서 아기는 타인을 향해 미소를 짓지만 단지 흥미로운 반응을 이끌어낸 성공에서만 기뻐하지는 않는데, 두 가지 일관된 상황에서의 미소는 눈에 반짝임이 뒤섞여 있을 때 부모들이 대체로 건방진 미소라고 부르는 신경 쓰이는 반쪽짜리 미소를 처음으로 보내기 시작하면서, 그리고 타인에게 멀어지고 있을 때 놀리기가 심해지는 발달 과정으로 달라지면서, 물러남과 타인의 반응 두 경우보다 선행한다. 당신은 자전거에서 그런 반응을 얻지 못할 것이다!

그럼에도 불구하고 그 의도성을 인지하지 않고 한 사람을 놀리는 것은 분명히 가능하다. 예를 들면 왕따의 경우 피해자의 반응은 정확하게 기계적인 반응처럼 취급될 것이며 대인관계의 관심은 아마 관중의 반응에 있거나 전혀 그렇지 않을 수도 있다. 예컨대, 개의 꼬리에 폭죽을 매달아놓은 어린 소년은 아마 개의 감정과 욕구를 생각하는 것에서 백만 마일 떨어져 있을 것이다. 타인의 의도를 인식한다는 그 증거는 놀리기의 방식과 그 행동의 발달 역사에 있을 것이다. 왕따는 부모의 무관심이나 우연이 아닌 사태의 초기 경험에서 비롯된 것일지도 모르며 그런 경험이 자신과 관련된 다른 사람들의 의도에 대해 아이들의 인식에 영향을 줄 수 있다는 일부 증거가 있다.

의도성을 인식하는 것과 관련이 있는 놀리기는 사실 자폐아들이 관계를 잘 맺지 못한다는 사실로 더 지지를 받고 있다. 사실상 까꿍 놀이와 같은 간단한 게임에 참여하는 자폐아들도 거기서 일종의 의도의 인식을 보여준다. 그러나 이들은 대략 8~9개월부터 관계를 맺기 시작한다는 아기들의 정상 발달인 놀리기를 보여주지 않는다. 두 가지 다른 연구에서는 자폐아들이 놀리기를 하지만 자주 일어나지 않고 그 행동이 다소 이례적이라는 것을 알려주었다.[34] 주고 뺏는 놀리기는 자폐아들에게 가장 드문 형태의 놀리기인데, 자폐 성향이 있는 학령 전기 아이들과 다운증후군 아이들(DS)을 비교한 우리 연구에서, 자폐 성향이 있는 19명의 아이들 중 오직 한 명을 제외하고는 주고 뺏는 놀리기와 같은 그 어떠한 행동도 하지 않았고 이런 행동을 보여준 아이도 요청을 했을 때에만, 그것도 입으로만 대상에게 그렇게 했을 뿐이었다. 이와 달리, 발달상 동일한 연령대인 DS 아이들에게서는 이와 같은 놀리기가 일반적으로 나타났는데, 이 아이들 중 실험에 참여한 3/4의 아이들은 서로 다른 맥락과 하나의 상황으로 제한하기보다 여러 다른 유형의 대상과 다양한 상황에서 이들 중 대다수가 자발적으로 주고 뺏는 놀리기를 하는 것을 보여주었다. 불응과 방해가 포함된 놀리기는 (부모가 자녀들이 언제나 이런 행동을 한다고 보고했던 것의 절반도 안 되는) 아주 일반적이지도 아주 빈번하지도 않았지만, 여러 명의 자폐아들 사이에서 발생했다. 그러나 이 행동이 일어났을 때, 그 일은 대체로 소소한 반칙이 있었고 거의 정형화되어 있었다. 나는 단지 자폐아들의 부모가 보고하는 다섯 가지 예시만 열거할 수 있다. 그것은 하지 말라고 했을 때 행동 속도의 증가, 소음을 만든 것을 꾸짖을 때 건방지게 웃는 것, 반응을 드러내려고 쾅쾅 치거나 의자를 뒤집는 것, 옷을 벗는 것, 그리고 아무 이유 없이 부르고는 웃는 것에 핀잔을 주었을 때 건방지게 웃는 것이 이에 해당된다. 그에 반해, DS 아이들은 그것이 빈번할 뿐만 아니라 (그 부모들의 85%가 자신의 아이가 그 같은 놀리기를 한다고 보고했다) 서로 다른 다양한 유형의 자극과 방해가 있었다고 그 부모들이 기술했다. 나는 놀리기를 사용하는 스무 가지의 서로 다른 행동 유형을 열거할 수 있는데, 안아주고 웃으며 떠나는 것처럼 매우 복잡한 것부터 코에 손가락을 넣고 사람들이 어떤 반응을 보이는지 기다리는 것과 같은 훨씬 단순하게 시작하는 것까지 다양하다.

이런 아기의 행동은 생애 초기부터 아기들이 의도적인 것으로 의도가 있는 행동의 서로 다른 특징을 지각한다는 것과 이런 지각이 첫해의 과정 동안 조금 더 복잡해진다는 것을 시사한다. 출생한 후부터 아기는 타인의 의도적인 행동을 '단지 지각할' 뿐만 아니라 바로 모방, 반응, 예측 그리고 응대, 적응과 첫해가 끝나기 전에 고의적으로 훼방하기까지 해낸다. 타인의 의도를 경험한 아기는 매우 의미 있고 '개방적인' 상호 관계를 계속해서 우선시하게 된다. 이것은 다른 사람의 의도에 대한 인식 발달을 설명하는 데 어떤 의미가 있을까?

의도를 인식하는 과정은 어떻게 발달할까?

발달과 더 큰 인식을 가져오는 관계(틀림없이 그 안 어딘가에 그 답을 담고 있을 것이다)는 무엇일까? 내가 생각하는 것은 아주 넓은 의미에서 겹쳐지는 개념인 놀이와 놀리기인데, 이는 이 질문에 대한 전형적인 답을 준다. (짜여 있거나 틀에 박혀 있기보다 개방된) 모든 진실한 의도적인 관계에서, 특히 놀거나 놀리기 이외에 상대방 각자는 자신의 의도 **속으로** 상대방을 끌어들인다.

장난기 가득하게 "우~" 야유 소리를 내는 2개월이 된 아기의 진짜 이해할 수 없는 의도에 관한 한 사례를 보다 보면 그 의미가 점점 명확해질 것이다. 엄마는 3개월 무렵에 엄마 얼굴 감추기, 아기 얼굴 가리기, 인형 숨기기, 갑자기 불쑥 나타나기 등 다양한 방식으로 아기와 까꿍 놀이를 시작한다. 처음에 아이는 이런 희한한 움직임의 의도를 정확히 알지 못한다. 다음의 로한의 경우를 보자. 아이가 2개월 반이 되었을 때 나를 당황하게 만든 그의 반응을 측정하는 데 있어 그때까지도 내 어리석음이 고스란히 드러나 있다.

(촬영 중에) 아이와 아주 긍정적인 음성 교류를 계속해 이어서 하고 난 후 난 아이의 큰 소리와 반응에 크게 웃었다. 난 의자에 기대 앉아 대화를 조금 바꿔 몸을 앞으로 숙이고 명랑하게 그리고 꽤 부드럽게 아이 얼굴에 불쑥 가까이 다가가 "우~" 하고 야유 소리를 냈다. 난 아이가 다시 웃을 거라고 생각했는데, 예상치 못한 행동에 웃음에 가까운 숨소리를 낸 것 같았다. 그러나 아이는 다소 놀랐지만 전혀 겁을 먹지는 않은 채 무표정으로 진지하게 왜 그랬는지 묻는 것처럼 나를 계속 쳐다보았다. 생각해보면 나는 적잖이 당황했고 사회적으로 무례를 범한 것 같았다. 난 다시 그렇게 해서 상황을 만회해보려고 했고 그 냉정한 시선이 돌아왔다. (나의 학생들은 내가 성공했던 어떤 상호작용보다 이 장면을 훨씬 더 재밌게 보는 것 같다!)

분명한 것은 아기가 그 행동에 겁을 먹기보다 나의 행동의 지향성만이 아닌 (불쑥 다가오는) 특이한 모습과 나의 미소와 믿을 만하게 적당히 조절된 목소리 등, 아마 나에 대해 괜찮게 지각하고 있었다는 점이다. 그러나 아이는 그 짓궂은 의도를 이해할 수 없었다.

까꿍 놀이에 관한 종단연구에서, Nancy Ratner와 Jerry Bruner는 엄마들이 무의식적이긴 해도 자신의 아기에게 이를 이해할 수 있게 끌어들일 수 있는 매우 조직적인 방법을 가지고 있다는 사실을 밝혔다. 초기 몇 달 동안, 그 게임의 서로 다른 단계(준비, 사라짐, 그리고 재출현)가 뚜렷해지거나 두드러졌으며 과장되거나 점점 길어지기도 했다. 엄마들은 이 행동과 단계를 강조하거나 부각시키기 위해 게임을 기반으로 한 '엄마가 아이에게 쓰는 애기 말투(motherese)'와 같은 것을 사용하는 것 같다. '동작(motionese)'에 관한 Dare Baldwin의 개념은 이것을 아주 잘 보여준다. 그녀는 게임 외에 일상적으로 대면하는 교류에서조차도 엄마들이 아기와 상호작용할 때 행동을 과장하는 것을 발견했다.[35] 이는 의도적인 행동이 시작되고 지속되어 끝을 맺는 특정 방식과 그것들이 발생하는 특정한 정서적 맥락에서 출생 직후부터 아기에게 잘 강조되어오고 있는 것일지 모른다. 까꿍 놀이에서 이런 최초의 강조하기와 과장하기는 시간이 흐를수록 사라지는데, 놀이가 훨씬 익숙해지면서 단계가 거의 무너진 방식으로 흘러가게 된다. (예컨대 손가락 인형이 사라지고 있는 경우) "갈 것 같아, 갈 것 같아 … 오, 오 … 오, 가버렸어!"라고 말하는 것은 예를 들어 단순히 "오!"에 모든 표현이 다 들어가 있다. 재출현은 아마 느린 실의 움직임이나 단어가 아닌 경고 없이 단순하고 갑작스러운 "우!"로 표현될 것이다. 엄마의 의도적인 놀이의 '연출'에서 이런 변화는 전적으로 각 핵심에 대한 아기가 지각한 정서 반응을 기반으로 한다.[36]

여기서 엄마들은 세 가지를 하고 있는데, 하나는 과장하고 강조하는 시선을 통해 엄마들이 핵심 사건으로 그 행동을 부각하고 있고, 두 번째는 그것을 차례로 반복해 아기들에게 그 사건이 순차적으로 익숙해지고 어떤 의미에서는 분명하게 하는 것이다. 세 번째는 가장 중요한 측면에서 엄마의 행동으로 자신의 의도 속에 아기를 끌어들이는 것이다. 2개월이 된 아기에게 어떤 장난의 하나로 별 의미 없이 불쑥 다가가는 것은 그것이 너무 뻔한 순서로 반복되어서 그 형식이 학습되었기 때문이 아니라 엄마가 자신의 행동에 대해 아기의 정서 반응을 점점 잘 다루고 민감하게 환기시켜주기 때문에 갑자기 의미 있는 행위가 된다. 엄마의 행동에 관한 의도는 이런 과정을 통해 명확해진다. 아기는 엄마의 의도를 모방이 아닌 자신의 반응을 통해 그 관계를 느낀다.

아기들이 부모의 행동이나 고의적으로 놀리는 행동을 탐구하거나 어울려 놀 때 (교훈적인 기능이 따로 들어가지 않더라도) 유사한 과정은 분명해진다. 아기들은 부모를 자신의 의도 속으로 이끈다. 물론 이는 부모가 아기와 진정한 관계를 형성해가는 경우에만 일어날 수 있다. (우리가 타인의 의도를 인식하기 위해 그 중요성에 대해 할 수 있는 어떤 판단이든지 간에) 우리는 신생아의 모방처럼 단순한 경우에도 이를 볼 수 있다. 신생아의 도발(provocation)에 관한 Emese Nagy의 연구에서 나타난 비디오 영상의 한 장면을 보면, 모델이 자신의 두 손가락을 들어 올리는 모습을 보여주고 (그녀는 분명히 영국인이 아니지만, 영국에서는 이런 행위는 무례한 표현으로 간주된다!) 아기의 머리 위의 줄을 조절하여 살짝 움직인다. 카메라로 촬영한 아기의 얼굴은 여전히 Emese의 얼굴에 고정되고 집중해서 응시하는 모습을 보여준다. 오랜 기다림 후에 신생아는 눈을 계속해서 바쁜 모델에 고정한 채로 2개의 손가락을 들어 올린다. 이것에 주목해보면, 깜짝 놀란 Emese는 아기를 바라보고 신기한 듯이 반응해 아기를 따라 한다. 이제 아기는 그 행동을 조금 더 빠르게 다시 한다. 그리고 Emese가 다시 따라 한다. 그리고 둘 다 한 차례에 더 해본다. 그런 다음 아기는 멈춘다. 이는 아주 단순한 교류이지만, 여기에서 동일한 요점은 Emese가 아기의 행동에 진심으로 참여하지 않았다면 아기는 그녀에게 그런 반응으로 따라 하지 않았었을 것이고 도발에 관한 견해나 후속 실험은 일어날 수 없었을 것이라는 점이다. 아기는 아주 간단하게 성인을 자신의 의도 속으로 끌어들인다. 당신은 심리학에서 수많은 다른 연구 자료를 가지고 (예컨대, 나의 연구에서 놀리기와 같은 내용으로) 지금까지와 똑같은 말을 할 수 있는데, 아기가 하는 놀리는 장난을 경험하면서 의도적인 관계와 관련해 흥미로워지는 것이 내게는 무척이나 중요하다.

놀리기는 상대방이 필요하다. 일반적으로 믿을 수 없을 정도로 순종하고 닭을 쫓지 않을 정도로 잘 훈련된 우리의 양치기 개가 갑자기 특정 닭 한 마리를 괴롭히기 시작했다. 이 닭은 다른 닭들과 다른 품종의 닭이었는데, 대담하고 두려움이 없었다. 그래서인지 개는 갑자기 가까이 달려든다면 이 닭이 두려움으로 떠들썩하게 소리를 지르며 도망치진 않고 돌아서서 잠시 동안이나마 공격적이게 될 것이라는 사실을 발견하게 되었다. 지켜보니 즐거운 놀리기는 오직 이 한 마리의 닭과 그 여름 몇 주 동안 지속되었다! 여기에서 나의 요지는 상대방의 반응이 놀리는 행동을 지속시키는 데 결정적이라는 것이다. 인간의 경우도 마찬가지로 당신의 의도를 '이해하지' 못하는 누군가를 괴롭힐 수 없다. (물론 놀리기가 심술궂은 것은 아마도 놀리는 사람이 바라는 바를 정확하게 이해하지 못해서일 것이다.) 부모들은 자신들이 자녀를 괴롭히는 것은 아닌지 묻고는 자주 아니라고 말하지만, 자녀들이 부모를 놀리기 시작하기 전까지는 꽤나 지독하게 (적어도 영국의 부모와 특히 엄마들은 정말 그러하다) 놀리고 있다. 유사하게 자폐아들의 부모들은 자신들이 자녀를 장난으로라도 놀리지 않는다고 자주 보고하는데, 이들은 이해하지 못할 것이다. 그에 반해, 다운증후군과 같은 다른 장애가 있는 아이들을 장난으로 놀리는 부모들은 서로 같이 놀리는 재밌는 장난을 친다고 보고한다. 우리가 놀리기로 살펴볼 수 있는 타인의 행동을 이끌어내고 그 행동을 방해하는 것은 진정한 관계와 적절한 반응이 일어날 때에만 비로소 가능해진다는 사실을 알 수 있다. 만약 이것이 비교적 단순한 수준에서라도 형성될 수 있다면, 타인의 의도에 관한 인식의 발달에 있어 길이 열릴 것이다.

관계는 발달에 관해 '어떻게'라는 질문이 핵심이다. 의도는 존재하기 위해 관계를 형성해야 하는 누군가와 어떤 것이 필요하고, 의도는 **오로지** 관계 안에서만 발생한다. 사람들에게 무엇인가를 주기 위한 의도는 걸으려는 의도가 단단한 지면의 존재에 의존하는 것처럼 그것을 갖고자 하는 다른 사람의 유용성에 (그리고 의도에) 의존하게 된다. 이 정도는 우리가 알 수 있다. 확실하지 않은 것은 누군가 자신이나 다른 사람들의 의도를 깨닫는 것도 전적으로 관계에 의존되어 있는지에 관한 것인데, 즉 이는 오로지 의도가 있는 관계 안에서만 발생할 수 있다. 우리는 행동이 이치에 맞는지에 관한 문제를 해결하려고 의도를 만들어내어 독자적으로 반영해 앉아 있는 것으로도 안 되고 그 행동을 이해해보려고 정해진 규칙이나 공식을 따르는 것으로도 안 되며 몰래 기웃거려 훔쳐보면서 다른 사람들의 움직임에서 의도를 발견할 수도 없다.[37]

결론

이 장의 끝에서 우리는 아기가 어떻게 의도에 관한 인식을 발달시키는지에 대한 해답보다는 오히려 더 많은 의문을 갖게 되었다. 그 가운데는 우리가 더 연구할 필요가 있는 어떤 패턴도 있고 우리가 거부할 수도 있는 어떤 견해도 있는 것 같지만, 생후 첫해 동안의 발달에 대해 납득할 만한 이론은 전무하다. 그렇다면 지금까지 우리는 알게 된 것은 무엇일까?

타인에게 있는 의도는 아기에게 타고날 때부터 자신을 향해 있는 행동 중에서 가장 생생하게 이용할 수 있는 것이다. 아기가 시작부터 다른 사람의 행동과 깊은 관계를 맺고 있다는 것은 분명하다. 의도는 행동에서 전적으로 통합될 뿐 아니라 근본적으로 당신이 말할지도 모르는 두 배로 구현된 상호 적극적인 현상이다.

타인의 의도는 잠재적으로 세상 속의 행동에서 그 지향성, 형태 그리고 단일성, 고의성, 마지막으로 목적으로 분명하게 지각된다. 또한 이는 잠재적으로 아기 신체의 단순한 울림과 실제 관계에서 상호 간 반응과 정서 반응을 통해서 경험이 가능해진다. 타인의 의도적인 행동이 관련되어 있을 수 있다는 (그리고 자주 관련되어 있어야 한다는) 사실은 다른 사람들로 하여금 영향력과 완성에 대해 그 개방성을 보여준다. 이 사실도 아기들에게는 그것을 지배하는 힘을 주는데, 그것은 심리적인 거리에서 발생하지 않지만 영향을 받고 함께 힘을 모으려고 하면서 아기 자신의 반응 영역 내에서 일어난다.

타인의 의도를 가지고 노는 것은 의도에 대한 인식이 발달한다는 측면에서 '어떻게'라고 묻는 질문에 가장 믿을 만한 답이 되어주는 것 같다. 이렇게 장난치는 것은 의도를 포함하는 성인의 행동에서만이 아니라 아기에게서도 두드러지게 나타난다. 심지어 신생아들에게서도 타인의 행동의 존재와 부재에 관해 탐구한 흔적이 있다. 이는 첫해가 끝나갈 무렵 아기의 놀리기에서 조금 더 현저해지고 꽤 재미있어진다. 또 의도를 인식하기 위한 강력한 틀로서 장난치기는 게임을 하거나 일상을 지내는 동안 6개월이 된 아기가 있는 **부모**의 행동에 분명히 있다. 예를 들어 까꿍 놀이하는 동안 아기의 정서 반응에서 그 민감성을 통해 자기 몫을 높이는 데에 부모들은 자신의 재미있는 의도 속에 아기를 끌어들이는 것 같다. 이는 주변 환경에서 다른 사물을 향한 타인의 의도적인 행동이 상당히 정서적인 분위기로 반응을 요청하면서 반향과 맥락상 의미 있는 행동으로 서서히 이해되어야 한다는 '놀이'의 토대로부터 온 것이다.

이런 관점에서는 그 어떻게라는 질문에 답하기 쉽다. 타인의 의도에 관한 아기의 이해는 (아기의 신체에서 동일한 행동의 형태를 느끼면서) 1인칭과 (그것에 직접적으로 반응하는 아기 자신을 통해 이들에게 유도된 그것을 갖고 느끼면서) 2인칭에서 경험되고, (개념화된 언어적 부호를 가진 추상적 실재로서) 점진적으로 이해되는 3인칭에서 파악될 것이다. 의도에 관한 직접적인 경험은 (1인칭과 2인칭 모두에서) 의도의 인식에 관한 '정상' 발달 그 이상으로 중요해지고 일생을 통하여 의도적인 관계의 징후를 결정하며 일반적으로 알려진 것처럼 추상적이고 문화적 개념을 구성하는 데 전력하게 된다.

자폐증의 경우 이런 (1인칭 그리고 2인칭) 경험을 바탕으로 어려움을 나타내는 안타까운 사례를 찾을 수 있다. 여기에서 일어나는 것은 정상적으로 적절하지 않은 의도-인식 발달이 분명하게 있는데, 자폐아들은 발달상 동일한 연령에 있는 학습장애를 겪는 아이들이나 정상 발달을 보이는 아이들이 그러한 것처럼 동일한 방식으로 타인의 의도적인 행동에 참여하지 못한다. 이들은 전형적인 방식으로 의도에 대해 생각하거나 이야기를 나누는 것이 불가능하다. 자폐 성향을 보이는 사람들이 분명하게 보여주는 것에서 보고된 것처럼 의도라는 개념은 발달할 수 있다. 추상적인 개념은 만들어질 수 있고 이론은 사람들이 한 가지나 다른 한 가지를 하게끔 만들고 다양한 행동과 단어를 의미화하는 것으로 형성된다. 그러나 타인의 의도에 대한 반응으로 행동할 때 이런 추정과 이론을 위한 경험적인 토대는 의문으로 남을 것이다.

그러나 '무엇을'이라는 질문은 어떨까? 발달하는 것이 무엇일까? 다양한 대답이 가능하다. 주된 접근은 첫해와 두 번째 해에 고의성에 관한 일반적인 이해를 수반하는 발달이 있다고 본다. 의도성에 대한 '견해'도 살펴볼 만한 것이 있다. 어떤 사람들은 아기가 처음에 단순한 움직임을 지각하고, 그런 다음 그런 움직임이 활동성을 포함하고 있다고 이해하며(어떤 사람들은 동인이라고 부른다), 그다음 목적을 이루려는 움직임을 보게 되고, 마지막으로 이렇게 추구하는 것이 결국 계획의 선택으로 이루어진다는 것을 이해하게 되는 발달 이야기를 그려낸다.[38] 그에 반해, 발달은 일부 관찰 가능한 구성요소와 일부 오직 이후에 발현되는 관찰 가능성의 양상과 그리고 일부 첫해 이후에 추정될 뿐 관찰되지 않는 구성요소로 의도적인 행동의 인지적인 구성요소에 관한 증가하는 이해를 수반하는 것으로 보인다. 다른 사람들은 그 이야기를 거의 행동주의학자부터 유심론자의 의도에 관한 이해력까지 의도에 대해 이해해보려고 '목적론'까지도 동원해 살펴본다.[39] 여기, 변화하고 있는 것을 믿는 무엇이란 행동의 다른 구성요소에 관해 잘 간파한다기보다 다른 방식과 다른 입장으로 다시 총체적인 이해를 한다는 것이다. 의도적인 행동의 관찰 가능한 구성요소는 의도에 관해 고려하지 않는데, 의도는 근본적으로 귀속된 것으로 보인다. 그러나 타인은 언어가 출현한다고 촘스키가 주장했던 매우 흡사한 방식으로, 말하자면 행동 분석인 행동의 고유성에 관한 구별부터 더 심오한 의도성의 구조적인 분석까지 그 전환을 가능한 것으로 본다.[40] 그러나 아주 극소수의 의견으로는 의도가 일반적인 개념이라기보다 개별적인 사례에서 세부적인 방식인 복수형으로 이해되어야 한다고 주장한다.[41] 이런 설명은 아기가 타인(예컨대 아기가 자신과 관계를 형성할 수 있을 것 같은 사람들)보다 어떻게 특정 의도를 잘 깨닫게 되는지 알려주고 사람들 간의 편협한 관계가 특정 상황과 그와 반대인 상황에서 어떻게 도약하는지를 비교하며 훨씬 협소한 맥락적 이해에 초점을 두고 있다.

이 이론의 대부분은 우리가 지금까지 가진 자료를 통해 무시될 수 있으며, 적어도 그 일부를 설명할 수 있다. 그러나 이 가운데 일부는 인식이 발달하는 중심축으로 타인의 의도적 행동에 관해 아기 자신을 정서적으로 경험하게 해준다. 그리고 이는, 특히 자신을 향한 의도의 경험인 정서 경험이 어떻게라는 질문만이 아니라 무엇을에 이르기까지 우리의 이해에 중심이 되며 아기가 출생 후부터 행복하고 적극적으로 자신에게 몰두하는 이런 모든 관계로 볼 수 있다. 의도적인 행동의 '구성요소'는 단독으로 지적인 것이 될 수 없다. 이해의 과정에서 관계와 정서를 허용하면서 심리학자의 관점을 바꾼다. 만약 아기가 자신을 향한 행동에서 의도를 경험할 수 있다면 의도를 이해하려는 본래의 경로로 유추와 추론의 필요가 감소할 것이고 의도에 관한 인식의 심천에 대한 구별이 적어도 그런 의도에서 불필요하게 될 것이다. 2인칭 접근은 발달하는 의도의 인식을 설명하기 위해 필요하다.

이 장의 끝에서 나의 목표는 의도-인식의 발달에 관해 '어떻게'라는 질문에 접근하는 것이었다. 그리고 이는 우리가 불가피하게 부딪쳐야만 했던 동기로 심지어 아기조차도 왜 타인의 의도에 신경을 쓰는지, 아기가 왜 다른 사람들과 관계를 형성하는지, 아기가 자신의 신체에서 그것들을 왜 경험하는지 기타 등등, '왜'라는 질문을 풀기 위한 것이기도 했다. 그 답은 직접적으로 성인은 왜 아기의 행동과 놀기를 원하는지, 성인은 왜 인식의 한계를 밀어내기를 원하는지, 성인은 도대체 왜 자신의 행동에 관심을 갖는지와 같은 질문과 밀접한 관련이 있다. 의도적인 행동도 이들의 이해도 그것들/그것과 관계를 형성한 세상 없이는 존재하지 않을 것이다. 상호관계는 기본적인 것이다.

제9장

재미 나누기

농담이 재미있어지는 것은 듣는 사람의 귀에 달린 거지,
말하는 사람의 혀에 달려 있는 게 아니라네.

─사랑의 헛수고, 5막 2장

비극은 (그리고 연극은) … 보편적이다.
희극(은) …
그 시간, 사회, 문화 인류학에 매여 있기 마련이다.

─움베르토 에코, 초현실로의 여행[1]

비록 내가 유머를 연구해온 사람은 아니지만, 몇 년 전 유머에 관한 인지발달이론가인 Tom Shultz가 내게 건넨 멋진 조언을 기억하고 있다. 그래서 나는 진지한 나의 학문적인 이미지에 위험을 무릅쓰고 유머가 가치가 있다고 말할 것이다. 거기에는 우리가 지금까지 이야기해온 그 어떤 것보다 훨씬 풍요로운 어떤 재미(funniness)가 있다. (나는 어디에서나 사용 가능한 용어로 부담스럽지 않도록 쓰이길 바란다.) 여기에서 재미의 그 무언가는 이탈(*dis*engagement)이 오히려 관계를 끈끈하게 하는 데 쓰인다는 놀랍고도 심리적으로 강력한 무언가를 가리킨다. 재미는 본질적으로 관계적인 것이며, 움베르토 에코가 언급한 것처럼 그 문화, 시간, 장소, 관계에 맞아야 한다. 그러나 재미는 관계를 흔들어놓으면서도 오히려 관계를 넓히고 깊어지게 하는 특이한 방식을 갖고 있다. 재미있는 것을 발견할 수 있는 능력은 가장 절망적인 상황에서도 눈으로 볼 수 있게 삶에서의 기쁨을 꺼내주며, 그렇게 꺼내는 만큼 더 큰 기쁨을 만들어갈 수 있게 해준다. 예상치 못한 농담, 친근한 장난은 우울한 분위기를 덜어내고 성난 마음을 진정시켜준다. 재미있는 친구들의 존재는 형식적인 모임을 가치 있는 만남으로 만들어주기도 한다! 우리는 재미를 소중히 여긴다. 우리는 우리를 웃게 해주는 사람들과 사랑에 빠지며, 유머 감각이 부족한 사람을 가장 심하게 나무라며 심지어 유머 관련 책이나 코미디 쇼를 보고 웃기 위해 돈을 지불하기도 한다. 유머를 이해하는 것은 (심리학자들과 아기들을 위해서) 잠재적으로 마음의 지식에 풍부한 자료가 되는데, 만약 우리가 타인의 생각과 감정을 알지 못하거나 대수롭지 않게 여긴다면 농담을 하고 같이 웃고 다른 사람들을 웃게 만드는 모든 것이 불가능할 것이다. 유머가 있는 사람들은 심리학자들도 갖지 못한 사람을 이해하는 능력을 가지고 있는 것 같다!

희한한 것은 대부분의 아기들의 삶 속에 웃음과 재미가 실제 빈번히 일어나고 있고 또 이런 일이 아기가 타인의 흥미, 즐거움, 기대를 올바르게 인식하는 데 매우 유익하고 친사회적이라는데도 아기의 유머는 발달심리학에서 거의 연구되고 있지 않다는 점이다. 유머 발달에 관한 자료에서는 '농담'과 '희극'에 주로 분석적 접근을 취하며, 어떻게 아이들이 타인이 발견한 재미를 이해하고 있는지 설명하는 3인칭 개념적 방법을 알려준다. 나는 이번 장에서 유머의 '대상'이 사회적 관계 속에서 드러난다는 사실을 말하려고 하는데, 재미는 분명 2인칭의 현상이다. 관중인 당신과의 관계는 재미있는 '대상'을 정의하고 재미있는 행동이 출현하고 이런 가치를 인정하는 태도에 무척이나 중요하다. 나는 재미가 영아기 초기 대인관계에서부터 시작하는 심리적인 인식에 기초한다는 게 아기들이 무엇 때문에 웃는지, 다른 사람들을 어떻게 웃게 만드는지에 관한 근거가 된다는 사실을 보여줄 것이다. 나는 재미가 존재하는 아기의 관계를 살펴보기에 앞서 가장 먼저 최근의 두 가지 인지발달의 관점을 고려해 재미에는 어떤 것들이 있는지, 유머 감각이 언제 시작된다고 알고 있는지를 다룰 것이고 웃음의 의미와 그 본질을 살펴보고자 한다.

재미에는 어떤 종류가 있을까?

유머의 기원에 관한 신비를 풀어보려는 노력에서 한 가지 문제는 재미의 경험이 정확하게 무엇을 지니고 있는지 어른들조차도 합의하지 못한 우리의 무력함에 있다. 유머의 경험을 하나의 공식으로 규정하려는 노력은 미친 짓인데, 왜냐하면 이는 다방면에 걸쳐진 매우 여러 가지로 볼 수 있어서 하나로 정의를 내리기에는 너무 많은 사람들에게 지나치게 오랜 시간 동안 혼란을 가져오기 때문이다. 그렇기 때문에 매우 다양한 정의와 강조점은 유머가 언제 그리고 어떻게 발달하는지에 대한 질문에 무척 색다른 답을 가져다줄 것이다.

일반적으로 대다수의 작가들은 유머를 감정이나 행동이 아닌 하나의 생각이라고 보았다. 우리는 성인으로 확실히 이에 대해 뭔가를 하지 않아도 재미있는 것을 (그리고 그것이 우리를 웃게 하는 것을) 생각할 수 있다. 많은 철학자들과 심리학자들이 알아낸 유머의 결정적 요소는 **부조화**(incongruity)였다.[2] 부조화는 평범하거나 예상되는 것과 첨예한 대조를 이루는 예외적이거나 특이한 것으로, 동시에 존재하기에는 두 가지가 함께할 수 없을 정도로 맞지 않고 어울리지 않아 엉뚱한 것을 일컫는 대조나 모순과 같다. 그런 예로는 고전적인 방식인 말로 하는 농담을 들 수 있는데, 그루초 막스는 젊은 사람들이 모인 자리에서 노래 부르듯이 그들을 통제하기에 유용한 것에 대해 말을 하면서 "바이러스에 걸린 박사"가 그다음 학과에 오면 학생이 천진난만하게 "만약 내가 당신 몸이 멋지다고 말하면 기분이 나빠요?"라고 질문하는 등, 케스틀러가 말한 바와 같이 모든 유머는 예기치 않은 것과 분명한 일관성이라는 두 가지 '언어의 차원'에서 이렇게 어울리지 않지만 함께 존재하는 병치(juxtaposition)를 담고 있다. 이런 생각에 의하면, 재미는 농담의 말 속의 부조화에 대한 개별적 인식, 진지함보다는 재미있는 것으로 보는 이런 부조화에 대한 해석이 있다. 예를 들어, 누군가 당신에게 농담을 했다고 치자. 어쩌면 당신은 약간 지루해하면서도 이야기의 핵심이 되는 부분에 연결되는 몇 가지를 예상하며 들을 것이다. 그러다 이야기의 핵심에 다가가면 당신이 그 이야기에 대한 감을 깨닫기도 전에 순간 이를 알아내려고 추적하지만, 농담은 돌연 당신 앞에 나타나 그 농담의 논리가 (그리고 부조화가) 발현되면서 놀라움을 주고 웃게 해준다. 여기 그 지적인 과정은 명확하고 설득력 있다.

그렇다면 여기서 한 가지 의문이 드는데, 유머를 정서 반응이 아닌 지적 행위로 어느 정도까지 생각할 수 있을까? 재미를 느끼지 않고 생각할 수 있을까? 유머에는 생리적으로 사람들이 '각성 도취(arousal jag)'라고 불러온 긴장의 기복이 따라온다. 그러나 감정적인 "무관심이 유머의 본바탕이 된다"고 철학자 앙리 베르그송이 주장했던 것처럼, 유머의 자각이 '심장의 순간적인 마취 상태'를 요구할까? 예를 들면, 누군가 당신을 놀리지만 사실은 그 반대인 걸 알면서 "알겠어, 그러면 말하기 싫어?"라고 하면 당신은 이해하고 웃는다거나 누군가 무척이나 진지한 당신의 목소리를 흉내 내서 그걸 보고 웃게 되거나 당신이 칭찬받고 싶어 일부러 반대로 행동하면 이런 경우 당신이 웃어버리면 그 장난을 생각했을 때 분명히 기대하지 않았던 반응이지만 재미는 혼자만의 생각 그 속에 있지 않고 당신과 다른 사람 간의 느낌을 다루는 그 속에 있다. 정서적 무관심은 이런 경우 유머의 존재를 허용하지 않을 것이다. 그리고 (재미를 느낄 수 없는) 로봇들이 농담을 배우고 실패하는 가상의 경우를 생각해보자. 은하수를 여행하는 히치하이커를 위한 안내서(The Hitchhiker's Guide to the Galaxy, BBC 라디오를 통해 등장한 코믹 SF 장르 시리즈-역자 주)에서 피해망상에 걸린 인조인간 마빈은 재미있는 인물이지만 유머를 이해하지 못하고, 빨간 난쟁이(Red Dwarf, BBC TV 쇼-역자 주)의 크라이톤은 정확한 공식을 가졌지만 웃기는 데 실패하거나, 하인라인의 달은 무자비한 밤의 여왕(The Moon Is a Harsh Mistress, 1967년에 나온 SF 소설-역자 주)에서 등장하는 마이크가 애처롭게도 "그래서 참 웃기지 않아요?"라고 물어가면서 유머를 위한 암호를 추정해간다. 농담을 어렵게 만들어내지 않고 재미있는 것을 쉽게 찾아내는 아이들에 비해 로봇들은 정반대로 하는 것 같은데, 규칙을 알지만 감정적인 행동에 참여할 수 없다. 질문의 기원, 초기 발달과 장애가 있는 아이들이나 어른들에게서의 흔적을 고려하면서 유머를 본래 하나의 사고로 생각해보면 아마 특정한 문제가 될 것이다.

그러나 아직 조금 더 중요한 질문이 있다. 우리가 만약 다른 사람들과 농담을 주고받은 경험이 없다면, 농담을 말하거나 함께 웃은 기억 속 어디쯤에 자리하고 있는 잠재적 관중이 없다면, 사실상 이런 방식으로 재밌는 것을 찾으려 할까? 일부 사람들이 주장하듯이, 유머는 가장 먼저 우선되는 사회적 행위이자 우리가 하려는 것이나 다른 사람들과 하려는 것이며, 생각도 혼자만의 감정도 아닐 것이다. 이것이 정말 의미하는 것은 무엇일까? 성인처럼 농담을 말하거나 놀리고 집단에 보통의 웃음으로 참여하며 전혀 웃기지 않는 것에도 친구와 낄낄거리면서 우리는 기본적으로 사회적 행동에 참여한다. 친해지려고, 인상을 남기려고, 약을 올리거나, 마음 상하게 하려고, 공손해지려고, 긴장을 풀려고 하는 등 우리는 여러 이유로 유머를 쓴다. 심지어 농담에 혼자 웃을 때조차도 유머는 최소한 잠재적이거나 기억나는 관중을 향한 의사소통의 행동이다. 베르그송이 한 말처럼, "당신이 만약 타인에게서 자신이 고립되었다고 느낀다면 재미있는 것에 감사하기 힘들 것이다…. 그러나 웃음이 자연스러워 보이듯이 웃음은 항상 일종의 비밀스러운 프리메이슨주의나 심지어 다른 웃음으로 현실과 상상이 뒤섞여 있다."[3]

이를 실험해보기 위해 나는 앞서 언급한 나를 웃게 했던 상황을 곰곰이 생각해보았다. 그중에는 너무 웃겨 사무실에서 혼자 크게 웃었던 어제 저녁에 받은 농담에 관한 이메일이 있었다. 또 한 동료가 엉망인 나의 패션 감각에 대해 건넨 (절대 진지한 것이 아닌) 무례한 말도 있다. 침대 속에서 내 곁에 누운 아들이 내 배를 가볍게 만졌을 때, 뱃속 지방들이 흘러내리는 것을 과학적으로 파도가 치는 것과 관련해 언급한 순간이 있었다. 내가 일부러 어떤 설명을 웅얼거리며 남편에게 말을 해서 남편은 잘 알아듣지 못했지만 그 의도를 알고 재미로 장난을 치며 나의 흔들의자를 치고 갔을 때의 그날 아침에 웃었던 일도 있다. 그리고 내 딸의 친구가 전화 벨 소리가 들리자 전화는 계속 울리는데 갑자기 문 쪽으로 뛰어나갔던 늦은 오후의 순간도 있었다. 이런 모든 유머는 (말과 다른 행위를 통해) 모두 재미있는 사회적 행위인 장난치기, 놀래기, 까불기, 처벌을 피하기, 복수하기처럼 사람들이 서로에게 했던 것에서 시작되었다. 콴타스(Qantas, 오스트레일리아의 항공 회사—역자 주) 조종사와 항공 정비공이 조치를 취해 수정한 행동에 대한 반응을 기술하여 일상적인 문제를 보고한 자료가 있는데, 심지어 회신된 이메일들 가운데 농담의 경우 사람들에게 의미가 있기 때문에 재미있어진다.

조종사 : 항공기를 재미있게 조종하고 있음.
회신 : 정신을 가다듬고 신중하게 조종하기를 바람.

조종사 : 조종석에 뭔가 풀렸음.
회신 : 조종석에 뭔가 쪼임.

조종사 : 왼쪽 가장 큰 타이어 교체가 필요함.
회신 : 왼쪽 가장 큰 타이어 거의 교체함.

조종사 : 오른쪽 가장 중요한 착륙 기어 새는 곳 발견함.
회신 : 새는 곳 처리함.

기타 등등! 위에 언급한 내용이 부조화를 설명하기에 안성맞춤이겠지만 내가 이에 웃을 수 없는 것은 조종사를 대하는 데 있어 전혀 개의치 않는 정비공의 똑 부러지고 냉정한 이미지와 사실 이런 반응이 녹음된다는 부담이었다. 재치 그 자체는 그것을 지지하는 사회적·정서적 기능(예컨대, 우리가 블랙 유머나 성차별주의자의 농담이나 밀란 쿤데라의 잘못되어가는 정치적 농담의 섬뜩한 결과에서 볼 수 있는 증인과 아주 다양한 반응) 없이는 전적으로 재미있어질 수 없다. 물론 코믹을 지각하는 데에는 찰리 브라운의 유머나 영국인의 끝나지 않는 말장난이나 몬티 파이튼(Monty Python, 유명한

4명의 코미디 팀-역자 주)나 더 군즈(The Goons, 캐나다의 코미디 스포츠 영화-역자 주)에서 등장하는 바보 같은 행동이나 학생들 파티에서 이성 옷을 입는 것 등을 비꼬는 말과 같은 재치의 가장 저급한 형태에서 유머를 바라보고 이를 이해하는 데 (나는 이해했다!) 고군분투하거나 실패하는 어떤 사람이 증명하는 것처럼 어떤 문화는 분명히 이해할 수 없어 혼란스럽거나 문화에 따라 상대적이다.

게다가 유머에 관한 우리의 인식은 우리에게 중요한 사람들과 조화롭게 변해가는데, 우리는 그것이 우리 주변과의 상호작용에 문제가 되기 시작하므로 재미있는 무엇인가를 발견하는 것을 배울 수 있다. 좀 더 찰나의 수준에서 많은 증거들은 우리 주변에 사람들이 있을 때 좀 더 재미있는, 그리고 야단스러운 것에 웃는다는 사실을 알려준다. 웃음은 우리가 홀로 있을 때 소리를 낮추고 희미해지거나, 분명하고 강한 것보다 약하게 좀 더 담화와 같은 모습을 띤다.[4] 다시 베르그송을 인용하면 웃음은 거의 틀림없이 계속해서 목소리를 되돌려주고 에코가 필요한 상대가 있어야 하는 매우 반향적인 소리 그 자체로 이루어진다. 그러나 우리가 농담에 대해 웃을 수 있는 사람들을 모르거나 좋아하지 않는다면 전혀 재밋거리를 찾을 수 없겠지만 반면 딱 알맞은 사람이 우리를 움직이기 시작한다면 우리는 정말 즐거운 것을 찾아낼지 모른다. (청소년들에게 흔히 보이는!) '참을 수 없는 웃음' 현상은 이를 설명하는데, 외부적 원인 어딘가에서 그 강렬함과 때때로 견딜 수 없는 재미의 경험을 발견하는 것은 아주 어렵다. 웃음은 항상 그 안에 단지 웃음이 아닌 다른 누군가 그것을 담고 있는 것으로 보인다. 경외할 만한 마이클 크로포드가, 그리고 셰익스피어가 언급한 것처럼, 비단 그 경우만이 아니라 농담이 유효하게 되기 위해서는 그것에 웃을 수 있는 최소한 한 사람이 필요하며, 아마도 농담을 나눌 만한 이가 없다면 (현실적으로 또는 상상으로) 우리는 그 어떤 것에도 재미를 경험할 수 없을 것이다. 그러나 대부분의 접근은 유머를 행해서가 아니라 보다 (개별적인) 분석적 현상으로 본다. 아기들이 하는 것은 틀림없이 이런 질문들에 답하고 이런 과정을 밝히는 (우리가 아기들이 다른 사람에 관해서 안다고 말한 것과 마찬가지로) 하나의 좋은 방법이라는 점에서 유머의 기원을 찾아보자.

유머의 발생에 관한 두 가지 인지발달의 관점

(비록 아이들이 스스로 기대하는 웃음을 위해 필사적으로 노력하고 있을지라도) 핵심이 되는 부분이 조금도 재미있지 않은, "똑똑" 또는 "왜 닭은 길을 건너갔을까" 같은 농담들의 양자택일적 견해를 구성하려는 어린아이들의 우여곡절 많은 시도는 유머감각이 사실 후기 어린 시절 때까지 발달하지 않는다는 것을 우리에게 납득시킨다. 사실, 인지발달이론에서 일반적인 이야기는 대체로 이러하다. 하나의 이론이 (사실 Tom Shultz의 이론이) 밝힌 것처럼, 비록 유머가 모순을 인식하는 데 필요한 현실성에 관한 두 가지 서로 다른 견해를 상징적으로 재현해내는 능력이 18개월 때 시작된다 할지라도, 핵심 부분을 이해할 수 있는, 즉 아이들이 '모순을 풀거나', 부조리의 실체를 인식하는 것뿐 아니라 왜 그것이 특정한 의미가 되는지 살펴볼 수 있는 이후 연령인 6세 혹은 7세 때까지는 아니다.[5] 그 이유는, 이론이 제시하듯 어린아이들의 핵심 부분이 너무 우습게도 재미없기 때문이다!

재치 있는 핵심 구절과 별개로, 유머를 인식하는 데는 우선 무엇이 필요할까? 초기 단계에서 일반적인 인식의 표상적 해석이 그러하듯이 모순과 그것을 재미있는 것으로 이해하려는 인식에 있어 개별적으로 두 가지가 필요한데, 하나는 기대하는 것과 '비정상적인 것'(예컨대 모순 그 자체) 사이의 대조를 인식할 수 있는 능력이며, 다른 하나는 모순을 단순히 잘못된 것이 아닌 재미있는 것으로 이해할 수 있는 능력이다. 최소한 모순을 인식하는 것과 동시에 현실성의 두 가지 서로 다른 재현을 마음속에 새기는 것이 필요하다. 예를 들어, 만약 당신이 몬티 파이튼의 촌극 "바보 걷기의 부처"의 존 클리즈의 이상한 걸음을 비정상적이거나 어떤 점에서 잘못된 것으로 인식한다면 그의 움직임을 살피는 것만 아니라 그 움직임을 '정상적인' 방식의 걸음과 대조해보려고 할 것이다. 이런 대조는 그의 걸음이 단지 기발하다기 보다는 '이상하거나' 비정상적인 것으로 인식된다는 것을 분명히 드러낸다. 다시 말해, 그 걸음은 새롭거나 예상치 못한 것이지만 잘못 기대된 것임이 틀림없다고 생각하게 된다. 정확히 후자를 인식하기 위해 가져야 하는 개념은 분명치 않으며, 이는 종종 어떤 종류의 개념으로 추정되어 정상 상태와 예상되는 것의 일부분이 틀림없이 하나의 사건을 평가할 수 있다는 사실을 알려준다. 반면에 새로운 사건은 단순히 예상하지 못한다.

Paul McGhee에 의하면 아기는 4개월경 모순을 인식하기 위해 갖추어야 할 것이 있다. 예를 들어 떨어지는 공이 공중에 멈춰 있을 때나 움직이는 물체가 화면 뒤로 사라지거나 다시 나타나는 것에 실패했을 때, 아기들은 '이상한' 사건에 놀라움을 표현하며 아주 어린 아기들은 무엇인가 그들이 기대하는 정상 상태에서 벗어난 것을 탐지해 가리킨다. 그러나 그가 주장하길, 아기는 이런 사건을 재미있는 것으로 인식하지 못하는데, 아기들은 무엇인가 잘못된 것이나 문제가 있는 것으로 인식할 가능성이 크다는 것이다. 아기가 이상한 것을 재미있는 것으로 이해하는 가장과 가상을 획득할 수 있을 때까지는 시간이 걸린다.[6] 예를 들어 아기들에게 있어 존 클리즈의 걸음걸이는 아마 그의 다리에 있는 신체적 문제나 정상적인 걸음에 관한 자신의 생각에 문제가 생긴 것으로 치부할 수 있다. McGhee는 가장을 할 수 있는 18개월 때까지 아기는 현실성을 유보하거나 이상한 것을 재미있는 것으로 이해하려는 가장된 태도를 사용할 수 없다고 한다. 18개월 전까지 아기는 유머를 경험할 수 없다.

그러나 정말로 재미있는 것을 발견하는 데에 이런 가상의 행동이 필요할까? Mary Rothbart는 그렇지 않다고 생각한다. 그녀는 요구되는 유보가 현실성뿐만 아니라 진지함도 그렇다고 믿는다. 모순이나 이상한 것 또는 부조리를 재미있는 것으로 보는 데 필요한 것은 진지함보다 장난스러운 태도이다. 재미에는 상징적 재현과 가장의 복잡한 조직이 필요하지 않고, 다만 간단하게도 그런 것을 향한 즐거움 가득한 행동을 취할 수 있는 능력은 필요하다.

그녀가 주장하기를 가장된 틀 안에서뿐 아니라 심지어 현실적 틀 안에서도 그것은 재미있다. 예를 들어 누군가가 너무 큰 모자를 썼을 때나 누군가 바나나 껍질에 미끄러졌을 때 그 우스움을 살펴보자. 이는 우리에게 이상한 것을 꾸며진 것으로 인식하도록 요구하지 않으며, 그런 일은 우리에게 단순히 그 광경을 신기하지 않은 것이나 전혀 위협저이지 않은 것으로 즐겁게 볼 것을 요구한다. 그리고 모든 사람들이 동의하고 있듯이 즐거움이 가득한 행동은 4개월경쯤에 나타난다. 그래서 Rothbart에 따르면, 유머는 4개월경에 시작할 수 있다.[7]

그렇다면 여기 유머는 4개월경에 시작할 수 있거나 18개월 때까지 시작할 수 없다는 인식론적인 접근에 있어 이론적인 교착 상태가 발생한다. 해결은 아기에게서 증거를 찾는 수밖에 없을 것이다. 이것은 확실히 보다 결정적으로 '언제'라는 질문에 답해야 하지 않을까? 그러나 지금까지 그 실증적인 이야기는 뭔가 흐릿하다. 대다수 연구는 언어적인 유머를 다루어왔고, 더 나아가 학령 전 아동 자신의 창조적인 유머보다 농담에 대한 이들의 반응에 더 초점을 맞춰왔다. 이런 한계로 부족한 증거는 유머가 4개월 초기에 시작될 수 있다는 것을 증명해왔다. 아이들의 유머 제조에 있어 가장 먼저 분명하게 주장한 내용은 아기들에 의한 초기 구어적 왜곡에서 비롯되었다. 이 주장은 2세 아이가 자기의 이름인 Rosie를 Sie-ro로 재미있게 변형시키는 것이나 3세 아이가 Doctor Foster라는 단어를 화장실에 앉아 "포스터 의사는 빗발치는 오줌 속에서 글로우체스터에 갔다네!"라고 노래하면서 다시 고쳐 쓴 화장실 유머의 창작과 같은 자발적인 농담의 창조를 인정한다. 그러나 초기 유머에 관하여 근거가 부족한 상황은 초기 유머에 대해 이론적인 편견을 갖게 할 것이고 아기의 능력에 관한 솔직한 묘사보다 구어적 유머에 더 초점을 맞출 것이다. 인간에게 언어 이전의 유머의 생산물에 대한 어떤 증거가 있을까? 많은 어린아이들이나 걸음마기 아기들, 심지어 그보다 더 어린 아기들의 부모는 분명히 아이가 상황에서 재미있는 면을 알고 있어서 심지어 아이가 말을 하기 전부터 일부러 건방지게 굴거나 유머를 통해 일상생활에서 그런 재미를 자주 보여준다고 일러줄 것이다. 당신은 이런 견해를 어떻게 생각할까? 그것은 재미 이외에는 아무것도 아닌 것으로 만들며 계속해서 그리고 이따금 몸을 흔드는 것밖에 별 도리가 없다는 웃음의 모습에 따라 결정된다.

웃음의 본질과 의미

당신이 내게서 빵을 빼앗고 공기를 앗아갈 수 있어도
당신의 웃음을 가져가진 못한다.
당신이 웃기 시작하면 날 찾아 하늘로 올라가고
세상의 모든 문이 날 위해 열리는 것 같다.

−파블로 네루다, 선장의 시[8]

웃음은 우리에게 뭔가 특별하다. 웃음은 우리의 건강에 좋고(이런 이유로 최근 인도에서는 '웃음 클럽'이 폭발적인 인기다!), 영혼의 기쁨이 되며, 확실히 아기들이 있는 일상의 관계에는 웃음이 많다. 고통을 완화하기 위해 웃는다는 니체의 비관주의적인 결론과 달리(니체는 "인간 홀로 세상 속에서 아주 극심하게 고통받기에 할 수 없이 웃음을 창조했다"고 기술했다) 웃음은 분명한 기쁨으로 영아기에 시작되는 것 같다. 그러나 웃음 그 자체는 유머와 관련이 있지만 그것의 증거로서 채택될 수는 없다. 첫째, '웃음이 항상 머잖은 곳에' 있을지라도 우리는 웃음 없이도 유머를 인식할 수 있다.[9] 그리고 둘째로, 웃음이 반드시 유머를 가리키는 것은 아니다. 웃는 유인원으로서 인간을 규정하려는 아리스토텔레스의 시도인 웃는 인간(Homo ridens)이라는 별칭은 그리 타당해 보이지 않는데, 간지럼을 태우거나 놀이를 하는 동안 인간과는 다른 소리를 내겠지만 침팬지들이나 쥐조차도 '웃고', 이와 달리 우리는 대개 유머를 이해할 때 웃는다.[10] 성인에게서 웃음은 대체로 담화적 장치로, 진술, 감탄사, 질문을 나타내는 데 사용되어왔으며 자주 이전의 재미있는 발언이나 사건으로 일어난 우리의 일상의 상호작용 가운데 시간의 10~20%정도밖에는 사용되지 않았다.[11] 우리는 무엇인가 어려운 것을 하는 데 있어 성공했을 때 웃거나 성공의 쾌락에 웃는다. 우리는 단순히 무엇인가를 경험한 기쁨에 웃고, 오랫동안 잊었던 친구를 알아봤을 때나 공항에서 악몽 같은 여행 후에 휴일을 향해 마침내 비행기에 탔을 때 안도함에 웃는다. 또한 쑥스러움에 웃거나 비극적인 소식을 들었을 때 곤혹스러워서(예컨대 9월 11의 사건에 대해 듣자 웃었다는 보고가 있다) 비통이나 분노에도 웃는다. 호메로스에 의하면, 신들의 웃음은 "그들의 일상 만찬 후에 천상의 기쁨을 풍요롭게 했다"고 한다. 그리고 아이들 역시 좋은 기분으로 자주 '아무 의미 없는 웃음'에 사로잡힌다.[12] 이같이 웃음은 우리가 그것을 무의미한 것으로 부르지 않더라도 반드시 재미있을 때만 나타나는 것이 아니다.

그렇게 웃음은 홀로 재미의 증거가 될 수 없지만, 그렇다고 그것을 완전히 묵살해버리면 실수하는 게 될 것이다. 우리는 비록 유머가 종종 다른 감정과 섞이게 될지라도 보통 다른 웃음과 재미의 웃음을 구별하는 데 있어 문제가 없다. 웃음 그 자체는 단독적인 것이 아니며, 음향적 특성은 다른 종류의 웃음과 구별되는데, 예컨대 감탄을 나타내는 빙그레 웃음은 그 소리가 배냇짓이나 킥킥거림과 완전히 다르다. 이런 차이는 우리가 그 소리를 들었을 때, 즉각적으로 어떤 종류의 느낌이 표현되었는지를 알려준다. 이러한 특징과 조금 더 특정한 웃음의 갑작스러움은 종종 그 진솔함을 드러내고 우리에게 성공, 윤택, 기대 등의 이러한 기쁨으로부터 오락적인 웃음을 구별해내도록 한다.[13] 더 나아가 우리의 판단은 보통 정황적 정보에 기초한다. 그런 까닭에 이런 것의 결합은 일상에서 그것이 사용되는 동일한 방식에서 유머를 나타내듯이 우리에게 웃음을 사용하게 한다. 부모 역시 종종 자녀들의 여러 웃음을 구별 짓는 이런 특징을 사용한다. 아기의 웃음에 관한 세 가지가 흥미롭다. 하나는, 성인처럼 다양한 이유로 서로 다른 종류의 웃음과 함께한 아기의 웃음이다. 아기들이 웃는 것은 첫해를 지나는 동안에 확장되며, 웃음에 대한 이런 신속함은 흥미롭게도 성인들이 즐거움을 발견하는 것과도 유사하다. 두 번째는 부모들이 아기가 웃음 짓는 것을 구별하는 데 있어 어렵지 않다는 것이다. 이것은 비록 고려할 만큼의 매일 웃음의 양이 있음에도 종종 이해할 수 없고 함께 공유할 수 없는 자폐와 같은 일부 발달장애와 극명하게 대조된다. 세 번째는 초기 아기의 웃음의 그 신속함이 전적으로 다른 사람들과 함께하는 관계 속에서 구현되는 것으로 보인다는 것이다. 우리의 웃음은 무엇인가 본질적으로 사회적이며, 심지어 대인관계에 관련되어 있는 것처럼 보인다. 아기 웃음에 관한 일부 자료를 살펴보고, 우리가 이런 사교성을 어떻게 형성할 수 있는지 알아보도록 하자.

아기들은 무엇 때문에 웃을까? 아기 웃음의 다양한 종류와 상황

나는 웃음과 코믹의 인식과 창조에 관해 이 장에서 제기된 질문에 답을 하기 위해서 정상 발달의 아기와 자폐아, 미취학 다운증후군(DS) 아이에 관한 세 가지 서로 다른 연구에서 얻은 자료를 사용할 것이다. 8개월의 정상 발달 아기의 엄마들은 아기에게서 서로 다른 종류의 웃음을 구별할 수 있다고 보고한다. 예를 들어 엄마들은 강제적이거나 정중한 웃음의 중간 범주에서 거짓이나 인위적인 웃음과 진짜 웃음을 구별한다. 엄마들은 일종의 설득력은 없지만 인위적인 웃음이 진짜 웃음과는 아주 다르게 들린다고 보고하면서, 인위적인 웃음이 종종 관심을 얻기 위해서나 타인이 웃는 경우에 그 상호작용에 참여하지 못한 아기들이 '참여하기' 위해 사용한다고 하였다. 반면에 정중한 웃음은 아기가 어떤 게임이나 농담을 즐기려는 맥락에서도 부모의 기대와 열의를 달래려는 부드러우나 외견상 무감각한 방식의 웃음을 유지하고 있다고 보고되었다. 이는 유타에서 Alan Fogel과 Eva Nwokah가 식별한 '설명 웃음(comment laughs)'과 어느 정도 유사하다.[14] 심지어 아기가 진정으로 웃음을 보이는 때라도 배냇짓, 반복되는 낄낄거리는 웃음, 찰나의 싱긋한 웃음, 그리고 '비명을 지르는 듯한 웃음' 간에는 예측할 수 있는 차이가 있다. 거기에는 아기가 노력으로 무엇인가 성취했을 때 종종 낄낄거리거나 싱긋하는 성공의 웃음이 있다. 거기에는 보통 일련의 낄낄거림으로 표현되거나 종종 거칠게 뒹굴거리는 놀이를 하는 동안 나타나는 **기쁨/풍부함**이 있다. 게다가 거기에는 신체적으로 마구 간지럼 태우거나 배 위에서 날린 라즈베리를 갖거나 그걸 쫓기도 한다. 이는 종종 배냇짓이나 비명을 지를 수밖에 없는 웃음을 이끌어내기도 한다.

비록 우리가 거칠게 뒹구는 놀이를 간단하면서도 빠르며 딱히 재미없는 종류의 웃음처럼 생각할지라도, 거기에는 그것을 진지하게 여길만한 알맞은 이유가 있다. Shultz는 이것이 아기들에게 언젠가 위험했었더라도 지금은 안전한 상황에서 일어나고 있는 것을 다루는 생물학적으로 원초적인 성향의 흥미 있는 표본이 된다고 주장한다. 예를 들어 까꿍 놀이는 사라져버린 엄마에 관한 이야기이며, 아기의 마음속에 흥분과 두려움 사이에서 선택해야 하는 아주 기분 좋은 고뇌를 초래하고 완전히 위협적이거나 전적으로 예상 가능하거나 지루하지도 않다. 간지럼 태우기는 4개의 팔 아래나 발바닥이나 목 위라는 신체의 가장 연약한 부위를 상하게 하는 약탈자의 이야기이다. 이는 누군가의 반응에 응해주는 신뢰할 만한 사람이 제공해주며, 간지럼 태우기도 예측과 미지 사이에서 열망과 압도적인 것에 대한 두려움 간 균형을 유지할 수 있게 해준다. 물론 추격도 술래의 공격에 대한 보다 더 직접적인 위협이며 다시 두려움과 작동되기 위한 기쁨 사이의 바른 균형이 필요하다. Shultz에게 있어 이는 최초의 유머 형태이자 모호성과 위험과 안전 사이의 깨지기 쉬운 균형을 수반하며, 모순으로 여겨지는 병치(juxtaposition) 개념의 전조가 되는 단순한 방식이 있다. 다윈 역시 신체의 간지럼 태우기는 재미있는 사람이 마음을 간질이는 것과 비슷한 기분이라고 생각했다. 그리고 사실 이는 아기의 웃음에 있어 첫 번째 이유가 되지 않는데, 심지어 간지럼 태우기조차 웃음을 일으킬 만한 개발 시간을 가지는 것으로 보인다. 더 중요한 것은 우리가 웃는 다른 이유에 대해 발 빠르게 살펴본 것처럼 간지럼 태우기, 추격, 까꿍 놀이는 본질적으로 자기 자신을 '자극'하기보다는 계속 진행 중인 관계에 둘러싸인 사회적 행동이라는 것이다.

웃음은 '정상적인' 웃음으로 묘사하는 내용을 보면 싱긋 웃는 것에서부터 낄낄거리기까지 형식적으로 서로 다른 것을 재미있게 보는 것처럼 묘사된다. 이는 과장되거나 갑작스러운 행동이나 소리, 아기가 대상과 했던 이상한 일이나 다른 사람들에게 행했던 짓궂은 행동과 같은 다양한 사건에 반응하여 일어날 수 있다. 일반적으로 아기들은 시각적이나 청각적인 재미로 시작해서 (그리고 라즈베리를 부는 것과 같은 약간의 촉각적 접촉) 생후 첫해 말로 갈수록 사회적으로 부적절한 것에 웃다가 점차적으로 그것을 그저 관찰하기보다 모순을 행하는 것에 더 웃게 된다. Alan Sroufe와 Jane Wunsch가 실험실에서 엄마들에게 아기들을 웃게 하도록 요구했을 때 50가지의 그런 행동에는 재미있는 얼굴을 만들거나(비록 일상적 상호작용에서도 역시 이런 행위에 항상 목소리가 동반되긴 하지만), 라즈베리를 불거나 입술로 터트리는 소리를 내거나 갑작스레 소리의 끝을 올리거나 하는 등의 '이상하고' 모순적인 행동이 많이 있었다고 한다.[15] 이런 행위는 그 기묘함이 때때로 이상한 것과 신체나 목소리의 '정상적인' 표현 사이의 대조에 놓인 단순한 행동이며, 전문 용어로 모순을 인식하고, 평소에는 강렬함 또는 극단적인 행동이나 소리로 더욱 단순하게 인식된다. 흥미로운 것은 이런 행동도 성인에게서 웃음을 줄 수 있다는 점이다. 또, 우리도 변덕스러운 방식으로 걷는 누군가를 보거나 누군가의 눈이 커지거나 혀를 내미는 사람들을 보거나 꽥꽥거리며 말하는 누군가에게, 또는 속도를 낸 후 갑자기 멈추는 소리에, 혹은 빠르게 돌리는 비디오테이프에 웃게 된다.

우리의 연구는 Sroufe와 Wunsch가 묘사한 것처럼 최고조에 도달했다가 갑작스레 끝이 나는 재미있는 소란이나 우스꽝스러운 얼굴 표정처럼 (확실히 그 얼굴 표정에 수반되는 소리가 없다면, 예컨대 만약 놀이의 전후 과정에서 사전에 정해지지 않았거나 어떤 소리도 동반되지 않았을 때 8개월경의 아기들 중 일부에게서라도 어리둥절한 표정이 나타나는 것이 보고되기도 했다) 시각적이고 청각적인 익살극(slapstick)을 보고 웃는 아기들의 많은 예들을 보여주었다. 아래의 예들은 모두 우리의 연구 가운데 하나로 아기가 변화하는 과정에 이름을 붙여 구술된 내용을 글로 옮긴 것에서 가져왔다.[16] 감각의 모순은 (만약 우리가 이를 용어를 붙여 사용하길 원한다면) 부모들이 제시하는 아래의 예처럼 다양한 자료에서 나올 수 있다.

> 그냥 … 당신이 머리를 흔들면 당신의 보브 단발머리 스타일이 엉망이 되면서 '부스스'해지겠지만 아이는 그게 좋아서 낄낄거릴 것이다. (아담 엄마, 8개월, 인터뷰)

다음의 예처럼 아기가 스스로 준비하기도 했다.

> 아이는 나의 무릎에 앉을 것이고 … 나의 브래지어를 가지고 놀려고 잡으러 오고, 아이가 그걸 먹으려고 하는 게 아니더라도 그것을 잡아당기려고 하고 나는 "아아 아아아" 소리를 내고 보니 아이는 그 소리에 웃고 … 그 반응에 … 그 반응을 보려고 계속 잡아당기려고 한다. (바네사 엄마, 8개월, 인터뷰)

다음의 예처럼 하나의 사건도 있다.

> 아이는 그 조그마한 그릇을 길게 생긴 상자에 넣고 있었다…. 아이가 그릇을 넣으려고 할 때마다 밑바닥이 열려 그릇이 그리 빠졌다…. 그리고 위아래가 열리고 … 아이는 (상자에) 넣었고 우리에게 그것을 보여주었으며 키득키득 웃었다…. 아이가 생각하기에 그것이 엄청 우스웠나 보다. (피오나 엄마, 8개월, 인터뷰)

혹은 훨씬 가끔 기계적으로 일어나는 사건도 있다.

> 오 바보 같은 소리 … 아이가 정말 좋아하는 것은 … 화장실 물 내려가는 소리이다…. 그래서 아이는 … 이제 화장실 물을 내리려고 한다…. 아이는 손잡이를 잡을 것이고 그걸 보며 좋아라 한다. 그리고 웃음을 터뜨리고 다시 그걸 보고 싶어 한다. (피오나 엄마, 11개월, 인터뷰)

부모가 갑작스레 튀어나오거나 뒤쫓거나 간지럼 태우는 경우에 동반되는 것은 예상 속 경험의 어떤 모호성이나 꼭 행동과 그 기대된 양식 간에 상반된 것이 (또한 모순이라고 불리는 것이) 아닌 갑작스러움에 대한 아기의 인식이다. 그러나 모순은 정도의 문제로 풀이될 수 있다. 이상한 장소에서 기대된 것보다 더 갑작스레 튀어나오는 것은 어느 정도 모순이지만, 결코 불쑥 튀어나온 것만은 아니었을 것이다. 이런 사건에 대한 아기의 경험은 비록 그것이 예상된 즐거움과 웃음의 장기적 경험이라 할지라도 진행되는 게임에서 계속 갑작스레 웃게 되면서 확실히 진지하지 않으며 때때로 짧거나 갑작스럽다.

아기 웃음의 이유에 관한 성인의 관심

인터뷰를 통해 연구했을 때 아기들이 무엇에 웃는지 질문하면 정상 발달을 보이는 아기들의 부모들 중 어느 누구도 자녀가 웃는 이유에 관해 어떠한 의문을 갖는지 기록하지 않았다. 오직 자녀가 웃고 있는 것이 무엇 때문인지 알지 못하겠다는 사실을 기록한 부모는 단 한 차례의 경우가 전부였다.

> 이따금 아이는 혼자서 웃을 만한 뭔가를 찾고 있다. 나는 그것이 무엇인지 알지 못한다. 아이는 갑자기 작게 낄낄거리고 웃기도 한다…. 그래서 당신은 "뭐가 웃겼어?"라고 묻는다…. 어떨 때는 그것이 장난감일 수도 있고 당신도 알다시피 저기 서 있는 어떤 것이나 우리 엄마의 소파에 기대어 있는 어떤 무늬일 수도 있다. 아이는 그것을 가지고 놀다가 간혹 웃기도 할 것이다. 나는 그것이 꽃 때문인지 아니면 발등에 있는 어떤 것 때문인지 모르겠다. (바네사 엄마, 8개월, 인터뷰)

부모들 중 어느 누구도 모순이나 이해할 수 없는 그 자체에서 아기들의 웃음의 이유를 찾아내지 못했다. 이는 아기의 웃음이 주변의 어른들에게 이해 가능한 것이라면 함께 공유할 수 있다는 그런 단순한 이유 때문에라도 중요해진다. 만약 당신이 누군가가 웃고 있는 것에 대해 이유를 알 수 없다면 그 사람들의 행동에서 진실로 관계를 맺는 것이 어려울 수 있다. 물론 부모들은 아마 이런 확실성에 관해 단순하고 흥미롭게 여기지 못하는 이유가 있을 것이다. 만약 연구원이 당신의 아기가 무엇 때문에 웃는지 묻는다면, 거기에는 웃을 만한 무엇인가가 있다는 잠재적인 추정을 할 수 있다. (이는 오히려 그림붓을 갖고 있는 걸음마기 아기에게 "네가 그리고 있는 것이 무엇이니?"라고 묻는 것과 같을 것이다. 이는 답을 요구한다.) 모든 사람이 그러하듯 부모들이 반드시 어떤 경우에도 그들 가까이에 있는 다른 사람들의 행동을 이해할 수 있도록 이끌면 아무것도 보장되지 않는 곳에서조차 그들은 이해를 구할 수 있게 될 것이다. 그러나 부모들은 자신의 아기들이 성인의 웃음의 의미처럼 같은 방법으로 웃기 전에 먼저 참여하거나 행동하는 것을 자주 의식적으로 보고한다. 아기가 웃는 것에 관한 부모의 대답은 그런 까닭에 임의적이지 않다.

아기의 웃음에 관한 이유를 밝히면서 정상 발달 아기들의 부모의 신뢰가 얼마나 중요한지에 대한 자료는 자폐아의 부모에게서 얻은 아주 다른 답변에서 찾을 수 있다. 부모들은 항상 아이의 웃음에 관해 이해하지 못하거나 타당하지 않은 설명만 늘어놓는다. 자폐증을 앓는 미취학 아이들의 부모에게 같은 질문을 했을 때, 우리는 아주 다른 자발적인 대답을 얻었다. 한 엄마는 웃음 속에 슬픈 기분을 드러내며 "아이는 웃어요…. 그렇지만 웃음이라는 감정을 알지 못해요"라고 말했다. 아이들은 부모들이 할 수 있고 확인할 수 있는 많은 일에 웃을 수 있더라도 더 많은 부모들은 아이가 웃는 것을 이해할 수 없다고 느끼는 상황이 많았다. 부모들은 이해 불가능하고 때로는 '현실적'이지 않은 웃음이 있다고 보고하였다.[17]

아이는 그런 행동을 아주 자주 할 것이다(지금 하고 있는 것처럼 그저 누군가 쳐다보며 웃는다). 아이는 어디에서나 할 수 있다. 나는 전에 어떤 가게 안에서 슈퍼마켓을 둘러보며 걸어가고 있었는데 아이는 유모차에 앉아 있고 갑자기 웃기 시작했던 것 같다. 거기에는 아이가 웃을 만한 것이 아무것도 없었는데 아이는 웃었던 것 같다. 무슨 상황인지 모르겠고 아이는 뭔가를 생각할 것이고 그것이 아이를 웃게 했을 것이고 당신은 아이와 그 웃음거리를 나눌 수 없을 것이다. 우리는 아이가 행복하게 보이기 때문에 웃음을 지을 순 있지만 무엇 때문에 아이가 웃는 것인지 알 수가 없다. (3세 자폐증 여아 타라의 엄마, 인터뷰)

아이가 어렸을 때 우리는 아이가 이상하다고 말한 적이 있는데, 우리 안방 위층에 다림질할 몇몇 옷을 두었고 … 아만다는 구석에 서서 그 다림질할 옷들을 살펴보고 아주 미친 듯이 웃기 시작한다…. 이 일은 아이가 진단받기 전의 일이고 우리는 아이쿠 이상한 아이야라고 말하곤 했다. (3세 자폐증 여아 아만다의 엄마, 인터뷰)

그런데 나도 이따금 아이가 그냥 낄낄거리는 모습을 보곤 한다. 당신은 아이가 왜 웃는지 알 수 없다…. 때로는 당신이 한 밤에 침대에 누워 있을 때 아이가 낄낄거리는 소리를 듣게 되기도 한다. 당신도 짐작하겠지만 이렇게 대화를 잠깐 나누는 것처럼 아이는 마치 누군가와 함께 방에 있는 것 같기도 하다. 그것은 특정한 때라는 당신이 말했던 한 단어이다. 내가 의미하는 것은 우리가 '검정'이라는 단어를 말했던 어떤 특정 시간이고 아이는 거의 낄낄거리다가 웃겨서 주저앉을 정도였기 때문에 그것은 아이와 함께 있을 것이다. (5세 자폐증 남아 토니의 엄마, 인터뷰)

대조적으로, 다운증후군의 미취학 아이가 있는 부모들에게 같은 질문을 하면 전혀 다른 반응이 나온다. 16명의 부모들 가운데 단 한 명만 이해하기 어려워하고 "누군가를 때리는 것 같은 끔직한 일에 웃어요"라고 알려주며 아이의 웃음에 대해 그 이유를 공감하기 어렵다고 보고했다. 그러나 이 대답에서도 웃음의 원인에 대해 혼란스러워하는 것이 아니라 '원인'을 식별하고 있다.

어른들이 발견한 재미에 아기들도 웃는다

특히 흥미로운 것은 아기와 부모들이 (심지어 넓은 범위에서 자폐아들과 그들의 부모들도) 동일한 것에서 재미를 발견한다는 점이다. 정상 발달 아기와 다운증후군의 아기에게서 나타나는 이해 불가능한 웃음에 관한 자료가 부족하다는 사실은 부모들이 단순히 그것을 재미있는 것으로 인식하는 데에만 초점을 맞추고 있지 않다는 것을 알려준다. 게다가 자주 이런 웃음을 유도하는 사건에는 동일함을 증명할 수 있는 형태의 모순이 있는데, 우연한 또는 고의적인 일상의 침범(violations)과 정상적인 얼굴이나 목소리, 신체 활동의 방해(violations)가 포함되어 있다. 웃음의 '원인'으로 유사성에 관한 훨씬 그럴듯한 설명에는 이기와 부모가 세싱 속 사건에서 **재미를 위한 행동 유도성**(affordance)을 지각하는 능력과 동일한 세계를 공유하고 있다고 주장할 수 있다. 행동 유도성은 지각의 표상적 설명에 있어 하나의 대안을 제공할 James Gibson에 의해 발전된 개념으로, 환경이 제공하는 곳으로 초대하는 것, 즉 환경이 동물에게 제공하는 잠재적인 행동 가능성이다. 신기함, 놀라움, 모호함과 같은 '재미있는' 자극에 대해 지각한 특징을 Daniel Berlyne이 열거한 내용을 보면 (아마 다른 요소에 의존하는 것처럼 항상 지각되는 것은 아닐 것으로 보이는) 유머를 위한 환경적인 행동 유도성으로 해석할 수 있다.[18] 부모와 아기는 (비록 다른 신체가 주어졌더라도 구별되지 않는) 유사한 물리적 세상 안에서 거주하며 이런 특징의 일부를 지각할 수 있는 동일한 능력을 갖고 있다. 역시 시각적 익살극에 웃을 수 있고 까꿍놀이와 간지럼 태우기에서 놀람으로 반응하는 능력을 지닌 자폐아들도 역시 동일하게 지각한 세상의 일부를 공유한다.

아이는 간질어지는 것을 너무 좋아하고 … 주변을 빙 도는 것을 즐기며 당신이 같이 이런 모든 것을 해주면서 좋아 좋아(okey kokey) 하는 말에 조금은 좋아하고 … 정말 재미있다는 것을 찾아낸다. 만약 아이가 … 아이는 TV(telly)에서 방영하는 "로렐과 하디"를 시청하고 있다가 주인공들이 뭔가에 걸려 넘어지거나 뭔가를 하기만 해도 웃기 시작한다…. 만약 우리가 넘어지는 척이라도 하면 아이는 미친 듯이 웃는다. 아이는 그것이 무척이나 재미있다고 생각하고 … ("텔레토비"의 마지막 장면에서) 가끔 그들이 뭐랄까 엎드려 누워 공중에서 다리와 나머지 모두 흔든다? 아이는 우리가 그렇게 해주면 그것이 너무나 재미있는 것이라고 생각한다. (4세 자폐증 남아 제이크의 엄마, 인터뷰)

우리가 공원에 있고 어떤 오리가 다른 오리를 쫓고 있는 걸 보고 있다고 말해준다. 아니면 어떤 강아지가 다람쥐를 쫓아가고 있다고 말해준다. 그러면 아이는 목젖이 보이도록 웃을 것이고 그것이 정말 재미있다고 생각하는 것 같다. (4세 자폐증 남아 앨런의 엄마, 인터뷰)

이 해석은 재미에는 지각한 사건에 대해 추론이나 판단을 내릴 필요가 없지만 아마(주어진 재밋거리에 대해 Mary Rothbart가 구별하는 태도) 이와 같은 것으로 지각할 수 있는 사건 그 자체가 모순적인 특징으로 존재할 것 이라는 점을 시사한다. 그렇기 때문에 복잡한 표상적 장치로 발달하기 전에 아기들은 어른들이 하는 것처럼 이런 특징과 주어진 즐거움 가득한 분위기 나 상황, 이것들에 대한 웃음을 지각할 것이다. 이처럼 구조적으로 모순적 인 사건에 대해 아기의 웃음과 관련된 자료는 유머의 시작을 단지 영아기로 한정하기는 곤란하다고 말한다. 보다 적절한 발달 논쟁은 재미에 관한 발달 의 그 내용이 발달하거나 그 목표대상과 이해가 넓혀지지 않고, 재미있지 않은 것에서 재미있어서 웃기까지 늦은 도약으로 시작하지 않고, 영아기 초 기에 시작되고 분명히 발달하는 지속적인 과정으로 보고 있다.

그렇다면 유머를 위한 행동 유도성이 정말 그 '자극'에 있을까? 농담은 정말 사건의 본문에 있을까? 유머에 관한 표상적이고 지각적인 이론 모두 이 함정에 걸릴 수 있다. 그러나 행동 유도성은 관계적인 현상이며 '존재하 고 있는 용어로 설명하지 못하는 방식에서 환경과 동물 모두를 가리키는 무엇이다. 그것은 동물과 환경의 상호보완성을 암시한다.' 이 개념은 예컨 대 놀라움의 특징은 보통 규칙적이고 놀랍지 않기 때문에, 그리고 이런 규칙 에 의존하는 동안 우리가 웃음으로 놀라움을 발견하고 반응하기 때문에 우 리에게 가능할 수 있다. 게다가 재미는 우리에게도 사건에도 있지 않고 그 둘 간의 관계 속 어딘가에 있다. 하지만 이런 설명조차 불충분하다. 다른 사람들이 어디를 맞추어야 할까? 사회공동체는 얼마나 정확하게 아기의 발 달하는 유머 감각을 다룰 수 있을까?

관계 속의 모순

여기에 보고한 예시들은 아기와 환경적 특징 사이의 관계보다 훨씬 더 복잡하게 얽힌 재미를 보여준다. 아기가 웃는 사건의 구조적인 특징은 거의 모든 경우에 있어 관련된 배경과 다른 사람들의 웃음이 대조적으로 지각된다. 이런 관련성은 아주 광범위하며, "우우" 하는 소리나 "꽥꽥"거리는 소리 또는 판지로 만든 상자를 바닥에 떨어뜨리는 것조차 아기는 물리적 세상에서 구조를 인식하는 방식이기 때문에 아기의 즐거움이 단지 우스울 뿐이라고 말하는 것은 무의미하며 아주 근본적인 것으로 여겨진다. 이는 그 쓰임과 반응에서만 의미 있게 된다. 시작부터 이 모든 것은 웃음을 끌어내기 위하여 사람들에게 이용되며, 이 또한 아기들에게서 웃음을 끌어낼 수 있기 때문에 부모가 사용한다. 만약 당신이 부모의 행동에 웃는 아기에 관한 사례를 알고 있다면 아기와 부모는 아기의 반응이라는 사실로 부모를, 부모의 행위라는 사실로 아기를, 서로에게 각자의 행동을 끌어들이게 된다. 유머를 위한 행동 유도성은 반드시 아기, 부모 그리고 사건 간의 쌍방향적 관계의 세 가지 집합 안에서 어떻게든지 존재한다. 게다가 "우우" 하는 재미는 "우우" 그 자체의 개별성과 사회공동체 속에 있다. 거기에는 그것을 구별할 만한 현실적 가능성이 없다. 이는 대부분 단순히 웃긴 얼굴을 만들거나 이상한 소리를 내는 것과 같은 재밋거리에 있어 사실이다. 우리가 놀리기와 같이 더 복잡한 재미있는 짓을 한다면 개인 그리고 사회공동체로부터 그 구조를 분리하는 것이 훨씬 더 불가능하게 된다. 그것은 기대와 규범에 기초하며, 놀라움을 가정하고 사회적 인정을 벗어나서 존재할 수 없다. 만약 당신이 놀리기에 참여한다면, 아무도 웃을 수 없고 이는 그저 재미없는 것이 된다. 그런 까닭에 사람은 재미의 순수한 사회 관계적 견해도 순수한 구조적 견해도 가질 수 없다. 재미는 임의적이고 근거 없는 상대주의적 현상도, 순수하게 구조적으로 '객관적인' 현상도 아니다.

　　대략 3~4개월 즈음부터 발달하는 초창기의 웃음조차 직접 대면하는 사회적 관계 속에서 등장한다. 다윈은 아이들의 초기 웃음에 관해 조심스럽게 기술해놓은 것에서 첫 웃음이 미소의 형태를 벗어나 발달함을 설명하였다.[19] 아기의 일상에서 초기 몇 달 동안 그 가벼운 딸꾹질이나 미소 중간에 거의 흐느껴 우는 듯한 소리가 정말 웃는 것인지 아닌지 부모들이 궁금해하다가 자주 그 의문을 잊어버리면서 초기 웃음이 생겨나는 맥락과 실제적 형태 측면에서 미소에 더 집중하게 한다.[20] 이처럼 첫 미소 띤 웃음은 고독 속에서가 아니라 사회적 미소의 확대로 다른 사람들과 '이야기를 나누는' 동안 발생한다.

12주가 된 벤의 엄마가 이 초기 웃음의 첫 3주간에 대해 "아이는 뭘 보고 절대로 혼자서 웃지 않아요. 항상 우리가 아이를 웃게 만들려고 하면 그때 웃지요"라고 말한다. 그러나 4주 혹은 그의 첫 웃음 후 아이는 위에 걸려 있는 모빌을 보고 노는 동안 혼자서 웃는 소리를 듣게 된다. 아래에 (12주경) 벤의 초기 웃음을 녹화해둔 비디오에서 나타난 설명에는 그 강렬한 대면 관계, 기대, 아기의 웃음을 둘러싼 모든 대화의 동기 부여, 그리고 엄마의 웃음을 유발하는 모든 행동이 드러난다. 이는 오랫동안 아주 보편적인 어떤 방식인 사회적 교류의 웃음으로 온전한 맞물림을 전해준다.

벤은 바닥에 누워 있고 루시는 몸을 숙여 하루가 어땠는지 (어른스러운 질문인 듯) 묻는다.
벤은 미소를 지으며 지켜보면서 골똘히 쳐다보고 있다.
"이건 사랑스러운 미소네"라고 루시가 말한다.
벤은 계속 루시에게 미소를 짓는다.
루시는 저음으로 "이건 사랑스러운 미소네!"라고 반복한다.
벤은 거의 웃음소리에 가깝게 "흐으음, 흐으음" 소리를 내며 여전히 루시를 열심히 바라본다.
루시는 "하 하! 재미있는 웃음소리"라고 말하며 그 웃음소리를 따라 한다.
벤은 분명하게 빙그레 웃으며 마무리 짓고 다시 그 소리를 더 길게 "흐으음, 흐으음, 흐으음, 하!"라고 소리를 낸다.
루시는 "재미있는 웃음이네!"라고 깊고 낮은 목소리로 다시 한 번 말한다.

벤은 다시 빙그레 웃으며 이제 부드럽게 반응하며 계속해서 열심히 지켜본다.

루시는 아까와 똑같이 깊고 낮은 목소리로 빙그레 웃어 보인다.

벤은 그저 지켜보며 부드럽게 미소 짓는다.

루시는 이제 덜 과장된 목소리로 보다 일상 대화에서 사용하는 톤으로 돌아와 아이에게 맞춰 "재미있는 웃음이네!"라고 말한다.

벤은 그녀를 바라보며 다시 한 번 미소를 지었다가 멈춘다.

루시는 이제 일반적인 목소리로 "더 안 해?"라고 묻는다.

벤은 웃는다.

루시는 "안 할 거야?"라고 재빠르게 질문을 되묻는다.

벤은 미소 없이 즐거워하며 열심히 루시를 쳐다보면서 이제는 속삭이는 듯한 소리로 뭐라 떠들고 팔을 움직이는 것이 대화라고 생각하는 것 같다.

루시는 아주 잠시 지켜본다. 그러고는 벤이 미소를 짓지 않고 대화를 하려고 시도하며 다시 집중하자 루시는 앞으로 약간 숙이며 대답하는 것처럼 부드러운 소리로 "부부부부붑!"이라고 말한다.

벤은 아주 잠깐 웃지 않고 쳐다보다가 갑자기 두어 번 웃는다.

루시는 이제 더 깊고 낮은 목소리로 "어부부부붑!"이라고 다시 해본다.

벤은 미소를 지으며 그녀를 바라보고 높게 꺄약 하고 소리를 지른다.

루시는 "재미있는 엄마다!"라고 말하며 아이와 함께 웃는다.

벤은 이제 웃지 않고 지켜본다.

루시는 다시 "어부부부붑!"이라고 할 때마다 힘을 줄여가면서 반복하고 벤은 이제 미소를 짓거나 웃지 않고 지켜본다.

루시는 이제 멈추고 지켜보다가 평소 목소리로 이야기를 나누듯이 "엄마가 재미있게 해줬어?"라고 물으며 계속한다.

타인의 행동과 웃음을 이끌어내는 미소나 빙그레 짓는 웃음과 같은 모든 시도는 타인의 반응 안에서 온전히 구현된다.

부모들에 의하면, 간지럼 태우기처럼 한눈에 봐도 신체적인 무엇인가조차 최소 처음 몇 달 동안은 재미를 만들기 위한 준비기간, 사회적인 포용을 요구하는 것으로 보인다고 한다. 간지럼 태우기는 그에 대한 음성, 몸짓을 만들어가는 것, 그에 대한 신체적 느낌도 그 연령대에서 재미있는 일로 여겨지는 그 자체도 아닌 그에 대한 위협과 예측으로 사회적 상호작용이 되는 것 같다. 아래에는 우리가 했던 종단연구에서 정상 발달 아기들에 관한 예가 있다.[21]

> … 아이의 배를 간지럼 태우며 당신이 "간질, 간질, 간질, 간질"이라고 말하면 아이는 재미있다고 생각한다. 이는 아마도 아이에게 웃음을 주는 것이 역시 목소리여서 그러는 것 같다. (아담 엄마, 8개월, 인터뷰)

추격에서도 즐거움은 뒤쫓는 그 자체가 아닌 사회적 교류에 있는 것 같다.

> 아이는 팔을 흔들며 (아빠에게서 멀어지며) 그에 맞춰 발을 구르고 웃으며 다 다 다 소리를 지르고 아빠는 일부러 쿵쿵거리는 소리를 크게 내고는 아이를 쫓아가고 아이는 크게 웃고 아빠는 아이를 안아 올려 한 바퀴 돌고는 다시 내려준다…. 그리고 아이가 아빠에게 갈 때도 그렇게 똑같이 하면 아빠는 아이를 장애물 넘듯이 넘어가고 아이는 복도 끝에서 조금 휘청거리듯 뛰어다닐 때 미친 듯이 웃고 아이는 자기를 통제하지 못할 정도로 심하게 웃으며 계속 반복하면서 그것이 너무 재미있다고 생각한다. (피오나 엄마, 11개월, 인터뷰)

예를 들어 다른 사람들이 아기를 모방하거나 아기가 다른 사람들을 모방하면서 전혀 모순적이지 않은 사회적 행동으로 아기가 곧바로 웃는 많은 사례들이 있다.

> 스튜어트는 유모차 안에 있으면서 약간 낯선 으르렁거리는 소리를 냈다. 그래서 나는 그 소리를 멈추길 기다렸는데 아이는 비슷한 다른 소리를 냈다. 아이는 나를 쳐다보고 웃었고 그 소리를 다시 냈다. (스튜어트 엄마, 8개월, 인터뷰)

> 우리는 모두 침대에 있었고, 아침을 먹고 막 누웠으며 아담은 아주 훌륭한 유머를 구사했다. 아담은 자기 귀를 당기기 시작했고 그레이엄도 자기 귀를 막 당겼으며 … 그레이엄은 방금 전과 똑같이 했고 거기서 시작되었다. 아담은 행동을 하기

시작했고, 그레이엄은 그걸 따라 했으며, 아담은 웃다가 마지막에는 미친 듯이 웃었다. (아담 엄마, 11개월, 녹음기)

추상적이거나 맥락상으로 재현할 수 있는 사건으로 그 자체로는 모순적이지 않으나 여기서 비판저으로 여거지는 관계에서는 모순적인 행동이다. 재미있는 웃음에 관한 뿌리는 대인관계에서 출발하는 것 같다. 물론 우리는 시초에 함께 웃을 수 있는 사람들이 없다면 아기들이 웃을 수 있었는지에 대해서는 알지 못하게 될 것이다. (이는 소문에 의하면 제임스 왕이 에든버러 근처 포스만에 있는 한 섬에서 농아를 돌보는 양육자들에게 한 아기를 양육하는 실험을 하면서 만약 어른들의 언어에 노출되지 않는다면 아기들은 어떤 언어로 말을 시작할까라는 아주 오래된 질문이다.) 아이들이 그들의 삶에 기쁨이 거의 없는 루마니아와 같은 문제 상황 속에서 자란다면 일상에서 웃을 일이 거의 없다는 것을 우리는 잘 알고 있다. 대인관계에서 아기들이 웃기 시작한 지 얼마 만에 혼자 웃을 수 있게 되는지 우리는 잘 알지 못한다. 그러나 이처럼 혼자 웃는 일은 드물고 후기보다 초창기 몇 달 동안에는 더 드문 일인 것 같다.[22] 아기의 혼자 웃음에 관한 보고들은 첫해 후반기에 나타난다. 6개월의 여아에 대해 아빠가 보고하기를 어느 날 가까운 곳에 아기를 유모차에 두고 정원에서 씻느라 바빴던 일이 있었다고 한다. 아빠는 아이의 웃음소리를 듣고 돌아보니 아이가 하늘을 쳐다보며 빠르게 움직이는 구름을 관찰하고 있는 것을 보았다. 8개월경에 사회적인 관계 밖에 놓인 기계적인 사건과 같은 그런 일에 있어 아기의 웃음에 관해 적은 자료들이 있긴 하다. 그러나 이런 보고들은 아직 흔치 않다.

우리가 자폐아에 관해 연구한 바에 의하면 아이와 부모가 함께 있을 때 '혼자' 웃음이 있었던 것처럼 자폐아가 혼자 있을 때 (예컨대 공유되지 않은 웃음에 집중하는 것처럼) 웃음이 다운증후군 아이들보다 더 빈번하다는 것을 발견했다.[23] 어른들은 우리가 특정한 때에 혼자 웃는 동안 우리가 누군가와 함께할 때 (그러나 항상 상상하거나 잠재적인 대화 상대와 함께) 이와 같은 혼자 웃음이 공유되지 않도록 유지시키는 것이 드물다. 웃음은 자폐아들에게서 공유되지 않거나 이해되지 않을 수 있다는 사실은 코믹이 사람들 사이의 관계에서 발달적으로 독립한 것으로 인식될 수 있다는 그 가능성에 문을 열어둔다. 그러나 그 사실은 이것이 문제가 있는 발달의 사례이고 이상발달로 지각된다는 사실은 이상하고 정상적이지 않은 발달 과정임을 시사한다.

타인의 웃음에 대한 민감성

타인의 웃음에 동참하려는 관심과 열의

다른 사람들의 웃음은 그 자체로 흥미롭고 아마도 유머를 공유하는 데 비판적인 실마리가 될 것이다. 성인으로서 우리는 어떻게 전염성이 강한 웃음이 적절한 상황에 있을 수 있는지 알고 있다. 대략 6개월경의 아기들도 타인의 웃음 속에서 흥미로움뿐 아니라 그 상황에 대한 실마리를 알 수 없을 때조차 그 안에 참여하고 공유하려는 동기를 보여줄 수 있다. 웃음에 대한 이와 같은 참여는 전염성이 강한 웃음만이 아니며, (통제할 수 없는 감정적인 것보다) 더 의도적으로 수다스러운 행동처럼 '속이는' 것으로 보고되었다. 샤미니가 약 5~6개월 정도 되었을 때 아이와 함께 에딘버러에 있는 Colwyn Trevarthen의 사무실로 찾아갔을 때 처음 이와 같은 웃음을 볼 수 있었다 (그리고 나는 결코 일어나지 않는 것으로 조사될 만큼 심각하게 인위적인 웃음을 볼 수가 없었다). 샤미니는 우리가 이야기하던 곳에서 5야드만큼 떨어진 큰 사무실 안 창문 곁 베이비시트 속에 있었다. 아이는 우리의 대화를 들을 수 있었지만 우리 중 누구와도 직접적으로 대면할 수는 없었다. 우리는 갑작스레 아이에게서 부자연스러운 "하 하 하" 소리를 들었다. 나는 우리가 아이에게 웃음을 주기 전에 뭔가에 아이가 웃었다는 사실을 알아차렸다. 그것은 우리에게 동참하려는 (안타까운) 시도처럼 들리기도 했다. 그러

나 이와 같은 인위적인 웃음은 첫해의 후반기에 부모들이 빈번하게 보고하는 것이다.[24]

아이는 다른 사람들이 웃는 것을 좋아하고 … 사실 그 사람들과 같이 웃는데 … 그래서 만약 당신이, 당신이 웃음을 가장하는 것을 좋아하거나 당신이 웃고 있다면 아이는 거기에 앉아 당신과 같이 낄낄거리고 웃을 것이다. 그리고 만약 거기에 웃을 만한 것이 없더라도 당신이 아무것도 하지 않더라도, 심지어 당신이 거기에 그저 앉아 웃고 있다면 아이는 당신과 같이 웃을 것이다. (멜라니 엄마, 11개월, 인터뷰)

모든 아기들이 부모들이 가짜 웃음이라고 부르는 것을 보여주는 것은 아니다. 일부만 그렇게 하며 특히 다른 사람의 웃음에 동참한다. 그러나 다른 아기들도 왜 웃음이 그들을 향하고, 그들 중 일부는 거기에서 웃음이 터지는지 이해하지 못할 때 어리둥절한 표정을 짓기도 한다.

아이는 이제 진짜 (그 인위적인 웃음을) 멈춘 것 같고 … 모두가 웃기 때문에 거의 웃는 일종의 … 웃음을 지었다. 그러나 아이는 그 순간 멈춘 것처럼 보였지만 솔직히 … 나는 여자 아이들이 뭔가에 웃었을 때 … 그리고 아이가 웃었다는 것을 알아차렸지만 … 이제 아이는 조금 더 유동적이며 아이는 그런 것처럼 보이지 않으며 … 난 아이가 거기에 얼마 앉아 있지 않고 그 당시 듣거나 지켜보지 않았기 때문에 완전히 손을 뗄 수 있다. (스튜어트 엄마, 11개월, 인터뷰)

그러나 자폐아들에게서 보이는 타인의 웃음에 대한 관심은 정확하지 않다. 아이와 부모 그리고 연구자가 함께한 비디오테이프의 상호작용의 분석을 보면서 우리는 평균적으로 대략 절반에 가까운 다운증후군의 아이들이 그러한 것에 반해 자폐아 부모들에 의하면 다른 사람이 아이의 얼굴을 직접 맞대고 웃으면 그때 3/4 이상이 심지어 쳐다보지도 않는다는 사실을 발견했다. 아이들 가운데 다른 사람의 웃음소리를 들었을 때 이따금 웃기도 하지만 부모들은 그 같은 웃음이 '반향'과 같거나 동참하려는 시도가 아닌 모방에 가까운 것이나 주의를 끌어내기 위한 웃음과 같다고 말하고 있다.

우스갯짓하기 : 다른 사람들을 웃게 만드는 행동하기

우리가 지금까지 논의해왔던 유머의 특징은 주로 주변에서 일어난 일을 지각하는 것으로 유머의 개별적인 경험에 초점을 맞추었다. 이미 앞서 언급한 것처럼 거기에는 개인이 창조하는 유머와 관련된 무시가 있다. 장난꾸러기, 농담하는 사람, 놀리는 사람, 또는 광대는 유머를 창조하는 것으로 동일한 것을 역시 경험할까? 프로이트는 사람이 코믹을 지각할 때 자신을 향해 웃을 수 있는 반면 농담을 할 수 없거나 그것을 독점할 수 없다는 것을 지켜봐왔으며 농담을 창조하는 것과 그것을 받아들이거나 지각하는 것과 관련된 그 과정은 비록 양쪽 모두 재미를 수반할지라도 조금 다른 것이라고 하였다.

아무도 자기 혼자 농담을 하는 것에 만족할 수 없다. 누군가에게 농담을 말하려는 충동의 압박은 불가분하게도 농담을 만들어내는 것과 밀접한 관련이 있는데, 사실 이런 압박은 종종 심각한 불안을 무시해버리고 진행될 만큼 아주 강력하다. 코믹의 경우에도 마찬가지로 누군가에게 그것을 말하려는 것은 기쁨을 생산해내는데 그 욕구가 절대적이지 않다. 만약 어떤 사람이 뭔가 희극적인 것을 우연히 발견하게 되면 스스로 그것에 즐거워할 수 있다. 반면 농담은 틀림없이 누군가에게 들려주어야 한다. 농담을 구성하는 정신 과정은 농담이 누군가에게서 발생하게 되더라도 완성되는 것이 아닌 것 같은데, 뭔가에 대한 생각을 소통함으로써 결론짓기 위한 농담으로 구성하는 잘 알려지지 않은 과정을 추구하려는 뭔가에 여전히 남아있다. … 만약 뭔가 희극적인 것을 우연히 발견한다면 그것을 어떤 사람에게 말함으로써 그 사람을 웃길 수 있다면 나 또한 기쁜 것은 사실이지만 나 스스로도 진심으로 웃을 수 있다. 그러나 농담이 내게 주어졌다는 분명한 기쁨에도 불구하고 내가 만들어서 내게 농담을 하면서 혼자 웃을 수는 없다. 다른 사람에게 농담을 나누려는 나의 욕구는 다른 사람을 향해서는 분명히 나타나지만 내게는 거부되는 것으로 생산되는 웃음과 관련된 어떤 방식이 있다.[25]

유머의 창조에서 농담은 오직 다른 사람의 웃음으로 완성되는 행동이 반인 것처럼 여겨진다. 그러나 농담과 코믹을 구별하는 것은 우리가 (지각보다는) 코믹의 창조를 보았을 때 아주 명확하지는 않다. 코믹의 창조는 심지어 회피 불가능할 정도로 보다 더 사회적인 것인 것 같다. 무엇이 우리를 유머가 넘치는 사람들이 되게 할까? 그리고 어떻게 (그리고 언제) 그것이 시작될까?

아기들은 말하기의 미숙함과 표상적인 기술에 얽매이게 되는 것이 아니라 오히려 다른 사람들의 행동에서나 때로는 기계적인 일에 웃을 뿐 아니라 다른 사람들을 웃게 만들려고 그들 스스로도 의도적으로 한다. 사람의 생각, 기분, 행동을 다루는 것으로서 생각되는 농담은 언어적일 뿐만 아니라 비언어적이기도 하다. 그리고 8개월경의 아기들조차도 관찰자나 관중이 아닌 재미있는 관계의 주체자로서 참여하는 것으로 보인다. 그러나 애초에 아기와 부모의 재미있는 관계에서 아기 행동의 재미는 이에 대한 부모의 반응에 (그리고 이런 반응에 대한 아기의 민감성에) 따른다. 대부분의 우스갯짓에 관련된 예시들은 누군가가 그것에 웃는다는 사실이 (단지 흥미롭기만 하기보다는) 우스갯짓을 하게 만드는 그 신체적이고 선정적이며 활발한 특징으로 인해 아기의 관심으로 행동에서 시작된다. 첫해에 아기는 거의 우스갯짓을 계획하는 것처럼 보이지 않는다. 그러나 언젠가 사건이 일어난다면, 그 연령부터 아기들은 타인의 웃음을 포착하고 때때로 그 일에 단지 몇 번만, 그러나 때때로 불가능하다고 생각될 정도로 다른 사람들의 웃음에 필사적이 될 때까지 여러 날 동안 그 행동을 의도적으로 반복한다! 여기에 11개월이 된 아기의 우스갯짓에 관한 한 예가 있다.

아이는 다른 사람들을 둘러보며 할머니의 코 고는 모습을 흉내 냈다. 사람들은 (비디오카메라가 켜져 있었기 때문에) 난처해서 웃었고 아이의 얼굴이 정말로 우스꽝스러웠기 때문에도 웃었다. 아이는 사람들의 얼굴을 쳐다보고 이제 (갑작스러운 낄낄거림이 아닌 사회적인 것과 관련된 웃음으로) 웃고는 이제 일부러 반응을 기다리며 반복했다. 사람들은 모두 웃었고 웃지 않을 수가 없었다. 아이는 사람들을 바라보며 그 재미있는 표정을 반복했다. 아이는 며칠 동안 사람들의 얼굴에서 뭔가 (마치 하품하는 것처럼) 상기될 때면 언제든지 웃음을 기다리며 그 우스갯짓을 계속했다. 그렇게 2주 후 끝 무렵에 그 표정은 더 이상 재미있지 않았다![26]

타인을 즐겁게 하는 데에 꼭 성인만 재미를 포착하고 이런 것을 다루는 것이 아니라 아기도 타인의 웃음에 민감하게 관심을 갖고 포착할 만큼 충분한 동기가 있으며 이를 재현할 수 있다. 재미있는 사건에 관한 설명은 적어도 한 가지 면에서는 정확한데, 8개월이 된 아기가 처음에는 웃지 않지만 다른 사람이 웃기 시작하면 그 즉시 이상한 행동을 보태 웃기 시작한다. 이는 다른 사람들의 판단을 통하여 재미를 알게 되는 것으로 보인다.

그렇다면 아기는 정말 농담을 할까? 그렇다는 대답에는 두 가지 이유를 들 수 있다. 첫 번째는 종종 성인과 성인의 재미가 그들의 경험을 통하여 이루어진다는 점이다. 우리가 만약 사람들을 웃게 하려고 한다면 효과적인 것이 무엇인지 고민한다. 그리고 가끔은 우리 모두 분명하지 않은 뭔가를 지각하기 시작할 것이고 그런 다음 (우리가 좋아하는) 누군가가 이에 웃는 것을 들었을 때 "그 재미있는 측면을 보라"고 할 것이다. 두 번째는 매우 놀랍게도 두 경우 모두 사실 사람들은 동일하기 때문에 희한하게도 사람들의 웃음을 유도하는 성인의 우스갯짓과 아기들이 하는 것이 매우 유사하다는 것이다(표 9.1. 참조)! 다른 사람을 웃게 하는 일은 모든 경우 어떤 점에서 모순되며, 신체적이거나 사회적인 모든 규범에 위배된다.[27] 아기들은 그저 이러한 행동이 얼마나 깊게 정상 상태를 위반하는 것인지, 왜 그것이 다른 사람들에게 재미있는 것인지 정확하게 이해하기 어렵지만 그럼에도 불구하고 아기들은 확실히 위배된다는 그 사실과 그것이 타인의 웃음과 관련이 있다는 사실을 파악하고 있는 것으로 보인다.

만약 정수리를 문지르는 것이 머리가 신체의 성스러운 부분으로 고려되는 문화에서는 아주 재미있는 것으로 여긴다면 어떻게 될까? 의심할 여지

표 9.1 타인의 관심 대상에 대한 아기의 인식 확장

성인의 우스갯짓	아기의 우스갯짓
이상한 신체 움직임 : 넘어지기, 미끄러지기, 웃기게 걷기, 이상하게 춤추기	이상한 신체 움직임 : 목 속에 머리 집어넣기, 머리 흔들기, 고개 젓기, 웃기게 걷기, 자신을 근처 주변에 던지기
이상한 얼굴 표정 : 이상한 눈, 미소 그리기, 볼 위의 점 이상하거나 큰 소리 : 탕탕 치기, 소리 지르기, 거친 목소리	이상한 얼굴 표정 : 얼굴을 엉망으로 만들기, 아랫입술 내밀기, 눈알 굴리기 이상하거나 큰 소리 : 훌쩍훌쩍 울기, 꺼억꺼억 울기, 높은 소리 지르기, 가짜로 기침하기, 가짜로 웃기, "바아 바아" 말하기 극단적인 행동 : 점퍼 위에서 이를 갈거나 자신을 격하게 흔들기, 눈물을 흘리는 행동과 부자연스러운 소리, 침대 머리판을 덜컥덜컥 소리 내기, 탕탕 치기, 튀기기
터무니없는 행동 : 자신을 치기, 다른 사람의 얼굴에 파이를 던지기, 호스로 사람들에게 물 뿌리기 등등	터무니없는 행동 : 머리 위 엄마를 톡톡 치기, 팔 아래에서 쳐다보기, 다른 사람의 발가락 물기, 엄마의 입 속에 인형 넣기, 엄마의 속옷 잡아당기기, 엄마 피부 잡아당기기, 냄새 나는 발 들어 올리기, 형제의 무릎에 입 맞추기, 입 속에 엄지손가락 넣기, 발가락 건드리기, 웃긴 얼굴 표정으로 입 속에 인형을 넣다 뺐다 하기, 다른 사람들에게 물 튀기기
저급한 욕 하기, 적대적인 행동 : 금기의 위배, 세련되지 않은 행실	일반적으로 드러나지 않는 신체 부위 노출 : 치마를 들어 올리고 배를 보이며 배꼽 가리키기 규범 위반 : 고의로 반항하며 놀리기, 물건을 주었다 빼앗으며 놀리기 다른 사람들의 작업 위반 : 장난감 엎지르기, 다른 사람의 벽돌 치기, 다른 사람들의 진행을 훼방하거나 고의적인 행동으로 괴롭히기
심각한 것 비웃기 : 정치가, 심지어 종교적인 인물들 그리고 대상 풍자하기	

(계속)

표 9.1 (계속)

성인의 우스갯짓	아기의 우스갯짓
조롱하기	타인의 이상한 행동 모방 : 할머니가 크게 코 고는 모습 따라 하기, 할머니의 이상한 얼굴 표정 따라 하기, 엄마의 소리를 따라 하기
괴기한 모습 분장 : 가짜 음경과 외음부 (호피족 사람들), 가짜 가슴과 남자 복장 착용(영국인)	이상하게 자기 치장 : 웨딩 면사포 쓰기, 머리 위에 컵 올려놓기
아기 짓이나 퇴행 : 오줌 마시기/먹기, 머리 위로 붓기(주니족 사람들) 등등	아기 짓이나 퇴행 : 음식에 있는 라즈베리를 불거나 입 속에 물 불기, 음식 뱉기, 물과 함께 소리를 뱉어내기

없이 성인의 재미와 아기의 재미 모두 사람들을 웃게 만들어주는 정수리를 문지르는 '속임수'를 발달시켜줄 것이다. 그 행동의 구조 자체는 절대 사회적 반응과 동떨어질 수 없다. 영아기의 우스갯짓은 유머의 문화 관계 속에서 창조된다는 방식을 아름답게 설명한다. 우리가 다른 문화를 접하게 될 기회가 있을 때 이전에 하지 못한 유머를 올바르게 인식하는 것을 배우기 시작하는 것처럼, 영아기의 우스갯짓은 생후 첫해의 후반기부터 아기가 그들의 세상 속에서 재미있는 것으로 보이는 것을 어떻게 배우는지를 알려준다. 게다가 이는 유머의 뿌리가 농담의 구조가 아닌 특히 웃음의 경우 타인의 정서 반응에 관심이 있는 동기적·정서적 과정에 놓여 있다는 것을 보여준다.

분명히 행동이나 사건의 구조적인 분석 단독으로는 3인칭 관점이 가정하고 있는 것처럼 유머를 설명하기에 충분하지 않다. 사람은 사회적 과정으로 유머를 보는 관점이 필요하다. 유머의 본질에 관한 성배는 활동 요소로 단독으로 존재한다기보다 관계의 이러한 과정의 길을 지도로 보는 것처럼 펼쳐놓는 데에 있다. 재미있는 것은 관계에서 발달되어가는 활동이며, 우스갯짓의 경우는 우연찮게 이상한 행동을 발견한 다른 사람들로부터 나온 웃음에 의해 그야말로 발달되는 활동이다.

그러나 모든 아이들이 타인의 웃음과 그들 자신의 행동 사이의 관련성을 알아채는 것은 아니다. 자폐아의 엄마에게서 들은 다음의 예를 보자.

> 거기에는 아이를 "만약 내가 이것을 하면 엄마 이빠를 웃게 할 기야. 그리고 우리 모두 즐겁겠지"라고 생각하게 할 만한 것이 아무것도 없다…. 아이가 우리를 웃게 하려고 뭔가를 할 수 있는 게 없다. 만약 아이가 거꾸로 매달려 무언가 하는 것을 몇 차례 당신이 알아차린 것처럼 아이가 우연히 무언가 한다면 당신은 웃고는 "타라 너 뭐하고 있니?"라고 물을 것이다. 그리고 거기에는 아이가 "오, 내가 이걸 해서 사람들이 웃었어"라고 생각하는 그런 인식 없이 다시 그것을 한다. 당신이 다른 아이들에게서 너무나 분명하게 알아차린다는 것은 큰일이다…. 난 아이가 우리를 웃게 하기 위해 무언가를 했던 때를 생각할 수 없다. (3세 자폐증 여아 타라의 엄마, 인터뷰)[28]

우스갯짓은 타인의 주목을 의식하는 것에 대해 드러내는 것뿐만 아니라 (관심에 대해 다룬 장에서 원시 서술적 가리키기로 그 연관성을 우리가 살펴보았던 것처럼) 우리에게 아이들의 관심과 타인의 정서 반응에 영향을 주는 능력에 대해 정말 많은 것을 말해준다. 다운증후군 아이들과 비교해볼 때 자폐아들은 우스갯짓이 매우 부족하다는 것을 알 수 있다. 그리고 사람들을 웃게 하기 위해 반복적으로 일을 하는 것으로 보고된 일부 아이들은 보통 판에 박은 문구나 독자적인 행동을 사용한다. 우스갯짓은 공식을 통해 뭔가를 하는 것이 어렵다. 이런 점에서 놀리기는 우리에게 타인의 의식에 대해서 보다 깊게 알려준다.

유머에서 거리감과 이탈

그래서 유머의 사교성에는 다른 측면, 즉 거의 모순적인 면이 있다. 유머는 사람들의 사회적 행동과 패턴에 대해 반응과 민감성으로 관계를 단단해지도록 해주는 반면 동시에 이런 다양한 것과 분리와 이탈(disengagement)을 포함하고 있다. 유머를 구사하는 사람들은 '수평적' (사고를 하는) 사람들로, 그들은 다른 사람과 그들의 압력과 관심으로부터 옆걸음 치는 능력을 보여주며 모든 사람들이 감명을 받는 것을 이해하거나 받아들이는 것이나 모든 사람들처럼 동일한 수준에 참여하려는 것이나 그 기대에 참여하는 것을 거의 고의적으로 거부한다. 이는 마치 사람들이 춤을 지켜보는 동안 그들의 귀를 틀어막았다는 베르그송의 이야기의 넓은 의미와 같다. 격렬함, 자신을 향한 몰두나 극적인 움직임을 보여주는 무용수들은 우습게도 모순적으로 재미있고 우스꽝스럽게도 보일 수 있다. 나는 내가 8세 즈음에 학교 음향 시스템이 정말 무대 너머까지 전달되지 않는 (나만 몰랐던) 옥외 무대에서 춤을 추었을 때 한 가지 속상했던 점과 한 선생님이 했던 재치 없던 평을 기억하고 있다. 그 선생님은 "네가 음악 없이 춤을 추는 것을 지켜보는 것은 정말 우스꽝스러웠어"라고 말했다! 그것은 사람들의 행동을 우습게 보이게 만드는 무언가를 움직이게 하는 음악에서 (이 경우 문자 그대로) 그 지각자가 이탈한 것이다.

우리는 종종 일부러 심각한 대화를 축소시키고 우리가 붙잡혀 있는 일상을 위반하고, 게임을 하는 것이나 우리 주변의 다른 사람들이 골몰하고 있는 심각함을 받아들이는 것을 간단히 거부하면서 놀라운 모순을 창조해내는 여러 방식에서 이와 같은 이탈을 (우리 가운데 어떤 사람들은 다른 사람들보다 훨씬 더 많이) 창조한다. 우리 모두 초기에는 재난처럼 보였던 무엇인가에 혹은 책상 주변의 사람들이 공들인 팬터마임 속에서 연기자들처럼 보였을 때 회의 중에 우리를 치는 이런 갑작스러운 모순에 대한 인식에 웃을 수 있는 감정을 알고 있다. 이것이 일어날 때, 우리는 우리 주변의 이런 타인들과 함께한 우리의 연결을 깨트린다. 그것은 정확하게 공감의 부족, 유머가 초래할 수 있거나 유머로부터 온 결과에 대한 분위기, 사고 그리고 다른 사람들의 관심을 공유하려는 것을 거부하는 것처럼 보인다. 상호 간의 **잘못된** 이해나 **잘못된** 관계는 관계와 이해 못지않게 유머의 자연스러운 출발지인 것으로 보인다. 우리는 사회집단에 참여하려는 것과 동시에 참여자로서 저항하는 것이 필요하다.

아기는 정말 그렇게 관계된 이탈을 할 수 있을까? 만약 정말 기대와 함께 하는 순응이나 다른 사람들을 '기쁘게 하는' 것이면 무엇이든 하려는 행동을 통해 웃음을 유도하려는 시도가 아기가 할 수 있는 유일한 것이라면, 그들의 유머는 정말 따분할지도 모른다. 그러나 그렇지 않다. 아기들도 마찬가지로 대세로부터 옆으로 비켜나며 잘못된 기대를 하는 능력을 보여준다. 그들은 놀리기도 한다.

관계된 이탈 : 영아기에서의 놀리기와 자폐증에서의 놀리기

대략 9개월경부터 아기는 다른 사람의 기대를 저버리는 능력을 보여준다. 생후 첫해 동안의 아기들에 관한 두 종단연구에서, 부모는 아기의 놀리는 행동의 세 가지 광범위한 유형을 보고하였다. 가장 일반적인 것은 반항으로 도발하는 것이며 우리는 이미 의도에 관한 장에서 이 예시들을 살펴본 바 있다. 도발은 항상 그 행동 자체에 도달하는 데에 따르는 즐거움을 위해 하지는 않는데, 다음의 14개월 된 로한의 사례는 아기가 도발 그 자체가 목적이 되는 지점인 그 행동에 대해 아무런 열의가 없을 때에 관한 가장 인상적인 예이다.

나는 가스레인지 앞에 서서 냄비를 휘젓는 동안 왼편 허리쯤에 아이를 안고 있었다. 이전에 아이는 우연찮게 뜨거운 팬을 건드렸고 (다행히 아주 가볍게) 거의 불에 델 뻔했었다. 아이는 그것이 아프다는 것을 알기 때문에 자주 적절히 "뜨거워"를 말하며 너무 뜨거운 것을 건드리면 안 된다는 사실을 믿고 있었다. 오늘 나는 아이에게 집중하지 못했고 아이는 천천히 팬을 향해 손을 뻗었는데 (내가 보고 있었기 때문에 곧바로 보지는 못한 아이의 얼굴에 슬쩍 미소를 짓고는 나를 바라보면서) 내가 그 즉시 "안 돼, 뜨거워!"라고 말했는데도 아이는 물러나지 않았다. 난 아이가 살짝 장난스런 미소로 나를 바라보고 있는 것을 보게 되었다. (이렇게 놀리기는 이전에 결코 일어난 적이 없었고 이후 다시 일어나지도 않았다.)

놀리기의 다른 유형은 어떤 대상이나 더 관심을 끄는 자기 자신에 대해 간단히 주거나 뺏는 것이다.

아이는 이제 더 기어갈 수 있게 되었다. 그리고 새로운 게임 … 말하자면 난 아이를 붙잡고 남편은 아이를 잡으려고 다가간다. 그리고 아이는 아빠에게 가는 척하다가 뒤로 물러날 것이다. 그리고 이는 마치 우리 엄마가 왔을 때 내가 "할머니에게 가자"라고 말하면 아이가 가려고 손을 내놓다가 빼는 것과 같은 누구에게라도 할 수 있는 것이다…. 아이는 웃을 것이고 사람들이 "오, 음" 하는 것 때문에 이것이 정말 재미있다고 생각하며 계속 하려고 한다. (다나 엄마, 11개월, 인터뷰)[29]

보다 일반적인 도발로서 타인의 활동을 훼방하는 것도 있다.

홀리가 거실에서 블록으로 놀고 있는데 스튜어트는 블록을 무너뜨리는 것이 너무 재미있다고 생각하는 것 같았다. 매번 그녀는 블록을 쌓고 그는 무너뜨린 후 당신을 바라보고 웃으며 거기에 앉았다. 이것은 마치 그가 그렇게 해서 멋진 웃음을 지을 수 있다고 생각하는 것 같았고 심지어 당신이 그에게 안 된다고 말했음에도 불구하고 그마저 재미있다고 생각하는 것 같다. (스튜어트 엄마, 11개월, 녹음기)[30]

때로는 부모들이 주목하는 하나의 예 행동에서 게임으로 발달해가지만 항상 그런 것은 아니라는 점을 보여주기도 한다. 이따금 놀리기의 단일 행동은 즉각적인 경우 외에는 절대로 반복하지 않는다. 이런 행동에서 명확한 것은 놀리기의 상호성이다. 놀리기는 상호작용에서 놀리는 사람과 최소한 다른 한 사람이 중요한 것처럼 그것을 보기 때문에 이뤄질 수 있다. (물론 재밌지 않거나 놀리는 사람의 표현이 주의 깊고 그 반응이 부정적인 데에 목적을 두고 있는 그런 놀리기가 있긴 하다. 그러나 생후 첫해 동안에는 이런 것이 일반적이지 않고 이런 행동이 재미있지도 않다.) 놀리기는 하나의 놀림으로 인지할 것을 요구하고 만약 놀림을 받았다면 그것은 그저 견뎌야 한다. 이는 다른 사람이 듣고 있는 음악에 귀를 틀어막는 것뿐만 아니라 모두가 듣기 위해 다른 음악을 개시해야 하는 것처럼 보인다.

왜 놀릴까?

왜 아기들은 놀리는 걸까? 놀리면 무엇이 재미있을까? 왜 우리는 이제 나오기 시작하는 음악에 (혹은 나른 음악의 시작에) 귀를 막기로 결정했을까? 일본의 Shigeru Nakano는 놀림을 위한 동기가 '사건 관련성(incident-affinity)' [또는 그가 그렇게 한 번 불렀던 적이 있는 '적절하지 못한 친밀성(indecent affinity)']이라고 주장한다. 일본 엄마들의 9~10개월의 아기들을 대상으로 더 빨리 펄쩍 뛰거나 시간에 맞춰 박수 치는 데 갑자기 실패하는 것 등을 통해 살펴보는 점잖은 놀리기에 관한 연구를 진행하면서 Nakano는 놀리기가 의사소통에서 하나의 사건이나 동요를 창조한다고 주장한다. 우리는 진행 중인 흐름에 당황하기 때문에 이 같은 사건에 휘말리며, 이는 그 흐름을 일신할 높은 수준의 관계를 요구한다는 것이다. 그렇게 하는 사이 놀리기는 의사소통을 심화시킨다.[31]

어른들이 큰 아이들을 놀리는 두 가지 사건이 내 마음속에 선명하게 남았다.

인도의 어느 뜨거운 오후 나의 여동생은 친구와 이야기를 나누며 큰 침대 위에 앉아 있었다. 친구의 3세 아들은 침대 곁에서 혼자 장난감 기차를 가지고 놀았다. 친구는 잠시 지루해서 손을 뻗어 그 기차를 낚아챘다. 아들은 항의했고 그것을 돌려달라고 요구했다. 그녀는 경직된 얼굴로 그것을 돌려주었다. 잠시 후 그녀는 기차를 다시 가져갔고 아들이 더 강하게 항의하자 되돌려주었다. 그녀는 그 훼방을 몇 차례 더 했다. 몇 번 그렇게 하고 난 후 아들은 보채는 항의에서 웃음으로 바뀌었고 그녀도 웃으며 장난감을 낚아채는 것을 그만했다.

나의 병약한 아버지는 나의 2세 아들이 장난감 몇 개를 바닥에 놓고 놀고 있는 동안 침대에 앉아 계셨다. 아버지는 지팡이를 뻗어 균형을 잡고 앉아 있던 아이의 엉덩이를 찔렀다. 아이는 약간 비틀거렸고 할아버지를 잠시 째려보며 얼굴을 찌푸렸다. 그런 다음 아이는 다시 엉덩이로 균형을 잡고는 놀이를 계속했다. 잠시 후 할아버지는 한 번 더 찔렀다. 몇 차례 반복되었고 아들은 장난감을 가지고 노는 것을 그만두고 장난스러운 공격으로 할아버지를 덮쳤으며 모두 웃으면서 이제 둘이 함께 놀기 시작했다.

이런 사건을 통해 놀리기를 살펴보면 놀리기는 권태에서 나온 결과로 보이며 (재미있는 것은 침팬지의 놀리기 행동에서 어떤 부분의 특징이기도 하다) 성인의 많은 놀리기 행동을 보면 이런 이야기가 납득이 된다.[32] 놀리기는 (위에서 살펴본 예시에서 즐거움의 흔적이 경직된 얼굴에 숨겨져 있거나 꽤 오랫동안 상대방에게서 숨겨져 있을 때조차도) 장난을 받아들일 때 잠시 상호작용이 활발해질 뿐 아니라 서로에게 관계되는 새로운 방식을 창조해내는 관계에서 '사건'이나 훼방을 만들어간다. 장난기 많은 놀리기는 타인을 높은 수준의 친밀감과 긍정적인 태도를 성공적으로 창조하는 데 도달하려는 시도인 심리적 접촉을 만드는 하나의 방법일 수 있다. 물론 놀리기에는 다른 여러 이유도 있다. 그것은 오래전에 인류학자들이 관찰하고 놀리기에 관해 많은 연구에서 설명하고 있는 것처럼 약자를 괴롭히는 형태나 유머로 위장시킨 사회적 통제가 될 수도 있다. 그리고 침팬지 집단과 (놀리는 사람과 놀림을 받는 사람의 위상의 차이가 명확한 곳인) 학교 안에서 나타나는 놀리기 관행은 이것이 그 경우일 수 있다는 것을 보여준다. 그러나 놀리기는 관계를 긍정적으로 만들어주고 친밀함을 깊게 하는 강력한 수단이 될 수도 있다. 놀리기는 놀리는 사람이 타인의 의도를 인지하고 그것을 예상치 못하게 '건드리는' 것으로 작동된다. 놀리는 사람이 놀림을 받는 사람에 대해 숨겨진 무엇인가를 언급하기도 한다. 만약 놀림을 받는 사람이 관계를 위한 것이라는 놀리는 사람의 의도를 인지하고 안심한다면 놀리기는 놀이로 받아들여진다. 그리고 만약 그렇게 받아들여졌다면, 장난스러운 놀리기는 그것이 일어나는 때가 몇 살이든 간에 반영에서 친밀감까지 창조할 것이다.[33]

결론

참여는 유머의 시작과 끝이다. 움베르토 에코는 비극이 보편적인 반면 희극은 그것의 시간과 사회인류학적인 면에서 까다롭다고 주장했다. 그것을 까다롭게 만드는 것은 2인칭 관계에 있는 ㄱ 기원과 익미이다. 문화의 생동적인 과정처럼 재미를 창조하고 성사시키려는 과정은 타인의 이탈과 마찬가지로 강렬한 관계를 드러낸다. 영아기의 재미있는 관계에 관한 자료에서 유머에 대한 문화적 기초는 명확해 보인다. 재미를 지각하기 위한 행동 유도성을 공유하는 것은 사실 그것을 나누기 위해 행동 유도성 그 이상을 창조한다. 요한 호이징가에 의하면 참된 순수한 놀이는 문명을 이끌지는 않지만 문명을 이뤄가는 문명의 주된 기본 중 하나라고 하면서 "아기가 자궁에서 분리된 것처럼 문명이 놀이에서 나온 것은 아니지만, 그것은 그 안에서 놀이로 그리고 결코 그것을 떠나서 발생할 수 없다"고 했다.[34] 폭넓은 의미에서 유머는 (심각할 수 있는 놀이 같지 않은 유머는 심각함의 반대말이더라도) 놀이이며 장난스러움이다. 그럼에도 불구하고 자신과 다른 사람을 중히 여기는 모든 것에 대한 구제할 수 없는 신성 모독과 함께 그것의 곁에서 잘못된 기대와 기쁨의 창조를 생각하고/느끼고 비극의 한가운데서 돈독해지는 유머는 창조의 정신이며 문화일 뿐만 아니라 (호이징가의 소설인 **문명**과 완전히 같은 것은 아니지만) 가족들을 함께 묶는 접착제이다. 유머는 타인의 마음을 이해한 채 행동하려는 모든 것을 갖고 있다. 우리가 타인의 감정과 생각에 대해 무엇인가 이해할 수 없다면 다른 사람의 웃음에서 그 감정에 참여할 수도 농담의 의미를 이해할 수도 없을 것이다. 가장 단순한 수준의 웃음은 성공과 세련된 관계의 요약이다. 타인과 함께 웃음을 공유하는 것은 친밀함을 나누고 다른 방식으로는 닿기 어려운 상호 간의 이해의 순간을 터놓을 수 있다.

상징적인 표상 기술이 발달하는 18개월경에 유머가 시작된다고 주장하는 이론들과 대조적으로 아기들에게서 얻은 자료는 그보다 훨씬 더 이전에 시작된다는 점을 알려준다. 정상 발달의 아기들은 어른들이 하는 것처럼 동일한 일에 웃고 다른 사람들을 웃기는 데 적극적으로 관심을 보이며 그렇게 할 수 있는 능력을 보여준다. 아기와 성인이 재미를 발견하는 일에 있어 공통점은 재미를 위해 공유한 행동 유도성의 존재를 드러내며, 우리의 유사한 생리 기능과 환경을 통해 공유한다는 것이다. 서로를 이해하는 수용력은 이미 이런 공유에서 예견된 것이다. 타인의 웃음에 대한 아기의 관심과 그 원인에 대한 이해 없이도 그 속에 참여할 수 있는 아기들의 분명한 동기는 타인의 정서를 공유하려는 의욕을 보여준다. 재미는 다른 사람과 함께하는 아기의 관계에 따라 정해진다. 아기들은 직접적으로 대면하는 관계 속에서 다른 사람들이 아기들을 웃게 해주기 때문에 다른 사람들이 하는 일에 웃을 수 있다. 반대로 말하면, 다른 사람들은 그것에 아기들이 웃기 때문에 아기들에게 그것을 해준다. 시작부터 아기들은 재미있는 관계에서 그저 지각하는 사람이 아니라 참여자가 된다. 그리고 아기들도 유머를 창조한다. 그들이 했던 행동을 반복해서 타인이 다시 웃을 수 있게 하는 아기들의 관심과 동기는 유머에 있어 수용적인 관중으로 타인을 이해하는 것을 보여준다. 우스갯짓은 (제6장에서 논의한 바와 같이) 자기의 특정한 어떤 측면에 주의를 끌 만한 것에 대해 깊은 이해를 보여주고 유머 문화가 발달했던 그 초기 과정을 보여준다. 관계의 보다 모순적인 형태인 놀리기는 (제8장에서 논의한 바 있는) 기대와 타인의 의도에 대한 아기의 민감성과 그에 대한 이들의 관심과 관계를 훼방 놓거나 더 밀접하게 의사소통의 접촉을 형성하는 능력을 보여준다. 그리고 재미의 경험은 상호 간의 이해를 단련하는 하나의 훌륭한 수단이자 이해의 현존에 대한 유용한 척도로 여겨진다. 유머에서 오해와 부조화의 순간은 오직 이해의 기초가 있는 곳에서만 가능해 보인다.

재미 안에 있는 순환성(circularity)은 모든 상호작용에서 뚜렷해지는데, 아기는 다른 사람들이 그 속에서 즐거움을 발견하지 못한다면 놀리지도 우스갯짓을 하지도 않을 것이며 아기가 이런 방식으로 행동하지 않는다면 다른 사람들도 그렇게 반응하지 않을 것이다. 유머의 과학적인 면은 아마도 그것이 설정된 구조에서 빠져나온 과정을 세우려는 노력을 통해서라기보다 그 과정의 구조에 대한 설명을 통해 더 잘 이루어질 것이다. 그리고 이는 기본적으로 존재함으로 시작되는 재미를 위해 (최소한) 둘 이상의 관계에서 이루어져야 한다. 문자 그대로의 현상으로 농담의 구조로 원초적인 것에 초점을 맞추면서 유머를 묘사하는 것은 그 시작을 이해하는 것뿐만 아니라 어떻게 유머가 성인에게도 존재하는지를 이해하는 데에도 부정적이다. 재미는 오직 관계 안에서만 존재한다.

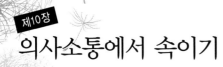

제10장

의사소통에서 속이기

기호학은 거짓을 말하는 데 쓰일 수 있는
모든 연구 분야의 원리이다. 어떤 것이 거짓을 말하는 데 쓰일 수 없다면
역으로 그것은 '말을 하는 데' 전혀 이용할 수 없다.
나는 '거짓말 이론'의 정의가 일반 기호학에서 포괄적인 프로그램으로
적절히 다루어져야 한다고 생각한다.

－움베르토 에코, 기호학 이론[1]

심리학자들은 오랫동안 속임수를 인지적인 향상과 도덕적인 퇴행이라는 역설적인 발달로 지칭해왔다. 지적인 진전, 그것은 도덕적 순진함이 사라져가는 것을 일컫는다. 진화론에서 타인을 속이는 능력은 사회 지능의 기술을 보증하는 것과 같다.[2] 개체발생적 발달에서뿐 아니라 진화론에서도 우리가 이미 알고 있듯이 속임수는 속이는 사람이 다른 사람이나 동물의 마음을 헤아리고 있다는 사실을 거의 받아들이고 있다. 고의적인 속임수는 최소한 가장 가까운 관계를 극적으로 끊어버리는 능력을 말한다. 그렇다면 어떻게 속이기 시작할까? 그리고 더 중요한 것은 왜 속이기 시작할까?

　이번 장에서 나는 초기의 속임수라는 현상을 탐구할 것이다. 나는 4세 무렵인 유아기 후기에서야 거짓말이 시작된다는 견해에 걸음마기 아기들도 유연하고 상투적이지 않으면서 신기하게도 '심리적인' 이유로 거짓말을 할 수 있다는 점을 근거로 반대 의견을 제시할 것이다. 이런 속임수는 말하기

이전인 생후 첫해 말 전부터 아기들이 다른 사람들과 비언어적인 상호작용에서 숨기고 속이고 관심을 다른 곳에 돌리며 척하는 행동을 하는 데에서 시작된다. 나는 속이는 의사소통이 첫 번째로 가장 중요한 의사소통이고 다른 어떤 사회 현상이나 소통에 관한 현상과 다르지 않기 때문에 이것이 기본적인 대화 과정을 통해 드러나야 한다고 생각한다. 속이는 행위는 그 행위에 참여하고 속임수에 넘어가 주는 의도적인 상대가 필요하다. 나는 이것이 자기와 관계를 맺고 있는 타인의 '기만'에 관한, 속이는 행위가 발달할수 있는 이유를 설명해주는 2인칭에서의 경험으로 말하고자 한다. 먼저 왜거짓말을 하는 행위가 나중에 나타나는 현상이라고 심리학자들은 믿고 있는지, 왜 이런 믿음이 초기 거짓말에 관한 증거뿐만 아니라 초기 거짓말을하지 않은 의사소통에 대한 연구 결과들과 불편하게 공존하고 있는지 간략하게 살펴볼 것이다.

속이는 의사소통, 신념 이해하기, 그리고 거짓말이 없는 의사소통

발달심리학에서는 숨겨진 정신 표상이라는 측면에서 사람들의 행동을 해석해주는 '마음 이론'이 발달하는 경우에 아이들이 진짜 속임수를 쓸 수 있게된다는 이론이 있다. '이론-이론(theory-theory)'이라 불리는 논리는 (사람을 속이는 것과 같은) 그런 일이 진짜라기보다는 사람들로 하여금 그런 상황에 대해 다른 측면을 살펴볼 수 있도록 하기 위해서이며, 아이들은 그런일에 진짜라기보다 사람들이 그런 상황에 대해 다른 측면을 생각할 수 있다는 것을 가장 먼저 이해할 수 있어야 한다는 것이다. 아이들은 사람들이현실에 대해 자동적으로 따라오는 지식보다 현실에 대한 믿음을 갖고 있어서 현실에 대한 사람들의 믿음이 잘못될 수 있다는 사실을 헤아릴 수 있다고 이해할 필요가 있다. 널리 알려진 '틀린 믿음 과제(false-belief task, 사람들은 같은 상황에서 서로 다른 믿음을 가지고 있을 것이라는 명제를 측정하기 위한 실험의 한 형태-역자 주)'에서 수만 가지 방식으로 보이는 것처럼 틀린 믿음을 이해하는 것은 4세 무렵이 될 때까지 실제 발생하지 않는다.[3] 그렇기 때문에 아이들은 이 이론의 논리에 따르면 그 연령이 되기 전까지 거짓말을 할 수 없다. 이론-이론에 대한 놀라운 지지는 발달적으로 4세 아이보다 훨씬 더 향상된 면이 있는 고기능 자폐아들이 틀린 믿음 과제를 통과할 수 없었고 거짓말을 전혀 하지 않는다고 전해지면서 시작되었다. 이런 이론-이론에 대한 논리는 흠잡을 데가 없고 연구 결과도 인상적이다. 그러나 이는 대인관계의 정서 과정이 아닌 마음과 현실에 대해 내면에서 왜곡된 명제로 이에 초점을 두어 의사소통에서 3인칭 접근의 본보기로 설명될 수 있는 바를 적용하였다.[4]

이 이론과 예측에 두 가지 실증적인 문제가 있다. 하나는, 거짓말이 없는 의사소통이 어떠할까? 만약 아이들이 현실에 대해 (자동적으로 따라오는 지식보다) 믿음을 가질 수 있음을 이해해야 한다고 다른 사람들에게 고의적으로 잘못 알려주기 위한 경우라면 현실에 대해 거짓 없이 의사소통하는 것이 어떠할까? 만약 아이들이 현실에 대한 믿음이 현실 그 자체와 잠재적으로 다를 수 있다는 것을 몰랐을 경우 거짓말을 하는 데에 신경을 쓰지 않는다면 정직에 대해 타인에게 왜 앞장서서 알려줄까? 그러나 아이들은 그러한 모습이 나타난다.

12~18개월 무렵부터 걸음마기 아기들은 자주 사람들에게 알고 있는 것을 드러내지 않거나 알 '필요가 있는' 것을 말해주면서 애를 쓰며 선택적으로 적당히 다른 사람들에게 현실에 대해 거짓 없이 알려준다. 우리는 최소한 12개월이 되면 걸음마기 아기들이 우리가 제6장에서 논의했던 원시 서술적 가리키기에서 보았듯이 타인과 자신의 흥미를 공유하려는 욕구에서뿐만 아니라 주제 그 자체가 아이에게 흥미가 있는지와 인정에 대한 욕구보다 알 필요가 있다고 동기화된 것에 상관없이 알지 못할 것 같은 것을 어른들에게 말하고 싶은 욕구에서 (최근의 신조어인) '원시 정보 제공적인 가리키기(proto-informative pointing)'로 타인에게 현실에 대한 정보를 자발적으로 준다는 사실을 알고 있다.[5] 우리는 자신의 음성 표현과 의도를 오해한 다른

사람들을 바로잡아주는 데 꽤 능숙한 약 14개월이 된 걸음마기 아기에 대해 관찰한 Roberta Golinkoff와 걸음마기 아기가 원하는 어떤 것이 있는 맥락과 단순히 대화상의 맥락 모두에서 12개월이 된 아기들의 원시 의문을 나타내는(proto-interrogatives) 모습(즉, 어른의 확신을 구하는 몸짓)에 관한 흥미로운 연구 결과를 가지고 있는 Cintia Rodriguez의 연구를 알고 있다.[6] 우리는 다른 사람들의 '참조용 의도(referential intent)'를 이해할 수 있는, 즉 사람들이 다른 어딘가를 보고 있을 때조차도 그들이 무엇에 대해 말하고 있는지를 추리하는 18개월의 걸음마기 아기들도 알고 있다.[7] 이 연령의 아기들은, 예컨대 어른이 공을 가리키며 "이거 자동차야?"라고 묻거나 고양이 사진을 가리키며 "이거 소야?"라고 물으면 "아니에요"라고 반응하면서 사실에 근거한 타인의 착각에 반박하는 부정을 할 수도 있다.[8] 그리고 이 시기 혹은 아마 12개월 훨씬 이전부터 아기들은 (예컨대 새로운 장난감에 대해) 그 장난감을 보거나 듣지 못한 어른들에게 장난감에 대한 정보를 선택해서 반복해주고 어른들에게 무엇을 말해주었는지 확인하기도 한다.[9] 예를 들어 밖에서 방금 왁자지껄한 사건이 일어났고 걸음마기 아기와 엄마가 창문으로 이를 함께 목격했다고 생각해보자. 그다음 아빠가 방으로 걸어온다. 아기는 (엄마가 아닌) 아빠에게 그 사건에 대해 '이야기해'줄 것이다. 아니면 조금 더 까다롭게 바꿔서 엄마가 방을 나가고 잠시 후 아빠와 같이 돌아온다면 아기는 (엄마가 아닌) 아빠에게 그 사건에 대해 시간이 한참 흐른 뒤에라도 말해줄 것이다. 사건에 대해 타인에게 말해주기 위해 분명하게 계획을 세우는 것은 2세 무렵부터 나타나는데, 예를 들면 최근에 배변훈련을 시작한 아기가 엄마가 저녁에 집에 돌아오면 "엄마 이거 봐봐!"라고 말하기 위해 유모가 아기 변기를 치우지 못하도록 거부하고 있을 수 있다. 2세 무렵의 연령부터 아기들은 장난감의 위치에 대한 성인의 지식에 따라 장난감에 대한 요구 사항에서 세부적인 정보를 조절하기도 한다.[10]

4세보다 훨씬 어린 아기들이 다른 사람들에게 거짓 없는 정보를 주는 이런 다양한 상황에서 한참 나중이 될 때까지 거짓 정보가 나타나지 않아야 한다는 것은 이상하다. 환경에 관한 이런 초기의 모든 의사소통은 환경에 대한 진짜 의사소통이 아닌 걸까? 아니면 거짓말을 하는 것이 사실은 생각했던 것만큼 늦게 나타나는 것은 아닐까? 최근의 두 연구에서는 거짓말을 하는 행위가 4세보다 훨씬 이전 시기에 아주 흔한 일이라는 점을 보여주었다.

포츠머스의 대학원생인 Paul Newton은 마지막 질문을 탐구하기 위해 두 가지 종단연구를 수행하였다.[11] 그는 더 나이 든 아이들의 거짓말과 유사한 기능의 범주에 있는 2세 6개월인 한 아이와 3세 아이들의 거짓말에서 값진 다양성을 발견하였다. 널리 퍼지는 이 거짓말은 아이들이 '틀린 믿음' 과제라는 종합 검사에서 통과하든지 실패하든지 그 영향을 받지 않았다. 그리고 개별적인 아이들의 거짓말은 아이들이 이 과제를 통과한 '전'부터 '후'까지 6개월이라는 기간 동안 변하지 않는 것으로 보인다. 이런 거짓말이 특별히 흥미로운 것은 모든 거짓말이 물질을 얻거나 처벌을 피하는 것과 관련되어 있지 않다는 점이다. 거짓말 가운데 어떤 것은 체면을 세울 다양한 방법으로 심리적으로 순수한 동기에서 비롯된 것도 있고, 어떤 것은 재미있는 거짓말도 있다. 물론 속임수든 거짓말이든 4세경 이전에 나타나게 된다.[12]

캐나다의 또 다른 연구는 이런 결과를 지지하는데, 이 연구는 두 형제와 적어도 한 부모를 포함한 가족의 상호작용을 이들의 집에 방문해 조사하는 동안 관찰하고 이를 촬영한 비디오테이프를 분석하면서 측정했다.[13] 워털루 대학교의 Anne Wilson과 그 동료들은 잠깐 방문한 그 시간에서도 거짓말을 하는 것을 관찰할 수 있었다고 밝혔다. 거짓말을 하는 행위는 연령에 따라 증가하는데, 6세에서 95%, 4세에서 85%로 나타났다. 그러나 2세에서는 65%로 나타났는데 이론-이론의 내용에서 예상한 것이 아니었다. 거짓말을 하는 행위는 (아이들 대다수는 연구하는 동안 2~4차례 정도 거짓말하는 것이 보였다) 어떤 연령에서도 빈번하지 않았다. 그럼에도 불구하고 틀린 믿음 실험을 통과하기에 너무나 어린 아이들의 2/3가 거짓말을 했다는 연구 결과는 설명이 더 필요하다. 이렇게 두 연구 결과는 이론-이론의 주요 내용에서 잠재적으로 벗어나게 해준다. 아이들은 현실에 대해 거짓말을 하기 위해서 틀린 믿음을 이해할 필요가 없을 것 같다. 이와 같은 자료에 대한 반응은 대체로 가짜 속임수(pseudo-deception)로 틀린 믿음을 거부한 것이다. 이것은 무엇을 의미할까?

가짜 속임수인 초기 거짓말?

꼬마물떼새(ringed plover, 물떼새의 한 종류로 등은 갈색이고 배는 희며 목 둘레에 검은 띠가 있음-역자 주)는 지면에 가까워 공격받기 쉬운 둥지 곁을 떠나면서 마치 날개가 부러진 것처럼 침입자를 속인다. 어린아이는 침입자로 몰린 자기가 저지른 범죄를 부인하며 완강하게 계속해서 "아니야"라고 반복한다. 어떤 3세 아이는 시리얼 한 숟가락을 남동생의 머리에 붓고는 곧바로 "일부러 그런 게 아니야"라고 말한다. 2세 아이는 "내가 안 했어요, 내 인형이 그랬어요"라고 말한다. 한 걸음마기 아기는 하기 싫은 어떤 것을 하라고 할 때마다 "아야, 아야"라며 앓는다. 이런 거짓말의 예시는 어떤 궁금증을 던져주는데, 아이들은 다른 사람의 생각을 알고 있다는 것과 관계가 있어 보이진 않는다. 많은 저자들이 쓴 해법은 이런 것들을 그저 가짜 속임수로 치부하는 것인데, 속임수처럼 보이지만 진짜는 아니며, 사실 남을 속이는 속임수는 심리학자들이 어떤 진화론적으로나 조건 형성 과정으로 연구하지 않는다.[14] 일반적으로 단순한 방어와 물질적 동기, 내용의 이상함과 부적절성, 방식의 경직성과 엄격함이라는 세 가지 종류의 이유는 초기 거짓말을 하는 행위에 있어 지적인 측면의 의의에 대해 회의적으로 사용되고 있다.[15]

다음으로 나는 허풍(bravado lies)의 몇 가지 예시를 들어볼 것이며, 이 회의적인 묵살에 반대하는 의견으로 주장할 아마 가장 다채로운 범주일 것 같은 언어적인 거짓말을 Newton의 연구에서 찾았다.

허풍

허세에는 감정 상태를 진짜로 변조하거나 숨기기, 최근 현실을 허위 진술하거나 허위 주장하기의 네 가지 종류가 있다. 이것들은 "하나도 안 아파"라는 허세, "상관없어"라는 허세, "내가 맞아"라는 허세, 거짓 자랑을 말한다. 이 놀이의 매력적인 힘은 아이가 부모가 의도적으로 주는 고통의 경험을 부정하거나 아이가 붙잡을 더 나은 희망을 가질 수 없다는 어떤 것을 바라는 몇 가지 이런 예시 속에 분명히 있다. 이 연구에서 "아프지 않아"라는 허세에 대해 마음 아픈 이야기가 전해진다(모든 이름은 첫 글자로 줄였다).[16]

> 당신은 다리가 빨갛게 벗겨져 쓰라릴 때까지 아이를 때릴 수 있고, 아이가 제멋대로인 그런 상태에 있다면 "안 아파!"라고 하고 가버릴 것이다. 몇 번 그런 일이 있는 경우에는 아이가 잘못된 행동에 대해 호되게 맞아 위협을 받게 되면 당신에게 바지도 알아서 내려줄 것이다. 다른 날 아이는 이렇게 했고 "아프지 않았어!"라고 말했다. (L의 엄마, 3세 6개월, 인터뷰)

여기에 최근에 구입한 거미 장난감을 싫어해서 근처에 가지 않으려고 하는 아이가 했던 "상관없어"라는 허세에 관한 감지하기 힘든 예시가 하나 있다. 한번은 아이가 버릇없이 굴어 아빠가 혼을 내며 "계속 까불면 그 거미 치워버린다"라고 말했다. 아이는 "상관없어, 하루 종일 갖고 놀았어"라며 대꾸했다(엄마의 말에 의하면 아이는 그 근처에도 가지 않았었다). Newton의 연구에서 세 번째 아이들은 4세에서 6개월 기간 이상 이런 여러 허세의 각각의 경우와 관련되어 있었고 연령에 따라 변화가 없었다고 보고되었다. 이렇게 둘 사이에 유사점이 있는데 Newton의 종단연구에서는 안쓰럽게도 자포자기와 관련된 한 예로 2세 6개월이 된 R에 관한 "내가 맞아"라는 허세 유형이 있다.

> 이른 아침이었고, S는 친구네 집에서 밤새 있었다. 나는 R이 와서 물어볼 때까지

계속 침대에 있었는데 R은 내게 와서 "지금 우리가 가서 S를 데리고 올까?"라고 말하는 아이의 의견에 반대하며 나는 "싫어, 싫어, 지금은 싫고 나중에"라고 말했다. R은 "내가 '나중에 우리가 가서 S를 데려오자'라고 말했는데, 그건 내가 말한 거잖아, 내가 '나중에 우리가 가서 S를 데려오자'라고 말했잖아"라며 소리쳤다. 이 사건은 내게 인상적이었고 몇 분 후 아이에게 "아까 뭐라고 말했어?"라고 다시 물어봤다. 아이는 "이미 말했잖아, '나중에 우리가 가서 S를 데려오자'라고 말했잖아"라며 대답했다. (R의 엄마, 2세 8개월, 녹음기)

아니면 이 사건은 거의 미궁에 빠질 뻔한 일이었다!

난 삼촌과 숙모가 주말에 찾아왔기 때문에 아이들과 집으로 돌아갔다. 간단히 이야기를 나눈 뒤에 이모가 "아빠는 어디 계셔?"라고 물었고 R이 재잘거리며 자진해서 "위층에 계세요"라고 대답했다. 조금 뒤 아빠의 목소리가 (위층이 아니라) 문 뒤에서 들려왔다. R은 곧바로 "다른 아빠가 위층에 있다"고 말했다. (전에 했던 말을 잊어버린) 이모는 의아하게 쳐다봤다. 나는 아이 말의 의미를 깨닫고는 웃기 시작했다. (그러나 위층에는 정말 아무도 없었다.) (R의 엄마, 2세 5개월, 녹음기)

다른 사람을 바보로 만드는 즐거움보다 아이가 즉각 얻을 수 있는 게 하나도 없는 여러 속임수도 있다. 이런 속임수가 '거짓말하는' 면에서 의미가 분명하지 않은 까꿍 놀이처럼 전에 자주 해오던 진부한 게임이 아니라는 사실은 아이들이 그것을 말하는 방식에서 분명해진다. 속임수는 일반적으로 "전화 왔어"라든가 "(화장실에서) 다 했어"라고 말하는 것과 같은 잘못된 기대 설정하기, 그리고 나서 (전화기를 향해 계단을 뛰어 내려가거나 화장실에 가려고 계단을 뛰어 올라가고 있는) 타인의 반응을 기다리기, 마지막으로 "메롱, 속았지롱"이라고 터놓고 말하는 것이나 웃음소리로 속임수를 인정하기의 세 단계로 특징지어진다. Newton의 연구에서는 속임수가 연령이 증가함에 따라 일반화된다고 보았는데, 그렇다고 다음의 예시에서처럼 2세 6개월의 아이들에게서 일어나지 않는 것은 아니다.

이모네 집에 가서 있었을 때 R은 주머니에 자동차 열쇠를 넣어둬도 괜찮다고 허락을 받아놓은 상황이었다. 집에 가려고 헤어질 때 아이에게 열쇠가 어딨는지 물었다. R은 자기 주머니에 손을 넣더니 멈추고는 (손은 여전히 주머니에 넣은 채) 궁금하다는 듯이 "없어. 어딨는지 모르겠어!"라고 말하고 나서 웃으며 차를 가리키고 "저기 안에 있나 봐"라고 말했다. 그런 다음 아이는 엄마가 자기 주머니에서 열쇠를 가져가도록 내버려뒀다. (R의 엄마, 2세 8개월, 녹음기)

물질 획득, 부적절성, 경직성?

물질 획득, 부적절성, 경직성은 초기의 거짓말이 실제 발생한다는 주장에서 나온 공통된 세 가지 비판이다. 만약 초기 거짓말이 정말 단순한 내용과 동기나 회피 상황 혹은 강력한 욕구로 한정되어 있다면 그것들을 떨쳐버리는 것은 너무나 쉬울 것이다. 이런 '이론-이론가' 두 경우 모두 벌을 면하거나 그들이 원하는 것을 얻을 수 있는 어떤 전략을 찾는다는 입장에서 아이들을 그 즉시 그 자리에 데려다 준다고 주장한다.[17] 물론 우리가 하는 거짓말의 대부분이 곤경에 처해 있거나 무언가를 간절히 원할 때 발생하며 이는 어른들의 경우도 마찬가지라고 말할 수 있다. 그러나 초기 거짓말이 그런 상황에서만 나타난다면, 속이는 말들이 어떻게 제한되었는지 그리고 무엇을 배웠는지에 대해 분명히 또 다른 시선의 근거가 될 것이다. 그러나 사실 거짓말의 주된 이유가 벌이나 꾸중을 피할 목적이었다면 거짓말이 담아야 하는 여러 상황과 동기는 다양해지거나 성인들의 거짓말과 매우 흡사할 것이다. Newton의 연구에서 2~3세 아이들이 관련되어 있지 않은 유일한 거짓말의 범주를 보면 선의의 거짓말이었고 이런 선의의 거짓말과는 다른 것이 있었다. 우리가 최근에 진행하고 있는 연구에서는 이론-이론으로 예측한 결과와 반대되는 것으로 자폐아들도 거짓말을 하지만 흥미로운 것은 선의의 거짓말의 범주에는 들어가지 않는 것으로 나타났다. 그 밖에는 거짓말하기의 범주에는 단순한 방어나 물질적 이득 추구, 근거 없는 시시한 비난부터 실현해보려고 하거나 승낙받으려고 주장하는 것을 모르는 척하기, 가장 흥미로운 것은 체면을 세우려고 하는 거짓말인 허세와 앞에서 자세히 설명했던 속임수까지 다양하다. 다양한 동기, 틀린 믿음 과제를 통과하거나 실패한 아이들 전체에 해당하는 그것들의 유사성, 아이와 성인 간의 실제 유사성은 심리적 과정에서 이런 초기 거짓말이 기본적으로 후기 거짓말과 다르지 않다는 것을 내포하고 있음을 시사한다.

반약 초기 거짓말이 매우, 그것도 꽤 지나치게 부적절했다면, 초기 거짓말을 일축하기 쉬웠을 것이다. 그러나 그 부적절성이 거의 드물었다. Josef Perner가 자신의 아들 제이콥에 대해 보고한 부적절한 거짓말의 고전적인 예시가 하나 있는데, 잠자러 가지 않을 수만 있다면 정확히 그 반대의 입장을 주장하려고 할 테지만 아이는 "너무 피곤해"라고 케케묵은 변명을 하면서 잠자러 가지 않으려고 했다. Wilson과 Newton의 두 연구에서도 아이들의 거짓말이 부적절한 것이 아니라 믿기지 않았던 몇몇 사례가 있었다. 앞에서 다룬 다른 아빠가 위층에 있다고 말해 체면을 세우려고 했던 로한의 경우처럼 꽤나 믿기 어려운 사례에서 아이는 거짓말이 통하지 않을 수도 있다는 사실을 잘 알지 못했다. 그러나 아이가 하려고 했던 바를 나타냈던 것과 관련해서 체면을 세워주는 거짓말은 꽤 적절했다. 믿기 어려운 그 의심스러움은 속이려는 의도에 대한 증거가 아니라 주위 사람들이 믿어주는 데에 조심스럽게 받아들이는 마음가짐을 아직 모른다는 증거이다.

그렇다면 초기의 거짓말은 단순히 학습된 전략일 뿐이어서 경직되어 있고 융통성이 없을까? 어떤 것이 '단순히 학습된' 것이라고 말하는 것은 그 복잡성을 하찮게 만들어버리거나 '위선'이라거나 '느껴지지' 않는다고 그것을 없애버리는 것과 같다. 이는 여러 경우에서, 특히 거짓말을 하는 것과 관련해서 이상한 편견이다. 과거의 성공한 경험에서 배운 것은 거짓말이 '진실'이 아니라는 점이 전혀 아닌 것 같다. 우리가 어떤 거짓말은 효과가 있고 어떤 것은 그렇지 않다고 배우지 않으면 바보가 되어갈 것이다. 사실 아이들이 거짓말을 하려고 하는 상황은 학습되어야 한다. 아이들이 이런 변명을 이용하려고 하고 이런 약속을 하도록 자초하는 아빠와 엄마의 태도로 "아빠가 내가 할 수 있다고 말했잖아" 그리고 엄마가 "다시는 건드리지 않는다고 약속했어"라는 말을 받아주는 것처럼 사회가 관례상 적당한 변명을 받아들일 것이라는 점은 사실이다. 아이들이나 어른들의 거짓말에서 나타나는 내용은 이런 변명이 사회적인 맥락에서는 **합당해 보이는** 것에 대한 내용이다. 우리는 우리가 타인에게 무엇을 말할 수 있는지 없는지, 우리가 타인에게 무엇을 말해주어야 하는지 아닌지, 다양한 상황에 따라 어떤 정보가 영향을 주는지 등등 사람들과 상호작용하는 경험으로부터 가장 깊은 이해를 배워야 한다. 사실 우리는 사람이 그 영향에서 뭔가를 배우지 않는다면 거짓말이 무엇을 의미하는지 이해하는 데 정말 문제가 생길지 모른다.

그러나 '학습된 전략'과 관련된 논쟁은 그것이 모두 거짓말 속에 있는지에 관한 것이다. 그 전략은 정말 '눈치채지 못하는' 것일까? David Premack의 주장에 의하면 거짓말을 하는 데 있어서 그 경직성은 로봇과도 같다는 것이다. 꼬마물떼새가 날개가 부러진 것처럼 어슬렁거리면서 침입자에게서 땅 가까이 붙어 있어 안전하지 않던 둥지를 지킬 수 있었을 뿐 아니라 Carolyn Ristau가 증명했듯이 (새들을 속이기 위해 괴롭히지는 않으면서) 둥지 주변을 배회하는 가짜 침입자와 둥지로 곧장 향하는 진짜 침입자를 구별할 수 있었다. 그럼에도 불구하고 Premack은 "그 새는 꾸며내 속이는 것에 대해 유일하게 거짓을 말할 수 있는 사람과 유사하지만, 카펫이 더러워진 것이나 램프가 깨진 것, 엄마의 지갑에서 돈을 가져간 것에 대해서, 혹은 거짓말을 하는 것 자체에 대해서 거짓을 말할 수 없다"고 주장한다.[18] 우리는 2~3세 아이들의 말이 어린아이들의 거짓말과 같은 것이 아니라는 사실을 시사하는 다양한 초기 거짓말에 대해 이미 알고 있다. 초기 거짓말은 더 나이 많은 아이들이나 어른들이 드러낼 수 있는 창조적인 고민 없이 한 단어의 부정이나 간단한 정형화된 표현으로 한정되어 있다. Newton의 연구에서 아이들 가운데 아무도 한 단어 거짓말을 단독으로 한정하지 않았고 몇몇은 꽤 고심했다. 다음의 예시에서 잘못된 주장은 대단히 현실적이 되는데, (사실은 아빠가 분명히 아니라고 말했을 때) "아빠는 그래라고 말해놓고 또 묻잖아"라고 말하는 경우와 몇 가지 거짓말은 예컨대 이것은 겉보기에 집배원이 왔는지 불안해하는 아빠의 얼굴이 분명 의미 없어 보이지만 타인에게서 의심되는 도전에 저항하면서 많은 대화가 주고받는 과정을 걸쳐 확대되어갔다. "집배원은 이미 왔다 갔어", "아냐, 오지 않았어", "내가 이미 간 걸 봤어", "아냐, 네가 안 봤잖아", "내가 봤어, 아빠가 위층에 있을 때 아저씨 왔나 산 설 봤어." 부모가 거짓말을 믿기 시작했던 그 시점에서 아이는 마지막 순간에 "아저씨가 나한테 뭘 주셨어"라는 말을 추가해서 거짓말을 하였다. 중요한 단어가 빠져 있는 것은 분명히 이 아이의 문제이다! 연령이 증가함에 따라 그런 고심도 많아지겠지만 Wilson의 연구에서는 단순한 부정어를 사용하는 데 있어서 더 어린 아이들과 더 큰 아이들 간에 다르게 없다는 것을 보여주었다. 사실 부정어도 연령에 따라 증가했다! 이것의 경직성을 의심하는 또 다른 이유는 거짓말은 의구심과 의심에 따라 바꾸어 말하고 자세히 설명하는 그 정도에 있다. 아이들은 하나의 반응에 얽매이지 않는 것 같다.

　그러나 학습에 관한 문제를 더 자세히 들여다볼 필요가 있다. 이런 거짓말이 정말 단순히 강화물을 통해 '학습'될까? 물론, 모든 관찰자가 그것을 믿을 것이기 때문에 성공한 (그래서 보상받은) 거짓말에 대해 우리가 잘 알지 못한다는 문제가 늘 존재한다! 그러나 만약 그런 경우라면 어떤 거짓말 단독의 남용은 그 자체로 꽤 금세 밝혀질 것이다. 그러면서도 이 경고를 무시한다면 이는 부모가 아이들이 말했던 거짓말을 대체로 믿지 않고 부모가 그들의 불신을 사실상 의심으로 보여주는 것과 같다. 아이들은 대개 그들이 거짓말을 할 때 그들이 원한 바를 믿어주거나 얻는 것으로 보상을 받는 것이 아니다. Wilson의 자료에서 보면 평균적으로 아이들은 그들의 거짓말에 대해 거짓말을 했을 그때의 15% 미만에서 처벌을 면하거나 보상을 받는 것으로 나타났다. 이런 경우에 부모는 그 거짓말을 믿었으나 (카메라는 이 연구에서 사실을 그대로 녹화할 수 있었다) 드물게 어떤 아이는 혼이 났고 몇몇은 거짓말이나 잘못한 일을 다시 고쳤다. 이때 18% 이상은 거짓말이 가볍게 무시되었다. 그러나 대다수의 부모들은 거짓말이나 확인되고/벌받은 잘못된 일을 어떤 방식으로든 문제 삼았다. 여기서 흥미로운 것은 아이들이 부모가 자기 위의 형제들의 거짓말을 엄격하게 다루는 것을 지켜보면서 어떤 맥락에서는 하나의 결과로 자신의 거짓말을 줄이는 등 시간이 갈수록 영향을 많이 받는다는 것이다.

Wilson의 흥미롭고 색다른 연구 결과는 거짓말을 하고 이를 배워가는 데 있어서 두 가지 사항을 알려준다. 하나는, 거짓말을 하는 것이 집에서 단순히 우연하게 학습되는 것이 아니라는 것이다(거짓말을 하는 시간 대부분은 혼이 나거나 보상을 받지 못하며 이런 우연성은 존재하지 않는다). 다른 하나는, 아이들이 거짓말을 하는 데에 있어 부모의 인내심에 대해 특별히 가족을 관찰하면서 배우지 않는다는 것이다. 그래서 초기 거짓말이 경직된 전략, 즉 학습된 반응이라는 주장은 지지할 수 없다. 만약 어떤 것이 꽤나 가치가 있다면 아이들은 거짓말을 하는 것이 받아들일 수 있는 것인지 매우 일반적인 관점을 배울 것이다. 아이들은 거짓말을 하는 데 강화를 받아야 한다고 여기는 것도 아니고 보이지 않는 방식으로 거짓말의 내용을 배우는 것도 아닌 것 같다.

이렇게 어린아이들의 거짓말은 일반적으로 단순하거나 물질적으로 동기화되어 있지도 않고 경직되어 있거나 믿기 어려운 일도 아니다. 이들의 거짓말에는 (피아제가 제안했던 것처럼 가짜 속임수의 사례였다) 현실과 '공상'인 환상을 구별하는 데 모호함이 있다. Newton의 연구 결과를 집대성한 자료집을 보면 이런 다섯 가지의 이야기만 나와 있다. 그러나 이런 초기 거짓말은 진실한 정보 제공처럼 초기에 그대로 있는 것이 아니며, 우리가 1세 아이들이 꽤 숙련된 진실한 정보의 의사소통 교류자가 된다는 사실을 보는 동안 가장 초기의 언어적 거짓말은 2세 아이들에게서 시작된다고 보고하고 있다.

숨기기, 속이기, 흐트러뜨리기, 그리고 척하기 : 초기의 비언어적인 속임수

속임수는 거짓말을 하는 것보다 훨씬 더 광범위하다. 우리는 얼버무리거나 뭔가를 빠뜨리고 관심을 띤 대로 돌리게 하고 감성 표현을 다르게 속이고 판에 박힌 대로 의미 있는 몸짓을 거짓으로 이용하거나 모르고 있는 것을 감추기도 하면서 타인을 속일 수 있다. 이론-이론에서 예측한 바를 언어적인 것뿐만 아니라 비언어적인 모든 속임수에 적용한다면, 아이들이 언어적으로 숙련되기 이전이 될 수 있는데 비언어적인 속임수를 쓸 수 있다. 우리는 인간이 아닌 영장류에서 비언어적인 속임수에 관한 다량의 자료 전집을 가지고 있다. 많은 영장류 동물학자들이 그 분야에서 단독의 예시들을 통해 영장류의 속임수를 '알게 된' 것으로는 부족했던 Andy Whiten과 Dick Byrne은 다른 분야의 영장류 동물학자들에게서 영장류의 '전략적인 속임수'에 대해 관찰해 수집한 많은 자료를 모았고 세부사항의 신뢰도를 구조적으로나 기능적으로 분류했다.[19] Whiten과 Byrne의 자료 가운데 비언어적으로 가장 흥미로운 속임수의 사례를 보면 은폐와 방해가 들어 있다. 무리의 규칙에서 어긋나는 자신의 성적인 의도를 감추기 위해 바위 뒤에서 조심스럽게 조금씩 움직이는 개코원숭이나 갑자기 일어서서 먼 곳을 골똘히 쳐다보는 바람에 다른 원숭이들도 똑같이 멈추고 쳐다보게 돼서 다른 원숭이의 주인에게 잡힌 개코원숭이의 경우를 보자. 모두 자신의 길만 보기 때문에 쫓아오는 것을 알아차리지 못해 보이는 것이 없다. 우리는 세 가지 연구에서 나온 자료를 수집해서 모은 인간의 아기들에 대한 단 한 권의 자료집이 있다.[20]

다른 (성인) 영장류가 그러는 것처럼 아기들은 전략적인 속임수의 많은 범주에 속해 있다. 이들은 소극적으로 이들이 혼자가 될 때까지 기다리거나 적극적으로 다른 사람들의 시야의 선에서 행동이나 대상을 숨기면서 금지된 행동을 감춘다. 소극적으로 숨기는 행동은 첫해에 흔히 보이는 행동이다. 예를 들어 8개월이 된 필립은 거실에서 커튼을 치고 노는 데 푹 빠져 있다. 아이는 대개 거실로 나가기 전에 부엌으로 가는 엄마를 기다렸는데, "내가 뭔가를 가지러 부엌으로 가면 … (아이는) 커튼이 있는 곳으로 곧장 가버려요…. 내가 아이를 지켜보고 있으면 당신은 어깨 너머로 보이는 아이를 볼 수 있고, 내가 만약 부엌에서 아이에게 '안 돼'라고 말하면 아이는 멈추고 나를 쳐다보며 잠깐 활짝 웃을 거예요…. 내가 돌아서자마자 아이는 다시 움직이겠죠."[21] 적극적으로 숨기는 것은 생후 2년이 되면 나타난다고 보고되는데, 만지면 안 되는 손목시계를 만지작거리는 걸음마기 아기들은 방에서 다른 사람들에게 등을 돌려 보이지 않게 가져갈 수 있다. 인간이 아닌 종에서뿐 아니라 인간까지, 다 자란 영장류들이 하는 것처럼 아기가 그 무언가를 꼭 해야 하는 것이 아닌 뭔가를 하고 있는 상황에서 등을 빳빳하게 세우고 몸을 그대로 둔 채로 분명하게 잘 들리는 엄마의 목소리에 아무런 반응을 하지 않으며 들리지 않는 척하면서 생후 첫해 말이 되기 전에 아기들은 자신의 반응을 억제할 수도 있다.

다음의 11~13개월의 아기들에 관한 예시에 나와 있듯이 놀랍게도 아기들은 권모술수에 능한 방식을 드러내며 금지 활동에서 다른 사람들의 관심을 딴 곳으로 돌리게 하기도 한다.[22]

당신이 아이에게 토스트를 주는데 아이가 싫어하면 … 아이는 … 아이는 약삭빨라요, 정말 약삭빨라요, 아이가 거기 앉아 당신을 쳐다보는데 당신이 자기만 쳐다보고 있다고 그 시선을 붙잡고 있으면서 한 손으로 토스트를 집어 들어 그렇게 팔 밑에 둔 다음 자기 뒤로 던져버려요…. 그러고는 아이는 당신이 못 봤을 거라고 생각하죠. (안나 엄마, 11개월, 인터뷰)

… 기저귀에 붙어 있는 접착 부분인 탭을 계속 뜯어내고 있다가… 게다가 지금은 아이가 훨씬 더 심하게 그러고 있다. 아이는 바꿔준 매트에 누워 있다. … 그리고 아이는 기저귀의 탭 부분을 뜯어내고 싶어 당신을 아주 노려보듯이 보고 있다. … 그리고 아이 눈이 내 눈에 고정되어 있고 너무나 진지한데, 그래도 아기는 당신을 쳐다보고 있고 당신이 곧장 아이를 볼 수 있기 때문에 당신이 아이가 하려고

하는 것을 … 탭을 뜯어내는 것을 당신이 알아채지 못하기를 바라고 있긴 하다. 정말 우스운 것은 아이가 무척이나 꽤 진지하다는 것이다. 매번 기저귀를 갈 때마다 (갈 때면) 그러진 않지만 분명히 7~8번은 일어났다. (조나단 엄마, 13개월, 녹음기)

아기가 생후 첫해에 타인의 관심을 Whiten과 Byrne의 자료집의 사례 가운데 개코원숭이에게 했던 그런 복잡한 방식으로, 즉 타인의 관심을 먼 곳으로 분산시키면서 딴 데로 돌릴 수 있다는 근거는 없다. 앞서 보았던 예시에서 아기들은 Whiten과 Byrne이 속이는 사람이나 속이는 대상의 몸에서 가까워 정신을 산만하게 만드는 '근거리' 행동이라고 불렀던 방법을 사용하고 있다. 100년 전 Sully가 먼 거리에서 방해한 행동을 관찰했던 생후 2년이 된 아기들에서 볼 수 있는 하나의 사례가 있다. 이 사례에서 유모차 밖으로 장갑을 계속해서 던져 야단맞아온 17개월의 아기는 뭐라고 하는 엄마를 데려오려고 반복해서 장갑을 다시 밖으로 던져 가면서 엄마를 개 이름으로 부른다.[23]

전략적인 속임수의 거짓의 유인 요소, 즉 어떤 곳에서 무언가를 얻기 위해 거짓으로 타인의 관심을 그곳으로 유인하는 것의 범주에 속하는 Whiten과 Byrne의 또 다른 사례와 관련해서 이와 유사한 연구 결과가 분명히 있다. 생후 첫해에 아기들은 타인을 속여가며 원하는 곳으로 이끌지 못한다. 그러나 이들은 타인을 자신에게 오도록 하기 위해서 거짓 행동과 표현을 사용한다. 거짓 울음은 이 경우의 좋은 예이며 8~9개월경에 나타난다. 진짜 울음과 거짓 울음 소리의 차이를 구별하는 것은 너무 쉬운데, 거짓 울음이 발생하는 상황이 자주 결정적인 증거가 된다. 아기가 야단을 맞아 속상함을 거짓으로 표현하는 흔히 볼 수 있는 한 상황이 있다.

빅토리아는 하지 말아야 하는 것을 하고 있을 때를 분명히 알고 있다. 아이는 비디오에 폭 **빠져** 있어 누가 보는지 주위를 살펴보고 만약 아무도 자신에게 뭐라 할 사람이 없으면 정말 … 그대로 가서 만지작거린다. 폴이 아이에게 뭐라고 했을 때, 아이는 거기에 앉아 우는 척을 했는데 눈물이 한 방울도 나지 않았다. (빅토리아 엄마, 8개월, 녹음기)[24]

그리고 아기가 원하는 게 있어서 그것을 얻으려고 거짓으로 우는 척하는 또 다른 예가 있다. 8개월의 칼라를 한밤중에 몰래 지켜보면서, 아이의 엄마는 "30초 정도 소리치고 눈물 한 방울도 없이 조금 울고 그러다가 아이는 누가 자기를 보러 오는지 멈춰서 귀를 기울이다가 누군가 오거나 움직이는 소리가 들리면 … 다시 시작해요…. 아이는 거기서 드러누워 소리치고 그러다 또 멈춰서 귀 기울이고 그러다가 아무도 없다는 것을 알게 되면 마구 소리를 지르지만 눈물이 안 나요, 정말 한 방울도 흘리지 않죠. 그러고는 계속해서 바동거리고 바동거려요"라는 그 아이를 보았다.[25] 우리가 유머에 관한 장에서 살펴보았듯이 거짓 웃음도 타인의 웃음과 함께하려는 아기의 노력으로 인해 생후 6개월에 나타날 수 있다. 기본적으로 이런 행위가 무엇이든지 간에 이전의 '자연스러운' 표현을 거짓으로 속이고 조작하는 능력이 분명히 존재한다. 앞서 논의했던 '방해'를 통한 속임수의 흥미로운 공통점은 유일하게 '근거리' 행동이 있고 먼 곳과 관련된 것은 아무것도 없다는 것이다.

속이는 행동에 관한 이런 발달은 우리가 제6장에서 논의했던 관심의 인식에 관한 발달과 매우 비슷해 보이는데, 앞에서 다룬 속임수의 사례들은 나중에 출현하는 삼자 간의 관계에서 속임수와 함께 다른 사람과 아기라는 두 사람의 관계를 다루고 있다. 속임수 그 자체가 뒤늦게 출현하는 경우는 없고 더 정확히 말하자면 그 내용은 변한다. 속이는 의사소통은 생후 첫해에서도 일어나는 것 같지만 멀리 있는 대상이나 목표물보다 아주 간단한 방식으로 아기 자신의 몸과 행동을 가장 먼저 취하는 것 같다.

척하는 행동은 부모들이 그런 속이기를 설명하기 위해 자주 사용하는 말이다. 심리학 관련 자료에서 설명하는 척하는 행동이란 대체로 대상을 향한 상상의 행동이다. 예를 들어 가상 놀이의 표준적인 정의는 존재하지 않는 대상이나 물건이 존재하는 척하기, 어떤 대상을 다른 것과 동일한 것인 척하기, 가상 행동의 세 가지 유형으로 나뉜다. 그러나 대상에 대한 의미와 대상을 향한 행동으로 척하는 것을 제한할 마땅한 이유가 없다. 몸짓과 표현의 의미는, 예컨대 사람을 향한 행동은 척하기에 대해 흔히 쉽게 열린다. 사실 대인관계에서 척하기에 대한 이런 사례가 흥미로운 것은 그것들이 잘 기록된 대상과 관련된 척하는 행동보다 더 일찍 9개월에 발생한다는 점이다.

8~9개월의 아기가 울거나 웃거나 들리지 않는 '척하는' 행동을 할 뿐만 아니라 몸짓이나 말의 의미도 '상상한다.' 우리가 제8, 9장에서 아기의 놀리기에 대해 살펴보았듯이, 놀리는 장난에서 물러서거나 그 장난의 재미있는 의도로 뭔가를 내놓거나 장난을 거절하려고 뭔가를 요구하는 것은 첫돌이 되기 전부터 잘 형성되어간다. 정말 많은 자료에서도 마찬가지로 몸짓이 다른 의도인 '척해서' 오용될 수 있는 경우를 보여주는데, 흙을 만지고 놀려고 한 게 아니라 '마치 파도를 타고 있는 것처럼' 신이 난 마음으로 손에 고무로 만든 작은 삽을 들고 가지 말라던 땅바닥으로 향하면서도 걱정은 하고 있는 11개월이 된 아기와 "안 돼"라고 엄마가 제지할 때마다 이를 반복한다.[26] 이렇게 새로 학습된 전통적인 몸짓의 유형은, 예컨대 전화기에 대고 말하기와 같이 18개월의 아기가 놀면서 한 대상에 대해 새로 학습한 기술로 동일한 방식을 여러 차례 일상적인 언어를 사용하는 '척하면서' 다루게 되는 것이다. 단어를 익히는 방식도 마찬가지로 그 속에 빠져서 이루어진다. (지금에 와서 더 유명해진) 러시아의 시인 추콥스키는 '고양이'와 '개'에 대해 "야옹"에 상응하는 말로 "멍멍"이라는 제각각의 이들 간 관계를 최근에 배운 딸의 경우를 보고했는데, 어느 날 피식 웃으면서 와서 "강아지 야옹"이라고 말했다는 것이다. 이와 유사한 일로 우리는 11개월의 안나의 이야기를 알고 있는데, 자기 몸과 자기 자신을 "아기"라고 부르고 가리키기 시작한 아이는 (아이는 이미 엄마를 엄마로, 아빠를 아빠로 불러오고 있었다) 갑자기 엄마를 가리키며 "아빠"라고 불렀다. 당황한 엄마가 고쳐주려는데

아이는 '고개를 한쪽으로 틀어' 자기도 모르게 '까부는 모습'을 보이기 전까지 '실수'라고 끝까지 주장하면서 상황을 몰아갔다.[27]

척하기는 대상의 의미보다 표현과 몸짓과 말의 의미로 시작하는 것 같다. (흥미로운 것은 척하기가 재미있는 모든 경우에서 남의 장단에 놀아난다는 의미를 새로 배우게 되는 것 같다.) 척하는 행동이 대상의 존재와 의미에 관심을 갖게 될 때 그것은 척하는 행동이 초창기 그 중요성에 이르게 되는 대인관계에서의 맥락 속에 있다. 식사 시간에 12개월인 조나단의 엄마가 들려주는 재미있는 짧은 관찰 내용은 이런 경우를 아주 잘 나타내준다.[28] 점심 시간 내내 좋은 분위기 속에서 조나단은 아기 의자에 달린 탁자에서 뭔가를 집어 올리는 척하며 엄마에게 가져갔다. 엄마는 아이 행동에 동조해 '그것을' 받으려고 손을 뻗었고 아이는 웃으며 건네주었다. 이런 행동은 세 차례 반복되었지만 첫 번째보다는 점점 즐거움의 표현보다 진지하게 이루어졌다. 재미있는 것은 이 단계에서 척하는 행동이 일방적으로 진행된다는 점이다. 엄마가 게임을 시작하려고 하면 그 게임은 몇 주 후까지 계속되었는데, "자, 그걸 그냥 가져가는 것 말고, 난 가끔 탁자 위에 있는 아무 것도 없는 걸 놓는 척하고 나서 아이를 쳐다보고, 그것을 집어 올려 아이에게 도로 갖다 줘요." 그러나 엄마에 의하면, 엄마가 그것을 도로 갖다 주는 척할 때 조나단은 그것을 갖고 있지 않다고 하는데, "(아이가) 사실 조금 이상하다고 생각하고 더 이상 그렇게 따라 하려고 하지 않아요." 아기의 '척하는' 행동은 가상 행위에 대한 추상적인 '이해력'을 기반으로 하거나 '초래되는 것'이 아니라 활동과 행위를 행하는 사람(do-er)에 대한 특정 맥락과 관련해서 분명히 이 시기에 영향을 많이 받는다. 이런 취약성에도 불구하고 아기가 뭔가를 집어내는 척하거나 그것을 엄마에게 갖다 주는 척하는 이런 행위를 시작한다는 사실은 이를 척하기가 아닌 다른 어떤 것으로 불릴 수 없게 한다. 이번 장에서 우리에게 흥미를 주는 질문은 이것이 속임수와 어떤 관련이 있는지에 관한 것이다.

단순함, 이런 비언어적인 속이기의 초창기 출현, 숨기기, 그리고 정신을 딴 데로 돌리게 하기는 두 가지를 시사한다. 하나는, 2세 6개월의 아이들에게서 보이는 언어적 거짓말에서 오랜 전통의 비언어적인 조종과 와전(misrepresentation) 속에 공유된 의미가 이미 발견되고 있다는 것이다. 언어적인 거짓말처럼, 이런 비언어적인 속임수도 역시 단일 맥락에서보다 훨씬 잘 일어나고 저벌에서 벗어나거나 보상을 받으려는 단순한 욕구 이상의 동기를 가지고 있다. 이것이 진지한 상황만이 아니라 놀이 상황에서도 나타난다는 사실은 이것이 와전되고 있는 그 의미가 그 거짓 이야기와 혼동되지 않는다는 것을 시사한다. 다른 하나는, 이렇게 속이는 시도가 초기에 나타나는 것은 조금이라도 그 누구와 소통하려는 초창기 시도가 거의 동시에 발생하는 것과 같다. 달리 말하면, 이것은 최소한 거짓 없는 정보를 주는 것만큼이나 일찍 발생한다. 그렇다면 이 모든 것들은 어떻게 그리고 왜 발달하는 걸까?

남을 속이는 행동은 왜 발달할까?

아기는 왜 속이는 의사소통에 참여하기 시작할까? 수많은 다른 유사한 연구들을 배출해낸 Kristine Onishi와 Renee Baillargeon의 획기적인 연구 결과에서는 이들이 비언어적인 익숙한 과제를 준다면 15개월의 아기들조차도 다른 사람들이 현실에 관한 잘못된 믿음을 가질 수 있다는 사실을 알아내는 것으로 보인다고 밝혔다.[29] 그래서 이런 초기 속임수에 관한 연구 결과에서는 다른 사람들이 현실과 다를 수도 있는 현실에 대해 믿음을 가질 수 있다는 사실을 아기들이 알고 있다는 초기 발견에 기인할 수 있다. 이는 사실을 말하는 것과 거짓을 말하는 것 간의 어떤 모순을 분명히 해결할 것이며 둘 다 다른 사람의 현실에 대한 표상을 동일한 이론으로 컴퓨터의 계산처럼 이해하는 데 기초를 둘 수 있다. 사실, 마음 지식에서 중대한 발달인 척하는 행위의 발달이 18개월에 일어난다고 수년간 홀로 주장해온 Alan Leslie는 아기에게는 선천적으로 발달하는 속이기뿐만 아니라 척하기를 설명할 수 있는 '마음 기제 이론'을 가지고 있다고 주장한다.

그러나 이런 주장은 몇 가지를 설명하지 못한다. 계속해서 나타나는 이렇게 다양한 여러 소통적인 형태의 발달을 설명하지 못하고 속임수가 왜 진짜로 발생하게 되는지 설명하지 못한다.[30] 아기들의 속이기는 18개월에 또는 15개월이나 12개월, 10개월, 심지어 8개월에도 나타난다. 더 정확히 말하면, 그 차이가 연령과 관련되어 있거나 개별적으로 훨씬 더 다양한 것인지에 대해 우리가 전혀 모르더라도 서로 다른 유형의 속임수가 이 시기마다 각각 출현하는 것으로 보인다. 어찌되었든 틀린 믿음의, 그러나 암시된 발견을 속이기의 결과로 보는 것은 생후 2년 동안 발견한 틀린 믿음의 몇 가지 핵심 요소가 전혀 빈약하지 않다는 결과를 요구할 것이며 이런 속이기는 매우 다양하다. 4세의 아이들의 경우 발달된 (다른 사람의 믿음에 대한) 개념을 실용적으로 이용하는 것 같지 않고 1세 아이들은 그것을 수정해 적용한다. 그런 변화에 대처하는 맥락상 논리적 개념을 터무니없이 요구할 것이다. 믿음에 대한 견해가 이렇게 다양한 연령에서 그렇게 동일할 수 있을까? 다른 사람들의 믿음에서 그것을 이해하는 것이 다른 사람들의 어떤 믿음을 변화시키는 데 관련이 없을 수 있을까? 우리가 제6장과 제8장에서 살펴봤던 것처럼 관심과 의도를 파악하는 데 그리고 제7장에서 보았듯이 발달하는 자기 인식에 있어서 만약 그것과 그 무엇 사이에(즉, 마음과 그 대상의 양상 간에) 밀접한 관련이 있다면 믿는다는 것을 완전히 이해한다고 볼 수 있다.

그리고 이러한 설명이 그런 속이기에 아기가 왜 참여하는지를 **밝혀줄까?** 모든 인지 표상 설명과 같이 '왜'라는 질문에 다음과 같은 대답밖에 줄 수가 없는데, 드러날 수밖에 없기 때문에 일어나는 것이다. 난 이 질문을 더 따져 보아야 할 것 같다.

첫 번째로, 의사소통의 어떤 유형과 마찬가지로 속이기도 의사소통이다. 그리고 어떤 의사소통과 마찬가지로 뭔가를 일어나게 하고 어떤 것을 의미하는 의도를 지닌 상대가 필요하다. 만약 어떤 속이는 행위를 아무도 알아차리지 못하거나 속임수만큼의 어떤 수준에서 반응하지 않는다면 아이의 발달에 무슨 의미가 있을까? 두 번째로, 다른 어떤 의사소통의 행동과 마찬가지로 속이기도 대화의 예기치 않은 개방성 안에서 발생한다. 이는 개인적이고 통찰적인 행위로 전형적인 계획하에서 이뤄진다기보다 일상적인 대화에서 자주 드러난다. 다른 사람의 반응, 자극, 격려, 그리고 참을성은 아이들이 어떤 유형의 속이는 행동에 참여할 것인지에 틀림없이 영향을 준다. 속임수는 혼자서 할 수 있는 일이 아니다.

속임수의 출현을 설명하는 결정적인 단서는 우리가 생후 첫해부터 이미 그런 사례에서 보아왔던 미묘한 것도 포착해내는 민감성과 다른 사람들의 반응에 대한 조작을 포함하고 있는 매우 초기 관계에서 다른 사람들의 기만에 대해 아기가 지각하고 있다는 사실일 것이다. 관계를 맺고자 하는 동기와 상호 간의 정서 반응(둘 다 적어도 인간에게 주어진 진화 과정이다)에서 시작해보면 아기들은 관계 안에서 타인을 속이기로 끌어들인다. 관계 또는 일상적인 정서적 대화는 자주 타인이 예상하지 못했던 행위를 포함하는데, 전적으로 너무 뻔한 대화는 거의 대화라고 할 수 없다. 예측할 수 없는 것은 놀라움을 안겨줄 수 있다. 아기와 관계를 맺고 있는 누군가 그 아기가 하는 행동에 이런 놀라움, 경각심, 불안함으로 반응할 때 아기가 이런 반응을 자신의 반응으로 (예컨대 타인의 놀라움이나 불편감에 즐거워하는 것처럼) 정서적인 경험을 할 수 있다. 이런 경험은 제3장에서 주장했던 바와 같이 자기 수용성과 지각으로 정서와 연결된 2인칭 관계에서 가능하다. 아기는 타인의 기만을 이런 방식으로 경험하고 특정 맥락에서 그것을 정서적 대화 속으로 끌어들인다.

아기의 속이기는 복잡하게 그리고 속이는 행위의 맥락에서 (예컨대, 가까이 있는 것부터 멀리 있는 방해물까지 움직이면서) 분명히 존재하는 발달 연령의 범위에서 발달한다. 그러나 속이기의 기원은 타인의 기만에 대한 아기의 경험 속에 틀림없이 존재한다. 관심의 인식에 관한 사례에서 그랬듯이 마찬가지로 여기에서 다음과 같이 예상해볼 수 있는데, 다른 사람을 속이는 능력의 발달은 타인과 진실 그리고 거짓의 '근거리'에서 의사소통하는 과정 속에 자기에 대해서 느낄 수 있는 능력에 달려 있다. 아마도 아기가 두 사람

간의 상황에서 속일 수 없다면 훨씬 이후에 발달할 속임수는 어느 정도 정형화되거나 '부적절한' 다른 방식으로 제 기능을 못하게 될 것이다. 일상적인 대화에서 나타나는 정서 관계는 속이기의 출현과 계속해서 발달하는 속이기의 대상이나 복잡해지는 주제에 힘을 실어줄 것이다.

제11장
타인의 마음, 타인의 문화

> … 사람은 말을 제압하기 위해 배울 뿐이다.
> 더는 말하지 않아야 하는 것이나
> 더는 그런 방식으로 말하고 싶지 않게 하는 것을.
>
> —T. S. 엘리엇, 이스트 코커 V[1]

이 책은 아기들에게 있는 타인의 마음을 인식하는 능력이 어떻게 발달하는지 이해하기 위해서 심리학이 아기들이 다른 사람들과의 관계에서 어떻게 하는지 관심을 가질 필요가 있다고 이야기하고 있다. 나는 사람들에게서 유리된 관찰은 타인의 마음이 어떨지에 대해 어떠한 인식도 절대 끌어낼 수가 없다고 주장해왔다. 이 과정을 이해하는 능력을 발달시키기 위해 우리는 대화를 나누는 관계에서 2인칭, 바로 당신에게 집중할 필요가 있다. 타인의 마음을 인식하는 1인칭(시뮬레이션을 강조하거나 자기를 모델링하기) 경로와 타인을 향한 3인칭(마음에 대해 추론을 따르는 움직임의 분리된 관찰을 가장 우선시하기) 경로는 지각하는 사람에게 자기와 타인에 대해 다양한 정보를 준다. 그러나 두 경로에서 아기는 기본적으로 타인을 지각하는 사람, 즉 방관자이다. 이런 경로는 그 나름으로 아기들이 타인이나 **사람들**의 입장에서 다른 사람들을 어떻게 이해하는지 설명해줄 수가 없다. 나는 모방하기, 소통하기, 관심 기울이기, 의도 다루기, 자의식 정서에서 타인에게 자기를 노출하고 감추기, 즐거움 공유하기, 그리고 속이기와 같은 심리 상태로 아기와 관계를 형성하는 영역의 범위를 살펴보면서 나의 주장을 설명해왔다.

또 다른 생명체와 관계를 형성하는 그 속에서 한 명의 참여자가 되는 것은 아기에게 누군가 아기의 존재에 대해 알아봐 주고 반응하는 것을 지각할 수 있게 해주며 이렇게 다른 사람에게 반응하는 것을 경험할 수 있게 해준다. 많은 철학자들은 이런 경험의 결정적인 역할에 주목해왔는데, 윌리엄 제임스는 이를 '주목받기(being noticed)'라고 불렀고, 바흐친은 '의식에 대답하기(answering consciousness)'의 인지로, 헤겔은 인지의 인식(awareness of recognition)으로, 부버는 나와 너 관계의 경험(experience of the *I–Thou* relation)으로 불렀다. 이런 개념은 '대인관계의 상호작용' 그 이상이고, 자기와 다른 사람에게서 유사성에 관한 인지 그 이상이며, 움직임의 관찰에서 얻은 추론 그 이상을 뜻한다.

내가 이 책에서 당신이라는 한 사람으로 인해 발달적으로도 경험적으로도 인지된다고 주장한 내용에서 발달되어오고 있는 2인칭 접근은 다른 사람들을 이해하는 데 있어 기본이 된다. 발달심리학의 수많은 견해 가운데 채택된 관점은 사람들과 그들의 사고방식을 이해하는 것이 시뮬레이션이나 추론 또는 이 두 가지를 어느 정도 섞어놓은 것으로 획득될 수 있다는 것이다. 반면 2인칭 접근은 아기가 느낄 수 있고 정서적으로 자신을 향한 심리적인 양상에 반응할 수 있는 경우 외에는 그들과의 관계와 그래서 그들을 이해하는 것이 우리가 일상에서 일반적으로 당연시 여기던 다른 사람들을 이해하는 것보다 '적절하게'가 아니라 '다르게' 될 것이다. 타인의 심리 상태에 참여해 관계하는 측면이 부족할 경우 자폐증과 같은 장애에서 나타나는 보다 이론적이고 유리되고 사람들에 대해 규칙 기반의 이해를 사용하는 방향으로 나아가는 것 같다. 일반적으로 발달하는 인간의 아기들은 신생아의 모방과 다른 사람의 마음에서 정서적으로 쉬운 접촉의 교류 중 단순한 형태를 보이면서 일상적인 대화로 삶을 시작하는 것 같다. 2인칭 접근은 1인칭이나

3인칭 접근보다 훨씬 더 아기의 행동을 잘 설명해줄 뿐만 아니라 자료에서 계속해 중요하게 다루어지는, 즉 차이에 대해 '단순한 행동에 불과한' '방관자적인' 관찰의 과정으로서 다른 사람 마음의 문제를 바꿔준다. 이 접근과 1인칭 접근 간의 중요한 차이는 여기에서 다른 사람들의 행위에 대한 자기의 유사성을 인지하는 것이 아니라 타인의 행위에 대해 상호 간에 반응하는 경험을 인지하는 것을 매우 강조한다. 마음 간의 차이는 이렇게 다시 통합되고 다시 채워넣는 과정에서 찾기 어려워진다.

아기들은 신기하게도 생애 초기부터 다른 사람과의 일상적인 대화에 참여할 능력을 갖추고 있는 것 같다. 아기들은 태어나면서부터 직접적으로 서로 응시하며 관계하는 사람의 얼굴을 바라보길 선호하고, 자기와 타인 간의 유사성을 그저 인지하는 능력이 아닌 관계에 초대하는 동기를 드러내는 어른들과 모방적인 교류에 참여할 능력을 갖고 있다. 타인의 반응을 연장해가며 차례차례 순서를 맞추고 타인의 반응을 민감하게 간파해 지속적이고 적절함을 보여줄 뿐 아니라 수많은 정서적인 미묘한 차이를 민감하게 드러내면서 생후 2개월 내에 아기들은 사람들과 대화를 나누는 교류에 매우 활발해져 간다. 그 전에 자기와 타인이 발달하는 내에서 개방된 도구로 영아기 초기에 대화 기능으로 무엇에 '관해' 대화가 이루어질 어떤 '주제'가 있다. 이런 관계를 다룰 구성 요소의 역할은 관계의 개방성이 특히 연장된 기간 동안 술렁거리는 그 관계 안에서 볼 수 있다.

'적절하게' 이를 '알기' 위해서 사람은 타인에 대한 반응을 경험해야 한다는 견해인 2인칭 관계의 중요성은 관심의 인식에서 대부분 분명히 다룰 수 있었다. 아기는 타인이 참여할 수 있는 대상들 사이에서 그 첫 번째로 자신을 경험하기 때문에 타인의 관심은 아기에게 의미가 있다. 아기를 향한 타인의 관심의 의미는 타인이 아기가 관계를 형성할 수 있다는 점에 참여하는 대상으로 범위가 넓어진다. 마음에 관한 한 관점으로의 그 의의가 그에 대한 스스로의 반응을 통해 처음 경험된다는 비슷한 주장은 의도에 대한 인식만이 아니라 놀라움의 인식, 흥미롭게도 다른 사람들의 믿음에 대한 인식,

그리고 관심으로 형성될 수 있다. 타인의 의도에 대한 경계 내에서 (그리고 항상 경계를 넘어) 노는 것은 아기를 점점 더 복잡한 의도와 의도의 인식으로 끌어들인다. 어떤 사람의 교묘하고 장난 잘 치고 기만적인 행동에 대해 다른 사람들의 반응을 경험하는 것, 즉 이들의 '기만'에 대한 경험은 아기들이 왜 난순한 방식으로 속이기 시작하는지를 설명해줄 수 있다. 아마도 자기-타인-의식의 정서라는 용어가 더 나을 것 같은 자의식 정서는 생후 첫해에서 아기들에 의해 자의식의 전개념적인 발달과 재미있는 주도성의 다양한 유형에 대해 더 잘 설명해줄 수 있다. 어떤 사람의 반응에서 타인의 마음 일부를 경험하는 것은 단지 심리 상태에 대한 인식의 시작에서뿐 아니라 계속되는 그 출현과 발달에서도 중요해질 것이다. 그런 관계는 아기를 더 나은 관계로, 훨씬 복잡하게, 타인만이 아니라 자기에 대한 더 나은 인식으로 반드시 끌어들인다.

따라서 2인칭으로 다른 사람들과 관계를 형성한다는 것은 이들을 인식해가는 데 결정적인 것으로 보이는데, 이용할 수 있는 정보가 더 의미 있고 자세해지며, 척하거나 추론되기보다 경험되며, 깨닫게 되는 새로운 측면을 창조한다. 두 가지 더 넓은 함의는 이런 결론에서 나온다. 하나는 내가 이미 제3장에서 다루었듯이, 심리학자들이 '참여자'로 참여하는 사람을 어떻게 이해해갈지의 문제이다. 만약 참여적이라는 사실을 알아가는 것이 타인의 마음을 새롭게 만나게 해줌을 이해하게 되는 데 중요하다면 아기들만큼이나 어른들이나 심리학자들을 위해서도 사실이어야 한다. 이는 우리가 대체로 심리학에서 가치 있다고 여기는 것에서 매우 다른 방법론을 시사한다.

두 번째 함의는 타인의 문화와 우리가 성인으로서 때로는 어려운 과정이 될 수 있는 것을 어떻게 다룰 것인지에 대한 사람들의 이해에 관한 것이다. 어떻게 '하나가 되지 않고 현지 사람들을 이해할' 수 있을지에 관한 당신의 질문은 오늘날 이를 해결하는 데 오히려 케케묵은 낡은 방법이 될 수 있지만, 그러나 접근하기 어려운 타인의 문화에 대해서 그 질문을 해결할 많은 방법으로 타인의 마음에 대한 그것과 놀랄 만큼 비슷한 점이 있다.[2] 그들의

'문화'를 이해하기 위해서 다른 누군가의 피부 안에 들어갈 필요성이 있다고 한다면 이는 그 문제에 대한 엄청난 표현으로 데카르트 사상의 함축된 의미를 갖고 있다. 마음과 같은 문화는 (이 경우 하나의 덩어리로 신체에서) 그 안을 제외하고 결코 이해될 수 없고 그 안에 있다고 짐작만 할 뿐 타인이 직접 닿을 수도 없는 신체 안에 있는 것으로 가정한다. 문화 또는 마음은 알게 되기를 기다리면서 얼마간 거기에 머물러 있는 것이라는 정지 상태(static-ness)에 대한 감지하기 힘든 함의가 이 두 경우에 있다. 이 관점은 문화를 당신이 출생의 기회에 매달려 그것을 갖거나 아니면 단 한 번도 '갖지' 못하는 어떤 것으로 하나의 과정보다 하나의 결과물로 설명한다.

문화와 마음에 관한 두 질문의 답도 역시 비슷하다. 문화의 경우에서도 마찬가지로 당신은 (개인적 경험으로 유추하고 유추를 확장한다는 측면에서 힘들고 항상 그 한계로 제한받는) 1인칭 접근을 채택할 수도 있고 (반영적이고 이론적이며 추론적이고 매우 이성적이지만 정서적으로 납득하기 어려운) 3인칭을 선택할 수도 있으며 아니면 2인칭 접근을 취할 수도 있다. 마음과 같이 문화도 관계 안에서만 나타나고 존재할 뿐이다.[3] 문화는 특정한 방법이 **되도록** 계속해 나가기 위해서 일상적인 대화와 관계를 필요로 한다. 그리고 정해져 있지 않고 개방적인 것으로 꼭 필요한 대화와 관계는 타인을 지지하고 존재하게 할 뿐 아니라 어떤 문화의 관례와 강조되는 점을 **변화**시켜야 한다. 만약 이것이 그 경우라면 유동적이고 잠재적으로 변화하는 관습으로 문화는 이와 관계를 맺고 있는 사람들이 알게 되면서 개방된다. 공유된 의미가 발달하는 데에는 시간이 걸리지만 성인의 마음이 신생아나 신출내기 둘 중 어느 누구에게도 닫혀 있지 않듯이 낯선 사람들이나 처음 접하는 사람들에게 닫혀 있는 것은 아니다. 만약 우리가 일상으로의 참여와 대화에서 존재하는 것에서 그리고 개인적인 사생활이라기보다 공적인 관습을 공유하는 데에서 그 의미를 생각한다면, 불가사의하고 이해하기 힘든 것을 그만둘 것이다. 사람들은 관례 안에 존재할 수밖에 없기 때문에 신중하게 개방하고 계속해서 확인하며 그 안에서 변해간다. 의식 절차나 몸짓, 말, 표정, 비명, 미소, 인사, 외면하는 얼굴―이 모든 것은 사람들의 표현과 다른 사람에 대한 반응 속에만 존재할 뿐이다. 마음과 문화에 관한 이런 의미를 담아낼 수 있는 사전은 없다.

타인의 마음과 문화라는 두 경우에 '타인'에게 정서적으로 개방하면서 참여하는 것은 가장 중요한 핵심이 될 수 있다. 물론 이는 갈등 상황에서 고의적으로 부정하거나 물러서거나 공유된 리듬을 이뤄가는 데 무의식적으로 능력이 없다면 일어나지 않을 수도 있다. 두 경우에서 참여와 정서적 반응은 시작하는 데 공동 기반이 필요하다. 그렇다면 그 공동 기반은 무엇일까? 그것은 신체이자 세상이며 생리적 욕구이고 동료애를 위한 유인책과 동기이며 해오던 활동이다. 이는 어른들의 세상에 처음 와본 아기들에게 적용되며, 이들은 이미 신체와 세상, 욕구, 동기, 이후의 활동을 공통적으로 공유하고 있다. 공동 기반 없이는 이 과정이 훨씬 더 힘들어질 것이다. 그리고 다른 문화를 알아가는 것도 역시 사실이다. 공동 기반은 이미 공동으로 되어 있다는 그 사실을 이해하는 데 제한을 두지 않으며, 이는 공유된 의미가 발달할 수 있는 그 안에서 대화를 위한 기반이 되어준다. 그러나 이런 공동 기반 가운데 일부가 거기 없을 때는 문제가 발생한다.

결국 2인칭 접근의 핵심은 '아는 사람'이 알게 된 사람이나 사물에 향한 하나의 반응을 느껴야 한다는 것이다. 그렇다면 다른 문화를 알아가는 데 왜 이런 것들이 필요할까? 우리는 왜 다른 문화에서 살 수 없으며 그들에게 무엇을 하고 그들에 대해 무엇을 관찰해야 할까? 우리가 그들에게서 긍정적인 것은 고사하더라도 왜 어떠한 것을 느끼게 되는 걸까? 그 이유는 타인에 대한 느낌은 타인에 대한 우리의 지각을 다채롭게 해줄 뿐 아니라 그들이 비판적으로 우리에게 행동을 취하고 우리와 관계를 형성하게 해주기 때문이다. 그리고 긍정적인 느낌은 새로운 일이 일어나게 해주고 그런 것을 제대로 볼 수 있게 해주며 그것을 더 잘 이해할 수 있게 하면서 우리의 시야를 더 넓게 열어준다. 그것은 우리가 다른 문화와 마주하게 될 때 우리의 능력, 두려움, 편견을 넘어서서 바라볼 수 있게 해준다. 문화는 마음이 그러한 만

큼 거의 닫히지 않는 체계인 것 같은데, 두 경우 모두 존재하기 위해 관계를
요구하고 그렇기 때문에 그 즉시 관계를 통해 알아가도록 개방한다. 흥미로
운 것은 둘 사이의 이런 공통점도 우리가 문화적 관례상 마음 그 자체를
볼 수 있고 아기들이 이런 관습 속의 참여자로서 삶을 시작할 가능성이 있
다는 사실이다.

| 참고문헌 |

제1장 퍼즐

1. Macmurray, J. (1961). *Persons in relation* (p. 28). London: Faber and Faber.
2. Clark, A. (1999). Embodiment: From fish to fantasy. *Trends in Cognitive Sciences, 3*(9), 345–351. A good review of the attempt to develop a robotic blue fin tuna in a swimming tank can be found in Triantafyllou, M.S., & Triantafyllou, G.S. (1995). An efficient swimming machine. *Scientific American, 272*(3), 64–74.
3. Stern, D.N. (2004). *The present moment in psychotherapy and everyday life.* New York: W.W. Norton.

제2장 차이 주시하기

1. Ryder, A.W. (1914). *Kalidasa: Translations of Shakuntala, and other works* (p. 92). London: J.M. Dent & Sons.
2. 데카르트는 이원론으로 인해 다소 불합리하게 비판받았을지도 모른다. 예를 들어, 그는 조종사가 배 안에 있는 것처럼 마음은 신체와 분리된다고 했으며 '마음에 관한 열망'은 매우 이원론적이지 않다고 한 점들이다. 타인의 마음에 관한 철학적 문제는 데카르트 이전에 발생했으나 19세기에 존 스튜어트 밀이 그것에 관한 해결방안을 개발하는 것을 시도하기 전까지 실제로 문제가 되지 않았다.
3. For an explicit discussion in psychology of the idea of behaviour as factual and mind as inferential, see Hebb, D.O. (1966). *A textbook of psychology* (2nd ed.). Philadelphia: Saunders; see also the discussion in Costall, A., Leudar, I., & Reddy, V. (2006). Failing to see the irony in "mind-reading." *Theory and Psychology, 16*(2), 163–167.
4. Coulter, J. (1979). *The social construction of mind.* London: Macmillan. See also Penn, D.C., & Povinelli, D.J. (2007). On the lack of evidence that non-human animals possess anything remotely resembling a "theory of mind." *Philosophical Transactions of the Royal Society of London, 362*(1480), 731–744.
5. For an explicit suggestion of such stages in the child's understanding of other minds see Olson, D. (1988). On the origins of beliefs and other intentional states in children. In J.W. Astington, P.L. Harris, & D.R. Olson (Eds.), *Developing*

theories of mind (pp. 414–426). Cambridge: Cambridge University Press. See also Cheney, D. L., & Seyfarth, R. M. (1990). Attending to behaviour versus attending to knowledge: Examining monkeys' attribution of mental states. *Animal Behaviour, 40,* 742–753.

6. Costall, A. (2006). "Introspectionism" and the mythical origins of scientific psychology. *Consciousness and Cognition: An International Journal, 15*(4), 634–654.

7. See Leudar, I., & Costall, A. (2004). On the persistence of the "problem of other minds" in psychology: Chomsky, Grice and "Theory of Mind." *Theory and Psychology, 14,* 601–621.

8. LeGuin, U. K. (1974). *The lathe of heaven* (p. 153). London: Granada.

9. Merleau-Ponty, M. (1945/2003). *The phenomenology of perception* (p. 354). London: Routledge.

10. But see Hinde, R. (1985). Was "the expression of the emotions" a misleading phrase? *Animal Behaviour, 33*(3), 985–992 for the suggestion that by continuing to imply in his language—for example, in the title of his book *The Expression of the Emotions in Man and Animals*—that expression and emotion are two different things, Darwin perpetuated the dualism in psychology.

11. For a critique see Hobson, R. P. (1991). Against a theory of the "theory of mind." *British Journal of Developmental Psychology, 9,* 33–51.

12. Perner, J. (1991). *Understanding the representational mind.* Cambridge, MA: MIT Press. Astington, J. (1994). *The child's discovery of the mind.* Cambridge, MA: Harvard University Press.

13. Diaz, R. M., & Berk, L. E. (Eds.). (1992). *Private speech: From social interaction to self-regulation.* Hillsdale, NJ: Lawrence Erlbaum Associates. Delgado, B., Gomez, J. C., & Sarria, E. (in press). Private pointing and private speech: Developing parallelisms. In A. Winsler, C. Fernyhough, & I. Montero (Eds.), *Private speech, executive functioning and the development of verbal self-regulation.* Cambridge: Cambridge University Press.

14. Frijda, N., & Mesquita, B. (1994). The social rules and functions of emotions. In S. Kitayama & H.R. Markus (Eds.), *Emotion and culture: Empirical studies of mutual influence* (pp. 51–87). Washington, DC: American Psychological Association.

15. Donaldson, M. (1992). *Human minds: An exploration.* New York: Allen Lane.
현상학적 심리학자들로부터 관심의 개념은 여기(here)와 관련 있으며, '실재'는 결코 무관심의 문제가 아니다. 오히려 항상 삶에서 '관심'과 관계를 포함한다.

16. See Astington, J.W., & Gopnik, A. (1991). Theoretical explanations of the child's understanding of the mind. *British Journal of Developmental Psychology, 9*(1), 7–31
차이의 문제에 관해 또 다른 중요한 대안적인 해결책 : '이야기' 대안으로, 마음의 실재에 대해 회의론적이면서 마음에 관한 '대화'에 온전히 집중한다는 사실은 초기에 비언어적인, 영아기에 타인의 마음들에 관한 인식의 시작을 탐색한다는 데 있어서 덜 적절하다. 그러나 만약 비언어적인 이야기로 확장된다면 이러한 해결책은 이 책에서 2인칭 접근과 일정하게 관련 있다.

17. 이러한 맥락에서 1인칭 용어의 사용에 관한 기원은 불분명하다. 나는 자기 내에 경험에 관한 의미를 강조하는 어떤 이론가도 언급하지 않는 용어를 사용한다. 오히려 자기의 인식이 타인의 인식에 관한 중점으로 시작하고 자기와 타인 사이를 타인의 마음과 주요하게 연결

지어 공통점을 보는 이러한 이론들을 제안한다.

18. Meltzoff, A.N., & Moore, M.K. (1998). Infant intersubjectivity: broadening the dialogue to include imitation, identity and intention. In S. Braten (Ed.), *Intersubjective communication and emotion in early ontogeny* (pp. 47–62). New York: Cambridge University Press. Meltzoff, A.N. (2002). Elements of a developmental theory of imitation. In A.N. Meltzoff & W. Prinz (Eds.), *The imitative mind: Development, evolution, and brain bases* (pp. 19–41). New York: Cambridge University Press.

19. Tomasello, M. (1999). Social cognition before the revolution. In P. Rochat (Ed.), *Early social cognition: Understanding others in the first months of life* (pp. 301–314). Mahwah, NJ: Lawrence Erlbaum Associates. Tomasello, M., Carpenter, M., Call, J., Behne, T., & Moll, H. (2005). Understanding and sharing intentions: The origins of cultural cognition, *Behavioural and Brain Sciences, 28*, 675–735.

20. Gopnik, A., & Meltzoff, A.N. (1997). *Words, thoughts and theories*. Cambridge, MA: MIT Press.

21. Gallese, V. (2006) Intentional attunement: A neurophysiological perspective on social cognition and its disruption in autism. *Brain Research, 1079*, 15–24.

22. See Gopnik, A., & Wellman, H. (1992). Why the child's theory of mind really *is* a theory. *Mind and Language, 7*, 145–171 어린 시절 영아기에서 유래된 변천은 표상의 이해를 높이는 한 가지이다. Josef Perner과 같은 많은 학자들은 행동주의자를 이해하는 것에서부터 심리학자를 이해하는 변천으로서 발달을 보았다.

23. Gergely, G. (2002). The development of understanding of self and agency. In U. Goswami (Ed.), *Blackwell's handbook of childhood cognitive development* (pp. 26–46). Malden, MA: Blackwell.

24. Thompson, E. (2001). Empathy and consciousness. *Journal of Consciousness Studies, 8*(5–7), 1–32.

제3장 마음과 관계 맺기 : 2인칭 접근

1. 이 용어는 부부처럼 사람에 관한 현상학적 토론들에서 빈번하게 언급되며 1970년 이후에 Trevarthen과 다른 학자들의 저작물에서 주관성으로 다루어졌다. The first explicit use of the term appears to have been in 1989 by John Shotter, though in a slightly different context at the time. Shotter, J. (1989). Social accountability and the social construction of the You. In J. Shotter & K. Gergen (Eds.), *Texts of Identity* (pp. 133–151). Thousand Oaks, CA: Sage Publications. In the context of the "theory of mind" debate, the term appears in 1996: Gomez, J. C. (1996.) Second person intentional relations and the evolution of social understanding. *Behavioral and Brain Sciences 19*(1), 129–130; and Reddy, V. (1996). Omitting the second person in social understand. *Behavioral and Brain Science, 19*(1), 140–141. Barresi와 Moore의 1인칭 대 3인칭에 관한 다른 방식으로 타인의 문제를 다룬 가정 둘 다에 관심을 보였다. 가장 최근에는 심리학에서 철학자들의 저작물들을 통해 명쾌하게 심리적으로 해결하기 시작했다. Gallagher, S. (2001). The practice of mind: Theory, simulation or interaction? In E. Thompson (Ed.), *Between ourselves: Second-person issues in the study of consciousness* (pp. 83–108). Charlottesville, VA: Imprint Academic; and see Reddy, V. (2003). On being an object of attention:

Implications for self-other-consciousness. Trends in Cognitive Science, 7(9), 397-402.

2. Buber, M. (1958). *I and Thou*. London: Continuum. Bakhtin, M. (1981). *The dialogic imagination*. Austin: University of Texas Press. Macmurray, J. (1961/1991). *Persons in relation*. London: Faber and Faber.

3. Dreyfus, H. L. (1995). *Being in the world: A commentary on Heidegger's "Being and Time," Division 1*. Cambridge, MA: MIT Press.

4. Barresi, J., & Moore, C. (1996). Intentional relations and social understanding. *Behavioural and Brain Science, 19*(1), 107-154. 저자들은 이 개념(의도적인 도식)은 약 첫해 말 무렵 인간들에게 발달되며 두 가지를 연결 지을 수 있다고 제안했다.

5. Lee, D. N. (1993). Body-environment coupling. In U. Neisser (Ed.), *The perceived self: Ecological and interpersonal sources of knowledge* (pp. 43–67). New York: Cambridge University Press.

6. Shotter, J. (1989). Social accountability and the social construction of the You.

7. Ivana Markova contrasts the Cartesian idea of separation of knower from known with the Hegelian idea of a spiral. Markova, I. (1982). *Paradigms, thought and language*. Chichester: John Wiley.

8. For discussion of greater complexity of infant behaviour with adults than when alone and for a model of expanding dyadic states of consciousness, see Tronick, E. (2005). Why is connection with others so critical? In J. Nadel & D. Muir (Eds.), *Emotional development* (pp. 293–315). Oxford: Oxford University Press. Bullowa, M. (1979). Prelinguistic communication: a field for scientific research. In M. Bullowa (Ed.), *Before speech: The beginning of interpersonal communication* (pp. 1–62). Cambridge: Cambridge University Press.

9. Leavens, D.A., Hopkins, W.D., & Bard, K.A. (2005). Understanding the point of chimpanzee pointing: Epigenesis and ecological validity. *Current Directions in Psychological Science, 14*, 185–189. Bard, K. A., Myowa-Yamakoshi, M., Toonaga, M., Tanaka, M., Costall, A., & Matsuzawa, T. (2005). Group differences in the mutual gaze of chimpanzees *(Pan troglodytes)*. *Developmental Psychology, 41*, 616–624.

10. Forster, E.M. (1936). Notes on the English character. *Abinger Harvest*. London: Edward Arnold.

11. David Bakan은 1874년에 실험적 심리학의 시작이었으며, 심리학은 실험보다 경험에 의지해야 한다는 점에서 출발한다고 토론하였다. 실험주의자는 '우리에게 중요한 많은 사실을 말해줄 수 있는 경험과 크게 동떨어져 있다. 비교는 고사하고 차이에 관해 오늘날 경험과 실험 사이에서 많은 심리학자들은 이해하기 어려워한다. 현대 심리학의 문화에서 단어들은 동의어로 사용되곤 한다.' (p. xii). Bakan, D. (1967). *On method: Towards and reconstruction of psychological investigation*. San Francisco: Jossey-Bass.

12. The phenomenologists Ludwig Binswanger, Eugene Minkowski, and H. C. Ruemke are the key proponents of this "method." See Lanzoni, S. (2006). Diagnosing with feeling: The clinical assessment of schizophrenia in early twentieth-century European psychiatry. In F. B. Alberti (Ed.), *Emotions, medicine and disease, 1750–1950*. New York: Palgrave.

13. Hobson. R.P. (2002). *The cradle of thought* (pp. 11–14). London: Macmillan.

14. Rifelj, C. de D. (1992). *Reading the other: Novels and the problem of other minds*.

Ann Arbor: University of Michigan Press.

15. Buber, M. (1937/2004). *I and Thou* (p. 21). London: Continuum.
16. Brazelton, T.B. (1986). The development of newborn behavior. In F. Faulkner & J.M. Tanner (Eds.), *Human growth: A comprehensive treatise,* vol. 2 (pp. 519–540). New York: Plenum Press. Bergson, H.L. (1911). *Laughter: An essay on the meaning of the comic.* New York: Macmillan.
17. Bateson, W. (1908). *The method and scope of genetics* (p. 19). Cambridge: Cambridge University Press.
18. Keller, E.F. (1983). *A feeling for the organism: The life and work of Barbara McClintock.* New York: W.H. Freeman and Company.
19. Byrne, R.W. (1997). What's the use of anecdotes? Attempts to distinguish psychological mechanisms in primate tactical deception. In R.W. Mitchell, N.S. Thompson, & L. Miles (Eds.), *Anthropomorphism, anecdotes and animals: The emperor's new clothes?* (pp. 134–150). Lincoln: University of Nebraska Press.
20. Piaget, J. (1951/1972). *Play, dreams and imitation in childhood* (p. 94). London: Routledge.
21. Dewey, J. (1916/1961). *Democracy and education.* New York: Macmillan. Reprinted in McDermott, J. (Ed.). (1973). *The philosophy of John Dewey: The lived experience* (p. 502). New York: Capricorn Books.
22. "더 이상 교묘한 처벌이 고안되지 않는다는 점은 사회에서 자유를 주어야 하며 여전히 확실하게 모든 구성원에 의해 간과된 채 교묘한 처벌이 남아 있다는 점보다 신체적으로 있을 수 있는 처벌을 말한다. 만약 우리가 들어갔을 때, 아무도 고개를 돌리지 않고 우리가 말할 때, 대답하지 않고 우리가 무엇인가 하는 것에 관심을 두지 않는다면, 하지만 만약 우리가 우리를 무감각하게 만나는 사람마다 마치 우리가 흥미롭지 못한 존재처럼 행동한다면 어느 정도 그리고 무기력한 체념은 머지않아 우리와 가까워진다. 잔인한 신체 고문은 줄어들었지만, 즉 이러한 점은 우리에게 감정을 만들기 때문에, 불쾌한 상황은 우리에게 비참함이 될지도 모르지만 우리가 전혀 눈여겨보지 않는다면 깊게 가라앉지도 않는다." James, W. (1890). *The principles of psychology,* vol. 2 (pp. 293–294). New York: Holt.
23. Frederickson, B. (2002). Positive emotions. In C.R. Snyder & S.J. Lopez (Eds.), *Handbook of positive psychology* (pp. 120–134). New York: Oxford University Press.

제4장 연결고리 만들기 : 모방

1. Friedman, M. (1955). *Martin Buber: The life of dialogue* (4th ed.) (p. 70). London: Routledge.
2. An approach to intervention called "Intensive Interaction" was introduced by Geraint Ephraim: Ephraim, G.W.E. (1979). Developmental processes in mental handicap: A generative structure approach. Unpublished Ph.D. thesis, Brunel University. 이 접근은 Phoebe Caldwell에 의해 성인들을 대상으로 개발되었으며 독립적으로 프랑스에서 Jacqueline Nadel에 의해 자폐아에 관해 연구되었다. Caldwell, P. (2002). *Learning the language.* Brighton: Pavilon Publishing. Nadel, J., & Fontaine, A. (1989). Communicating by imitation: A developmental and comparative approach to transitory social competence. In B. H. Schneider, G. Attili, J. Nadel,

& R. P. Weissberg (Eds.), *Social competence in developmental perspective* (pp. 131-144). New York: Kluwer Academic/plenum Publishers. Nadel, J., & Peze, A. (1993). Immediate imitation as a basis for primary communication in toddlers and autistic children. In J. Nadel & L. Camioni (Eds.), *New perspectives in early communicative development* (pp. 139-156). London: Routledge.

3. Darwin, C. (1905). *The voyage of the "Beagle"* (p. 202). London: Amalgamated Press.

4. J. Nadel, personal communication, April 1999.

5. Myowa-Yamakoshi, M., Tomonaga, M., Tanaka, M., & Matsuzawa, T. (2004). Imitation in neonatal chimpanzees *(Pan troglodytes)*. *Developmental Science, 7*(4), 437–422. Bard, K. (2007). Neonatal imitation in chimpanzees *(Pan troglodytes)* tested with two paradigms. *Animal Cognition, 10,* 233–242. Ferrari, P. F., Visalberghi, E., Paukner, A., Fogassi, L., Ruggiero, A., & Suomi, S. J. (2006). Neonatal imitation in rhesus macaques. *PLoS Biology, 4*(9), 1501–1508.

6. O. Maratos, personal communications, September 1999 and March 2007. Maratos, O. (1982). Trends in the development of imitation in early infancy. In T. Bever (Ed.), *Regressions in mental development: Basic phenomena and theories* (pp. 81–101). Hillsdale, NJ: Lawrence Erlbaum Associates.

7. Nadel, J., & Butterworth, G. (1999). *Imitation in infancy.* New York: Cambridge University Press. 그들은 심도 깊은 사회적 흥미에 주목할 만한 현상으로서 모방에 관해 무시(그리고 가끔 폄하)하는 몇 가지 이유를 제시했다.

8. Quoted in Edwards, D. (1994). Imitation and artifice in apes, humans and machines. *American Behavioral Scientist, 37*(6), 754–771.

9. Darwin, C. (1905). *The voyage of the "Beagle"* (pp. 202–203).

10. Byrne, R. W. (1999). Object manipulation and skill organization in the complex food preparation of mountain gorillas. In S. T. Parker, R. W. Mitchell, & H. L. Miles (Eds.), *The mentalities of gorillas and orangutans: Comparative perspectives* (pp. 147–159). New York: Cambridge University Press. Whiten, A., & Ham, R. (1992). On the nature and evolution of imitation in the animal kingdom: Reappraisal of a century of research. In P. J. Slater, J. Rosenblatt, C. Beer, & M. Milinski (Eds.), *Advances in the study of behaviour* (pp. 239–283). New York: Academic Press. Heyes, C. (2001). Causes and consequences of imitation. *Trends in Cognitive Sciences, 6,* 253–261.

11. Van der Meer, A. L. H., Van der Weel, F. R., & Lee, D. N. (1995). The functional significance of arm movements in neonates. *Science, 267*(5198), 693–695.

12. De Vries, J. I. P., Visser, G. H. A., & Prechtl, H. F. R. (1985). The emergence of fetal behaviour: II. Quantitative aspects. *Early Human Development, 12,* 99–129.

13. Jacobson, S. (1979). Matching behaviour in the young infant. *Child Development, 50*(2), 425–430.

14. Anisfeld, M. (1996). Only tongue protrusion modelling is matched by neonates. *Developmental Review, 16,* 149–161.

15. Kugiumutzakis, G. (1999). Genesis and development of early infant mimesis to facial and vocal models. In J. Nadel & G. Butterworth (Eds.), *Imitation in infancy* (pp. 36–59). Cambridge: Cambridge University Press. Kugiumutzakis, G. (1998). Neonatal imitation in the intersubjective companion space. In S. Braten

(Ed.), *Intersubjective communication and emotion in early ontogeny* (pp. 63–88). Cambridge: Cambridge University Press. Bard, K. A. (2007). Neonatal imitation in chimpanzees. Bard, K. A., & Russell, C. L. (1999). Evolutionary foundations of imitation: Social cognitive and developmental aspects of imitative processes in non-human primates. In J. Nadel & G. Butterworth (Eds.), *Imitation in infancy* (pp. 89–123). Cambridge: Cambridge University Press.

16. Fontaine, R. (1984). Imitative skills between birth and six months. *Infant Behavior and Development, 7*(3), 323–333. Myowa, M. (2006). Imitation of facial gestures by an infant chimpanzee. *Primates, 37*(2), 207–213.

17. Thelen, E., & Fisher, D. M. (1982). Newborn stepping: An explanation for a "disappearing" reflex. *Developmental Psychology, 18*(5), 760–775.

18. Kugiumutzakis, G. (1993). Intersubjective vocal imitation in early mother-infant interaction. In J. Nadel & L. Camaioni (Eds.), *New perspectives in early communicative development* (pp. 23–47). London: Routledge.

19. Heimann, M., & Ullstadius, E. (1999). Neonatal imitation and imitation among children with autism and Down's syndrome. In J. Nadel & G. Butterworh (Eds.), *Imitation in infancy* (pp. 235–253). Cambridge: Cambridge University Press.

20. Butterworth, G. (1999). Neonatal imitation: Existence, mechanisms and motives. In J. Nadel & G. Butterworth (Eds.), *Imitation in infancy* (pp. 63–88). New York: Cambridge University Press.

21. Vinter, A. (1986). The role of movement in eliciting early imitations. *Child Development, 57*, 66–71.

22. Jacobson, S. (1979). Matching behaviour in the young infant.

23. Meltzoff, A., & Moore, M. K. (1989). Imitation in newborn infants: Exploring the range of gestures imitated and the underlying mechanisms. *Developmental Psychology, 25*, 954–962.

24. Meltzoff, M., & Moore, M. K. (1994). Imitation, memory and the representation of persons. *Infant Behaviour and Development, 17*, 83–99.

25. Nagy, E., & Molnar, P. (2004). Homo imitans or homo provocans? The phenomenon of neonatal imitation. *Infant Behaviour and Development, 27*, 57–63.

26. Kugiumutzakis, G. (1999). Genesis and development of early infant mimesis to facial and vocal models.

27. Heimann, M. (2002). Notes on individual differences and the assumed elusiveness of neonatal imitation. In A. N. Meltzoff & W. Prinz (Eds.), *The imitative mind: Development, evolution and brain bases* (pp. 74–84). Cambridge: Cambridge University Press.

28. Kugiumutzakis, G. (1999). Genesis and development of early infant mimesis to facial and vocal models.

29. Meltzoff, M., & Moore, M. K. (1994). Imitation, memory and the representation of persons.

30. Jones, S. (1996). Imitation or exploration? Young infants' matching of adults' oral gestures. *Child Development, 67*(5), 1952–1969.

31. Ramachandran, V. S. (2000). Mirror neurons and imitation learning as the driving force behind "the great leap forward" in human evolution. http://www

.edge.org.3rd_culture (accessed November 28, 2006).

32. Rizzolatti, G., & Arbib, M. (1998). Language within our grasp. *Trends in Neurosciences, 21*(5), 188–194.

33. Decety, J., & Chaminade, T. (2003). Neural correlates of feeling sympathy. *Neuropsychologia, 41*, 127–138.

34. Fadiga, L., Craighero, L., Buccino, G., & Rizzolatti, G. (2002). Speech listening specifically modulates the excitability of tongue muscles: A TMS study. *European Journal of Neuroscience, 15*, 399–402. Fadiga, L., Fogassi, L., Pavesi, G., & Rizzolatti, G. (1995). Motor facilitation during action observation: A magnetic stimulation study. *Journal of Neurophysiology, 73*, 2608–2611. Hari, R., Forss, N., Avikainen, S., Kirveskari, E., Salenius, S., & Rizzolatti, G. (1998). Activation of human primary motor cortex during action observation: A neuromagnetic study. *Proceedings of the National Academy of Sciences USA, 95*, 15061–15065. Cochin, S., Barthelemy, C., Roux, S., & Martineau, J. (1999). Observation and execution of movement: Similarities demonstrated by quantified elecetroencephalography. *European Journal of Neuroscience, 11*, 1839–1842.

35. Conceptualising imitation as a series of independent acts rather than as an ongoing overlapping process is itself problematic. See also Rizzolatti, G., & Arbib, M. (1998). Language within our grasp.

36. Meltzoff, A.N., & Moore, M.K. (1998). Infant intersubjectivity: Broadening the dialogue to include imitation, identity and intention. In S. Braten (Ed.), *Intersubjective communication and emotion in early ontogeny* (pp. 47–62). New York: Cambridge University Press. Meltzoff, A.N. (2002). Elements of a developmental theory of imitation. In A.N. Meltzoff & W. Prinz (Eds.), *The imitative mind: Development, evolution, and brain bases* (pp. 19–41). New York: Cambridge University Press.

37. Gallese, V. (2006). Intentional attunement: A neurophysiological perspective on social cognition and its disruption in autism. *Brain Research, 1079*, 15–24.

38. Decety, J. (2002). Is there such a thing as functional equivalence between imagined, observed, and executed action? In A.N. Meltzoff & W. Prinz (Eds.), *The imitative mind* (pp. 291–310). New York: Cambridge University Press.

39. See also Butterworth, G. (1999). Neonatal imitation: Existence, mechanisms and motives. In J. Nadel & G. Butterworth (Eds.), *Imitation in infancy* (pp. 63–88). New York: Cambridge University Press. See also Merleau-Ponty, M. (2002). *Phenomenology of perception*. London: Routledge. 메를로 퐁티는 단지 신체 움직임들이 아니라 타인의 의도에 직접적으로 반응하는 것으로서 모방을 보았다.

40. Bundell, K. (2002). *Infants, action, meaning, others.* Unpublished manuscript.

41. See Zeedyk, M.S., & Heimann, M. (2006). Imitation and socio-emotional processes: Implications for communicative development and interventions. *Infant and Child Development, 15*(3), 219–222.

42. Bruner, J., & Kalmar, D.A. (1998). Narrative and meta-narrative in the construction of Self. In M.D. Ferrari & R. J. Sternberg (Eds.), *Self-awareness: Its nature and development* (pp. 308–331). New York: Guilford Press.

43. Quoted in Taussig, M. (1993). *Mimesis and alterity: A particular history of the senses*

(p. 76). New York: Routledge.

44. Taussig, M. (1993). *Mimesis and alterity: A particular history of the senses* (p. 77).
45. Kugiumutzakis, G., Kokkinaki, T., Makrodimitraki, M., & Vitalaki, E. (2004). Emotions in early mimesis. In J. Nadel & D. Muir (Eds.), *Emotional development* (pp. 161–182). Oxford: Oxford University Press.
46. O'Neill, M., & Zeedyk, S. (2006). Spontaneous imitation in the social interactions of young people with developmental delay and their adult carers. *Infant and Child Development, 15,* 283–295. Caldwell, P. (2006). Speaking the other's language: Imitation as a gateway to relationship. *Infant and Child Development, 15*(3), 275–282.
47. Farroni, T., Csibra, G., Simion, F., & Johnson, M.H. (2002). Eye contact detection in humans from birth. *Proceedings for the Natural Academy of Sciences, 99*(14), 9602–9605.
48. Brazelton, T.B. (1986). The development of newborn behavior. In F. Faulkner & J.M. Tanner (Eds.), *Human growth: A comprehensive treatise,* vol. 2 (pp. 519–540). New York: Plenum Press.
49. Zeedyk, S. (2006). From intersubjectivity to subjectivity: The transformative roles of emotional intimacy and imitation. *Infant and Child Development, 15,* 321–344. Nadel, J. (2002). Imitation and imitation recognition: Functional use in preverbal infants and nonverbal children with autism. In A. Meltzoff & W. Prinz (Eds.), *The imitative mind: Development, evolution and brain bases* (pp. 42–62). Cambridge: Cambridge University Press.

제5장 대화 시작하기

1. Tagore, R. (1894/1985). Broken song. In *Rabindranath Tagore: Selected poems* (p. 55). London: Penguin.
2. Dewey, J. (1925). *Experience and nature: The Paul Carus lectures* (p. 135). Peru, IL: Open Court Publishing.
3. Emde, R.N., & Robinson, J. (1979). The first two months: Recent research in developmental psychobiology and the changing view of the newborn. In J. Noshpitz (Ed.), *Basic handbook of child psychiatry* (pp. 72–105). New York: Basic Books. Stern, D.N. (1977). *The first relationship: Infant and mother.* Cambridge, MA: Harvard University Press. Trevarthen, C. (1974). Conversations with a two-month-old. *New Scientist, 2,* 230–235.
4. Reddy, V., & Bundell, K. (1986). Unpublished diaries.
5. For a description of this history see Trevarthen, C. (1998). The concept and foundations of intersubjectivity. In S. Braten (Ed.), *Intersubjective communication and emotion in early ontogeny* (pp. 15–46). Cambridge: Cambridge University Press.
6. Stern, D.N. (1971). A micro-analysis of mother-infant interaction: Behaviors regulating social contact between a mother and her three-and-a-half-month-old twins. *Journal of the American Academy of Child Psychiatry, 10,* 501–517. Stern, D.N. (1974). The goal and structure of mother-infant play. *Journal of the American Academy of Child Psychiatry, 13,* 402–421. Papousek, H. (1967). Experimental

studies of appetitional behavior in human newborns and infants. In H. W. Stevenson, E. H. Hess, & H. L. Rheingold (Eds.), *Early behavior: Comparative and developmental approaches* (pp. 249–277). New York: John Wiley.

7. The term *intersubjectivity* comes from Juergen Habermas' writings in sociopolitical philosophy and was first imported into psychology in 1974 by Joann Ryan: Ryan, J. (1974). Early language development: Towards a communicational analysis. In M. Richards (Ed.), *The integration of a child into a social world* (pp. 185–213). Cambridge: Cambridge University Press. 그 후 Trevarthen에 의해 (마르크스주의자 함축들 때문에 자극적으로) 사용되었다. 본질적으로 객관적보다는 주관적 사이의 관계 내적-정신적 관계를 선호한다. Trevarthen은 최초로 사실상 혼자 상호주관성의 '선천성'과 이것이 2개월쯤 출현한다고 주장했다. For a change of position, See Stern, D. (2002). *The interpersonal world of the infant* (2nd ed.). New York: Basic books.

8. Markova, I. (1982). *Paradigms, thought and language.* Chichester: John Wiley.

9. Experiments comparing the social versus private contexts for communication testify to the salience and persistence of this issue: Franco, F., Perucchini, P., & Butterworth, G. (1992). Pointing for an age-mate in 1 to 2 year-olds. Paper presented at the Sixth European Conference on Developmental Psychology, Seville, September. Delgado, B., Gomez, J. C., & Sarria, E. (in press). Private pointing and private speech: Developing parallelisms. In A. Winsler, C. Fernyhough, & I. Montero (Eds.), *Private speech, executive functioning and the development of verbal self-regulation.* Cambridge: Cambridge University Press. Legerstee, M. (1992). A review of the animate-inanimate distinction in infancy: Implications for models of social and cognitive knowing. *Early Development and Parenting, 1,* 59–67.

10. Kaye, K. (1982). *The mental and social life of babies.* London: Methuen. Collis, G. M., & Schaffer, H. R. (1975). Synchronisation of visual attention in mother-infant pairs. *Journal of Child Psychology and Psychiatry, 16*(4), 315–320.

11. First described in Trevarthen, C. (1977). Descriptive analyses of infant communication behavior. In H. R. Schaffer (Ed.), *Studies in mother-infant interaction: The Loch Lomond symposium* (pp. 227–270). London: Academic Press. See review by Tronick, E. Z. (2003). Things still to be done on the still-face effect. *Infancy, 4*(4), 475–482.

12. Reddy, V., & Bundell, K. (1986). Unpublished diaries.

13. Lynne Murray found one infant who strangely seemed happier during the still-face condition; this infant's mother was later discovered to be seriously psychologically disturbed: Murray, L. (1980). *The sensitivities and expressive capacities of young infants in communication with their mothers.* Ph.D. thesis, University of Edinburgh. Tiffany Field found that infants of depressed mothers did not show any differences in cardiac measures in the still-face condition: Field, T. (1984). Early interactions between infants and their postpartum depressed mothers. *Infant Behaviour and Development, 7,* 527–532.

14. Murray, L. (1980). *The sensitivities and expressive capacities of young infants in communication with their mothers.* Murray, L., & Trevarthen, C. (1985). Emotional regulation of interactions between two-month-olds and their mothers. In T. Field & N. Fox (Eds.), *Social perception in infants* (pp. 101–125). Norwood, NJ:

Ablex. Murray, L., & Trevarthen, C. (1986). The infant's role in mother-infant communication. *Journal of Child Language, 13,* 15–29. Nadel, J., Carchon, I., Kervella, C., Marcelli, D., & Reserbat-Plantey, D. (1999). Expectancies for social contingency in 2-month-olds. *Developmental Science, 2*(2), 164–173.

15. Rochat, P., Neisser, U., & Marian, V. (1998). Are young infants sensitive to interpersonal contingency? *Infant Behavior and Development, 21*(2), 355–366.

16. Nadel, J., Carchon, I., Kervella, C., Marcelli, D., & Reserbat-Plantey, D. (1999). Expectancies for social contingency in 2-month-olds.

17. Tronick, E. (1989). Emotions and emotional communication in infants. *American Psychologist, 44*(2), 112–119. Gianino, A., & Tronick, E.Z. (1988). The mutual regulation model: The infant's self and interactive regulation coping and defense. In T. Field, P. McCabe, & N. Schneiderman (Eds.), *Stress and coping* (pp. 47–68). Hillsdale, NJ: Lawrence Erlbaum Associates.

18. Gergely, G. (2003). The development of understanding of self and agency. In U. Goswami (Ed.), *Blackwell's handbook of childhood cognitive development* (pp. 26–46). Malden, MA: Blackwell. Gergely, G., & Watson, J. (1996). Early socioemotional development: Contingency perception and the social bio-feedback model. In P Rochat (Ed.), *Early social cognition: Understanding others in the first months of life* (pp. 101–136). Mahwah, NJ: Lawrence Erlbaum Associates. Gergely, G. (2004). The role of contingency detection in early affect-regulative interactions. *Social Development, 13,* 468–488.

19. Field, T.M., Woodson, R.W., Greenberg, R., & Cohen, C. (1982). Discrimination and imitation of facial expressions by neonates. *Science, 218,* 179–181. Lindy, B., & Field, T. (1996). Newborns of mothers with depressive symptoms are less expressive. *Infant Behaviour and Development, 19,* 419–424.

20. Dondi, M., Simion, F., & Caltran., G. (1999). Can newborns discriminate between their own cry and the cry of another newborn infant? *Developmental Psychology, 2,* 418–426.

21. Nelson, C.A., & Horowitz, F.D. (1983). The perception of facial expressions and stimulus motion by two- and five-month-old infants using holographic stimuli. *Child Development, 54,* 868–877.

22. Izard, C., & Malatesta, C.Z. (1987). Perspectives on emotional development 1: Differential emotions theory of early emotional development. In J. Osofsky (Ed.), *Handbook of infant development* (pp. 494–554). Chichester, U.K.: John Wiley.

23. Haviland, J.M., & Lelwica, M. (1987). The induced affect response: 10-week-old infants' responses to three emotion expressions. *Developmental Psychology, 23*(1), 97–104.

24. Hamilton, M.S. (1990). Maternal depressive affect: Its effect on infant affective regulation. *Dissertation Abstracts International, 50*(9-B), 3919.

25. Hatzinikolaou, K. (2002). *The development of empathy and sympathy in the first year.* Ph.D. thesis, University of Reading, U.K.

26. See also discussion about the joint creation of meaning in Adamson, L.B. (1995). *Communication development during infancy.* Boulder, CO: Westview Press.

27. Legerstee, M., & Varghese, J. (2001). The role of maternal affect mirroring on so-

cial expectancies in three-month-old infants. *Child Development, 72*(5), 1301–1313.

28. Markova, G., & Legerstee, M. (2006). Contingency, imitation and affect sharing: Foundations of infants' social awareness. *Developmental Psychology, 42*(1), 132–141.

29. Cohn, J.F., & Tronick, E.Z. (1983). Three-month-old infants' reaction to simulated maternal depression. *Child Development, 54*, 185–193.

30. Field, T. (1990). *Infancy.* Cambridge, MA: Harvard University Press.

31. Malloch, S., Črnčec, R., Bradley, B., Adam, B., Dodds, C., Barnett, B., & Tam, P. (under review). Infant social behaviour in peer-only trios and the impact of post-natal depression.

32. Gergely, G. (2004). The role of contingency detection in early affect-regulative interactions.

33. Tronick, E. Why is connection with others so critical? The formation of dyadic states of consciousness and the expansion of individuals' states of consciousness: Coherence governed selection and the co-creation of meaning out of messy meaning making. In J. Nadel & D. Muir (Eds.), *Emotional development* (pp. 293–316). Oxford: Oxford University Press.

34. Panksepp, J., & Smith-Pasqualini, M. (2005). The search for the fundamental brain/mind sources of affective experience. In J. Nadel & D. Muir (Eds.), *Emotional development: Recent research advances* (pp. 5–30). New York: Oxford University Press.

35. Fridlund, A. (1994). *Human facial expression: An evolutionary view.* San Diego, CA: Academic Press.

36. Kirschenbaum, H., & Henderson, V.L. (Eds.). (1989). *Carl Rogers: Dialogues* (chapter 3, p. 57). Boston: Houghton Mifflin.

37. Stern, D. (2004). *The present moment in psychotherapy and everyday life.* New York: W.W. Norton & Co.

38. Stern, D. (2004). *The present moment in psychotherapy and everyday life.*

39. Smuts, B. (2001). Encounters with animal minds. *Journal of Consciousness Studies, 8*, 5–7, 293–309.

40. Tomasello, M. (1999). Having intentions, understanding intentions, and understanding communicative intentions. In P.D. Zelazo, A.W. Astington, & D.R. Olson (Eds.), *Developing theories of intention* (pp. 63–75). Mahwah, NJ: Lawrence Erlbaum Associates.

41. Shotter, J. (1998). Agency and identity: A relational approach. In A. Campbell & S. Muncer (Eds.), *The social child* (pp. 271–291). Hove, U.K.: Psychology Press. Fogel, A. (1993). *Developing through relationships: The origins of communication, self and culture* (p. 19). Chicago: University of Chicago Press.

42. Fogel, A. (1993) *Developing through relationships: The origins of communication, self and culture* (p. 3).

43. *King Lear,* Act 1, Scene 1.

제6장 관심 경험하기

1. Merleau-Ponty, M. (1961). *The phenomenology of perception* (p. 351). London: Routledge.

2. James, W. (1890). *The principles of psychology*, vol. 2 (pp. 293–294). New York: Holt.

3. Posner, M.I., & Cohen, Y. (1984). Components of visual orienting. In H. Bouma & D. Bouwhuis (Eds.), *Attention and performance X* (pp. 531–554). Hillsdale, NJ: Lawrence Erlbaum Associates.

4. Neisser, U., & Becklen, R. (1975). Selective looking: Attending to visually specified events. *Cognitive Psychology, 7*, 480–494. Simons, D.J., & Chabris, C.F. (1999). Gorillas in our midst: Sustained inattentional blindness for dynamic events. *Perception, 28*, 1059–1074.

5. Duncan, J. (1984). Selective attention and the organisation of visual information. *Journal of Experimental Psychology: General, 113*, 501–517. Egly, R., Driver, J., & Rafal, R.D. (1994). Shifting visual attention between objects and locations: Evidence from normal and parietal lesion subjects. *Journal of Experimental Psychology: General, 123*, 161–177.

6. Scholl, B. (2001). Objects and attention: The state of the art. *Cognition, 80*, 1–46.

7. Gibson, J.J., & Pick, A.D. (1963). Perception of another person's looking behaviour. *American Journal of Psychology, 76*, 386–394.

8. Butterworth, G., & Jarrett, N. (1991). What minds have in common is space: Spatial mechanisms serving joint visual attention in infancy. *British Journal of Developmental Psychology, 9*(1), 55–72.

9. Amano, S., Kezuka, E., & Yamamoto, A. (2003). Infant shifting attention from an adult's face to an adult's hand: A precursor of joint attention. *Infant Behaviour and Development, 205*, 1–17.

10. Bates, E., Camaioni, L., & Volterra, V. (1976). Sensorimotor performatives. In E. Bates, *Language and context: The acquisition of pragmatics* (pp. 49–71). New York: Academic Press.

11. Butterworth, G., & Jarrett, N. (1991). What minds have in common is space: Spatial mechanisms serving joint visual attention in infancy.

12. Butterworth, G. & Jarrett, N. (1991) What minds have in common is space: Spatial mechanisms serving joint visual attention in infancy. Franco, F. (2005). Infant pointing: Harlequin, servant of two masters. In N. Eilan, C. Hoerl, T. McCormack, & J. Roessler (Eds.), *Joint attention: Communication and other minds* (pp. 129–164). Oxford: Oxford University Press.

13. Song of Solomon, 6:5, King James Bible.

14. 누군가 당신을 보았을 때(당신이 그들을 보았을 때), 둘 중 어느 쪽도 같은 대상을 보고 있지 않다는 것은 재미있는 상황이다! 그러나 우리는 (영아가 관심에 관해 공동의 대상을 가지고 있는지를 이해하는 것이 아니다) 공동의 외부 대상의 공동 관심을 다루는 삼각관계는 그러므로 우리에게 있어서 중요한 문제가 아니다. 실마리는 관심의 인식이다. 삼각관계는 단순히 그것을 수립하기 위한 많은 도구들 가운데 하나이다.

15. Gale, A., Spratt, G., Chapman, A.J., & Smallbone, A. (1975). EEG correlates of eye contact and interpersonal distance. *Biological Psychology, 3*(4), 237–245. Kampe, K.K., Frith, C.D., Dolan, R.J., & Frith, U. (2001). Reward value of attractiveness and gaze. *Nature, 413*(6856), 589. 성인들에게 상호응시, 특히 만약 타인의 얼굴이 매력적으로 인식된다면, 전대상피질과 중심선조체와 연결된다.

16. Striano, T., Kopp, F., Grossman, T., & Reid, V.M. (2006). Eye contact influences neural processing of emotional expressions in 4-month-old infants. *Social Cognitive and Affective Neuroscience, 1*(2), 87–94.

17. Farroni, T., Csibra, G., Simion, F., & Johnson, M.H. (2002). Eye contact detection in humans from birth. *Proceedings for the Natural Academy of Sciences, 99*(14), 9602–9605. Farroni, T., Johnson, M.H., & Gergely, C. (2004). Mechanism of eye gaze perception during infancy. *Journal of Cognitive Neuroscience, 16,* 1320–1326. Farroni, T., Mansfield, E.M., Lai, C., & Johnson, M.H. (2003). Infants perceiving and acting on the eyes: Tests of an evolutionary hypothesis. *Journal of Experimental Child Psychology, 85*(3), 199–212. See also Hains, S.M.J., & Muir, D.W. (1996). Infant sensitivity to adult eye direction. *Child Development, 67,* 1940–1951, showing that mutual gaze leads infants to more communicative exchanges.

18. Reddy, V., & Bundell, K. (1986). Unpublished diaries.

19. Brazelton, T.B. (1986). The development of newborn behavior. In F. Faulkner & J.M. Tanner (Eds.), *Human growth: A comprehensive treatise,* vol. 2 (pp. 519–540). New York: Plenum Press. For a difficulty in disengaging from any object of attention in children with autism, see also Leekam, S.R., Lopez, B., & Moore, C. (2000). Attention and joint attention in pre-school children with autism. *Developmental Psychology, 36,* 261–273. Fletcher-Watson, S., Leekam, S.R., Turner, M., & Moxon, L. (2006). Do people with autism spectrum disorders have normal selection for attention? Evidence from change blindness. *British Journal of Psychology, 97*(4), 537–554.

20. Reddy, V., & Bundell, K. (1986). Unpublished diaries.

21. Brazelton, T.B. (1986). The development of newborn behavior. Stern, D.N. (1977). *The first relationship: Infant and mother.* Cambridge, MA: Harvard University Press.

22. Reddy, V. (2000). Coyness in early infancy. *Developmental Science, 3*(2), 186–192. Videos from study.

23. Reddy, V. (2000). Coyness in early infancy. Reddy, V. (2001). Positively shy! Patterns of continuity and change in the development of expressions of shyness, bashfulness and embarrassment. In R. Crozier & L. Aldon (Eds.), *International handbook of social anxiety* (pp. 77–99). Chichester, U.K.: John Wiley.

24. Adamson, L., & Bakeman, R. (1991). The development of shared attention during infancy. In R. Vasta (Ed.), *Annals of child development,* vol. 8 (pp. 1–41). London: Jessica Kingsley Publishers.

25. Atkinson, J., Hood, B., Wattam-Bell, J., Anker, S., & Tricklebank, J. (1988). Development of orientation discrimination in infancy. *Perception, 17,* 587–595.

26. Caron, A., Caron, R., Roberts, J., & Brooks, R. (1997). Infant sensitivity to deviations in dynamic facial-vocal displays: The role of eye regard. *Developmental Psychology, 33*(5), 802–813. Farroni, T., et al. (2003). Infants perceiving and acting on the eyes: Tests of an evolutionary hypothesis.

27. D'Entremont, B., Hains, S.M.J., & Muir, D. (1997). A demonstration of gaze following in 3- to 6-month-olds. *Infant Behavior and Development, 20,* 569–572.

Hains, S., & Muir, D. (1996). Infant sensitivity to eye direction. *Child Development, 67*, 1940–1951. Muir, D., & Hains, S.M.J. (1999). Young infants' perception of adult intentionality. In P. Rochat (Ed.), *Early social cognition: Understanding others in the first months of life* (pp. 155–188). Mahwah, NJ: Lawrence Erlbaum Associates.

28. Reddy, V. (1991). Playing with others' expectations: Teasing and mucking about in the first year. In A. Whiten (Ed.), *Natural theories of mind* (pp. 143–158). Oxford: Blackwell.

29. Reddy, V. (1998). *Person-directed play: Humour and teasing in infants and young children.* Report on Grant No. R000235481 received from the Economic and Social Research Council, U.K. Transcripts from study, names changed.

30. The relationship between these two variables was strong, but not when developmental age was controlled for. This suggests that whatever link there is does not support a modular explanation. Unpublished data from Reddy, V. (1998). *Person-directed play: Humour and teasing in infants and young children.*

31. Baron-Cohen, S., Allen, J., & Gilberg, C. (1992). Can autism be detected at 18 months? The needle, the haystack and the CHAT. *British Journal of Psychiatry, 161*, 839–843.

32. Reddy, V., Williams, E., & Vaughan, A. (2002). Sharing humour and laughter in autism and Down's syndrome. *British Journal of Psychology, 93*, 219–242.

33. Perner, J (1991) *Understanding the representational mind.* Cambridge, MA: MIT Press.

34. Nadel, J., & Tremblay-Leveau, H. (1999). Early perception of social contingencies and interpersonal intentionality: Dyadic and triadic paradigms. In P. Rochat (Ed.), *Early social cognition: Understanding others in the first months of life* (pp. 189–212). Mahwah, NJ: Lawrence Erlbaum Associates.

35. Fivaz-Depeursinge, E., & Corboz-Warnery, A. (1999). *The primary triangle: A developmental systems view of mothers, fathers and infants.* New York: Basic Books.

36. Adamson, L., & Bakeman, R. (1991). The development of shared attention during infancy. In R. Vasta (Ed.), *Annals of child development,* vol. 8 (pp. 1–41). London: Jessica Kingsley Publishers.

37. Reddy, V. (1998). *Person-directed play.* Transcripts from study.

38. Leavens, D.A., & Todd, B.K. (2002). Audience effects on infant communication. Unpublished raw data.

39. See also Reddy, V. (2003). On being an object of attention: Implications for self-other-consciousness. *Trends in Cognitive Sciences, 7*(9), 397–402; and Reddy, V. (2007). Experiencing the social: A second-person approach. In U. Mueller, J. Carpendale, N. Budwig, & B. Sokol (Eds.), *Social life and social knowledge: Toward a process account of development.* Mahwah, NJ: Lawrence Erlbaum Associates.

40. Farroni, T., et al. (2003). Infants perceiving and acting on the eyes: Tests of an evolutionary hypothesis.

41. Grandin, T. (1988). Teaching tips from a recovered autistic. *Focus on Autistic Behaviour, 3*(1), 8.

제7장 자의식 느끼기

1. Buber, M. (1937/2004). *I and Thou* (p. 11). London: Continuum.
2. Merleau-Ponty, M. (1962/2003). *The phenomenology of perception* (pp. 371–383). London: Routledge.
3. Montaigne, M. de. (1575/1991). *The complete essays*, trans. M.A. Screech (p. 380). London: Penguin. More recently, Ulrich Neisser has made this point in Neisser, U. (1993). *The perceived self: Ecological and interpersonal sources of self-knowledge.* New York: Cambridge University Press.
4. Jackson, M. (1998). *Minima Ethnographica: Intersubjectivity and the anthropopological project.* Chicago: University of Chicago Press.
5. Neisser, U. (1993). *The perceived self: Ecological and interpersonal sources of self-knowledge.*
6. James, W. (1891). *The principles of psychology* (chapter 10). New York: Holt.
7. Sheets-Johnstone, M. (1990). *The roots of thinking* (p. 371). Philadelphia: Temple University Press.
8. Von Hoftsten, C. (1982). Eye-hand coordination in the newborn. *Developmental Psychology, 18*(3), 450–446. Von Hoftsten, C. (1993). Studying the development of goal directed behaviour. In A.F. Kalverboer, B. Hopkins, & R. Geuze (Eds.), *Motor development in early and later childhood: Longitudinal approaches* (pp. 109–124). New York: Cambridge University Press.
9. Martin, G.B., & Clark, R.D. (1982). Distress crying in neonates: Species and peer specificity. *Developmental Psychology, 18,* 3–9. Sagi, A., & Hoffman, M.L. (1976). Empathic distress in the newborn. *Developmental Psychology, 12*(2), 175–176.
10. Van der Meer, A.L.H., Van der Weel, F.R., & Lee, D.N. (1995). The functional significance of arm movements in neonates. *Science, 267*(5198), 693–695.
11. Rochat, P., & Striano, T. (1999). Emerging self-exploration by 2-month-olds. *Developmental Science, 2*(2), 206–218.
12. Stern, D. (1985). *The interpersonal world of the infant.* New York: Basic Books.
13. Rochat, P., & Hespos, S.J. (1997). Differential rooting response by neonates: Evidence for an early sense of self. *Early Development and Parenting, 6*(3–4), 105–112.
14. Piontelli, A. (2002). *Twins: From foetus to child.* London: Routledge.
15. Buss, A.H. (1980). *Self-consciousness and social anxiety.* San Francisco: Freeman. Buss, A.H. (1986). A theory of shyness. In W.H. Jones, J.M. Cheek, & S.R. Briggs (Eds.), *Shyness: Perspectives on research and treatment* (pp. 39–46). New York: Plenum Press. Lewis, M., Sullivan, M.W., Stanger, C., & Weiss, M. (1989). Self development and self-conscious emotions. *Child Development, 60*(1), 146–156. Gallup, G.G. (1977). Absence of self-recognition in a monkey *(Macaca fascicularis)* following prolonged exposure to a mirror. *Developmental Psychobiology, 10*(3), 281–284.
16. Lewis, M. (1999). Social cognition and the self. In P. Rochat (Ed.), *Early social cognition: Understanding others in the first months of life* (pp. 81–98). Mahwah, NJ: Lawrence Erlbaum Associates.
17. Draghi-Lorenz, R. (2001). *Non-basic emotions in infants.* Ph.D. thesis, University

of Portsmouth. Hart, S. (2002). Jealousy in 6 month-old infants. *Infancy, 3*(3), 395–402.

18. Amsterdam, B. (1972). Mirror self-image reactions before age two. *Developmental Psychobiology, 5*(4), 297–305. Amsterdam, B., & Greenberg, L.M. (1977). Self-conscious behaviour of infants. *Developmental Psychobiology, 10*(1), 1–6. Lewis, M., & Brooks-Gunn, J. (1979). *Social cognition and the acquisition of self.* New York: Plenum. Lewis, M., et al. (1989). Self development and self-conscious emotions. Bretherton, I., & Ainsworth, M. (1974). Responses of one-year-olds to a stranger in a strange situation. In M. Lewis & L.A. Rosenblum (Eds.), *The origins of fear* (pp. 131–164). New York: John Wiley. Ricard, M., & Decarie, T.G. (1993). Distance maintaining in infants' reaction to an adult stranger. *Social Development, 2*(2), 145–164. Stifter, C.A., & Moyer, D. (1991). The regulation of positive affect: Gaze aversion during mother-infant interaction. *Infant Behaviour and Development, 14*(1), 111–123.

19. Lewis, M. (1995). Embarrassment: The emotion of self-exposure and evaluation. In J.P. Tangney & K.W. Fischer (Eds.), *Self-conscious emotions: The psychology of shame, guilt, pride and embarrassment* (pp. 199–218). New York: Guilford Press. For a discussion of the distinction between these kinds of shyness see Reddy, V. (2001). Positively shy! Developmental continuities in the expression of shyness, coyness, and embarrassment. In R.W. Crozier & L.E. Alden (Eds.), *International handbook of social anxiety: Concepts, research and interventions relating to the self and shyness* (pp. 77–99). New York: John Wiley.

20. Amsterdam, B. (1972). Mirror self-image reactions before age two. Amsterdam, B., & Greenberg, L.M. (1977). Self-conscious behaviour of infants.

21. Lewis, M., et al. (1989). Self development and self-conscious emotions.

22. Asendorpf, J.B. (1990). The expression of shyness and embarrassment. In W.R. Crozier (Ed.), *Shyness and embarrassment* (pp. 87–118). Cambridge: Cambridge University Press. Keltner, D. (1995). Signs of appeasement: Evidence for the distinct displays of embarrassment, amusement and shame. *Journal of Personality and Social Psychology, 68*(3), 441–454.

23. Asendorpf, J.B. (1990). The expression of shyness and embarrassment.

24. Buss, A.H. (1986). *Social behaviour and personality.* Hillsdale, NJ: Lawrence Erlbaum Associates. Lewis, M., et al. (1989). Self development and self-conscious emotions.

25. Buss, A. (1980). *Self-consciousness and social anxiety.* San Francisco: Freeman. Leary, M.R., Britt, T.W., & Cutlip, W.D. (1992). Social blushing. *Psychological Bulletin, 112*(3), 446–460. Keltner, D., & Anderson, C. (2000). Saving face for Darwin: The functions and uses of embarrassment. *Current Directions in Psychological Science, 9*(6), 187–192.

26. Shotter, J. (1998). Agency and identity: A relational approach. In A. Campbell & S. Muncer (Eds.), *The social child* (pp. 271–291). Hove, U.K.: Psychology Press.

27. Eibl-Eibesfeldt, I. (1989). *Human ethology.* Hawthorne, NY: Aldine de Gruyter.

28. Lewis, M. (1995). Embarrassment: The emotion of self-exposure and evaluation. Izard, C.E., & Hyson, M.C. (1986). Shyness as a discrete emotion. In W.H. Jones, J.M. Cheek, & S.R. Briggs (Eds.), *Shyness: Perspectives on research and treat-*

ment (pp. 147–160). New York: Plenum Press.
29. Argyle, M., & Dean, J. (1965). Eye-contact, distance and affiliation. *Sociometry, 28,* 289–304.
30. Amsterdam, B., & Greenberg, L.M. (1977). Self-conscious behaviour of infants. Bretherton, I., & Ainsworth, M. (1974). Responses of one-year-olds to a stranger in a strange situation. Young, G., & Decarie, T.G. (1977). An ethology-based catalogue of facial/vocal behaviour in infancy. *Animal Behaviour, 25*(1), 97–107. 여기에서 토론된 영아의 미소는 Young과 Decarie의 일반적인 눈, 입을 꾹 다문 미소들보다 살짝 뜬 눈꺼풀, 활짝 웃는 미소를 다룬 수줍어하는 미소에 관한 설명과 밀접하게 관련 있다.
31. Oster, H. (2005). The repertoire of infant facial expressions: An ontogenetic perspective. In J. Nadel & D. Muir (Eds.), *Emotional development* (pp. 261–292). Oxford: Oxford University Press.
32. Keltner, D. (1995). Signs of appeasement: Evidence for the distinctive displays of embarrassment, amusement and shame. Amsterdam, B.K., & Morton, L. (1980). Consciousness of self and painful self-consciousness. *Psychoanalytic Study of the Child, 35,* 67–83.
33. 일부 심리학자들은 생후 첫해에 '자기 과시하기'를 알아차렸다. 이탈리아와 미국에서 Elizabeth Bates와 그녀의 동료들 그리고 Colwyn Trevarthen과 Penny Hubley가 1970년대에 그러했다. Bates, E., Benigni, L., Bretherton, I., Camaioni, L., & Volterra, V. (1979). *The emergence of symbols: Cognition and communication in infancy.* New York: Academic Press. Trevarthen, C., & Hubley, P. (1978). Secondary intersubjectivity: Confidence, confiding and acts of meaning in the first year. In A. Lock (Ed.), *Action, gesture and symbol* (pp. 183–229). London: Academic Press.
34. Reddy, V. (1998). *Person-directed play: Humour and teasing in infants and young children.* Report on Grant No. R000235481 received from the Economic and Social Research Council, U.K. Transcripts from study, names changed.
35. Reddy, V. (1991). Playing with others' expectations: Teasing and mucking about in the first year. In A. Whiten (Ed.), *Natural theories of mind* (pp. 143–158). Oxford: Blackwell.
36. Reddy, V. (1998). *Person-directed play.* Transcripts from study.
37. Reddy, V. (1998). *Person-directed play.* Transcripts from study.
38. Reddy, V. Williams, E., & Lang, B. (under submission). Engaging with the self in a mirror: Preschool children with autism and with Down syndrome.
39. Reddy, V. Williams, E., & Lang, B. (under submission). Engaging with the self in a mirror: Preschool children with autism and with Down syndrome.
40. Reddy, V. Williams, E., & Lang, B. (under submission). Engaging with the self in a mirror: Preschool children with autism and with Down syndrome.
41. Chidambi, G. (2003). Autism and self-conscious emotions. Unpublished Ph.D. thesis, University of London, University College. See also Hobson, R.P., Chidambi, G., Lee, A., & Meyer, J. (2006). Foundations for self-awareness: An exploration through autism. *Monographs of the Society for Research in Child Development, 71*(2), 1–188.
42. Hobson, R.P. (1990). On the origins of self and the case of autism. *Development*

and Psychopathology, 2(2), 163–181.

43. White, B.L. (1971). *Human infants: Experience and psychological development*. Englewood Cliffs, NJ: Prentice-Hall. Kopp, C.B. (2002) The co-developments of attention and emotion regulation. *Infancy, 3*(2), 199–208.

44. See Draghi-Lorenz, R., Reddy, V., & Costall, A. (2001). Re-thinking the development of "non-basic" emotions: A critical review of existing theories. *Developmental Review, 21*(3), 263–304.

45. James, W. (1905). *Textbook of psychology* (p. 467). London: Macmillan and Co.

46. Amodeo, J., & Wentworth, K. (1986). *Being intimate: A guide to successful relationships* (p. 95). London: Arkana.

47. For a critical review of theories in this area, see Draghi-Lorenz, R., et al. (2001). Re-thinking the development of "non-basic" emotions: A critical review of existing theories.

48. Bahrick, L.E., Moss, L., & Fadil, C. (1996). Development of visual self-recognition in infancy. *Ecological Psychology, 8*(3), 189–208. Van der Meer, A.L.H., et al. (1995). The functional significance of arm movements in neonates.

49. Stern, D. (1985). *The interpersonal world of the infant*. New York: Basic Books. Neisser, U. (1997). The roots of self-knowledge: Perceiving Self, It and Thou. In J.G. Snodgrass & R.L. Thompson (Eds.), *The self across psychology: Self-recognition, self-awareness and the self-concept*, vol. 818 (pp. 18–33). New York: Annals of the New York Academy of Sciences. Butterworth, G. (1995). The self as an object of consciousness in infancy. In P. Rochat (Ed.), *The self in infancy: Theory and research* (pp. 35–51). Amsterdam: Elsevier. Lewis, M. (1999). Social cognition and the self.

50. See also Neisser, U. (1993). *The perceived self: Ecological and interpersonal sources of self-knowledge*. Fogel, A. (1993). *Developing through relationships*. Chicago: University of Chicago Press. Butterworth, G. (1995). The self as an object of consciousness in infancy.

제8장 의도 다루기

1. Asch, S. (1952). *Social psychology* (pp. 157–161). Oxford: Prentice-Hall.

2. Reddy, V. (1991). Playing with others' expectations: Teasing and mucking about in the first year. In A. Whiten (Ed.), *Natural theories of mind* (pp. 143–158). Oxford: Blackwell.

3. Sacks, O. (1996). *An anthropologist on Mars*. Toronto: Vintage Books.

4. 의도성에 관해 다른 접근과 목표 지향성에 중점을 두고 발달을 설명하는 데 있어 어려움에 관한 토론, see Zeedyk, M.S. (1996). Developmental accouns of intentionality: Towards integration. *Developmental Review, 16*, 416–461.

5. Olson, D.R., Astington, J.W., & Zelazo, P.W. (1999). Introduction: Actions, intention and attributions. In P.D. Zelazo, J.W. Astington, & D.R. Olson (Eds.), *Developing theories of intention: Social understanding and self-control* (pp. 1–13). Mahwah, NJ: Lawrence Erlbaum Associates.

6. Astington, J. (1991). Intention in the child's theory of mind. In D. Frye & C. Moore (Eds.), *Children's theories of mind: Mental states and social understanding* (pp. 157–172). Hillsdale, NJ: Lawrence Erlbaum Associates.

7. Vedeler, D. (1994). Infant intentionality as object-directedness: A method for observation. *Scandinavian Journal of Psychology, 35*(4), 343–366.

8. Woodward, A. (1998). Infants selectively encode the goal object of an actor's reach. *Cognition, 69,* 1–34. Woodward, A. (1999). Infants' ability to distinguish between purposeful and non-purposeful behaviours. *Infant Behaviour and Development, 22*(2), 145–160. Woodward, A. (2003). Infants' developing understanding of the link between looker and object. *Developmental Science, 6*(3), 297–311. Woodward, A. L., & Somerville, J. A. (2000). Twelve-month-olds interpret action in context. *Psychological Science, 11*(1), 73–77.

9. Heider, F. (1959). Thing and medium. *Psychological Issues, 1*(3), 4–6.

10. Newtson, D. (1993). The dynamics of action and interaction. In L. B. Smith & E. Thelen (Eds.), *A dynamic systems approach to development: Applications* (pp. 241–264). Cambridge, MA: Bradford Books/MIT Press.

11. Baldwin, D. (2001). Infants parse dynamic action. *Child Development, 72*(3), 708–717. Baldwin, D., & Baird, J. A. (2001). Discerning intentions in dynamic human action. *Trends in Cognitive Sciences, 5*(4), 171–178. Brand, R. J., Baldwin, D. A., & Ashburn. L. A. (2002). Evidence for "motionese": Modifications in mothers' infant-directed action. *Developmental Science, 5*(1), 72–83.

12. Michotte, A. (1963). *The perception of causality.* Oxford: Basic Books.

13. Heider, F., & Simmel, M. (1944). An experimental study of apparent behavior. *American Journal of Psychology, 57,* 243–259.

14. Johansson, G. (1973). Visual perception of biological motion and a model for its analysis. *Perception and Psychophysics, 14*(2), 201–211. Moore, D. G., Hobson, R. P., & Lee, A. (1997). Components of person-perception: An investigation with autistic, non-autistic retarded and typically developing children and adolescents. *British Journal of Developmental Psychology, 15*(4), 401–423.

15. Premack, D. (1991). The infant's theory of self-propelled objects. In D. Frye & C. Moore (Eds.), *Children's theories of mind: Mental states and social understanding* (pp. 39–48). Hillsdale, NJ: Lawrence Erlbaum Associates.

16. Runeson, S. (1994). Perception of biological motion: The KSD Principle and the implications of a distal versus proximal approach. In G. Jansson, S. S. Bergsson, & W. Epstein (Eds.), *Perceiving events and objects* (pp. 383–405). Hillsdale, NJ: Lawrence Erlbaum Associates.

17. Tomasello, M., Carpenter, M., Call, J., Behne, T., & Moll, H. (2005). Understanding and sharing intentions: The origins of cultural cognition. *Behavioral and Brain Sciences, 28,* 675–735.

18. Michotte, A., Thines, G., Costall, A., & Butterworth, G. (1991). *Michotte's experimental phenomenology of perception.* Hillsdale, NJ: Lawrence Erlbaum Associates. For recent writings on the topic see Hobson, P. (2007). On being moved in thought and feeling: An approach to autism. In C. Nieto, J. M. Perez,

P. M. Gonzalez, & M. Llorente Comi (Eds.), *New developments in autism: The future is today* (pp. 139–154). London: Jessica Kingsley Publishers; and Braten, S. (Ed.). (2007). *On being moved: From mirror neurons to empathy.* Amsterdam: John Benjamins Publishing Company.

19. Becchio, C., & Bertone, C. (2004). Wittgenstein running: Neural mechanisms of collective intentionality and we-mode. *Consciousness and Cognition, 13*(1), 123–133.

20. Legerstee, M. (1991). The role of people and objects in early imitation. *Journal of Experimental Child Psychology, 51,* 423–433.

21. Hobson, R. P., & Lee, A. (1999). Imitation and identification in autism. *Journal of Child Psychology and Psychiatry, 40*(4), 649–659.

22. See Lord, C. (1993). The complexity of social behaviour in autism. In S. Baron-Cohen, H. Tager-Flusberg, & D. Cohen (Eds.), *Understanding other minds: Perspectives from autism* (pp. 292–316). New York: Oxford University Press.

23. Warneken, F., Chen, F., & Tomasello, M. (2006). Altruistic helping in human infants and young chimpanzees. *Child Development, 77,* 640–663.

24. Klin, A., Volkmar, F. R., & Sparrow, S. (1992). Autistic social dysfunction: Some limitations of the theory of mind hypothesis. *Journal of Child Psychology & Psychiatry, 33,* 861–876.

25. Lord, C. (1993). The complexity of social behaviour in autism.

26. Dreyfus, H. L. (1995). *Being in the world: A commentary on Heidegger's "Being and Time," Division 1.* Cambridge, MA: MIT Press.

27. Reddy, V. (1998). *Person-directed play: Humour and teasing in infants and young children.* Report on Grant No. R000235481 received from the Economic and Social Research Council, U.K. Videos from study, names changed.

28. Behne, T., Carpenter, M., Call, J., & Tomasello, M. (2005). Unwilling versus unable: Infants' understanding of intentional action. *Developmental Psychology, 41*(2), 328–337.

29. Phillips, W., Baron-Cohen, S., & Rutter, M. (1992). The role of eye contact in goal detection: Evidence from normal infants and children with autism or mental handicap. *Development and Psychopathology, 4*(3), 375–382.

30. Kohler, W. (1925). *The mentality of apes.* London: Kegan Paul. Adang, O. (1984). Teasing in young chimpanzees. *Behaviour, 88* (1–2), 98–122. Groos, K. (1901/1976). The play of man: Teasing and love-play. In J. Bruner, A. Jolly, & K. Sylva (Eds.), *Play: Its role in development and evolution* (pp. 244–261). Harmondsworth, U.K.: Penguin.

31. Reddy, V. (1991). Playing with others' expectations: Teasing and mucking about in the first year.

32. Reddy, V. (1998). *Person-directed play.* Transcripts from study.

33. Reddy, V. (1991). Playing with others' expectations: Teasing and mucking about in the first year.

34. Reddy, V., Williams, E., & Vaughan, A. (2002). Sharing humour and laughter in autism and Down's syndrome. *British Journal of Psychology, 93,* 219–242. Heerey, E., Capps, L., Keltner, D., & Kring, A. (2005). Teasing: Lessons from children with autism. *Journal of Abnormal Child Psychology, 33*(1), 55–68.

35. Brand, R.J., et al. (2002). Evidence for "motionese": Modifications in mothers' infant-directed action.
36. Ratner, N., & Bruner, J. (1978). Games, social exchange and the acquisition of language. *Journal of Child Language, 5*(3), 391–401.
37. Winograd, T., & Flores, F. (1986). *Understanding computers and cognition.* Norwood, NJ: Ablex. Williams, E. (2004). Who really needs a theory of mind. *Theory and Psychology, 17,* 704–724.
38. Tomasello, M., Carpenter, M., Call, J., Behne, T., & Moll, H (2005). Understanding and sharing intentions: The origins of cultural cognition.
39. Gergely, G. (2003). The development of teleological versus mentalising observational learning strategies in infancy. *Bulletin of the Meninger Clinic, 67*(2), 113–131.
40. Baldwin, D., & Baird, J.A. (2001). Discerning intentions in dynamic human action.
41. Woodward, A. (1998). Infants selectively encode the goal object of an actor's reach. Woodward, A. (1999). Infants' ability to distinguish between purposeful and non-purposeful behaviours. Woodward, A. (2003). Infants' developing understanding of the link between looker and subject. Woodward, A.L., & Somerville, J.A. (2000). Twelve-month-olds interpret action in context.

제9장 재미 나누기

1. Eco, U. (1986). *Travels in hyperreality.* San Diego: Harvest.
2. Berlyne, D.E. (1960). *Conflict, arousal and curiosity.* New York: McGraw-Hill. Berlyne, D.E. (1972). Humor and its kin. In J.H. Goldstein & P. McGhee (Eds.), *The psychology of humor* (pp. 43–60). Oxford: Academic Press. Koestler, A. (1964). *The act of creation.* New York: Dell. Shultz, T.R. (1976). A cognitive-developmental analysis of humour. In A.J. Chapman & H.C. Foot (Eds.), *Humour and laughter: Theory, research and applications* (pp. 11–36). New York: John Wiley. McGhee, P. (1979). *Humour: Its origin and development.* San Francisco: W.H. Freeman Co. McGhee, P. (1980). Development of the sense of humour in childhood: A longitudinal study. In P.E. McGhee & A.J. Chapman (Eds.), *Children's humour* (pp. 213–236). New York: John Wiley.
3. Bergson, H. (1913). *Laughter: An essay on the meaning of the comic.* London: Macmillan.
4. Chapman, A.J., & Chapman, W.A. (1974). Responsiveness to humor: Its dependency upon a companion's humorous smiling and laughter. *The Journal of Psychology, 55,* 245–252. Fridlund, A. (2001). Sociality of solitary smiling: Potentiation by an implicit audience. In W.G. Parrott (Ed.), *Emotions in social psychology: Essential readings* (pp. 265–280). New York: Psychology Press. Hermann, C. (1989). *The tongue snatchers.* Lincoln: University of Nebraska Press.
5. Shultz, T.R. (1976). A cognitive-developmental analysis of humour. However, see also Pien, D., & Rothbart, M.K. (1976). Incongruity and resolution in chil-

dren's humor: A re-examination. *Child Development, 47*(4), 966–971.

6. McGhee, P. (1979). *Humour: Its origin and development.* McGhee, P. (1980). Development of the sense of humour in childhood: A longitudinal study.

7. Pien, D., & Rothbart, M.K. (1976). Incongruity and resolution in children's humor: A re-examination.

8. Neruda, P. (1952). *The Captain's verses.* New York: New Directions Books.

9. Berlyne, D.E. (1972). Humor and its kin.

10. Chevalier-Skolnikoff, S. (1986). An exploration of the ontogeny of deception in human beings and nonhuman primates. In R.W. Mitchell & N.S. Thompson (Eds.), *Deception: Perspectives on human and nonhuman deceit* (pp. 205–220). Albany, NY: SUNY Press. Panksepp, J., & Burgdorf, J. (1999). Laughing rats? Playful tickling arouses high frequency ultrasonic chirping in young rodents. In S. Hameroff, D. Chalmers, & A. Kazniak (Eds.), *Toward a science of consciousness III* (pp. 124–136). Cambridge, MA: MIT Press.

11. Provine, R.R. (1993). Laughter punctuates speech: Linguistic, social and gender contexts of laughter. *Ethology, 95,* 291–298. Provine, R.R. (1996). Laughter. *American Scientist, 84,* 38–45.

12. Cited in Darwin, C. (1872/1998). *The expression of the emotions in man and animals* (3rd ed.) (p. 195). London: HarperCollins.

13. Berlyne, D.E. (1972). Humor and its kin.

14. Fogel, A., Dickson, K.L., Hsu, H-C., Messinger, D., Nelson-Goens, G.C., & Nwokah, E. (1997). Communication of smiling and laughter in mother-infant play: Research on emotion from a dynamic systems perspective. In K.C. Barrett (Ed.), *The communication of emotion: Current research from diverse perspectives* (pp. 5–24). San Francisco: Jossey-Bass.

15. Sroufe, L.A., & Wunsch, J.P. (1972). The development of laughter in the first year of life. *Child Development, 43,* 1326–1344.

16. Reddy, V. (1998). *Person-directed play: Humour and teasing in infants and young children.* Report on Grant No. R000235481 received from the Economic and Social Research Council, U.K. Transcripts from study, names changed.

17. Reddy, V., Williams, E., & Vaughan, A. (2002). Sharing humour and laughter in autism and Down's syndrome. *British Journal of Psychology, 93*(2), 219–242.

18. Berlyne, D.E. (1972). Humor and its kin. Gibson, J.J. (1979). *The ecological approach to visual perception* (p. 127). Boston: Houghton Mifflin.

19. See Darwin, C. (1872/1998). *The expression of the emotions in man and animals* (pp. 209–210).

20. See also Ambrose, A. (1963). The age of onset of ambivalence in early infancy: Indications from the study of laughing. *Journal of Child Psychology and Psychiatry, 4*(3–4), 167–181.

21. Reddy, V. (1998). *Person-directed play.* Transcripts from study.

22. Fogel, A., et al. (1997). Communication of smiling and laughter in mother-infant play: Research on emotion from a dynamic systems perspective.

23. Reddy, V., et al. (2002). Sharing humour and laughter in autism and Down's

syndrome.

24. Reddy, V. (1998). *Person-directed play.* Transcripts from study.
25. Freud, S. (1960). *Jokes and their relation to the unconscious* (pp. 194–195). New York: W.W. Norton.
26. Reddy, V. (1991). Playing with others' expectations: Teasing and mucking about in the first year. In A. Whiten (Ed.), *Natural theories of mind* (pp. 143–158). Oxford: Blackwell.
27. Reddy, V. (2001). Infant clowning: The interpersonal creation of humour in infancy. *Enfance, 3,* 247–256.
28. Reddy, V. (1998). *Person-directed play.* Transcripts from study.
29. Reddy, V. (1998). *Person-directed play.* Transcripts from study.
30. Reddy, V. (1998). *Person-directed play.* Transcripts from study.
31. Nakano, S., & Kanaya, Y. (1993). The effects of mothers' teasing: Do Japanese infants read their mothers' play intention in teasing? *Early Development and Parenting, 2,* 7–17.
32. Adang, O. (1984). Teasing in young chimpanzees. *Behaviour, 88*(1–2), 98–122.
33. Loudon, J. (1970). Teasing and socialisation in Tristan da Cunha. In P. Mayer (Ed.), *Socialisation: The approach from social anthropology* (pp. 193–332). London: Tavistock.
34. Huizinga, J. (1950). *Homo ludens: A study of the play-element in culture.* Oxford: Roy.

제10장 의사소통에서 속이기

1. Eco, U. (1976). *Theory of semiotics.* Bloomington: Indiana University Press.
2. Whiten, A., & Byrne, R. (1988). Tactical deception in primates. *Behavioral and Brain Sciences, 11,* 233–273. Byrne, R.W., & Corp, N. (2004). Neocortex size predicts deception rate in primates. *Philosophical Transactions of the Royal Society of London B, 362*(1480), 621–637. Byrne, R.W., & Whiten, A. (1990). Tactical deception in primates: The 1990 database. *Primate Report, 27,* 1–101. Byrne, R.W., & Whiten, A. (1992). Cognitive evolution in primates: Evidence from tactical deception. *Man, 27,* 609–627. Humphrey, N. (1976/1988). The social function of intellect. Reprinted in R. Byrne & A. Whiten (Eds.), *Machiavellian intelligence* (pp. 13–26). Oxford: Clarendon Press.
3. Perner, J., Leekam, S., & Wimmer, H. (1987). 3-year-olds' difficulty with false belief: The case for conceptual deficit. *British Journal of Developmental Psychology, 5,* 125–137.
4. Leudar, I., & Costall, A. (2004). On the persistence of the "problem of other minds" in psychology: Chomsky, Grice and theory of mind. *Theory and Psychology, 14*(5), 601–622. See also Fogel, A. (1993). *Developing through relationships: Origins of communication, self and culture* (p. 19). Chicago: University of Chicago Press.
5. Liszkowski, U., Carpenter, M., Henning, A., Striano, T., & Tomasello, M. (2004).

Twelve-month-olds point to share attention and interest. *Developmental Science,* 7(3), 297–307. Legerstee, M., & Barillas, Y. (2003). Sharing attention and pointing to objects at 12 months: Is the intentional stance implied? *Cognitive Development, 18,* 91–110.

6. Golinkoff, R.M. (1986). "I beg your pardon?" The preverbal negotiation of failed messages. *Journal of Child Language, 13,* 455–476. Golinkoff, R.M. (1993). When is communication a "meeting of minds"? *Journal of Child Language, 20,* 199–207. See also Rodriguez, C. (2007). God's eye does not look at signs: Early development and semiotics. *Infancia y Aprendizaje, 30*(3), 343–374.

7. Baldwin, D. (1994). Early understanding of referential intent and attentional focus: Evidence from language and emotion. In C. Lewis & P. Mitchell (Eds.), *Children's early understanding of mind: Its origins and development* (pp. 133–156). Hillsdale, NJ: Lawrence Erlbaum Associates.

8. This is in contradiction to Piaget's prediction that language during the period from 18 months to 4 years is "preconceptual" and "aiming at success rather than truth." See Pea's landmark study: Pea, R.D. (1982). Origins of verbal logic: Spontaneous denials by two- and three year-olds. *Journal of Child Language, 9,* 597–626. And the revision of Pea's methodology using questions rather than statements, yielding earlier success: Hummer, P., Wimmer, H., & Antes, G. (1993). On the origins of denial negation. *Journal of Child Language, 20,* 607–618. See also Sharpe, D., Eakin, L., Saragovi, C., & Macnamara, J. (1996). Resolving apparent contradictions: Adults' and preschoolers' ability to cope with non-classical negation. *Journal of Child Language, 23,* 675–691.

9. Reddy, V., & Simone, L. (1995). Acting on attention: Towards an understanding of knowing in infancy. Paper presented at the Annual Conference of the Developmental Section of the British Psychological Society, Strathclyde. Tomasello, M., & Haberl, K. (2003). Understanding attention: 12- and 18-month-olds know what is new for other persons. *Developmental Psychology, 39*(5), 906–912.

10. O'Neill, D. (1996). Two-year-old children's sensitivity to a parent's knowledge state when making requests. *Child Development, 67,* 659–677.

11. Newton, P. (1994). *An investigation into the cognitive prerequisites for deception.* Unpublished Ph.D. thesis, University of Portsmouth.

12. Olson, D. (1988). On the origins of beliefs and other intentional states in children. In J.W. Astington, P.L. Harris, & D.R. Olson (Eds.), *Developing theories of mind* (pp. 414–426). Cambridge: Cambridge University Press.

13. Wilson, A.E., Smith, M.D., & Ross, H.S. (2003). The nature and effects of young children's lies. *Social Development, 12*(1), 21–45.

14. The term was first used by Clara and William Stern in the early 1900s: Stern, C., & Stern, W. (1909). *Mongraphien uner die seelische Entwicklung das kindes 2. Band: Erinnerung, Aussage und luge in der ersten Kindheit.* Leipzig: Barth. The term was then used by Piaget in the middle of the last century: Piaget, J. (1932/1977). *The moral judgement of the child.* Harmondsworth, U.K.: Penguin Books; and then

more or less consistently by "theory-theorists."

15. Perner, J., & Sodian, B. (1991). The development of deception in children. *British Journal of Developmental Psychology, 9,* 173–188. Sodian, B. (1993). The theory of mind deficit in autism: Evidence from deception. In S. Baron-Cohen, H. Tager-Flusberg, & D.J. Cohen (Eds.), *Understanding other minds: Perspectives from autism.* Oxford: Oxford University Press. Sodian, B. (1994). Early deception and the conceptual continuity claim. In C. Lewis & P. Mitchell (Eds.), *Children's early understanding of mind: Origins and development* (pp. 385–401). Hove, U.K.: Lawrence Erlbaum Asociates. Sodian, B., Taylor, C., Harris, P.L., & Perner, J. (1991). Early deception and the child's theory of mind: False trails and genuine markers. *Child Development, 62,* 468–483.

16. All of the examples presented in this section are from Newton, P. (1994). *An investigation into the cognitive prerequisites for deception.* See also Newton, P., Reddy, V., & Bull, R. (2000). Children's everyday deception and performance on false-belief tasks. *British Journal of Developmental Psychology, 18,* 297–317.

17. Perner, J. (1991). *Understanding the representational mind.* Cambridge, MA: MIT Press.

18. Premack, D. (1988). "Does the chimpanzee have a theory of mind" revisited. In R. Byrne & A. Whiten (Eds.), *Machiavellian intelligence: Social expertise and the evolution of intellect in monkeys, apes and human* (p. 162). New York: Clarendon Press. Ristau, C. (1991). Before mindreading: Attention, purposes and deception in birds? In A. Whiten (Ed.), *Natural theories of mind* (pp. 209–222). Oxford: Blackwell.

19. Byrne, R.W., & Whiten, A. (1990). Tactical deception in primates: The 1990 database.

20. Reddy, V. (2007). Getting back to the rough ground: Deception and social living. *Philosophical Transactions of the Royal Society of London B, 362*(1480), 621–637. Uses data from Dunn, J. (1988). *The beginnings of social understanding.* Oxford: Basil Blackwell; Reddy, V. (1991). Playing with others' expectations: Teasing and mucking about in the first year. In A. Whiten (Ed.), *Natural theories of mind* (pp. 143–158). Oxford: Blackwell; and Reddy, V. (1998). *Person-directed play: Humour and teasing in infants and young children.* Report on Grant No. R000235481 received from the Economic and Social Research Council, U.K. Transcripts from study, names changed.

21. Reddy, V. (1991). Playing with others' expectations: Teasing and mucking about in the first year.

22. Reddy, V. (2007). Getting back to the rough ground: Deception and social living.

23. Reported in Dunn, J. (1988). *The beginnings of social understanding.*

24. Reddy, V. (1998). *Person-directed play.* Transcripts from study.

25. Reddy, V. (1991). Playing with others' expectations: Teasing and mucking about in the first year.

26. Reddy, V. (1998). *Person-directed play.* Transcripts from study.

27. Reddy, V. (1998). *Person-directed play.* Transcripts from study.

28. Reddy, V. (1998). *Person-directed play.* Transcripts from study.
29. Onishi, K., & Baillargeon, R. (2005). Do 15-month-old infants understand false beliefs? *Science, 308,* 214–216. Song, H.J. (2006). Infants' reasoning about others' misperceptions and false beliefs. Paper presented at the Fifteenth International Conference on Infant Studies, Kyoto, Japan.
30. 메커니즘에서 특정한 학습 분야에 관한 논쟁에 대해, see Leslie, A. M., German, T. P., & Polizzi, P. (2005). Belief-desire reasoning as a process of selection. *Cognitive Psychology, 50*(1), 45–85.

제11장 타인의 마음, 타인의 문화

1. Eliot, T.S. (1974). *Collected poems 1909–1962 (East Coker V,* pp. 202–203). London: Faber and Faber.
2. Geertz, C. (1993). *The interpretation of cultures.* London: Fontana.
3. Carruthers, M. (1992). *Why humans have cultures.* New York: Oxford University Press.

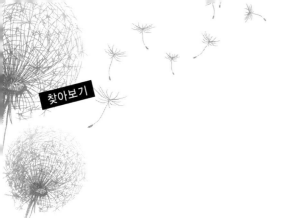

【ㄱ】

가리키기 133

가설 27

가시성(visibility) 158

가짜 기술 13

가짜 대화 84

가짜 모방(pseudo-imitation) 84

가짜 속임수(pseudo-deception) 276

각성 도취(arousal jag) 232

감정 진단 42

강화 85, 212

개방성 100

거리 두기 38, 43, 44

거울 뉴런 68

거울 실험 175

게슈탈트 37

고의성(deliberateness) 194

공간 기반 114

공동 관심 51, 121

공명 68

공적 20

과시 134, 142, 150

관계 2, 8, 40, 190, 204, 270

관계 능력(engage-ability) 202

관계성(engageability) 200

관심 1, 50, 73, 109, 111

관심의 협응 87

귀여운 짓 142

귀인 32, 85

긍정적으로 경험 146

기대 1

까꿍 놀이 248

까분다 103

【ㄴ】

나-그것(I-It) 44

나-너(I-Thou) 44, 148

나와 같은 73

놀리기 103, 215

놀이 190, 239, 268

뉴런 69

【ㄷ】

다가가기 어려운 영역 10

다운증후군 136, 176, 247
다윈 55
단순함(parsimony) 29
단일성(singularity) 194
대상 113
대상성 116
대상 지향성(object-directedness) 192
대인관계 2, 230
대화 20, 81
도발(provocation) 222
도약 99
동기 269
두 사람 138
두 사람 간 상호작용 102, 146
두 사람 간의 관계 131
두 사람 간의 확대 99

【ㄹ】

랑나르 로메트베이트 85
레프 비고츠키 85, 145
루드비히 비트겐슈타인 25
리처드 번 46

【ㅁ】

마르셀 프루스트 43
마음 1, 9, 10
마음 간의 관계 70
마음 경험 19
마음 기제 이론 290
마음 이론 10, 27

맥락 201
메릴로-퐁티 111
메리 캐서린 베이트슨 83
메커니즘(IRM) 63
메타이론 13
모델링 77
모방 50, 53, 55, 56, 129, 205
모순 250
목표 지향성 190
문화권 2
미소 126, 128
미하일 바흐친 36, 40
민감성 134, 269

【ㅂ】

바버라 매클린틱 46
반사 63
반사 행동 60
반영 77
반항 264
발달 14
발달 정신병리 148
방관자 9, 31
방임 94
방해 214, 248
방향 145
배냇짓 240
배제 35
병치(juxtaposition) 231
보상 212

부버 44
부조화(incongruity) 231, 269
분리 41, 44
분열 215
불응 219
불확실성 15

【ㅅ】
사건 관련성(incident-affinity) 266
사적 20
사회구성주의 85
사회성 191
사회적 126
사회적 참조 140
산후우울증 94
삼각관계 138, 139
삼각측정 121
상위 양식 70
상호 간의 관심 144
상호 간의 반응 순간 44
상호 간의 응시 44
상호 간의 정서적 73
상호성 265
상호 심리적 접촉 20
상호 운동 조절 69
상호 응시 125
상호이해 78
상호 인지 82, 100
상호작용 6, 49, 83
상호작용적이고 정서적인 동시성 87

상호적 40
상호 조절 모델 95
상호주관성 29, 82, 85
생태학적 접근 191
설명 웃음(comment laughs) 241
성인기 146
세 번째 부류 121
세 사람 간의 관계 131
셋 사이의 상호작용 88
속임수 50, 271
수줍음 48, 150
순응 211
순환성 269
스스로를 위로 94
시뮬레이션(simulation) 10, 25
시뮬레이션 이론 25
신생아 54
신생아의 모방 75
신체 5, 10
신체 도식 26
심신이원론 10, 84
심행이원론 12

【ㅇ】
아동기 84
애기 말투(motherese) 93
언어 83
연결 72
영아 55
영아기 105

영혼 17

외부 120

외부수용 37

외부수용적 56

우스갯짓 258

우연성 94

우울증 97

울음 86

웃음 230

원시 명령적 가리키기(proto-imperative pointing) 112

원시 서술적 가리키기(proto-declarative pointing) 112, 130

원시 의문을 나타내는(proto-interrogatives) 274

원시 정보 제공적인 가리키기(proto-informative pointing) 273

윌리엄 베이트슨 45

윌리엄 제임스 49

유기체 12, 191

유머 50, 229

유사성 25

유심론 85

유추 24

유추에서 유래된 논쟁 30

육체이탈 17

융통성 없는 반사 64

으스대고 103

음성 표현 83, 126

의도 17, 50, 69, 85, 104, 109, 187

의도성 18, 188

의사소통 19, 50, 76, 81, 83, 266

이론 27

이론-이론(theory-theory) 15, 28, 30, 272

이상발달 148

이원론 2, 156

이점 36

이차 정서 160

이탈 263

인지주의 13

일상적인 일과 75

【ㅈ】

자극 64

자기 141

자기 가시성 170

자기감 71, 182

자기 개념(concept of self) 159

자기 동시성 87

자기수용 37

자기 인식 150

자기 장치 156

자기중심성 84

자기-타인 의식 정서 181

자유 36

자의식 48, 50, 83, 128, 146, 149

자폐스펙트럼장애 54

자폐장애 43, 52

자폐증 128, 175

잘못된 의사소통 93
잠재력 72
장난 1
재미(funniness) 229
전문가 14
전언어 움직임 88
전-자기수용 37
점광화면 197
접촉 85
정서 경험 148
정서 관계 5, 33
정서 반영 97
정서 반응 146
정서적 관계 34, 147
정서적 인식 145
정서적인 조율 113
정서적 중심의 중력 99
정서적 핵심 94
정신 10
정신 표상 18, 84, 190
정황(contextuality) 200
조명(spotlight) 114
조지 허버트 미드 85
존 스튜어트 밀 24
주의 114
주의 참조 141
즐거움 47
지각 가능성 193
지연 모방 65
지향성(directedness) 194, 209

진솔한 대화 36
진정한 관계 44
진정한 모방 59
진정한 정체성 59
진짜 의사소통 83
진화 14
진화이론 59

【ㅊ】

차이 9, 68
참여 268
참여자 31, 42, 269
척하는 행동 287
체제 기반 191
초기 대화에서 순서 지키기 91
초기 웃음 251
최초 대화 80, 82

【ㅌ】

타인의 마음 15
타인 의식 정서 185
태도 1
태동 70
틀린 믿음 과제(false-belief task) 272

【ㅍ】

표상 13, 18
표현 17
피아제 10, 30, 46, 134

【ㅎ】

해석 순환(hermeneutic circle) 108

해석적 배경 74

핵심 자기 156

행동 10

행동 유도성(affordance) 72, 248

행동주의 13

행동주의자 84

행동화 196

허세 277

허풍(bravado lies) 276

헤겔 40

형태(shape) 194

호기심 129

호칭 40

활동 경로 매칭(Active Intermodal
    Matching, AIM) 70

훼방 214

휴버트 드레이퍼스 37

흉내 내기 76, 215

【기타】

Alan Fogel 106

Andy Meltzoff 58

Anisfeld 61

Arbib 69

Batja Mesquita 21

Berry Brazelton 79

Brian Scholl 117

Bundell 72

Colwyn Trevarthen 84, 89

Daniel Stern 84

David Leavens 141

dis-embedding 5

dis-embodying 5

Ed Tronick 89, 90

Elizabeth Bates 112

Elizabeth Fivaz-Depeursinge 138

Emese Nagy 65

George Butterworth 63

Gyorgy Gergely 94

Hanus 89

Hanus Papousek 84

Heimann 63

Henri Wallon 56

Ich und Du 36

J. J. 깁슨 37

Jacqueline Nadel 138

Jean Decety 71

Jerome Bruner 84

John Macmurray 1

John Shotter 38

Keith Moore 70

Kugiumutzakis 63

Lauren Adamson 140

Lynne Murray 90

Malinowski 42

Margaret Donaldson 22

Maria Legerstee 97

Mechthilde Papousek 89

Michael Taussig 76

Michael Tomasello 104

Moore 62

Nico Frijda 21

Papousek 92

Penny Hubley 87

Peter Hobson 43

Phoebe Caldwell 54

praecox feeling 43

Rizzolatti 69

Susan Lanzoni 42

Susan Zeedyk 80

Teresa Farroni 78

Vittorio Gallese 26, 71

Zazzo 77

1인칭 191, 295

1인칭 경험 24

1인칭 관점 56

1인칭 접근 9, 23

1인칭 정보 11

2인칭 35, 272, 295

2인칭과 3인칭의 차이 34

2인칭 관계 39

2인칭 접근 10, 33

2차 상호주관성 88

3인칭 191, 273, 295

3인칭 상황 60

3인칭 접근 9, 23

3인칭 정보 11

3차 순환반응 135